기초에서 실무까지

정보화 실무

Excel 2021 엑셀

+

Powerpoint 2021 파워포인트

Contents

SECTION 01 엑셀 2021 시작하기
- ① 엑셀 2021 실행하기 6
- ② 엑셀 2021 화면 구성 알아보기 7
- ③ 문서 불러와서 화면 확대/축소하기 8
- ④ 간단한 문자 입력하고 저장하기 10

SECTION 02 데이터 입력하기
- ① 텍스트/숫자/날짜 입력하기 14
- ② 기호 입력하기 15
- ③ 한자 입력하기 17

SECTION 03 자동 채우기
- ① 자동 채우기로 데이터 입력하기 20
- ② 자동 채우기 옵션 단추 활용하기 22

SECTION 04 워크시트 관리하고 셀 크기 설정하기
- ① 워크시트 추가하고 삭제하기 28
- ② 셀 너비와 높이 설정하기 29

SECTION 05 셀 서식 설정하기
- ① 글꼴 및 맞춤 서식 설정하기 34
- ② 테두리 및 배경 서식 설정하기 36

SECTION 06 데이터 표시 형식 설정하기
- ① 숫자 데이터의 표시 형식 설정하기 40
- ② 사용자 지정 표시 형식 설정하기 41

SECTION 07 그림 삽입하고 변경하기
- ① 그림 삽입하고 위치와 크기 바꾸기 46
- ② 셀을 그림으로 복사하여 붙여넣기 49

SECTION 08 워크시트 인쇄하기
- ① 인쇄 영역 설정하기 52
- ② 페이지 설정하기 54

SECTION 09 수식 입력과 셀 참조
- ① 수식 입력하기 56
- ② 셀 참조하기 58

SECTION 10 함수 기본 익히기
- ① 자동 합계와 평균 구하기 62
- ② 함수 마법사 사용하기 64

SECTION 11 셀과 수식 입력줄에서 함수 입력하기
- ① 셀 개수 세기 68
- ② 높은 값과 낮은 값을 기준으로 데이터 찾기 70

SECTION 12 순위 매기기와 조건부 셀 개수 구하기
- ① 순위 매기기 72
- ② 조건에 맞는 셀 개수 구하기 73
- ③ 수식 입력줄을 이용하여 조건에 맞는 셀 개수 구하기 75

SECTION 13 중첩 함수 활용하기
- ① 조건에 따라 다른 값 표시하기 78
- ② 소수점 반올림하기 80
- ③ 데이터 검색하여 표시하기 81

SECTION 14 조건부 서식 사용하기
- ① 셀 강조하여 표시하기 84
- ② 새 규칙으로 조건부 서식 설정하기 85

Contents
Excel

SECTION 15 차트 활용하기
① 차트 삽입하기 88
② 차트 서식 변경하기 89
③ 차트 종류 변경하기 91

SECTION 16 자동 필터로 데이터 추출하기
① 텍스트 데이터 추출하기 94
② 숫자 데이터 추출하기 96

SECTION 17 데이터 정렬과 부분합
① 데이터 정렬하기 100
② 부분합 삽입하기 102

SECTION 18 데이터 유효성 검사하기
① 데이터 입력 범위 설정하기 106
② 목록을 이용한 데이터 입력하기 108

SECTION 19 피벗 테이블로 데이터 정리하기
① 피벗 테이블 만들기 112
② 피벗 테이블 설정하기 113

SECTION 20 목표값 찾기와 데이터 표
① 목표값 찾기 118
② 데이터 표 120

Contents
Powerpoint

SECTION 01 파워포인트 2021 시작하기
① 새 프레젠테이션 시작하기 124
② 기본 화면 구성 살펴보기 125
③ 저장 및 종료하기 126
④ 간단한 문자 입력하고 저장하기 128
⑤ 파일 불러오기 129

SECTION 02 슬라이드 기본 관리
① 슬라이드 크기 조정 및 레이아웃 변경 132
② 슬라이드 삽입/이동/복사/삭제하기 134

SECTION 03 슬라이드 테마와 배경 설정
① 테마를 선택하여 새 프레젠테이션 시작하기 138
② 테마 변경하기 139
③ 배경 설정하기 140

SECTION 04 텍스트 입력과 서식
① 텍스트 입력하기 144
② 텍스트 서식 설정하기 145

SECTION 05 단락과 글머리 기호
① 줄 간격 조정하기 148
② 글머리 기호 삽입하기 149
③ 목록 수준 조정하기 150

SECTION 06 WordArt 스타일
① 텍스트에 WordArt 적용하기 152
② WordArt에 텍스트 입력하기 153

SECTION 07 도형 활용
① 도형 삽입하기 156
② 도형 채우기 157
③ 도형 순서 변경하기와 그룹화 159

Contents
Powerpoint

SECTION 08 도형 병합과 투명도 조절
- ❶ 도형 병합하기 162
- ❷ 투명도 조절하기 165

SECTION 09 SmartArt 그래픽
- ❶ SmartArt 삽입하기 168
- ❷ SmartArt 편집하기 169

SECTION 10 표 작성
- ❶ 표 삽입하기 172
- ❷ 표 서식 설정하기 173
- ❸ 표 테두리 변경하기 174

SECTION 11 차트 작성
- ❶ 차트 삽입하기 176
- ❷ 차트 레이아웃 및 요소 변경하기 179
- ❸ 차트 스타일 설정하기 181
- ❹ 차트 종류 변경하기 182

SECTION 12 이미지 삽입과 편집
- ❶ 이미지 삽입하기 184
- ❷ 이미지 자르기 186
- ❸ 이미지 교체하기 188
- ❹ 투명 배경 이미지 만들기 190

SECTION 13 슬라이드 마스터 디자인
- ❶ 슬라이드 마스터 설정하기 192
- ❷ 특정 슬라이드의 마스터 서식 변경하기 195

SECTION 14 오디오 삽입과 제어
- ❶ 오디오 삽입하기 198
- ❷ 오디오 제어하기 199
- ❸ 오디오 트리밍과 부드럽게 시작하고 끝내기 201
- ❹ 오디오 재생 중지하기 202

SECTION 15 비디오 삽입과 제어
- ❶ 비디오 삽입하기 204
- ❷ 비디오 트리밍과 페이드 시간 설정하기 206
- ❸ 비디오 표지와 서식 변경하기 207

SECTION 16 애니메이션 효과
- ❶ 애니메이션 설정하기 210
- ❷ 애니메이션 복사하기 212
- ❸ 애니메이션 추가하기 213

SECTION 17 화면 전환과 모핑
- ❶ 화면 전환 효과 적용하기 216
- ❷ 화면 전환 효과 제어하기 218
- ❸ 모핑 적용하기 219

SECTION 18 하이퍼링크와 실행 단추
- ❶ 하이퍼링크 설정하기 222
- ❷ 실행 단추 삽입하기 224

SECTION 19 발표자 도구와 예행 연습
- ❶ 슬라이드 노트 작성하기 228
- ❷ 발표자 도구 사용하기 229
- ❸ 예행 연습하기 232

SECTION 20 슬라이드 배포와 인쇄
- ❶ PDF 형식으로 내보내기 234
- ❷ 비디오 파일로 내보내기 235
- ❸ 유인물 인쇄하기 237
- ❹ 암호 설정하기 239

정보화 실무

EXCEL 2021 엑셀

교재에서 사용하는 실습 파일 및 완성 파일은
교학사 홈페이지의 [자료실]–[출판]–[단행본]으로 접속하여
'정보화 실무 엑셀 2021'로 검색한 후 다운로드하여 사용하세요.

Excel 2021

01 엑셀 2021 시작하기
SECTION

엑셀은 데이터의 입력과 편집, 수식과 함수를 이용한 계산 작업, 데이터 검색과 분석 등 여러 가지 기능을 수행하는 대표적인 사무용 프로그램입니다. 여기서는 앞으로 여러분이 엑셀을 사용하기 위해 가장 기본이 되는 사항들을 알아보겠습니다.

1 엑셀 2021 실행하기

1 작업 표시줄에서 시작()을 클릭하고 [모두]를 눌러 [Excel]을 선택합니다. 엑셀 2021 시작 화면이 나타나면 [새 통합 문서]를 클릭합니다.

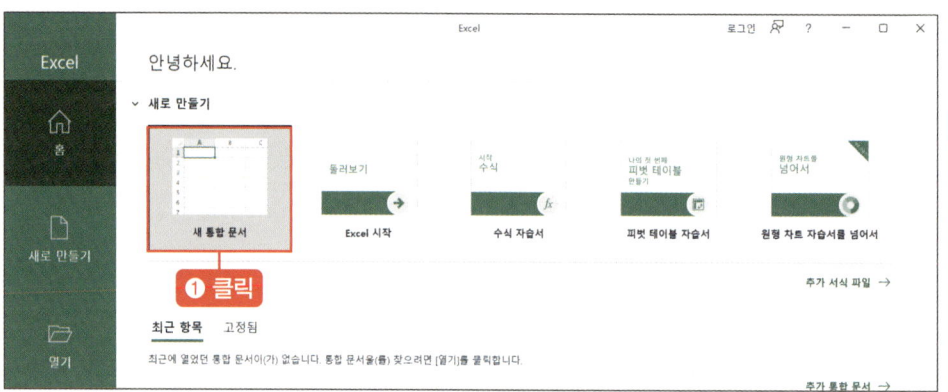

> **TIP**
> 시작 화면은 사용자가 엑셀을 시작할 때 새 통합 문서를 만들거나 기존 문서를 불러올 수 있도록 도와줍니다.

2 통합 문서 창이 나타납니다. 화면에서 가장 넓은 부분을 워크시트(Worksheet)라고 하는데 대부분의 작업이 여기에서 이루어집니다.

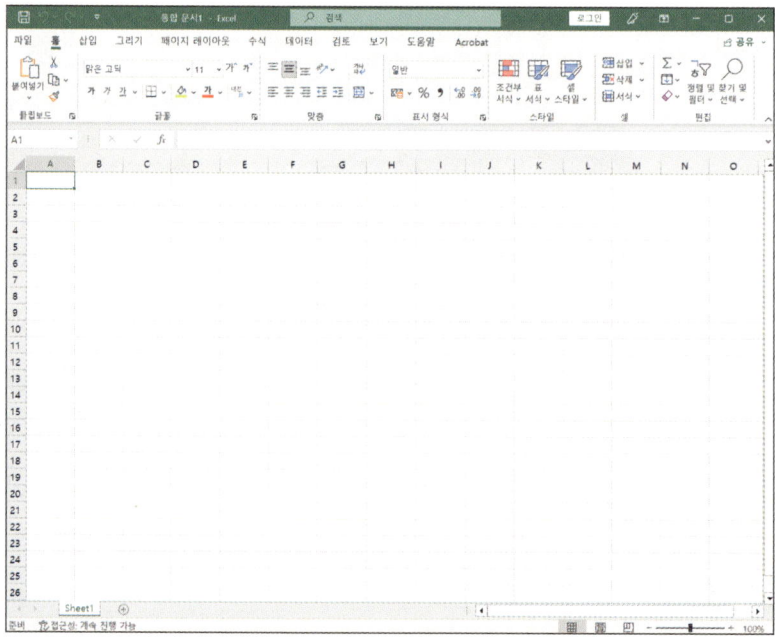

2 엑셀 2021 화면 구성 알아보기

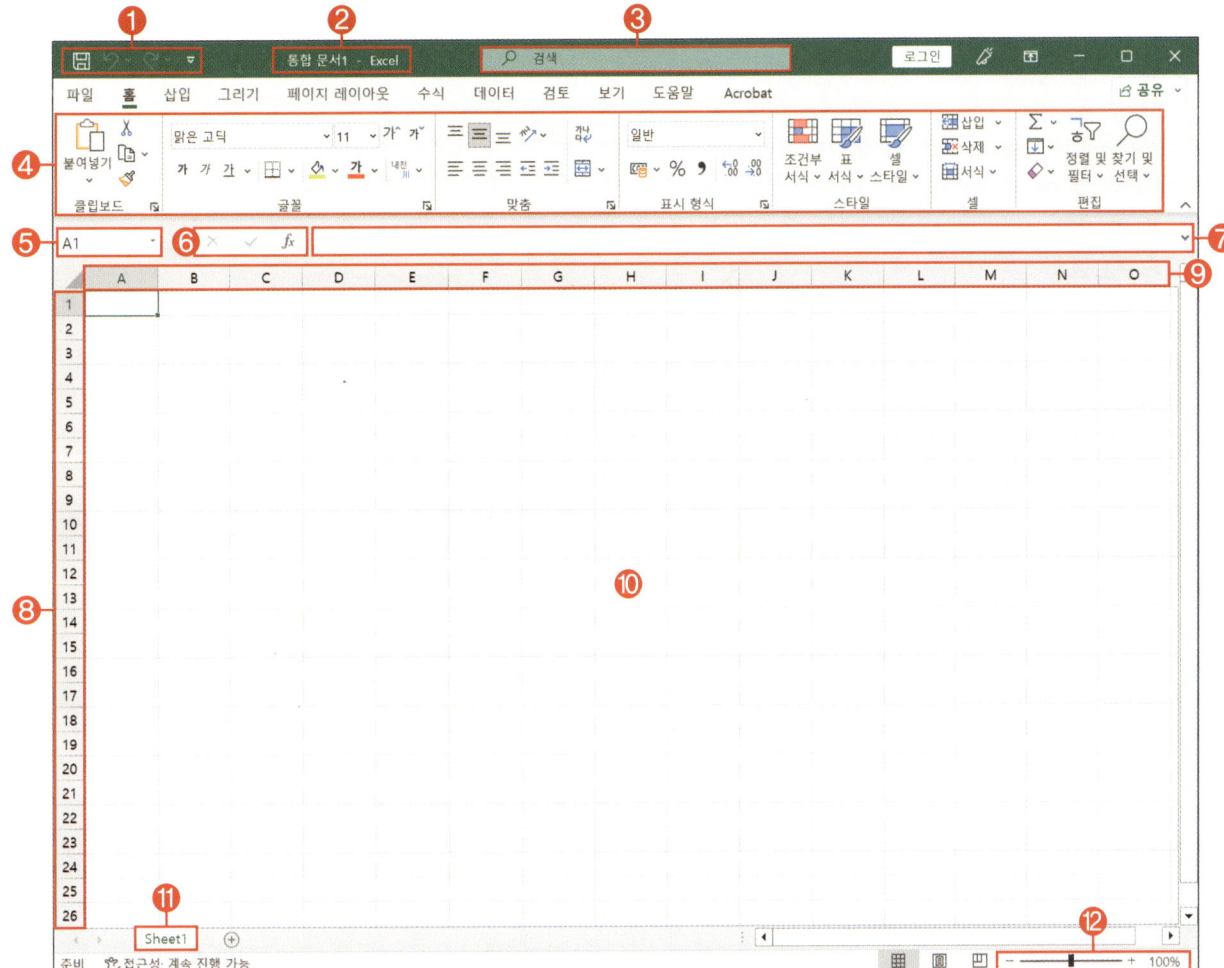

① **빠른 실행 도구 모음** 자주 사용하는 명령을 등록해 두는 도구 모음입니다.

② **제목 표시줄** 현재 작업 중인 통합 문서의 이름입니다. 저장하지 않은 문서의 이름은 '통합 문서1', '통합 문서2'와 같이 표시됩니다.

③ **검색** 메뉴를 일일이 찾지 않고, 명령어·기능·도움말·콘텐츠를 즉시 검색하여 실행합니다.

④ **리본 메뉴** 엑셀에서 사용하는 기능을 용도별로 분류하여 모아 놓은 곳입니다. 여기에서 필요한 명령을 찾아 실행합니다.

⑤ **이름 상자** 선택한 셀의 위치나 셀의 범위 이름이 표시됩니다.

⑥ **함수 삽입** 함수 마법사 대화상자를 실행하여 함수를 빠르게 입력합니다.

⑦ **수식 입력줄** 셀에 입력된 데이터나 수식을 표시하며, 직접 입력 및 수정할 수 있습니다.

⑧ **행 머리글** 행 이름을 1, 2, 3,… 숫자로 표시하며, 최대 1,048,576행까지 지원합니다.

⑨ **열 머리글** 열의 이름을 A, B, C,… 알파벳으로 표시하며, 최대 16,384(XFD)열까지 지원합니다.

⑩ **워크시트** 데이터를 입력하고 계산하는 작업 공간입니다. 행과 열이 만나서 이루어지는 사각형의 셀로 구성됩니다.

⑪ **시트 탭** 워크시트의 이름을 표시합니다.

⑫ **확대/축소 슬라이드 막대** 슬라이드 막대를 좌우로 움직이면 엑셀의 워크시트 창이 확대/축소됩니다.

3 문서 불러와서 화면 확대/축소하기

1 엑셀 2021 시작 화면에서 [열기]–[찾아보기]를 선택합니다. [열기] 대화상자가 나타나면 다운로드한 예제 파일이 있는 폴더에서 '중간고사.xlsx' 파일을 선택한 후 [열기]를 클릭하여 파일을 불러옵니다.

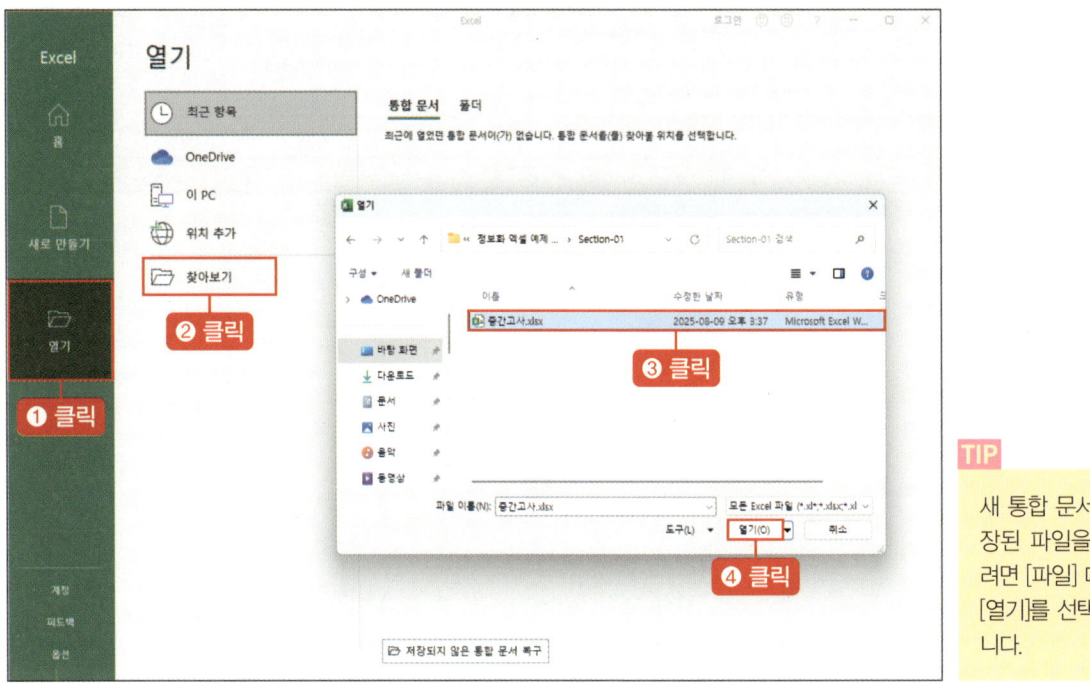

TIP 새 통합 문서에서 저장된 파일을 불러오려면 [파일] 메뉴에서 [열기]를 선택하면 됩니다.

2 리본 메뉴의 [보기] 탭에서 [확대/축소] 그룹에 있는 [확대/축소]를 클릭합니다. [확대/축소] 대화상자가 실행되면 배율에서 '75%'를 선택하고 [확인]을 클릭합니다.

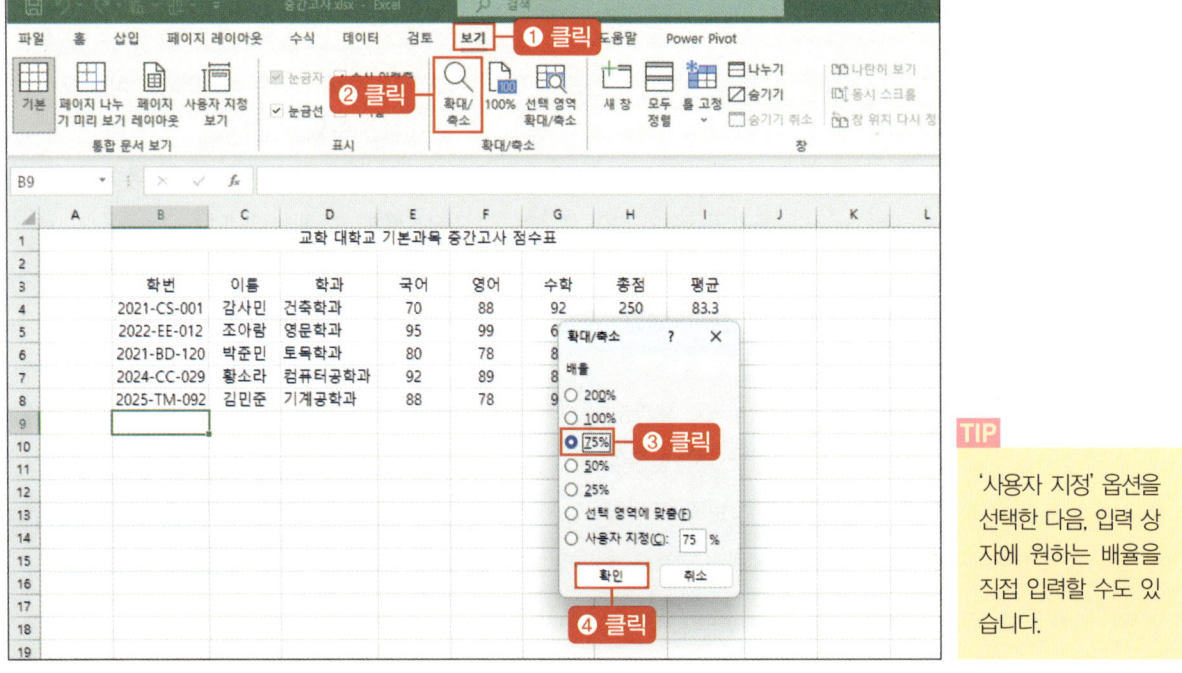

TIP '사용자 지정' 옵션을 선택한 다음, 입력 상자에 원하는 배율을 직접 입력할 수도 있습니다.

3 화면이 축소되면서 워크시트의 텍스트가 작게 보입니다. [B1] 셀을 클릭한 채로 [I8] 셀까지 드래그하여 범위를 지정한 후 [보기] 탭의 [확대/축소] 그룹에서 [선택 영역 확대/축소]를 선택합니다.

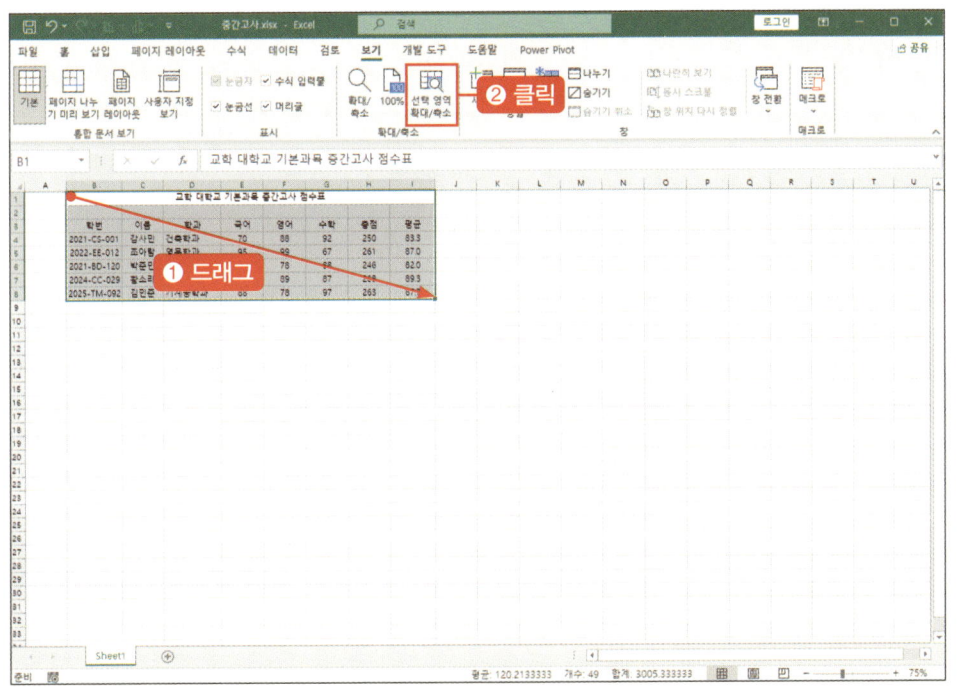

TIP 워크시트에서 글꼴, 배경색, 테두리 등을 설정하기 위해서는 범위를 지정해야 합니다. [B2] 셀에서 [I8] 셀까지 범위를 지정하면 [B2:I8]로 표시됩니다.

4 선택한 범위만 화면을 꽉 채워서 표시됩니다. [보기] 탭에서 [확대/축소] 그룹의 [100%]를 선택하여 처음 파일을 불러왔을 때의 화면으로 되돌립니다.

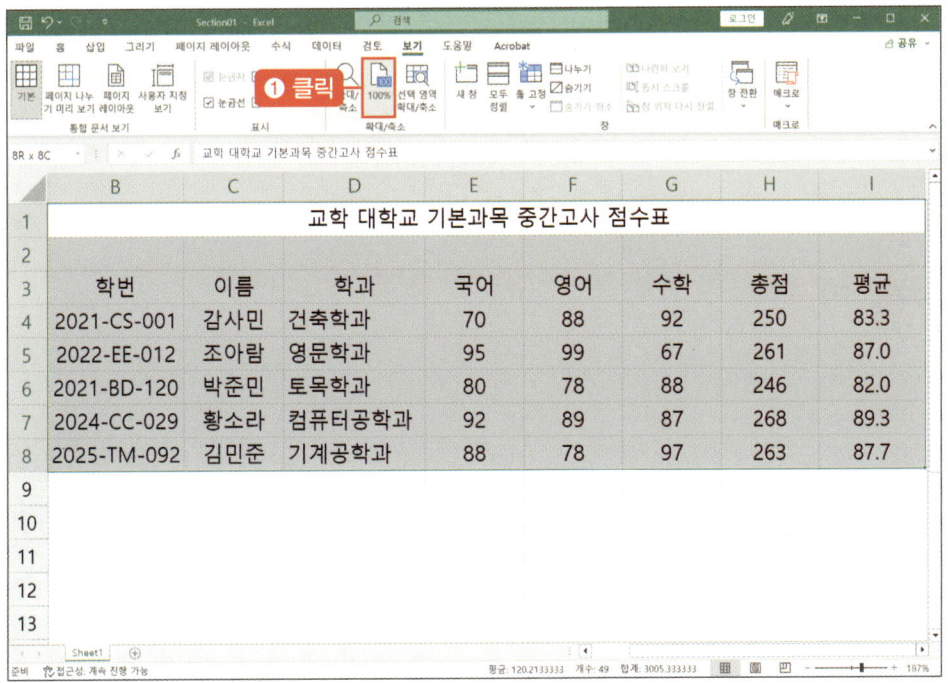

01 엑셀 2021 시작하기 • 9

4 간단한 문자 입력하고 저장하기

1 워크시트에서 [C9] 셀을 클릭하고 자신의 이름을 입력합니다.

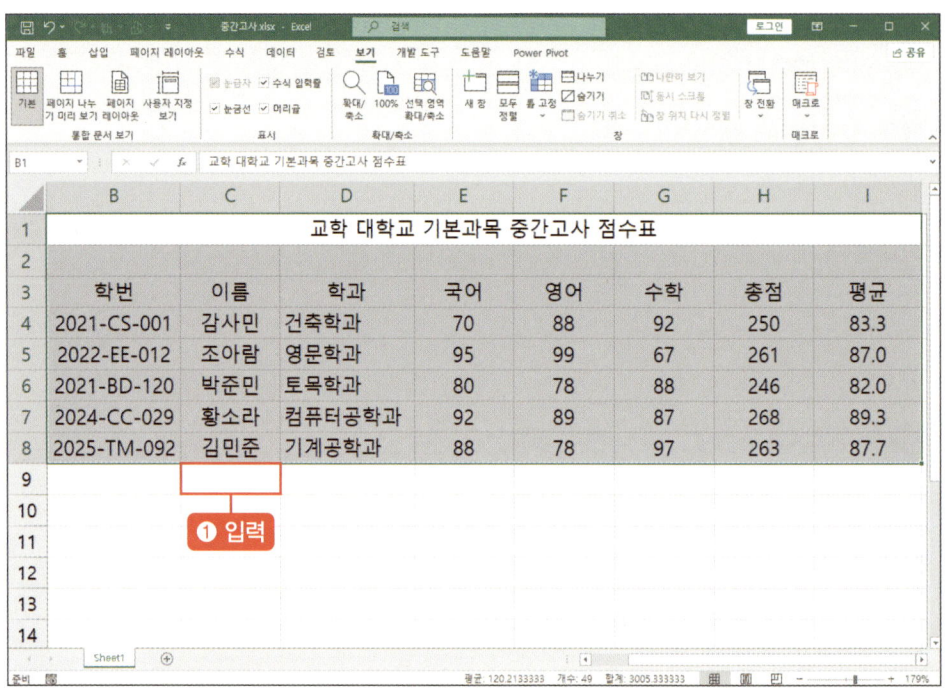

2 수정한 파일을 다른 이름으로 저장하기 위해 [파일]을 클릭하여 '백스테이지 뷰(Backstage View)'가 나타나면 [다른 이름으로 저장]-[이 PC]를 선택한 후 [문서]를 클릭합니다.

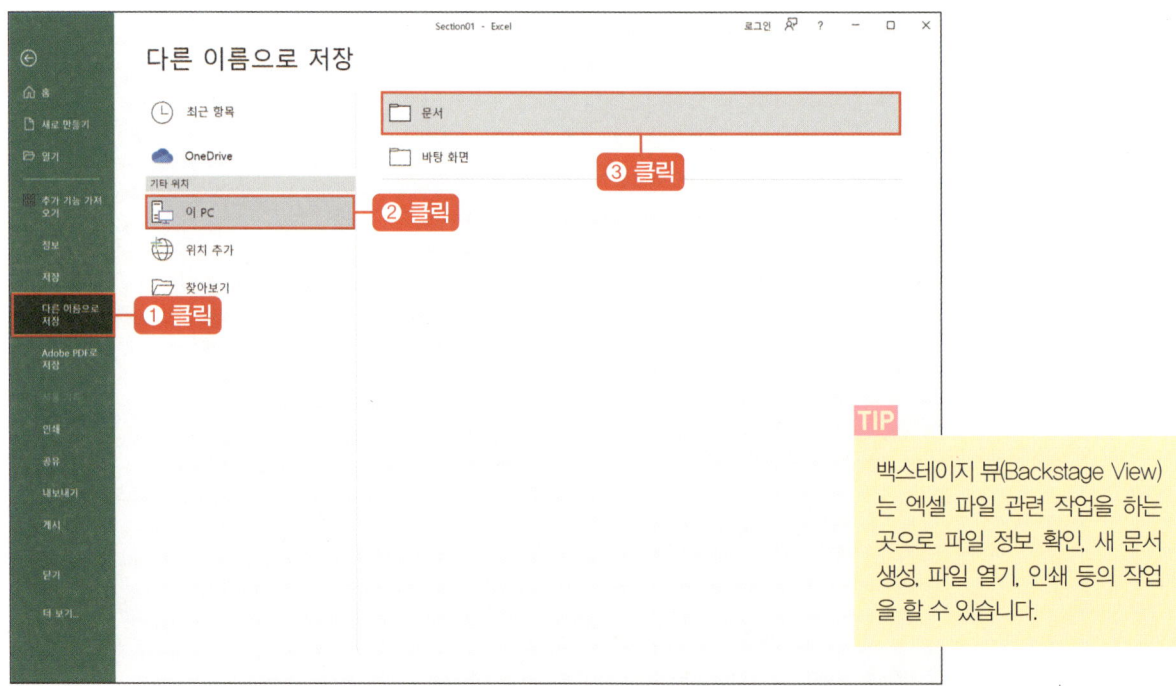

TIP
백스테이지 뷰(Backstage View)는 엑셀 파일 관련 작업을 하는 곳으로 파일 정보 확인, 새 문서 생성, 파일 열기, 인쇄 등의 작업을 할 수 있습니다.

③ [다른 이름으로 저장] 대화상자가 나타나면 저장할 폴더로 이동한 후 '파일 이름'에 '중간고사-수정'을 입력하고 [저장]을 클릭합니다.

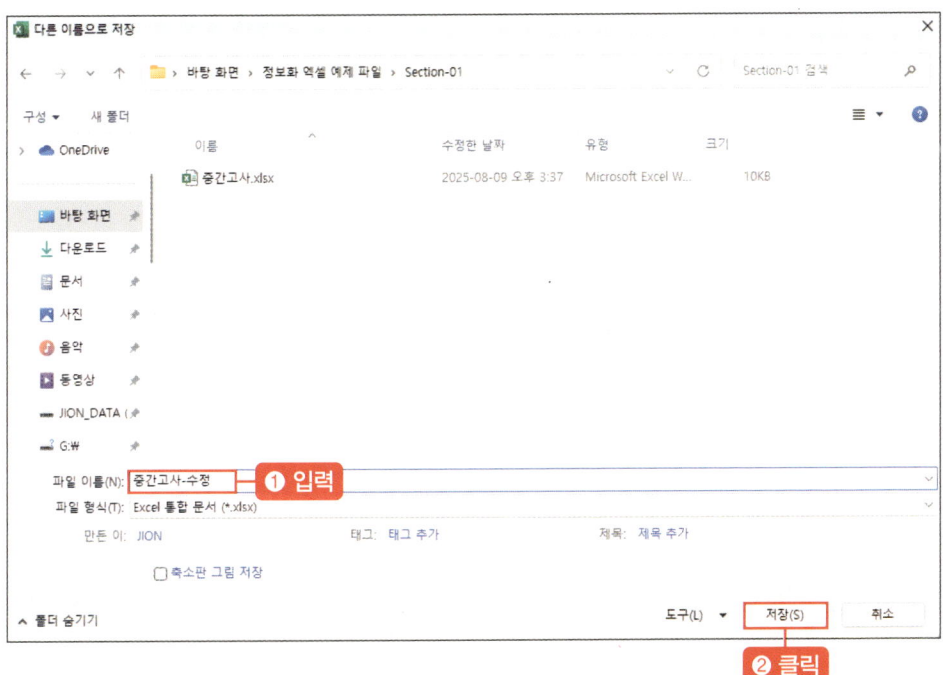

④ 파일을 저장했으면 엑셀 프로그램을 닫기 위해서 [파일]을 선택한 후 '백스테이지 뷰'에서 [닫기]를 클릭합니다.

셀프 테스트

1 새 통합 문서를 실행하고 다음과 같이 텍스트를 입력해 보세요.

	A	B	C	D	E	F	G	H
1								
2		문화 센터 수강 신청						
3								
4		번호	이름	신청날짜	신청강좌	개강일		
5		1	오하나	11월 20일	초급수영	12월 01일		
6		2	이대영	11월 20일	고급수영	12월 01일		
7		3	이수영	11월 23일	필라테스	12월 01일		
8		4	김미진	11월 25일	힐링요가	12월 02일		

2 데이터가 입력된 범위만 확대한 후 '수강신청.xlsx' 파일로 저장하고 엑셀 프로그램을 종료해 보세요.

③ '수강신청.xlsx' 파일을 불러온 후 화면 확대/축소 배율을 100%로 변경하고 다음과 같이 내용을 추가해 보세요.

	A	B	C	D	E	F	G	H
1								
2		문화 센터 수강 신청						
3								
4		번호	이름	신청날짜	신청강좌	개강일		
5		1	오하나	11월 20일	초급수영	12월 01일		
6		2	이대영	11월 20일	고급수영	12월 01일		
7		3	이수영	11월 23일	필라테스	12월 01일		
8		4	김미진	11월 25일	힐링요가	12월 02일		
9		5	이여진	11월 27일	서예	12월 02일		
10								
11								
12								
13								
14								

④ 새 통합 문서를 실행하고 다음과 같이 텍스트를 입력한 후 '영업부 실적.xlsx' 파일로 저장해 보세요.

	A	B	C	D	E	F	G	H
1		영업부 제품 판매 현황						
2								
3		이름	부서	직급	판매량			
4		김철수	영업1팀	사원	120			
5		박민수	영업2팀	대리	150			
6		오수빈	영업1팀	과장	170			
7		신채민	영업2팀	대리	190			
8		이영희	영업2팀	과장	180			
9		정은지	영업1팀	부장	240			
10								
11								
12								
13								
14								

Excel 2021

02 데이터 입력하기
SECTION

엑셀 데이터는 텍스트, 숫자, 날짜, 시간, 수식 등 여러 종류로 나뉩니다. 각 데이터의 유형에 맞는 입력 규칙에 따라 데이터를 입력해야 데이터 분석 작업이 원활하게 이루어집니다. 여기에서는 워크시트에 다양한 데이터를 입력하는 방법을 알아보겠습니다.

1 텍스트/숫자/날짜 입력하기

1 다음과 같이 텍스트, 날짜 데이터를 입력합니다. 날짜 데이터의 연, 월, 일을 하이픈(-)으로 구분하여 입력하면 열의 너비가 자동으로 넓어집니다.

2 [F4] 셀에 '수강료'를 입력하고 Alt + Enter 키를 누릅니다. 줄바꿈이 되면 '(단위:원)'을 입력합니다.

③ [F5:F9] 셀에 다음과 같이 숫자 데이터를 입력합니다.

TIP 텍스트 데이터를 입력하면 셀의 왼쪽에 정렬되며, 숫자 데이터를 입력하면 셀의 오른쪽에 정렬됩니다.

2 기호 입력하기

① [B11] 셀에 'ㅁ'을 입력하고 [한자] 키를 눌러 특수 문자 입력 창이 나타나면 방향키 ↓를 누르거나 마우스를 스크롤하여 '◆'를 선택합니다.

선택한 기호가 입력되었으면 다음과 같이 기호 뒤에 텍스트를 입력합니다.

더 알아보기 | 엑셀에 기호와 이모티콘 넣기

리본 메뉴로 입력하기

[삽입] 탭의 [기호] 그룹에서 [기호]를 클릭합니다. [기호] 대화상자에서 '글꼴'과 '하위 집합(Subset)'의 종류(예: 통화 기호, 도형 기호, 숫자 형식)를 선택하여 원하는 기호를 입력할 수 있습니다. '글꼴'에서 'Wingdings' 또는 'Webdings'와 같은 특수 기호 전용 글꼴을 선택하면 다양한 체크 표시, 화살표 등을 찾을 수 있습니다.

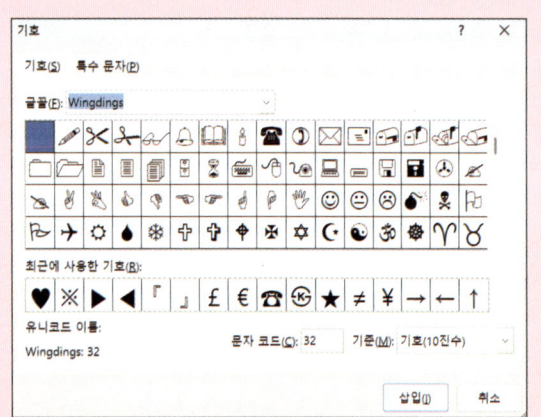 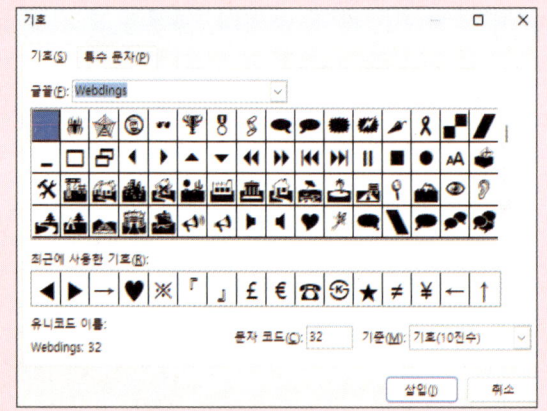

키보드로 간단히 입력하기

키보드에서 ⊞ + . 키를 눌러 작은 팝업 창이 나타나면 상단에 있는 '기호' 탭을 클릭한 후 원하는 기호를 선택하여 입력할 수 있습니다.

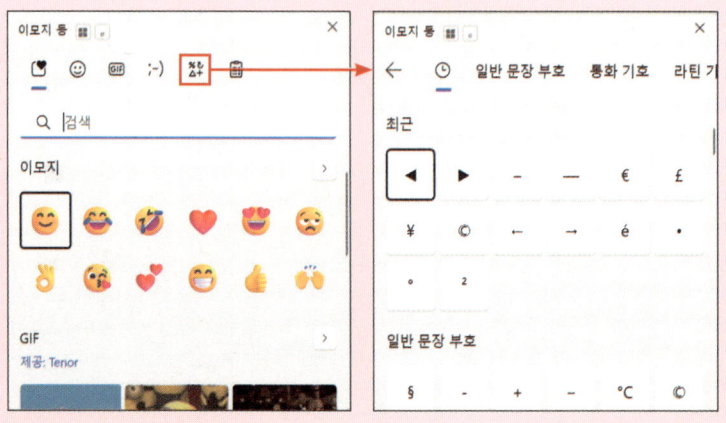

3 한자 입력하기

1. 입력한 텍스트 중에서 '위약금'을 선택하고 [한자] 키를 누릅니다. [한글/한자 변환] 대화상자가 나타나면 위약금과 관련된 한자를 선택하고 [변환]을 클릭합니다.

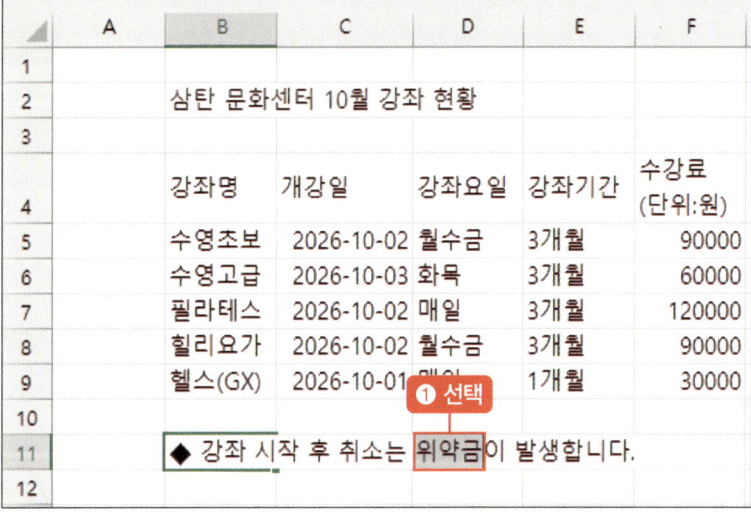

2. 한자가 입력되었습니다. [한자] 키가 없는 경우에는 [검토] 탭에서 [언어] 그룹의 [한글/한자 변환]을 클릭하면 됩니다.

셀프 테스트

1 다음과 같이 텍스트, 숫자 데이터를 입력하고 '상품재고현황.xlsx'로 저장해 보세요.

	A	B	C	D	E
1					
2					
3		상품 재고 현황			
4					
5		상품명	입고수량	출고수량	재고수량
6		상품A	100	20	80
7		상품B	50	10	40
8		상품C	200	50	150
9		상품D	75	25	50

2 다음과 같이 텍스트, 숫자 데이터를 입력하고 '우리반_시험점수.xlsx'로 저장해 보세요

	A	B	C	D	E
1					
2					
3		우리 반 시험 점수			
4					
5		이름	국어	수학	영어
6		김민지	90	85	92
7		박서준	78	95	88
8		이하나	85	88	90
9		최지훈	92	80	75

❸ 다음과 같이 텍스트, 숫자, 날짜 데이터 입력하고 '일일지출내역.xlsx'로 저장해 보세요.

	A	B	C	D	E	F	G
1							
2							
3		일일 지출 내역					
4		날짜	항목	금액			
5		2025-08-29	점심 식사	9500			
6		2025-08-29	커피	4000			
7		2025-08-29	교통비	2500			
8		2025-08-30	저녁 식사	12000			
9							
10							
11							

❹ 텍스트, 숫자, 날짜, 기호 데이터를 입력하고 '문화센터.xlsx'로 저장해 보세요

	A	B	C	D	E	F	G	H
1								
2		※문화 센터 인터넷 강의 수강 신청♥						
3								
4		번호	이름	지역	신청날짜	신청요일	개강일	
5		1	오하나	서울	2027-10-20	수요일	2027-11-01	
6		2	이대영	부산	2027-10-21	목요일	2027-11-01	
7		3	구삼식	서울	2027-10-22	금요일	2027-11-01	
8		4	이육사	광주	2027-10-25	월요일	2027-11-01	
9		5	가정수	전주	2027-10-26	화요일	2027-11-01	
10		6	나소수	대전	2027-10-27	수요일	2027-11-01	
11		7	마실수	천안	2027-10-28	목요일	2027-11-01	
12								
13								

Excel 2021

03 자동 채우기
SECTION

일련번호와 같은 숫자 또는 순차적으로 바뀌는 요일이나 날짜와 같은 데이터는 자동 채우기 기능을 활용하면 빠르게 입력할 수 있습니다.

1 자동 채우기로 데이터 입력하기

1 '자동 채우기.xlsx' 파일을 불러온 후 [B3] 셀에 '1'을 입력하고 오른쪽 하단의 자동 채우기 핸들을 클릭한 채로 [B17] 셀까지 아래로 드래그합니다.

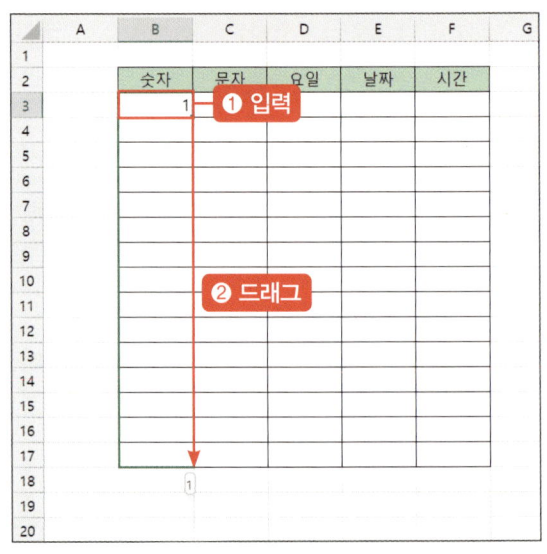

2 [B3:B17] 범위에 1이 자동으로 입력됩니다. [C3] 셀에 '엑셀'을 입력한 후 자동 채우기 핸들로 [C17] 셀까지 드래그하여 문자를 채웁니다. [D3] 셀에 '월요일'을 입력하고 자동 채우기 핸들로 [D17] 셀까지 드래그합니다.

③ [D3:D17]에 월요일부터 일요일까지 순차적으로 반복해서 요일이 입력됩니다. 이번에는 [E3] 셀에 날짜를 입력하고 자동 채우기 핸들로 [E17] 셀까지 드래그합니다.

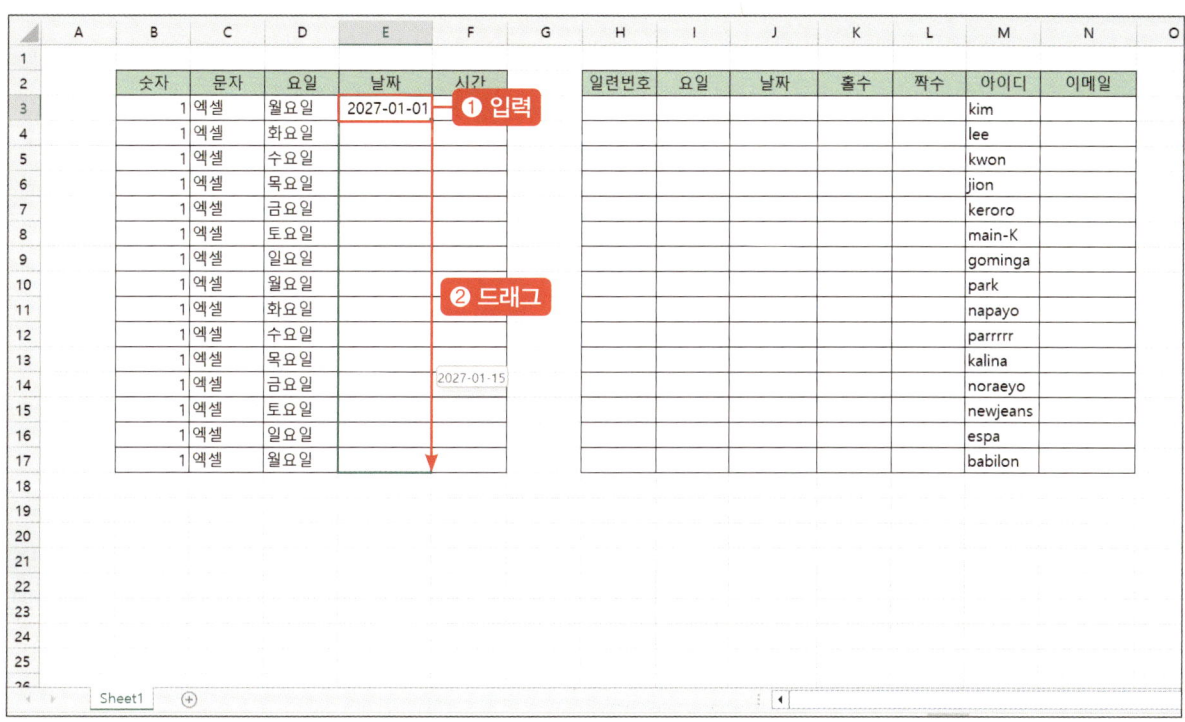

④ [E3:E17]에 날짜가 자동 입력되면 [F3] 셀에 '0:00' 시간을 입력하고 자동 채우기 핸들을 [F17] 셀까지 드래그하여 연속된 시간을 입력합니다.

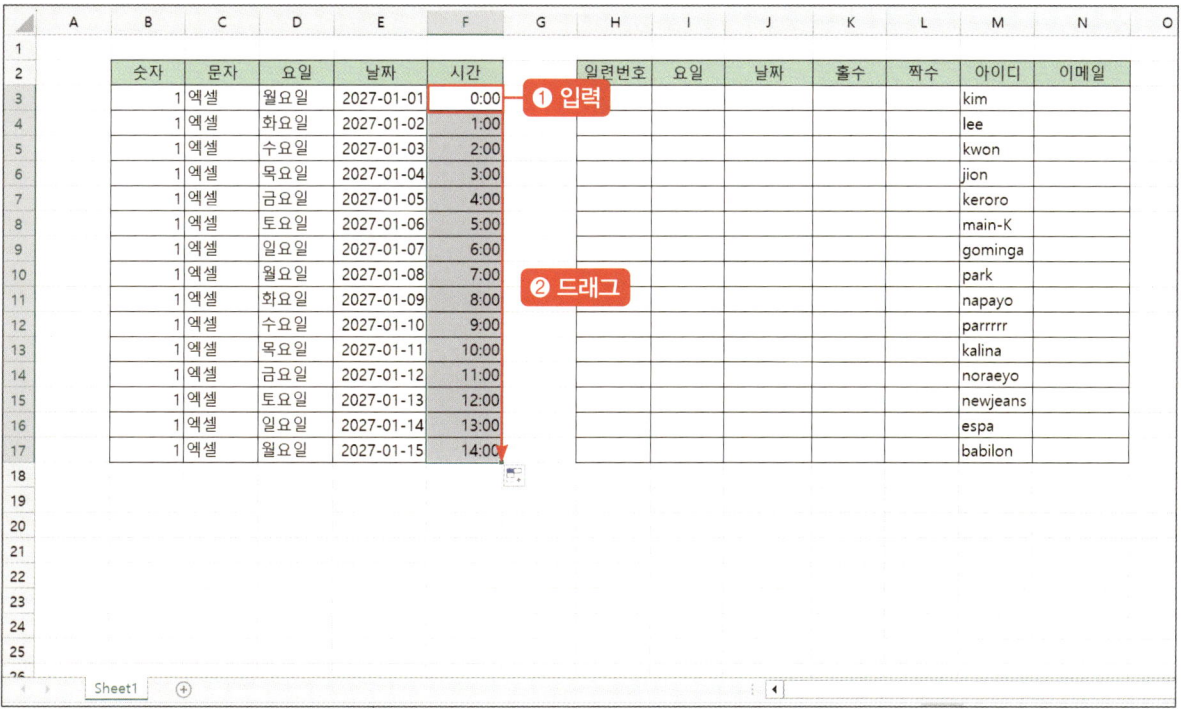

2 자동 채우기 옵션 단추 활용하기

1 [H3] 셀에 '1'을 입력하고 자동 채우기 핸들을 이용해서 [H17] 셀까지 드래그하여 숫자 1로 자동 채우기를 합니다. 오른쪽 하단의 자동 채우기 옵션 단추를 클릭하면 바로 가기 메뉴가 표시됩니다. 여기에서 [연속 데이터 채우기]를 선택하여 1~15까지 연속된 숫자로 변경합니다.

2 [I3] 셀에 '월요일'을 입력한 후 자동 채우기 핸들을 [I17] 셀까지 드래그하여 요일을 입력합니다. 자동 채우기 옵션 단추를 클릭한 후 바로 가기 메뉴에서 [평일 단위 채우기]를 선택합니다. 입력된 요일에서 '토요일'과 '일요일'을 제외하고 '월~금요일'만 반복해서 채워집니다.

❸ [J3] 셀에 '2027-01-01'을 입력한 후 자동 채우기 핸들을 [J17] 셀까지 드래그하여 날짜를 입력합니다. 자동 채우기 옵션 단추를 클릭한 후 바로 가기 메뉴에서 [월 단위 채우기]를 선택합니다. 날짜는 변경되지 않고 월 단위만 자동으로 변경됩니다.

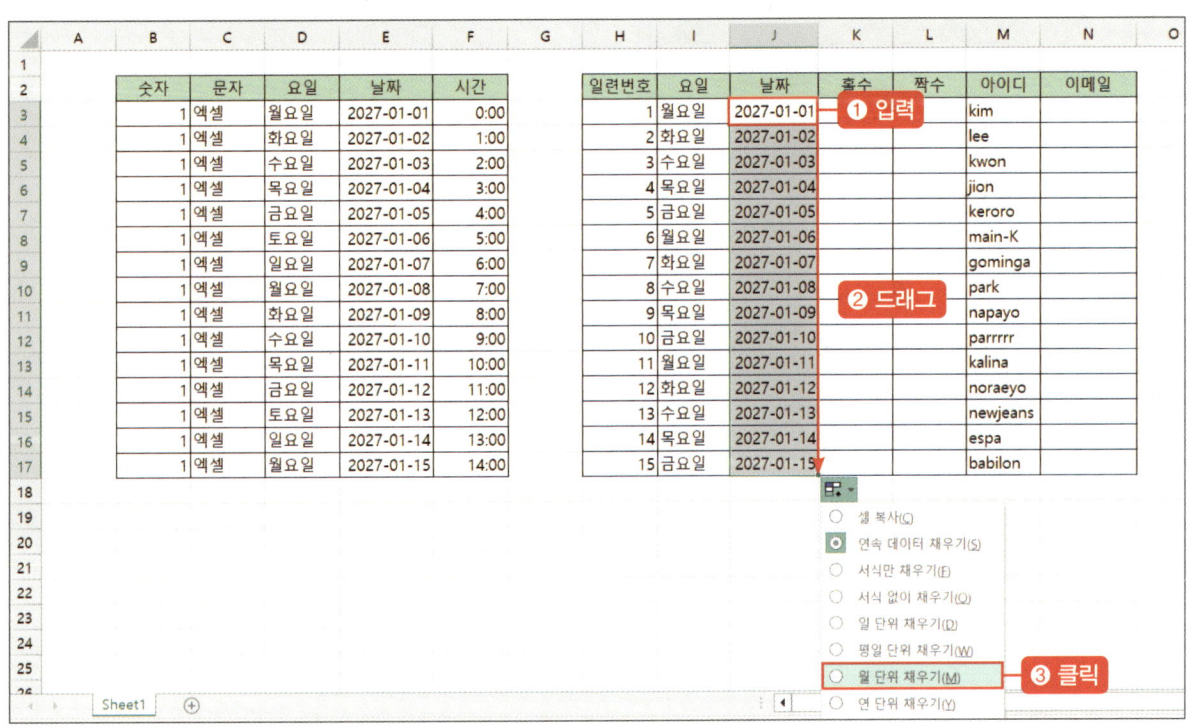

❹ [K3] 셀에 '1', [K4] 셀에 '3'을 입력하고 [K3:K4] 셀을 선택한 후 자동 채우기 핸들을 이용해서 [K17]까지 드래그합니다. 1부터 시작하는 홀수가 입력됩니다.

5 [L3] 셀에 '2', [L4] 셀에 '4'를 입력하고 자동 채우기 핸들을 이용해서 [L17]까지 드래그하면 2부터 시작하는 짝수가 입력됩니다.

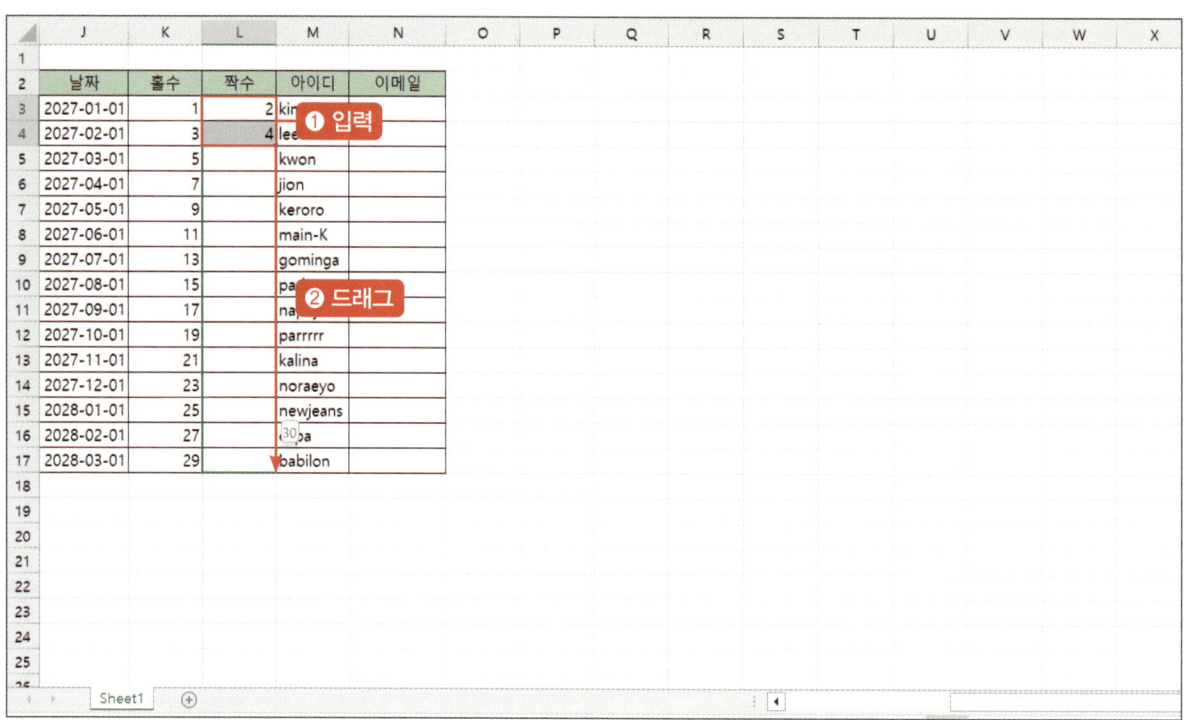

6 [N3] 셀에는 [M3] 셀의 아이디를 이용해서 이메일을 입력하고 [N] 열의 머리글을 드래그하여 너비를 적당하게 넓혀줍니다.

7 [N3] 셀의 자동 채우기 핸들을 이용해서 [L17] 셀까지 드래그한 후 자동 채우기 옵션 단추를 클릭하여 바로 가기 메뉴가 나타나면 [빠른 채우기]를 선택합니다.

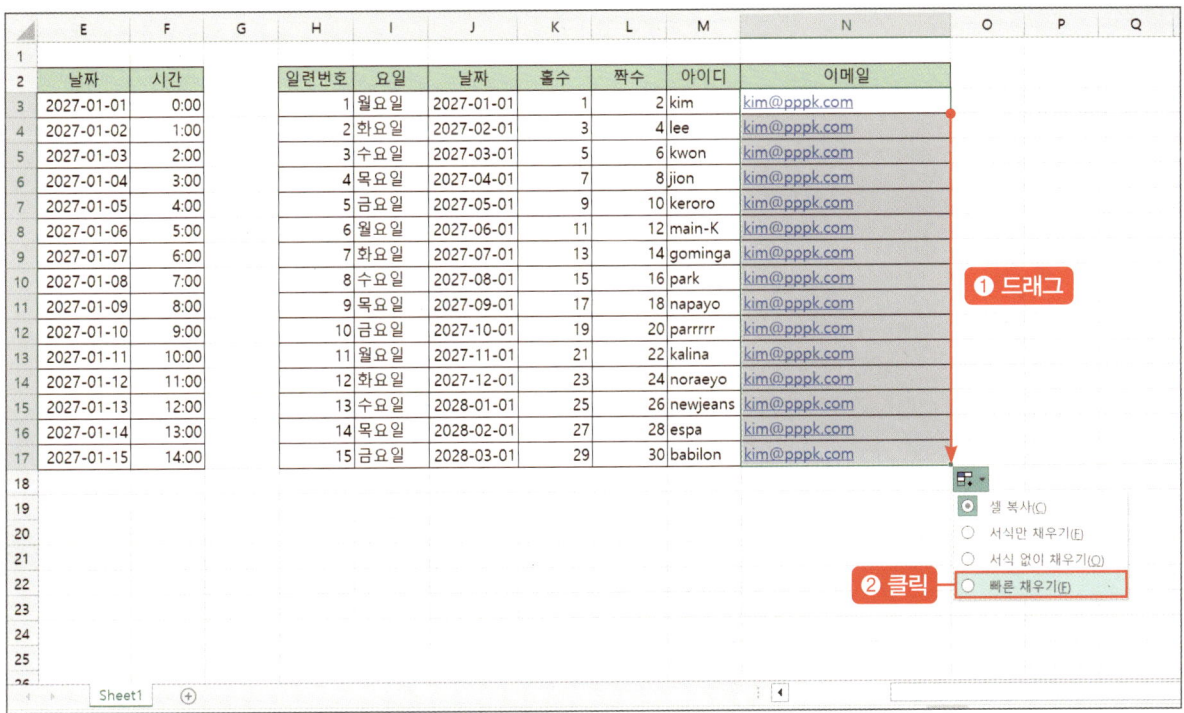

8 [M] 열의 아이디를 이용해서 자동으로 이메일 형식으로 입력됩니다.

셀프 테스트

1 '강좌 자동 채우기.xlsx' 파일을 열고 자동 채우기를 이용해서 다음과 같이 완성해 보세요.

일련번호	이름	신청 강좌	강좌시작일	수강기간
1	이말순	수중필라테스	2027-10-01	3개월
2	김복동	수중필라테스	2027-10-02	3개월
3	남희민	수중필라테스	2027-10-03	3개월
4	고순자	수중필라테스	2027-10-04	3개월
5	마순희	수중필라테스	2027-10-05	3개월
6	천말자	수중필라테스	2027-10-06	3개월

문화센터 등록 신청자

2 '당직 자동 채우기.xlsx' 파일을 열고 자동 채우기를 이용해서 다음과 같이 완성해 보세요. 날짜와 요일은 자동 채우기 옵션 단추를 클릭한 후 [평일 단위 채우기] 메뉴를 이용합니다.

우리회사 2주간 평일 당직 일정

일련번호	당직자	날짜	요일	근무시간
1	홍길동	2027-04-14	월요일	8시간
2	박나리	2027-04-15	화요일	8시간
3	고서운	2027-04-16	수요일	8시간
4	마지희	2027-04-19	목요일	8시간
5	구소리	2027-04-20	금요일	8시간
6	이대일	2027-04-21	월요일	8시간
7	천소라	2027-04-22	화요일	8시간
8	전대일	2027-04-23	수요일	8시간
9	송마루	2027-04-26	목요일	8시간
10	정희정	2027-04-27	금요일	8시간

❸ 새로운 워크시트에 자동 채우기를 이용하여 다음과 같이 데이터를 입력하고 '당직현황표 자동 채우기.xlsx' 파일로 저장해 보세요.

	A	B	C	D	E	F	G	H
1								
2		10월 3주차 당직 현황표						
3		번호	이름	10월20일	10월21일	10월22일	10월23일	10월24일
4		1	이희도	○				
5		2	나정말		○			
6		3	빙그래			○		
7		4	유도리	○				
8		5	조반상				○	
9		6	고수래					○
10		7	이파이			○		
11		8	전나라					○
12		9	수미양				○	
13		10	감자빵	○				
14								

❹ '도서관 자동 채우기.xlsx' 파일을 열고 자동 채우기 옵션 단추의 [빠른 채우기] 메뉴를 이용해 다음과 같이 완성해 보세요.

	A	B	C	D	E	F
1		우리 자랑 행사 도서관 위치				
2						
3		지역		도서관명	위치	
4		마포	아현	아현 도서관	마포구 아현동	
5		강서	발산	발산 도서관	강서구 발산동	
6		양천	신월	신월 도서관	양천구 신월동	
7		은평	신사	신사 도서관	은평구 신사동	
8		마포	공덕	공덕 도서관	마포구 공덕동	
9		영등포	신길	신길 도서관	영등포구 신길동	
10		종로	사직	사직 도서관	종로구 사직동	
11						
12						

SECTION 04 워크시트 관리하고 셀 크기 설정하기

Excel 2021

워크시트는 행과 열의 셀로 구성된 기본 작업 공간으로, 데이터를 입력하고 계산하는 곳입니다. 워크시트를 추가, 삭제하는 방법과 셀의 너비와 높이를 변경하는 방법을 알아보겠습니다.

1 워크시트 추가하고 삭제하기

1 '가전_매출.xlsx' 파일을 불러온 후 하단의 [새 시트(⊕)]를 클릭해 'Sheet1'이라는 이름으로 새로운 시트를 생성합니다. 'Sheet1' 탭을 더블클릭해서 시트 이름이 블록으로 지정되면 '새로운 시트'를 입력해서 시트 이름을 변경합니다.

2 '새로운 시트' 탭에서 마우스 오른쪽 버튼을 클릭하여 바로 가기 메뉴가 나타나면 [삭제]를 클릭해서 '새로운 시트'를 삭제합니다.

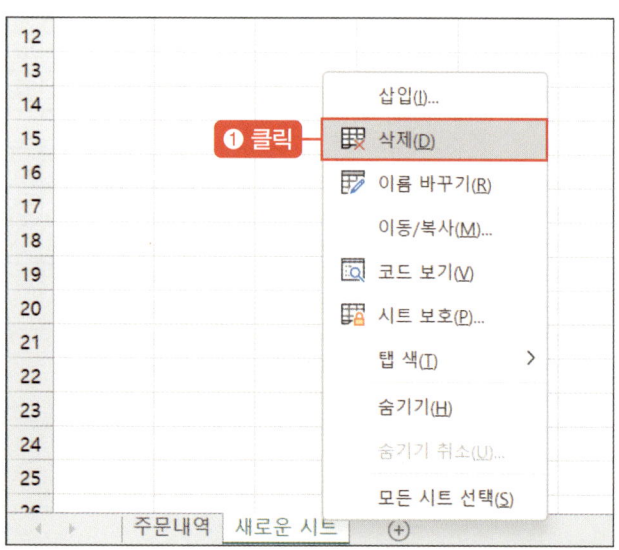

3 '주문내역' 시트 탭에서 마우스 오른쪽 버튼을 클릭해 바로 가기 메뉴가 나타나면 [이동/복사]를 선택합니다. [이동/복사] 대화상자가 나타나면 '복사본 만들기'를 선택하고 [확인]을 클릭합니다. '주문내역 (2)'라는 이름으로 복사본이 생성됩니다.

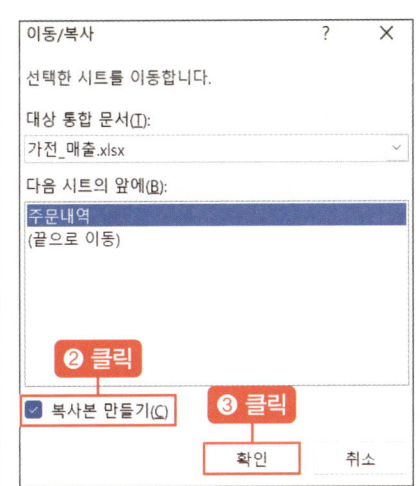

2 셀 너비와 높이 설정하기

1 '주문내역 (2)' 시트의 열 머리글에서 [D] 열과 [E] 열 사이의 경계선을 클릭한 채로 오른쪽으로 드래그하여 셀의 너비를 넓힙니다. [F] 열과 [G] 열 사이의 경계선에서 더블클릭하면 #으로 표시되었던 데이터가 숫자로 모두 표시됩니다.

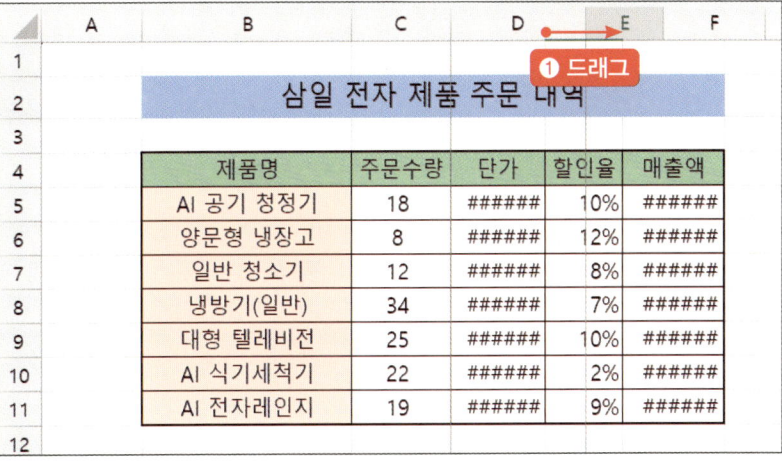

> **TIP** 데이터가 모두 '#'으로 표시되어 있으면 셀의 너비가 셀에 입력된 데이터보다 좁다는 것을 의미합니다.

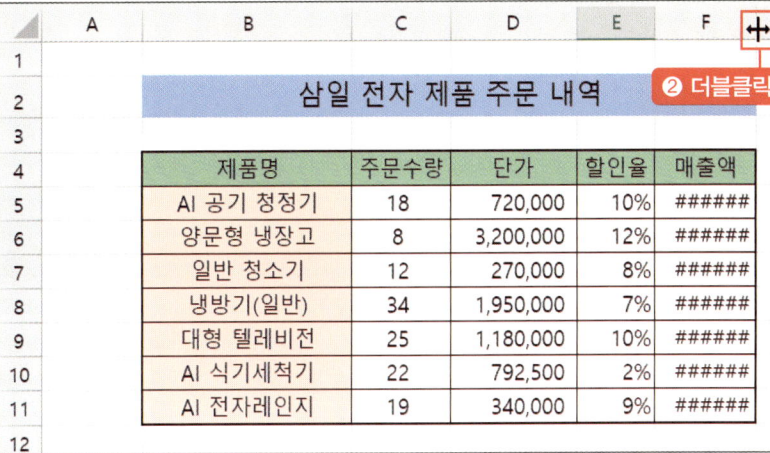

② [4] 행의 머리글을 클릭한 후 Shift 키를 누르고 [11] 행의 머리글을 클릭하면 [4]~[11] 행까지 모두 선택됩니다. [4]~[11] 행의 머리글을 드래그하여 선택해도 됩니다. [홈] 탭에서 [셀] 그룹의 [서식] 클릭한 후 '셀 크기'에서 [행 높이]를 선택합니다.

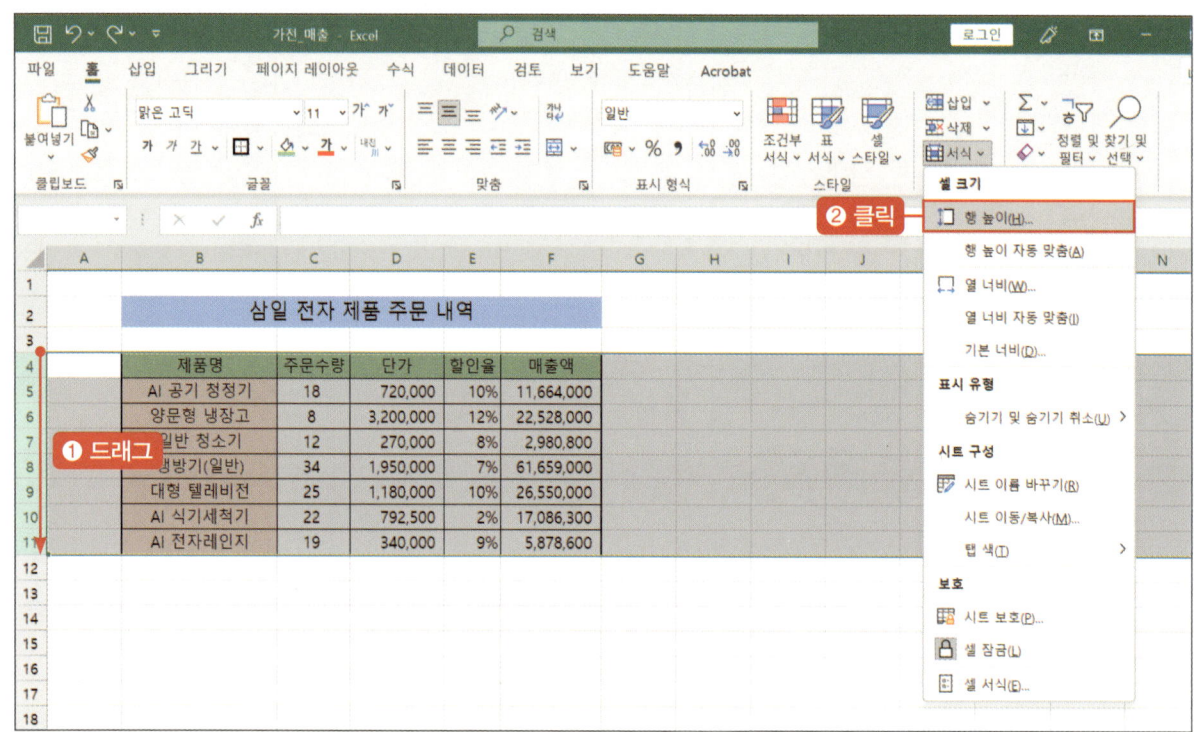

TIP [열 너비]를 선택하면 [열 너비] 대화상자가 실행되어 열 너비를 변경할 수 있습니다.

③ [행 높이] 대화상자가 나타나면 '행 높이'에 '25'를 입력하고 [확인]을 클릭합니다.

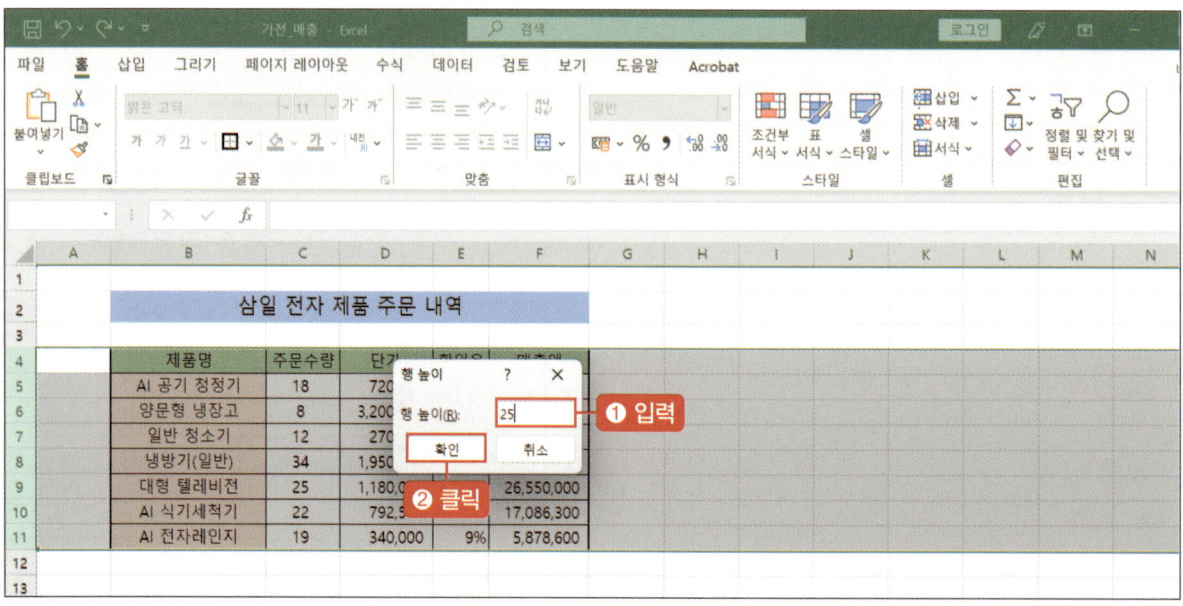

다음과 같이 선택한 행의 높이가 변경됩니다. 행 높이와 열 너비는 대화상자를 이용하여 변경할 수도 있으며, 마우스로 드래그하여 변경할 수도 있습니다.

	제품명	주문수량	단가	할인율	매출액
	AI 공기 청정기	18	720,000	10%	11,664,000
	양문형 냉장고	8	3,200,000	12%	22,528,000
	일반 청소기	12	270,000	8%	2,980,800
	냉방기(일반)	34	1,950,000	7%	61,659,000
	대형 텔레비전	25	1,180,000	10%	26,550,000
	AI 식기세척기	22	792,500	2%	17,086,300
	AI 전자레인지	19	340,000	9%	5,878,600

삼일 전자 제품 주문 내역

더 알아보기 | 셀 추가하고 삭제하기

셀 추가하기

행이나 열을 추가할 경우에는 머리글을 클릭하고 [홈] 탭에서 [셀] 그룹의 [삽입]-[셀 삽입]을 선택합니다. 또 다른 방법은 행 머리글이나 열 머리글을 선택하고 마우스 오른쪽 버튼을 클릭하여 바로 가기 메뉴에서 [삽입]을 선택하면 됩니다.

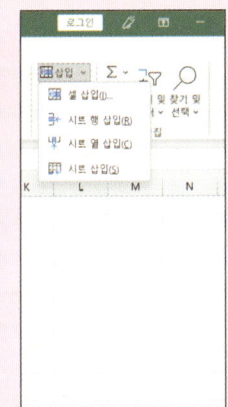
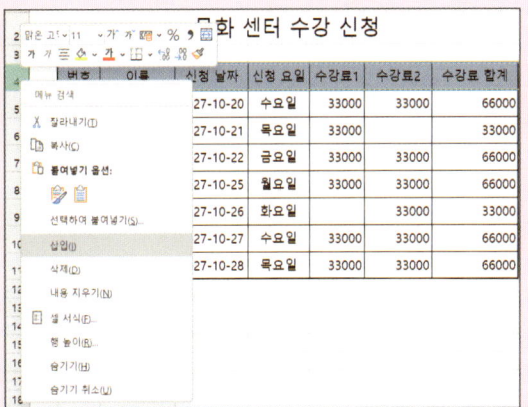

셀 삭제하기

셀을 삭제하는 방법 역시 앞에서 설명한 셀 삽입 방법과 같습니다. 삭제할 셀을 선택하고 [홈] 탭에서 [셀] 그룹의 [삭제]-[셀 삭제]를 선택하거나 삭제하고자 하는 행 머리글이나 열 머리글에서 마우스 오른쪽 버튼을 클릭해 바로 가기 메뉴에서 [삭제]를 선택하면 됩니다.

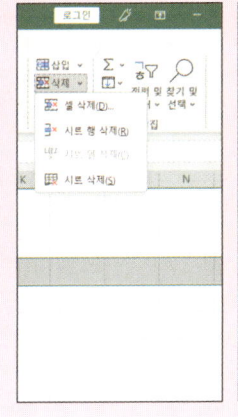

셀프 테스트

1 '문화센터_워크시트.xlsx' 파일을 열어서 '수강신청자' 시트를 복사한 후 시트 이름을 '수강신청자 수정'으로 변경해 보세요.

2 1의 '수강신청자 수정' 워크시트에서 [4]~[11] 행의 높이를 '25'로 변경해 보세요.

❸ '여행자_분석.xlsx' 파일을 불러온 후 [4] 행의 높이는 25, [5]~[13] 행의 높이는 '22'로 변경해 보세요.

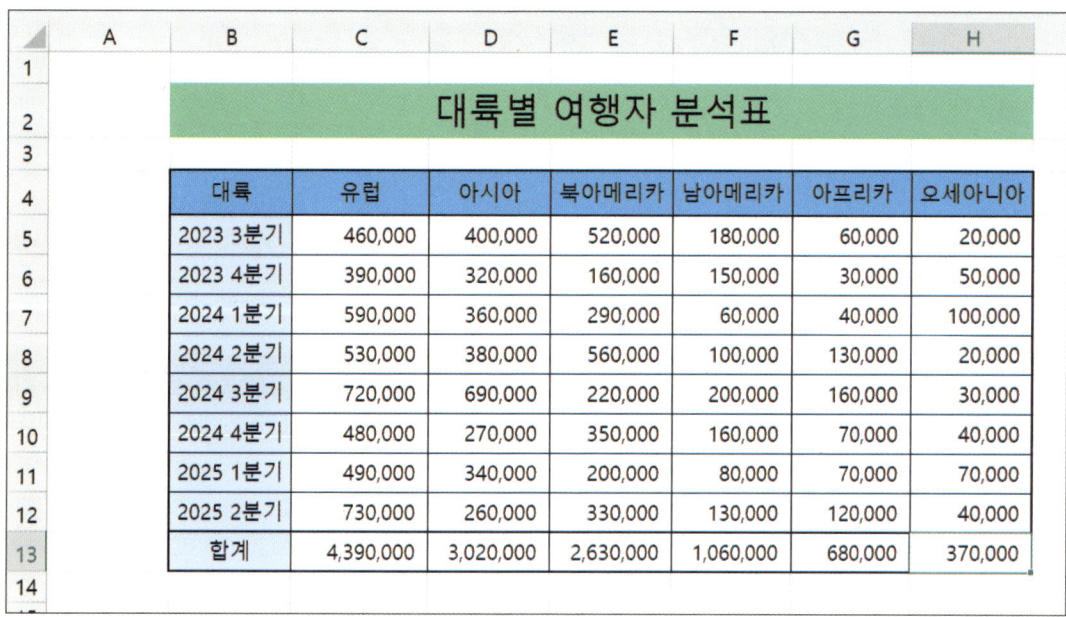

❹ 3에서 완성한 워크시트에서 [C] 열 앞에 새로운 열을 추가하고 열 너비를 '0.5'로, [5] 행 위에 새로운 행을 하나 더 추가하고 행 높이를 '5'로 변경해 보세요.

Excel 2021

05 셀 서식 설정하기
SECTION

엑셀에서 셀 서식은 옷과 같습니다. 옷차림만으로도 사람의 인상이 달라지듯이, 셀 서식을 사용하면 복잡한 데이터도 한눈에 보기 쉽고 깔끔하며 전문적인 문서로 만들 수 있습니다. 데이터의 글꼴과 색상을 바꾸고, 테두리를 그려 표를 완성하는 등 다양한 서식 설정 방법을 알아보겠습니다.

1 글꼴 및 맞춤 서식 설정하기

① '건강검진_서식.xlsx' 파일을 불러온 후 [B2] 셀부터 [H2] 셀까지 드래그하여 범위를 지정합니다. [홈] 탭의 [글꼴] 그룹에서 글꼴(Noto Sans KR SemiBold)과 크기(16pt)를 지정하고 [병합하고 가운데 맞춤(⬌)]을 클릭합니다.

TIP Noto Sans KR SemiBold는 구글에서 제공하는 무료 글꼴입니다.

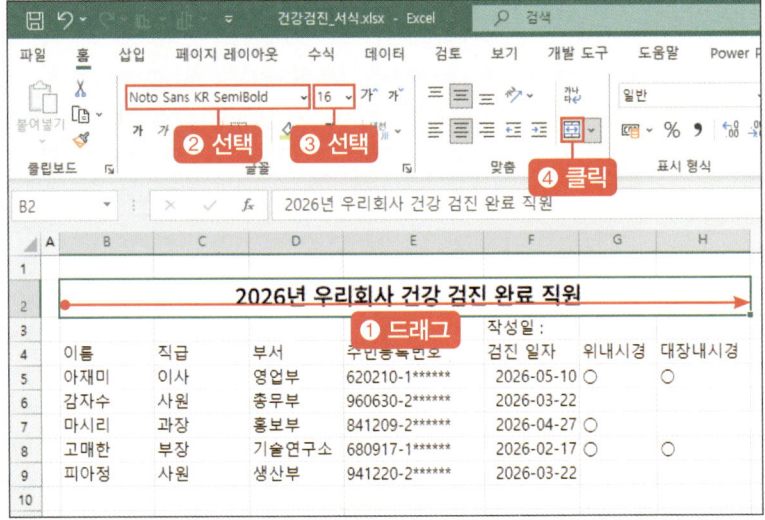

② [B4:H9] 셀을 드래그하여 범위를 지정하고 [홈] 탭에서 [맞춤] 그룹의 [가운데 맞춤(≡)]을 클릭합니다.

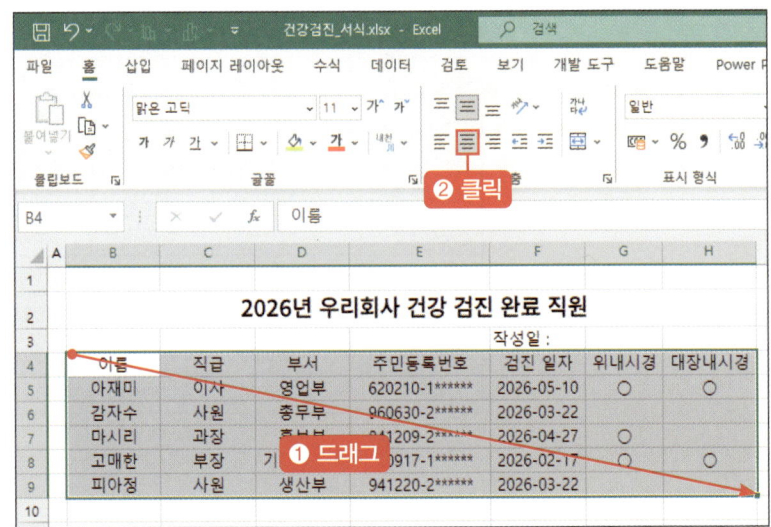

③ [F3] 셀을 클릭하고 [홈] 탭에서 [맞춤] 그룹의 [오른쪽 맞춤(≡)]을 클릭하여 '작성일:'을 셀의 오른쪽으로 정렬합니다.

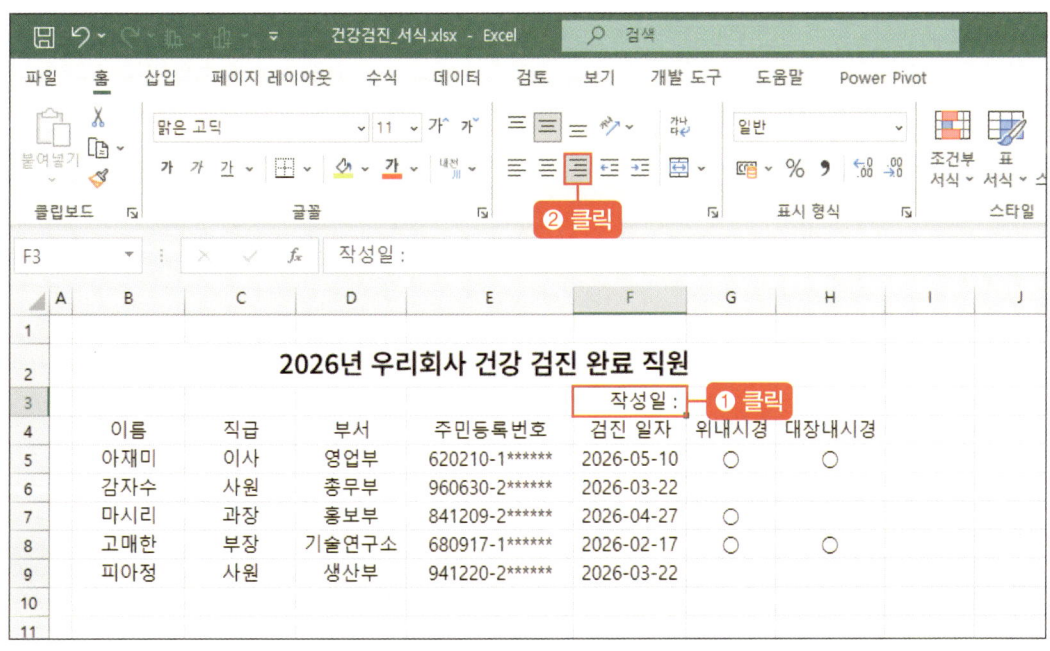

④ 이번에는 [G3:H3] 셀을 범위로 지정하고 [홈] 탭에서 [맞춤] 그룹의 [병합하고 가운데 맞춤(⇔)]을 클릭합니다. 셀 안에 '=TODAY()'를 입력하고 [홈] 탭에서 [맞춤] 그룹의 [왼쪽 맞춤(≡)]을 클릭합니다.

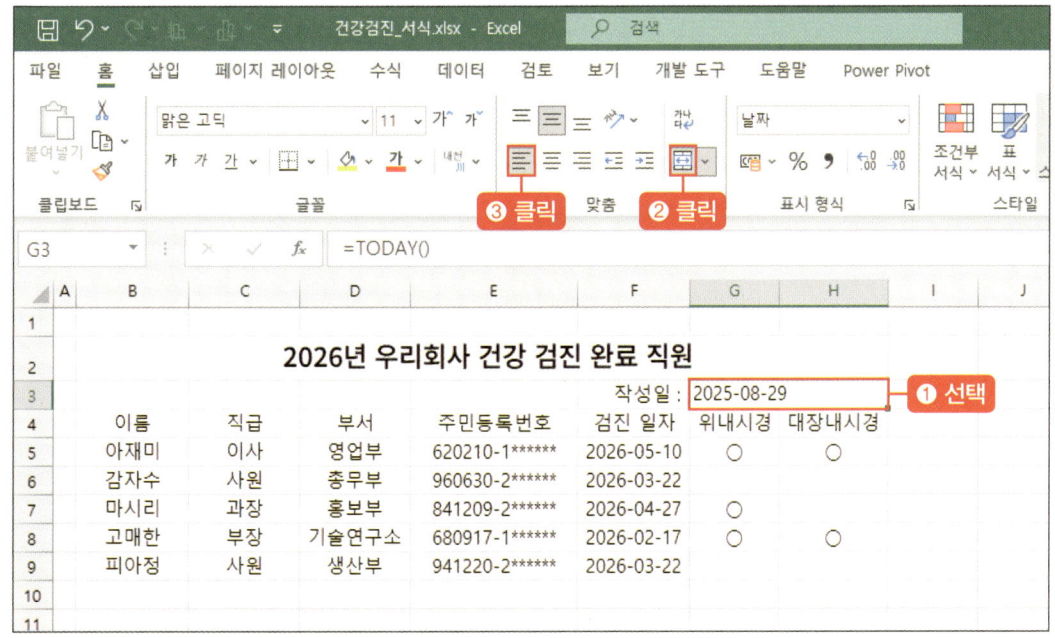

TIP 셀 안에 입력한 '=TODAY()'는 셀에 오늘 날짜를 표시하는 함수입니다. 함수란 특정 작업이나 계산을 수행하도록 미리 정의된 수식으로, 복잡한 계산 과정을 단순화하여 원하는 결과를 쉽고 빠르게 얻을 수 있게 해줍니다. 본 교재 section 10부터 다루고 있습니다.

2 테두리 및 배경 서식 설정하기

1 [B4:H9] 셀을 드래그하여 범위를 지정하고 [홈] 탭에서 [글꼴] 그룹의 [테두리(⊞)]를 클릭한 후 [모든 테두리]를 선택합니다.

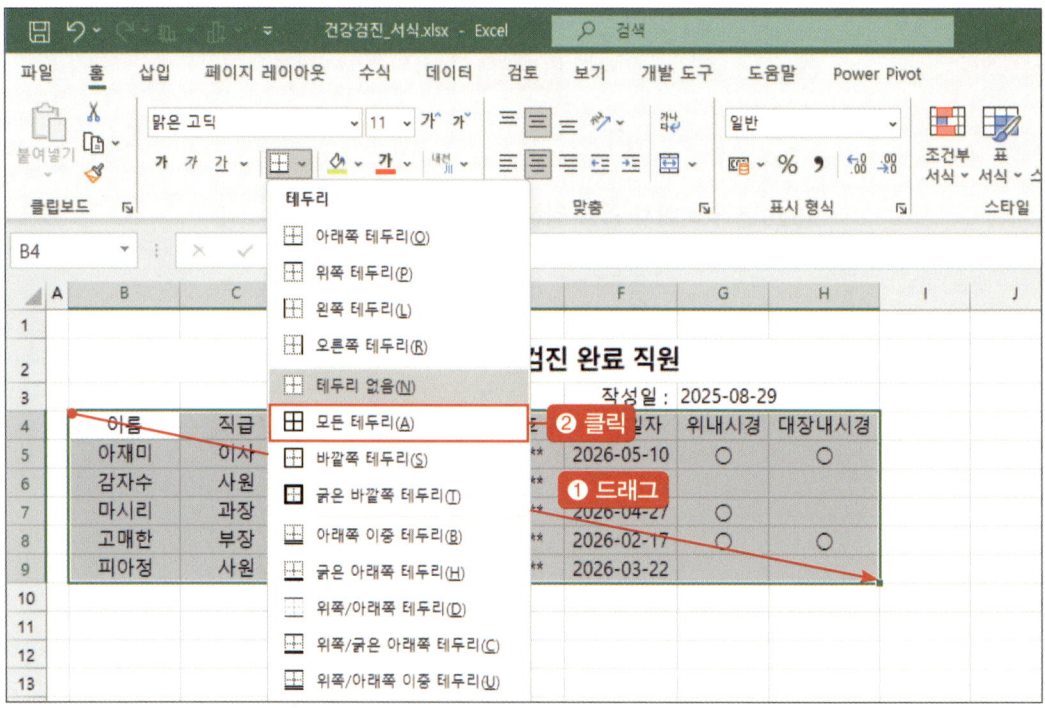

2 [B4:H4] 셀을 드래그하여 범위를 지정하고 [홈] 탭에서 [글꼴] 그룹의 [채우기 색(🪣)]을 클릭한 후 '주황, 강조 2, 40% 더 밝게'를 선택하여 배경색을 지정합니다.

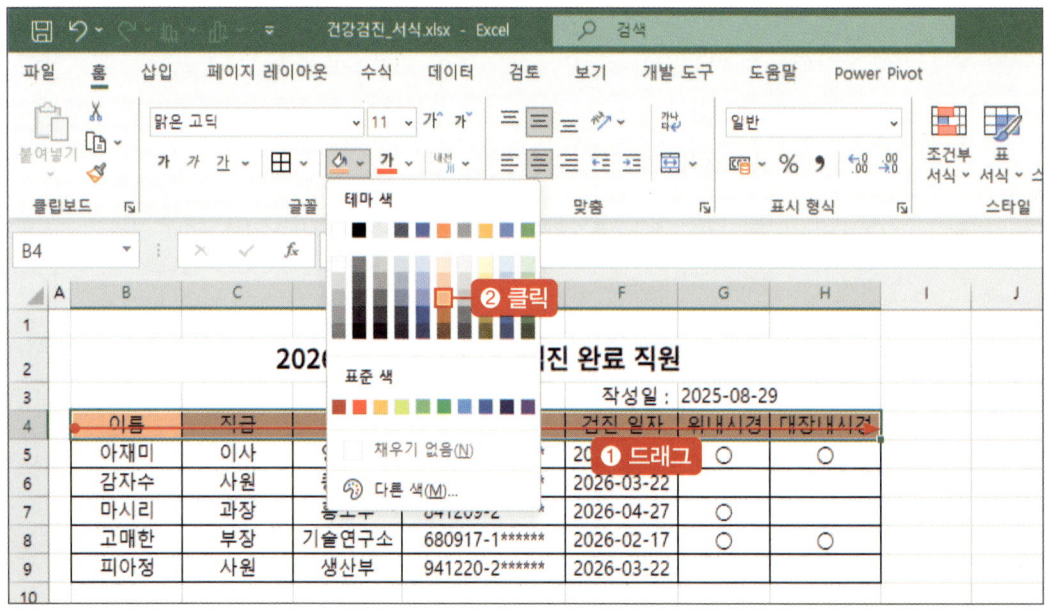

③ [G6]를 클릭하고 Ctrl 키를 누른 채 [H6], [H7], [G9], [H9] 셀을 차례로 클릭하여 여러 셀을 선택한 후 마우스 오른쪽 버튼을 클릭하여 [셀 서식]을 선택합니다.

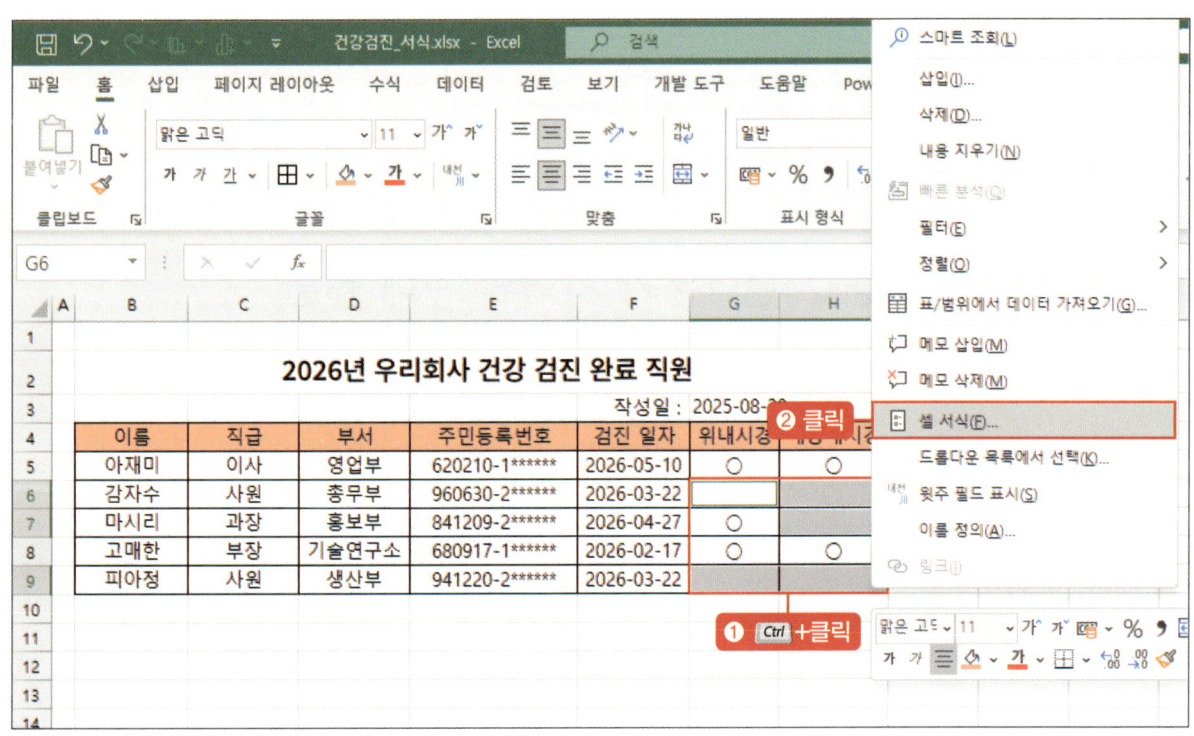

④ [셀 서식] 대화상자가 나타나면 [테두리] 탭의 '스타일'에서 실선, 하단 왼쪽과 오른쪽에 있는 대각선(📐, 📐)을 선택하고 [확인]을 클릭합니다.

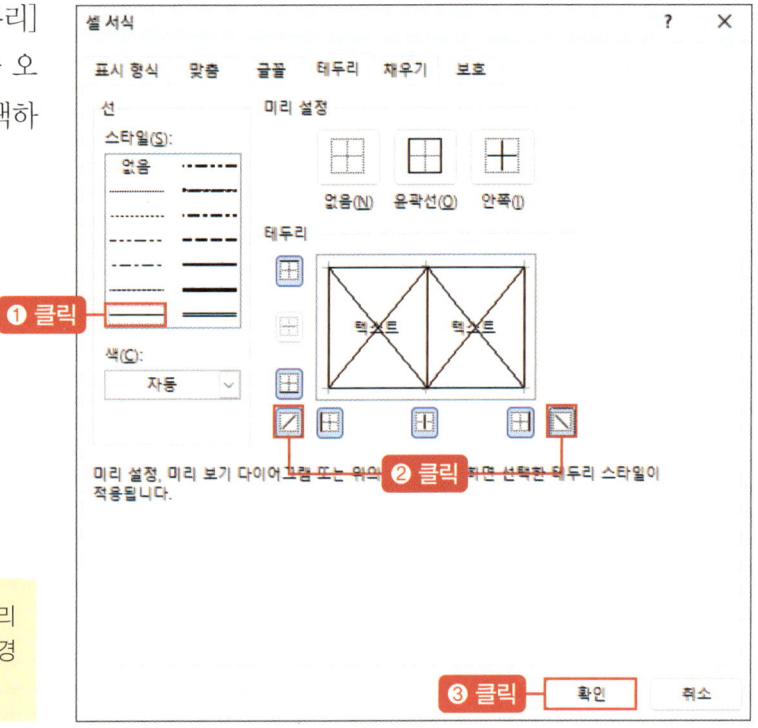

TIP [셀 서식] 대화상자의 [테두리] 탭에서는 테두리의 스타일과 색을, [채우기] 탭에서는 셀의 배경색을 지정할 수 있습니다.

셀프 테스트

1 '지역_판매현황.xlsx' 파일을 불러와 [B2:D2]의 셀 서식을 다음과 같이 설정해 보세요.

	A	B	C	D	E
1					
2		2024년 1분기 지역별 판매 현황			
3					
4		제목	판매량	매출액	
5		서울	150	1500000	
6		부산	120	1200000	
7		대구	80	800000	

2 '지출_보고서.xlsx' 파일을 불러와 다음과 같이 셀 서식을 설정해 보세요.

	A	B	C	D	E	F
1						
2		월별 지출 보고서				
3						
4		품목	1월	2월	3월	
5		식비	300000	280000	320000	
6		교통비	50000	60000	55000	
7		월세	500000	500000	500000	
8		용돈	1000000	900000	800000	

③ '지역별_인구수.xlsx' 파일을 불러와 다음과 같이 셀 서식을 설정해 보세요.

	A	B	C	D	E
1					
2		지역별 인구수와 면적			
3					
4		지역	인구수	면적	
5		강남구	537000	39.5	
6		송파구	664000	33.9	
7		마포구	380000	23.9	
8		종로구	145000	23.9	

④ '매출_현황.xlsx' 파일을 불러와 다음과 같이 셀 서식을 설정해 보세요.

	A	B	C	D	E	F
1						
2		1분기 컴퓨터 매출 현황				
3						
4		상품명	가격	수량	총액	
5		노트북	1200000	5	6000000	
6		마우스	25000	10	250000	
7		키보드	80000	8	640000	
8		전체 합계:	6890000			

06 데이터 표시 형식 설정하기

Excel 2021
SECTION

엑셀에서 복잡한 숫자를 한눈에 이해하기 쉽게 표시해 주는 것이 '표시 형식'입니다. 이번 단원에서는 숫자 데이터에 쉼표나 기호를 붙이고 백분율로 바꾸는 등 다양한 표시 형식을 설정하는 방법을 알아보겠습니다.

1 숫자 데이터의 표시 형식 설정하기

1 '바이오IT.xlsx' 파일을 불러와 [D5:D9] 셀을 범위로 지정한 후 [홈] 탭에서 [표시 형식] 그룹의 [백분율 스타일(%)]을 클릭하여 소수를 백분율로 나타냅니다.

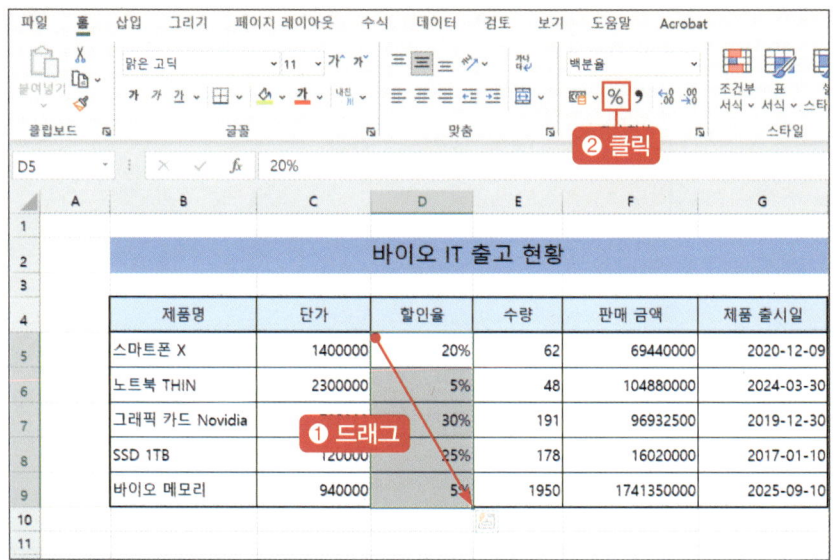

2 [C5:C9] 셀을 드래그한 후 Ctrl 키를 누른 채 [F5:F9] 셀을 드래그하여 다중 범위를 지정합니다. [홈] 탭에서 [표시 형식] 그룹의 [쉼표 스타일(,)]을 클릭해서 금액의 천 단위마다 쉼표를 표시합니다.

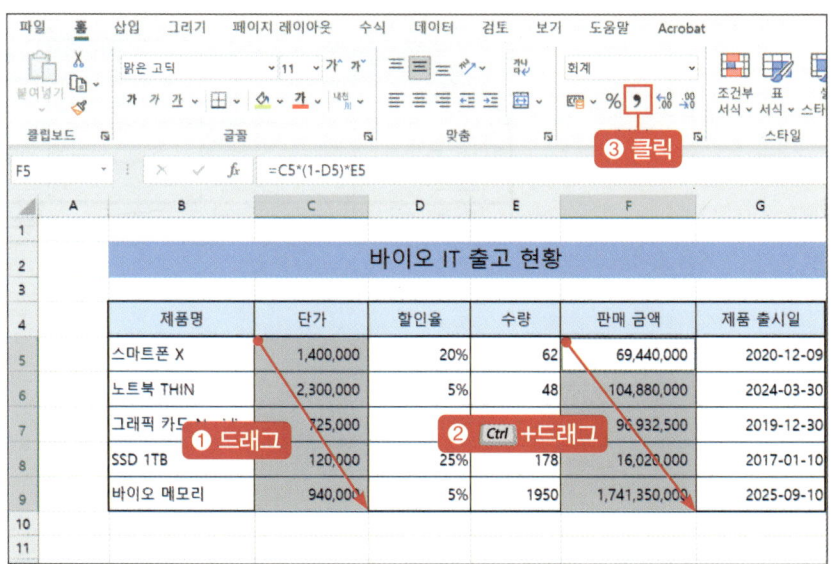

2 사용자 지정 표시 형식 설정하기

1 날짜 형식을 설정하기 위해서 [G5:G9] 셀을 범위 지정하고 마우스 오른쪽 버튼을 클릭하여 바로 가기 메뉴가 나타나면 [셀 서식]을 클릭합니다.

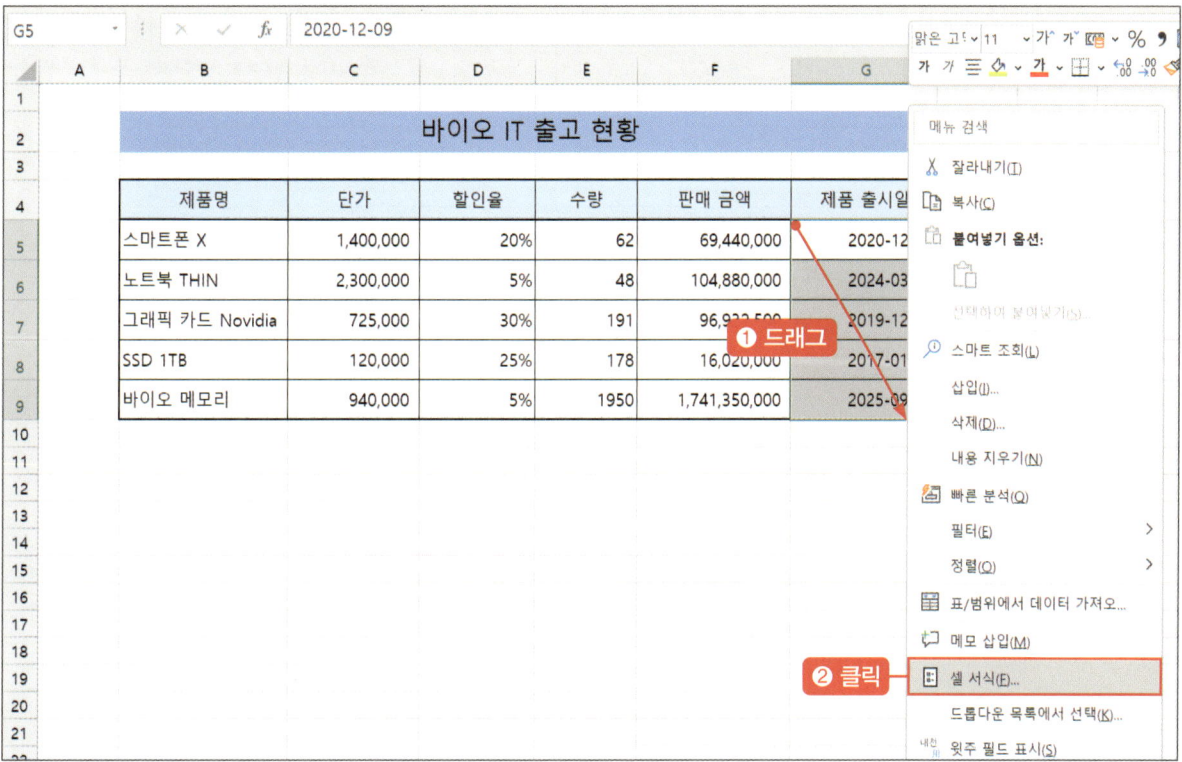

2 [셀 서식] 대화상자가 나타나면 '범주'에서 '날짜'를 선택하고 '형식'에서 표시하려는 형식을 선택한 후 [확인]을 클릭합니다. 여기에서는 '*2012년 3월 14일 수요일'을 선택합니다.

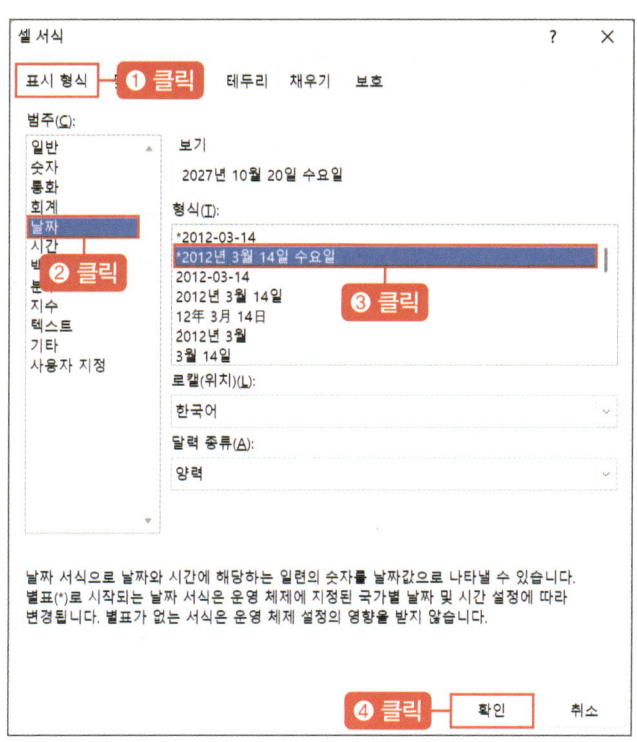

06 데이터 표시 형식 설정하기 • 41

3 [G] 열의 날짜 데이터가 모두 '#########'으로 표시됩니다. 열 머리글에서 [G] 열과 [H] 열 사이의 경계선을 오른쪽으로 드래그하여 날짜와 요일을 모두 표시합니다.

4 [E5:E9] 셀을 드래그하여 범위로 지정한 후 마우스 오른쪽 버튼을 클릭하여 바로 가기 메뉴가 나타나면 [셀 서식]을 선택합니다.

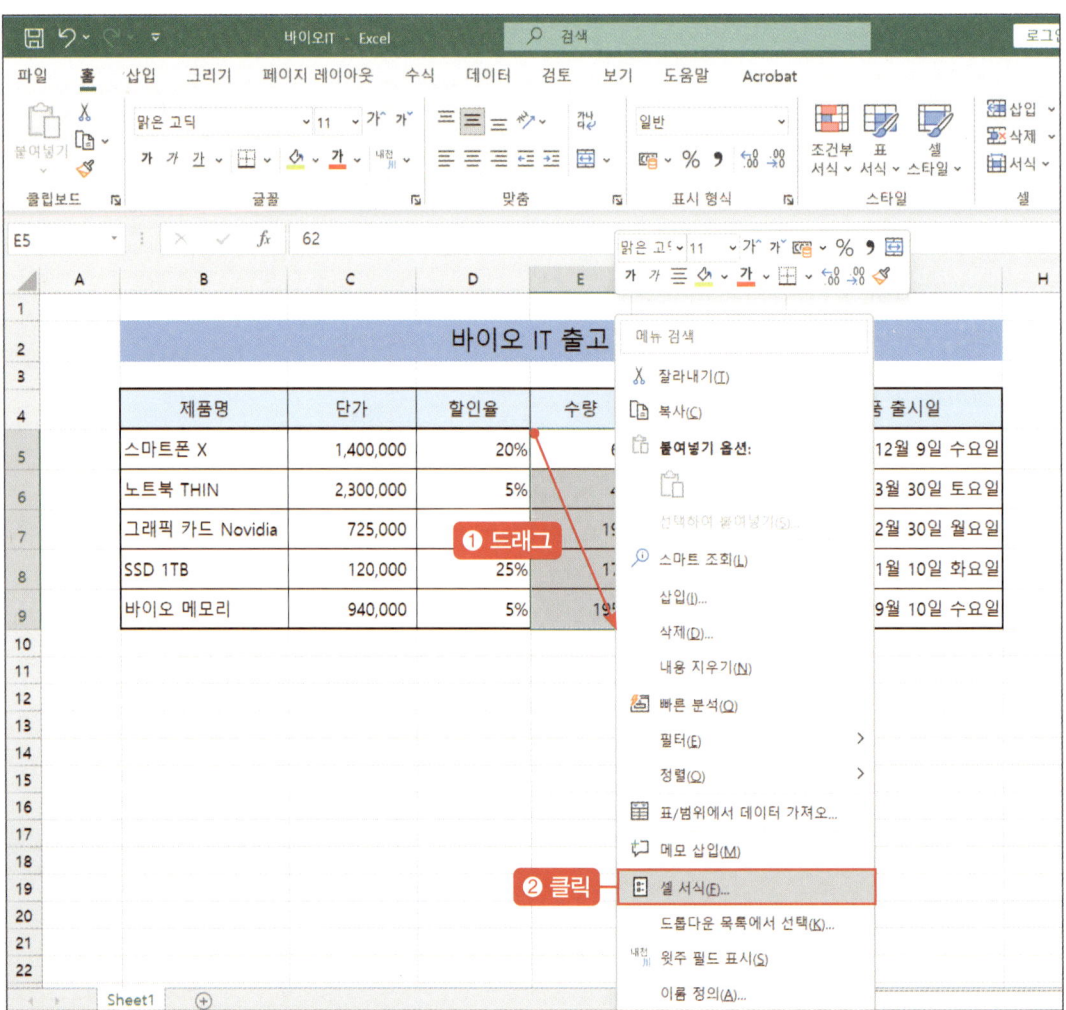

5 [셀 서식] 대화상자가 나타나면 [표시 형식] 탭에서 '범주'의 '사용자 지정'을 선택합니다. '형식'에서 '#,##0'을 클릭하여 선택한 다음, 형식 끝에 '"개"'를 입력하고 [확인]을 클릭합니다.

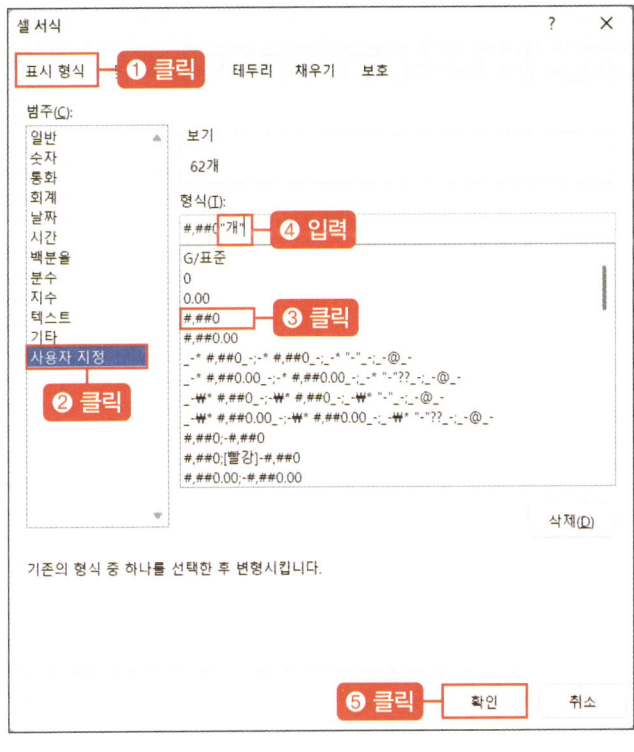

6 다음과 같이 [E5:E9] 셀에 있는 숫자 뒤에 '개'가 입력된 것을 확인할 수 있습니다.

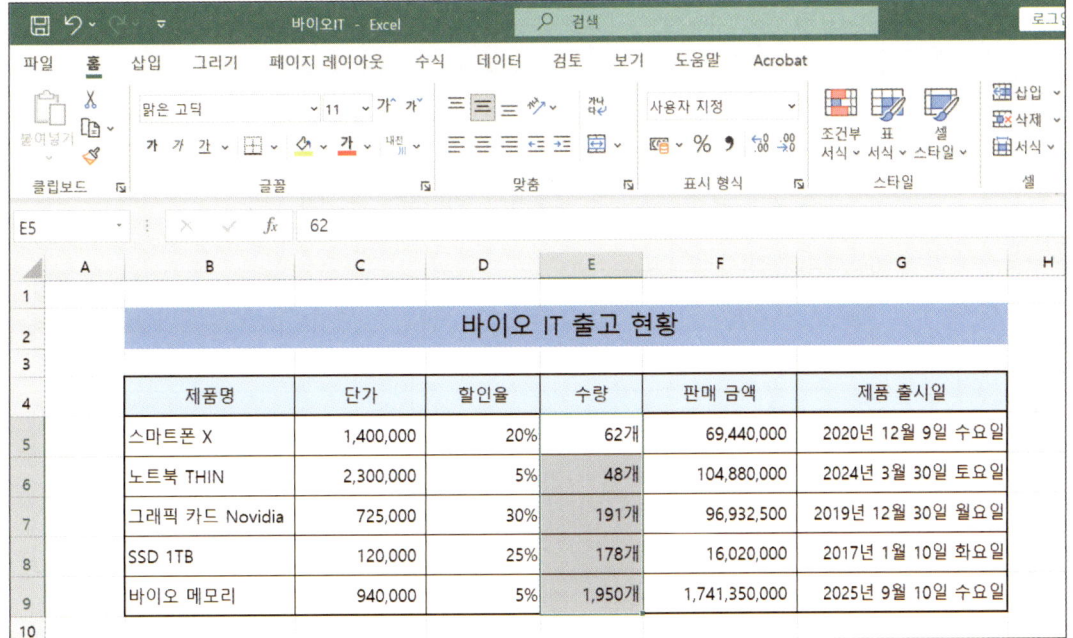

> **TIP** 숫자 데이터 뒤에 '개'가 입력되었지만, 수식 입력줄에는 숫자만 표시됩니다. 이는 셀에 표시되는 형식만 바뀌고 숫자 데이터는 변경되지 않았다는 것을 의미합니다.

셀프 테스트

1 '과장_연봉.xlsx' 파일을 불러와 [D4:D7] 셀의 날짜와 [E4:E7] 셀의 숫자 데이터의 표시 형식을 다음과 같이 지정해 보세요.

	A	B	C	D	E	F
1				우리회사 과장 연봉		
2						
3		부서	이름	생년월일	연봉	
4		영업부	나희도	1987년 4월 6일	78,000,000	
5		총무부	금지연	1980년 12월 12일	76,000,000	
6		개발부	수나라	1992년 10월 25일	72,200,000	
7		생산부	피수란	1990년 9월 14일	73,150,000	

2 '영업부_매출.xlsx' 파일을 불러와 [D]~[E] 열의 숫자 데이터와 [F] 열의 소수 데이터에 각각 쉼표와 백분율로 표시 형식을 지정해 보세요.

	A	B	C	D	E	F
1						
2				영업부 매출 성과		
3						
4		이름	부서	목표액	매출액	달성률
5		이나리	영업1부	120,000,000	140,000,000	117%
6		김미영	영업2부	132,500,000	214,584,000	162%
7		조한수	영업2부	292,000,000	232,045,000	79%
8		수미자	영업1부	98,400,000	103,457,000	105%
9		나타샤	해외영업부	210,000,000	193,487,000	92%

❸ '부동산_매물.xlsx' 파일을 불러와 [C] 열, [D] 열, [E] 열의 데이터 뒤에 각각 '평', '층', '억'으로 표시 형식을 지정해 보세요.

우리 부동산 매물

매물	평형	층	가격	특징
푸르지오 1차	32평	3층	9억	정남향
LH 2차	42평	22층	12억	서향
데시앙	28평	18층	7억	역에서 15분
두산 위브	62평	2층	22억	역에서 도보 2분
이편한세상 2차	32평	19층	15억	건물 내 대형 마트
레미안 3차	24평	8층	12억	근린생활 우수

❹ '문화센터.xlsx' 파일을 불러와 [D], [E], [F] 열 뒤에 각각 '명', '요일', '원'을 표시하고, 강의 시간은 '오후 1:30'과 같은 표시 형식으로 지정해 보세요.

우리동네 문화센터 강좌

강좌명	강사명	수강인원	강의요일	수강료	강의시간
초급수영	이숙희	20명	화요일	30,000원	오후 5:00
고급수영	나우림	20명	목요일	45,000원	오후 5:00
밸리댄스	설미도	50명	수요일	25,000원	오전 10:00
개인PT	김종희	2명	토요일	150,000원	오후 6:00
스마트폰	전종서	30명	월요일	20,000원	오전 10:00
한식조리사	한미리	20명	금요일	50,000원	오후 5:00

Excel 2021

07 그림 삽입하고 변경하기
SECTION

엑셀에서도 그림을 넣어서 작업하는 경우가 많습니다. 삽입한 그림은 용도에 맞게 크기를 변경하고 배경색을 변경할 수 있습니다. 여기에서는 그림을 삽입하고 크기를 변경하는 방법과 함께, 셀을 그림으로 복사하여 사용하는 방법을 알아보겠습니다.

1 그림 삽입하고 위치와 크기 바꾸기

1 '신제품보고서.xlsx' 파일을 불러온 후 [C6] 셀을 선택하고 [삽입] 탭의 [일러스트레이션] 그룹에서 [그림]-[이 디바이스]를 클릭합니다.

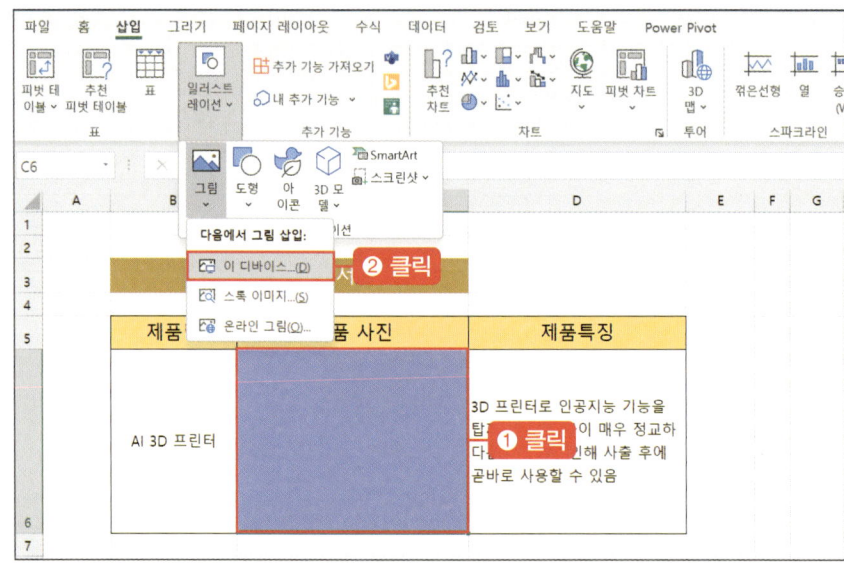

2 [그림 삽입] 대화상자가 나타나면 실습 예제가 있는 폴더에서 'ai_printer' 파일을 선택하고 [삽입]을 클릭합니다.

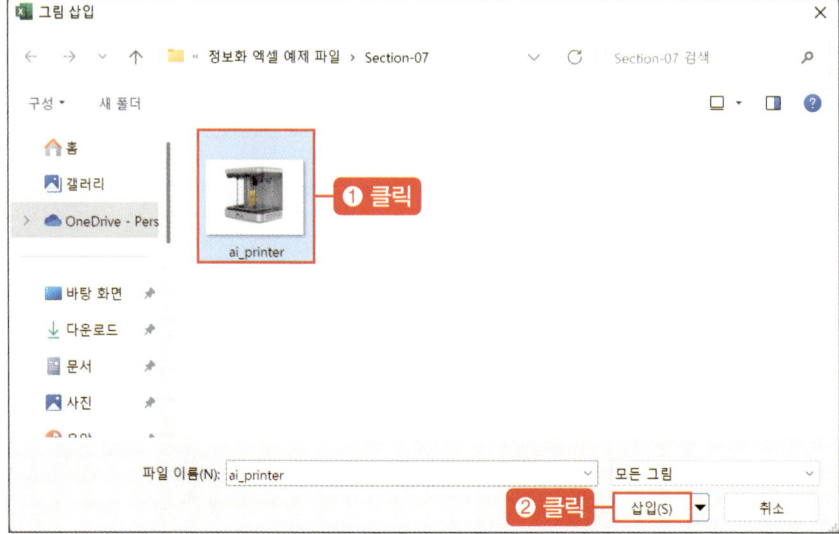

❸ 그림이 삽입되었으면 오른쪽 하단의 모서리 조절점을 클릭한 채로 드래그하여 [C6] 셀 안에 들어가도록 크기를 변경합니다.

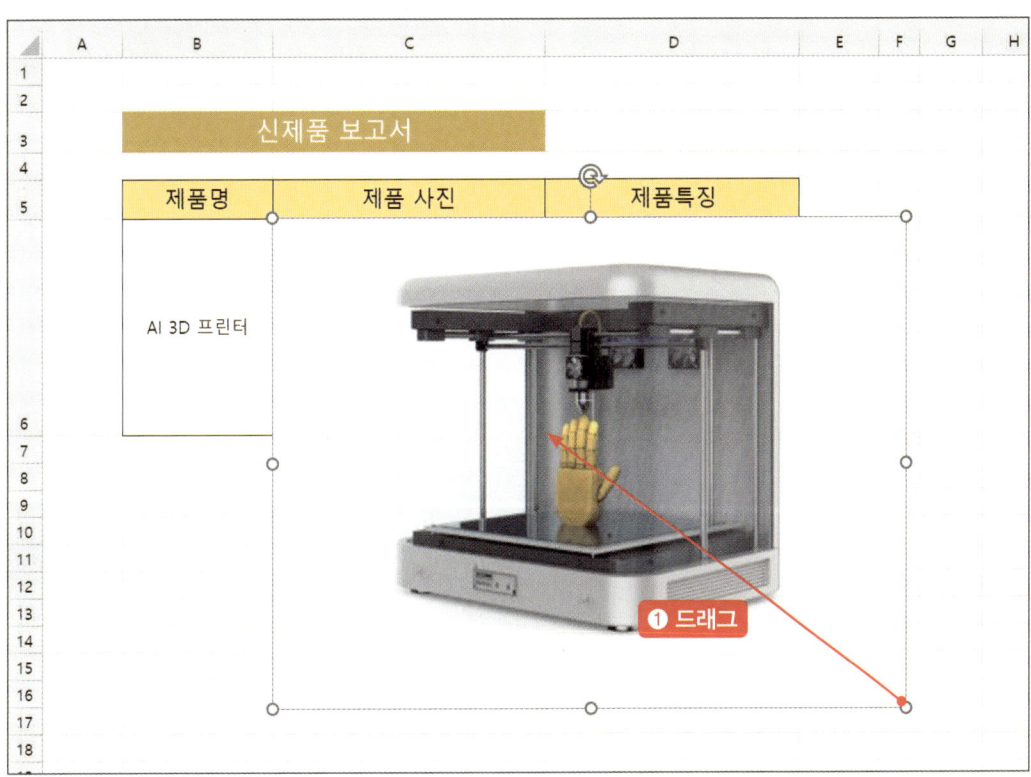

❹ 그림의 배경색을 삭제하기 위해서 그림을 선택하고 [그림 서식] 탭에서 [조정] 그룹의 [배경 제거]를 클릭합니다.

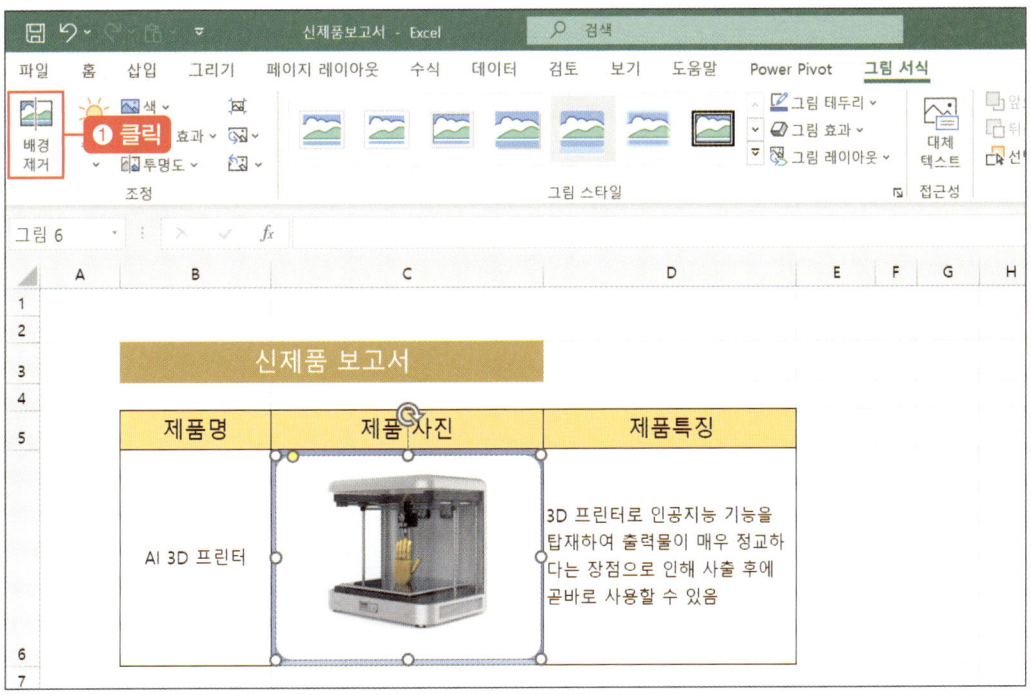

5 그림의 배경색 부분이 붉은색으로 표시되어 있으면 [배경 제거] 탭의 [닫기] 그룹에서 [변경 내용 유지]를 클릭합니다.

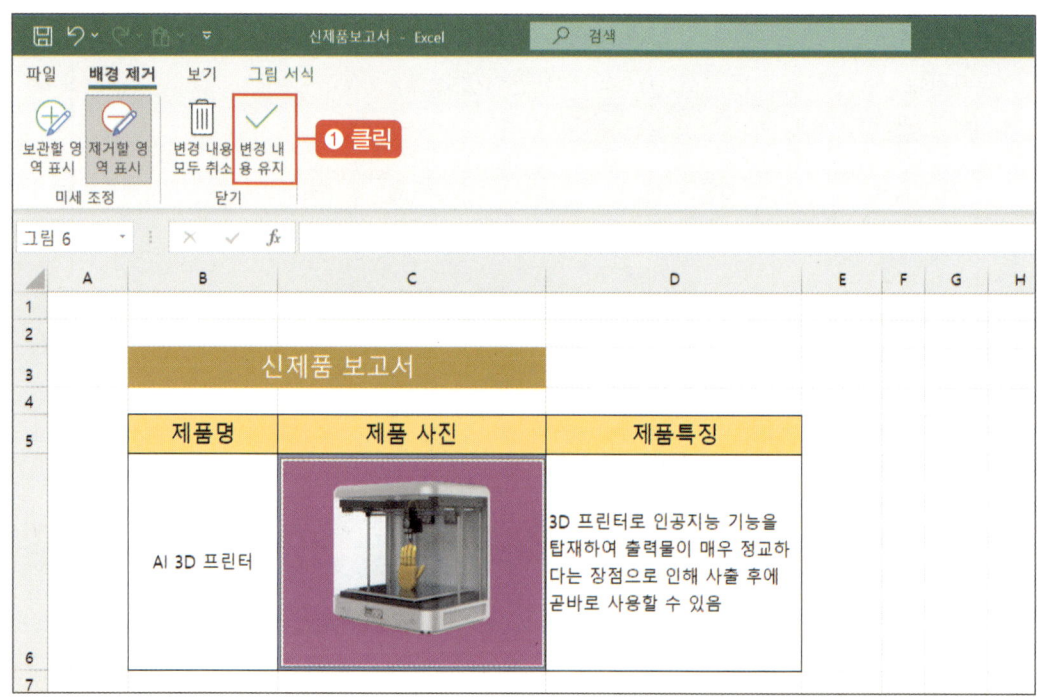

TIP 만일 배경색이 붉은색이 아니고 흰색으로 표시되었을 경우에는 [배경 제거] 탭의 [미세 조정] 그룹의 [제거할 영역 표시]를 선택하고 그림의 배경 부분을 클릭합니다.

6 그림의 배경이 투명해지면서 [C6] 셀의 배경색 위에 그림이 표시됩니다.

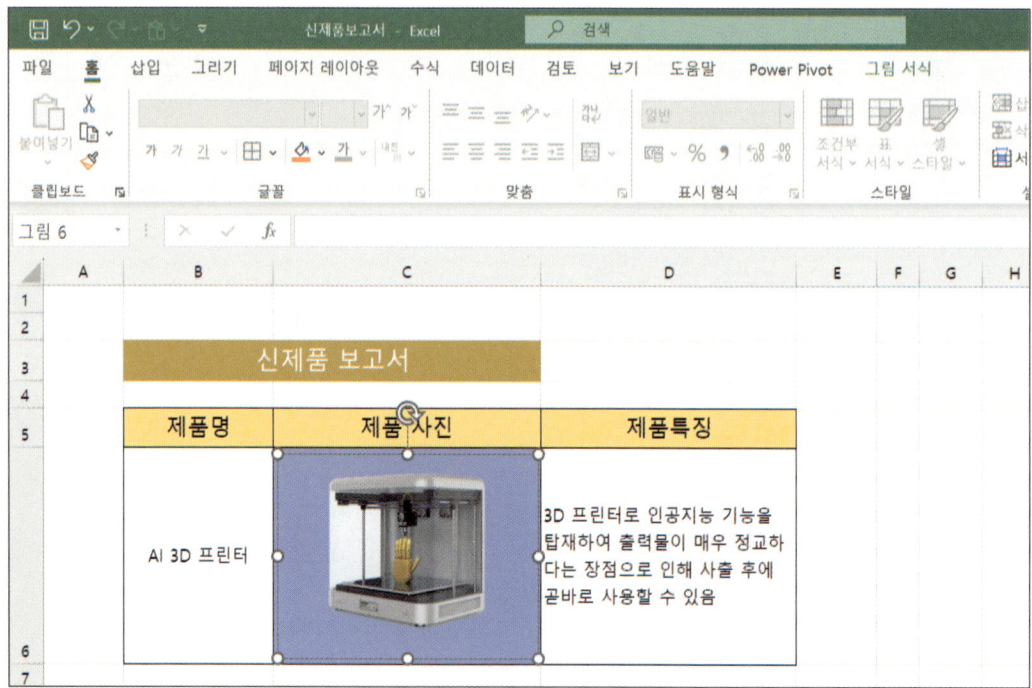

2 셀을 그림으로 복사하여 붙여넣기

1 [F8:I9] 셀에 다음과 같이 결재란을 만든 후 드래그하여 영역을 지정하고 [홈] 탭에서 [클립보드] 그룹의 [복사]-[그림으로 복사]를 클릭합니다. [그림 복사] 대화상자가 나타나면 '모양'은 '화면에 표시된 대로', '형식'은 '그림'으로 선택하고 [확인]을 클릭합니다.

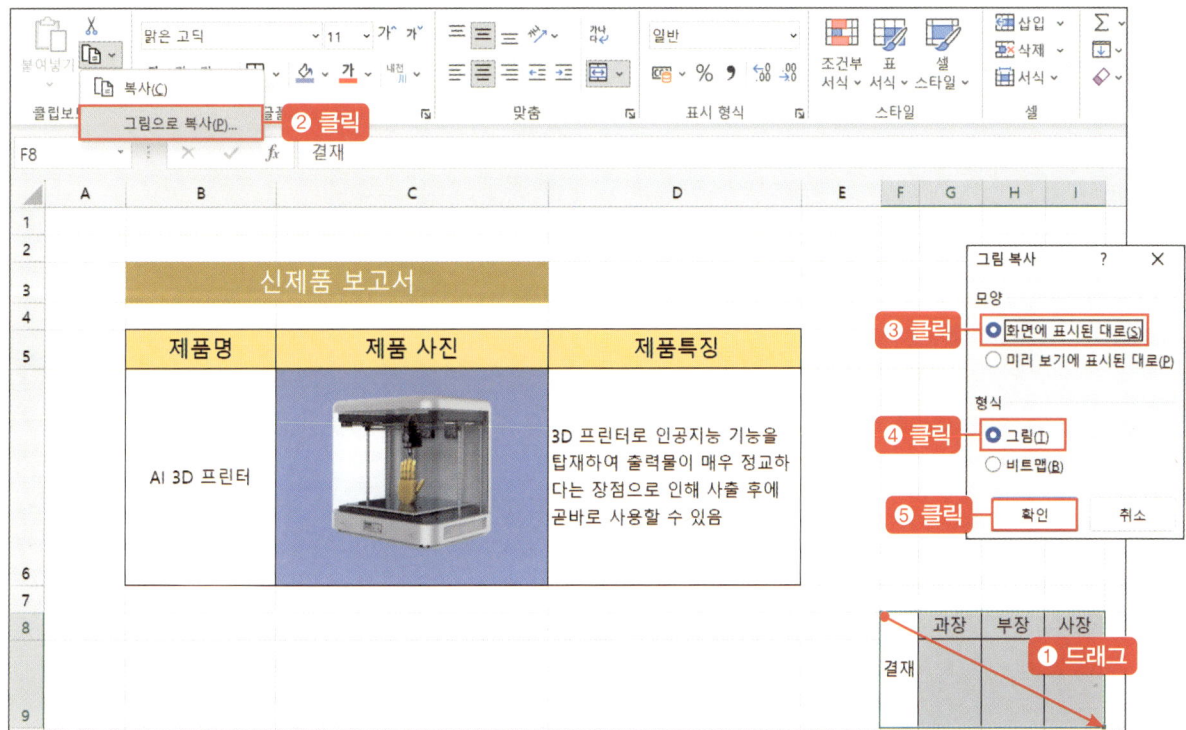

2 Ctrl + V 키를 누르거나 [홈] 탭의 [클립보드] 그룹에서 [붙여넣기]를 클릭한 후 [F8:I9] 셀로 위치를 변경합니다. 그림을 다음과 같이 모서리 조절점을 드래그하여 크기를 조절합니다.

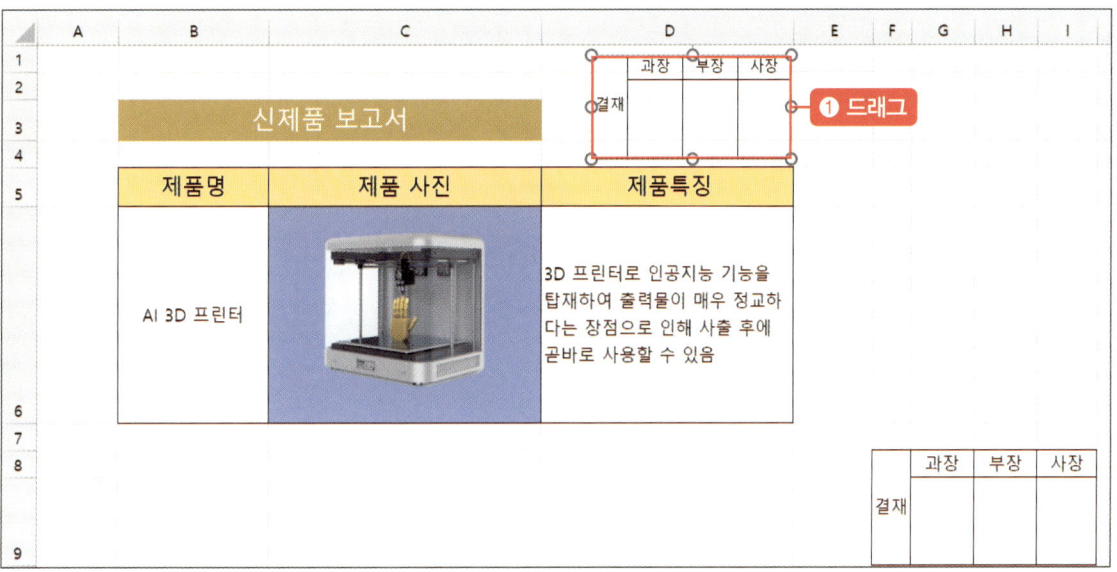

셀프 테스트

1 '사과달력.xlsx' 파일을 불러와 [D3] 셀 안에 'apple1.jpg' 파일을 삽입하고 크기와 위치를 다음과 같이 변경해 보세요.

2 '5개의 사과.xlsx' 파일을 불러와 'apple2.jpg' 파일을 삽입하고, 다음과 같이 크기와 위치를 조절한 후 배경을 투명하게 만들어 보세요.

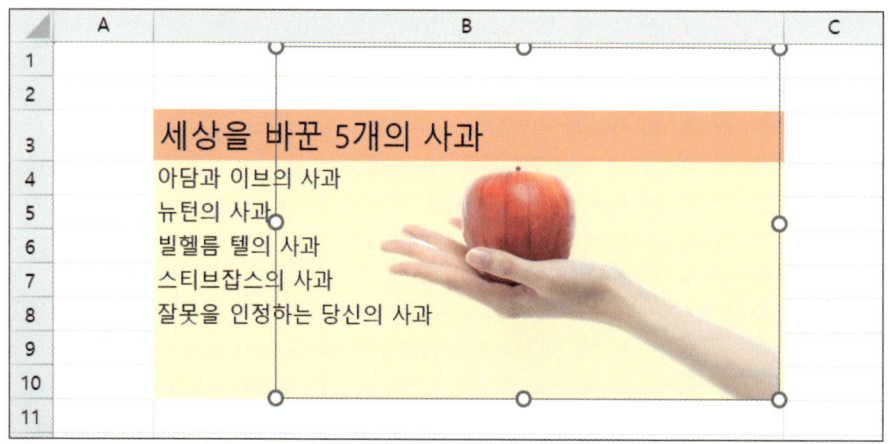

❸ 빈 화면에 'city.jpg' 파일을 먼저 삽입하고 그 위에 'emblem.jpg' 파일을 삽입한 후 다음과 같이 크기와 위치를 조절해 보세요.

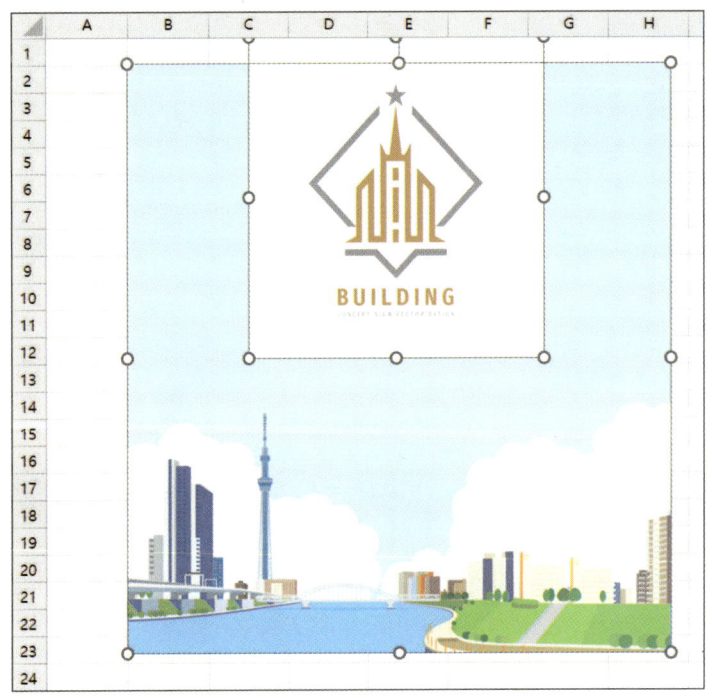

❹ 'emblem.jpg' 파일을 선택하고 배경을 모두 삭제해 보세요. 단, 그림 아래의 글자와 위의 별을 모두 표시해야 합니다.

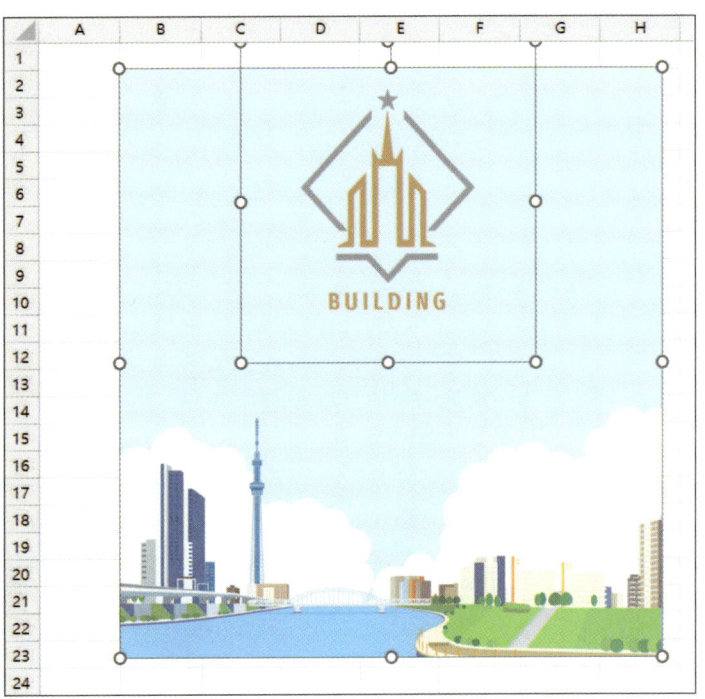

Excel 2021

08 워크시트 인쇄하기
SECTION

엑셀은 워크시트에 데이터를 입력하는 형태이므로, 인쇄를 하려면 미리보기를 이용해서 페이지 단위로 조절하고 여백과 용지 방향 등을 설정해야 합니다.

1 인쇄 영역 설정하기

① '강수량비교.xlsx' 파일을 불러옵니다. [보기] 탭에서 [통합 문서 보기] 그룹의 [페이지 나누기 미리 보기]를 클릭하면 인쇄 범위가 표시됩니다. 왼쪽의 [A] 열을 인쇄 영역에서 제외하기 위해 [A] 열 앞의 파란색 경계선을 [B] 열 앞으로 드래그합니다.

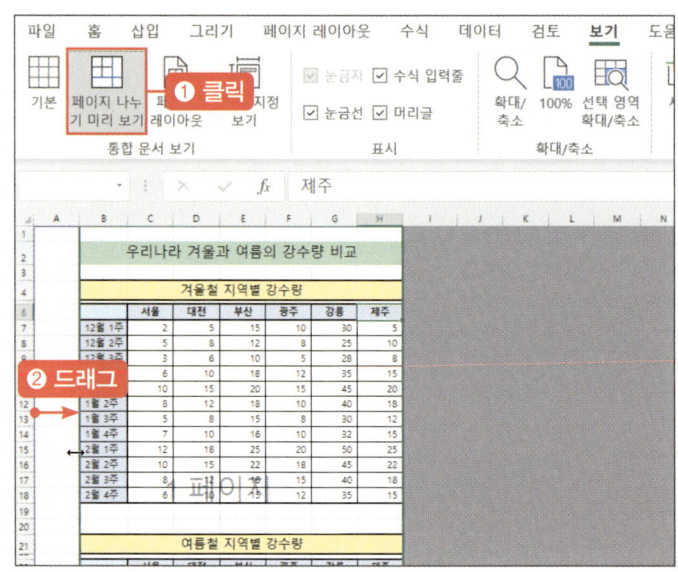

② [1] 행도 인쇄되지 않도록 하기 위해 [1] 행 위의 파란색 경계선을 [2] 행 위로 드래그합니다. [페이지 레이아웃] 탭의 [페이지 설정] 그룹에서 [나누기]-[페이지 나누기 삽입]을 클릭합니다.

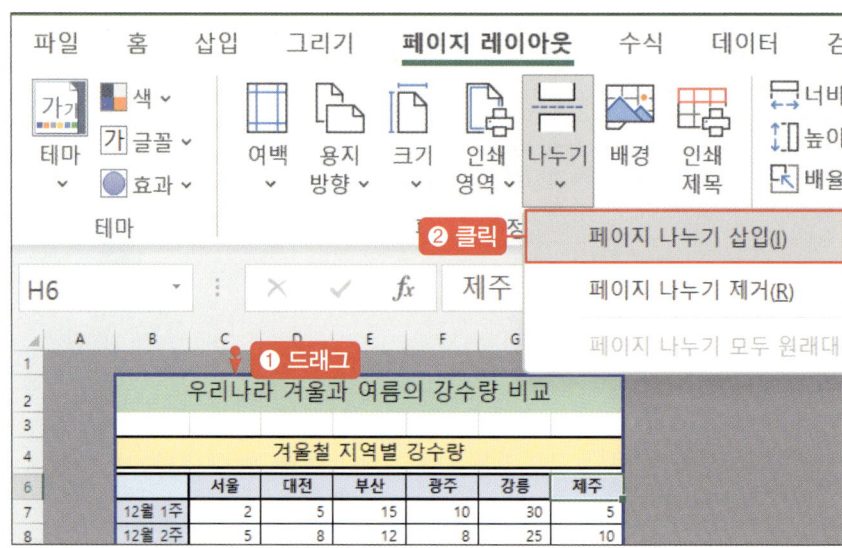

3 페이지 나누기 표시선이 나타나면 가로 방향의 페이지 나누기 표시선을 [19] 행과 [20] 행 사이로 드래그하여 상단을 1페이지, 하단을 2페이지로 설정합니다.

> **TIP** 사용자의 컴퓨터에 설치된 프린터 드라이버의 종류와 용지 크기에 따라 페이지 나누기 선이 그림과 다르게 표시될 수 있습니다.

4 세로 방향의 페이지 나누기 표시선을 클릭한 채로 [H] 열 뒤로 드래그합니다.

08 워크시트 인쇄하기 • 53

2 페이지 설정하기

1 워크시트를 인쇄하기 위해서 [파일] 탭을 클릭하면 백스테이지 뷰가 나타납니다. 왼쪽에서 [인쇄]를 선택한 후 가장 아래에 있는 [페이지 설정]을 클릭합니다. [페이지 설정] 대화상자가 나타나면 [여백] 탭에서 '페이지 가운데 맞춤'을 '가로'로 선택하고 [확인]을 클릭합니다.

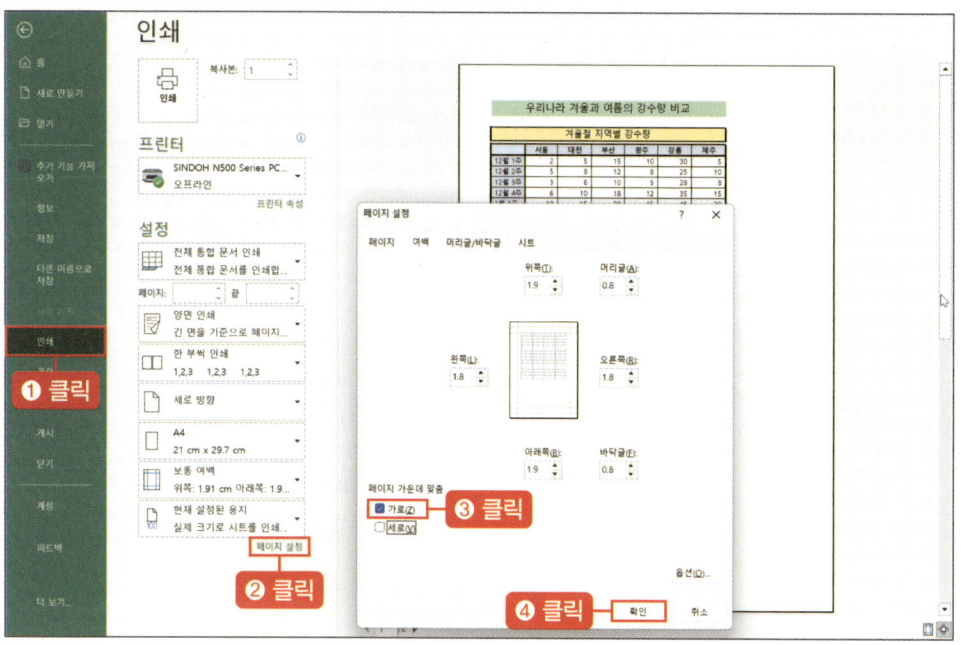

2 인쇄 용지를 [가로 방향]으로 선택하고 하단의 [여백 표시]를 클릭합니다. 상단의 여백 표시선을 아래로 드래그하여 여백을 조절합니다. 모든 설정을 마쳤으면 [인쇄]를 클릭합니다.

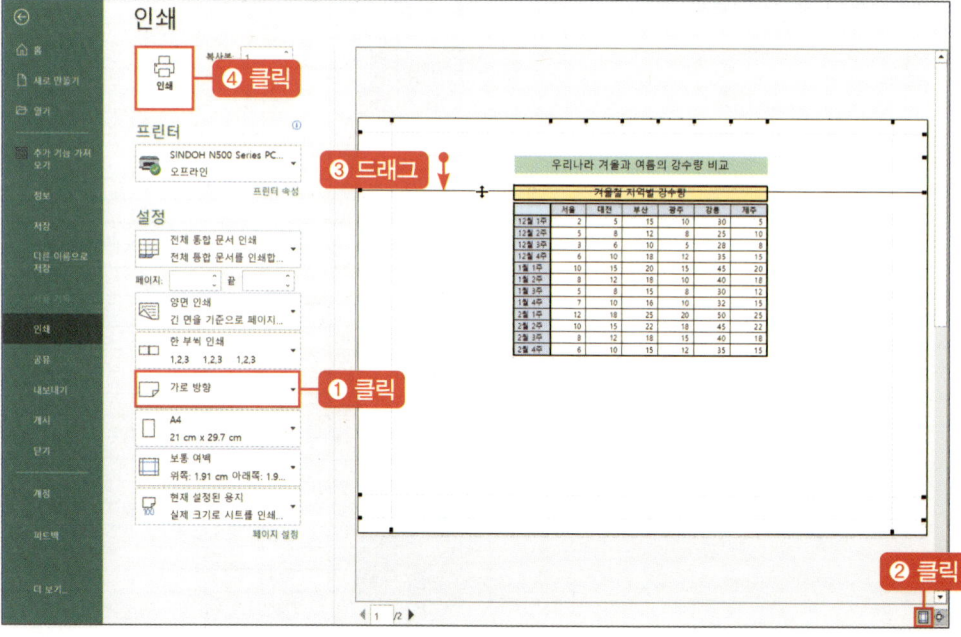

셀프 테스트

1 '대륙별평균기온.xlsx' 파일을 불러와서 데이터가 있는 영역이 한 페이지에 출력되도록 설정하고 '대륙별평균기온-완성1.xlsx' 파일로 저장해 보세요.

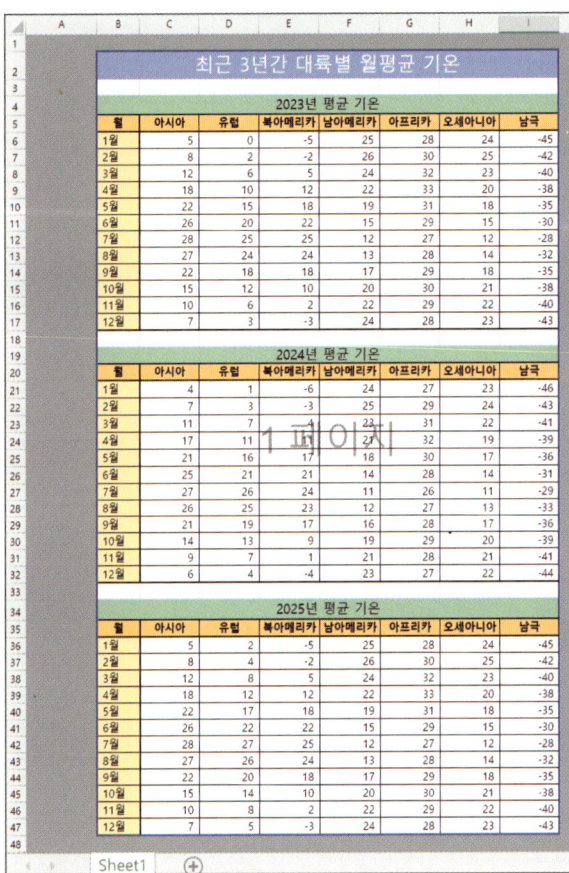

2 '대륙별평균기온.xlsx' 파일을 불러와서 연도별로 인쇄 페이지를 분리하고 용지를 가로 방향으로 변경한 후 용지의 중앙에 출력되도록 설정해 보세요.

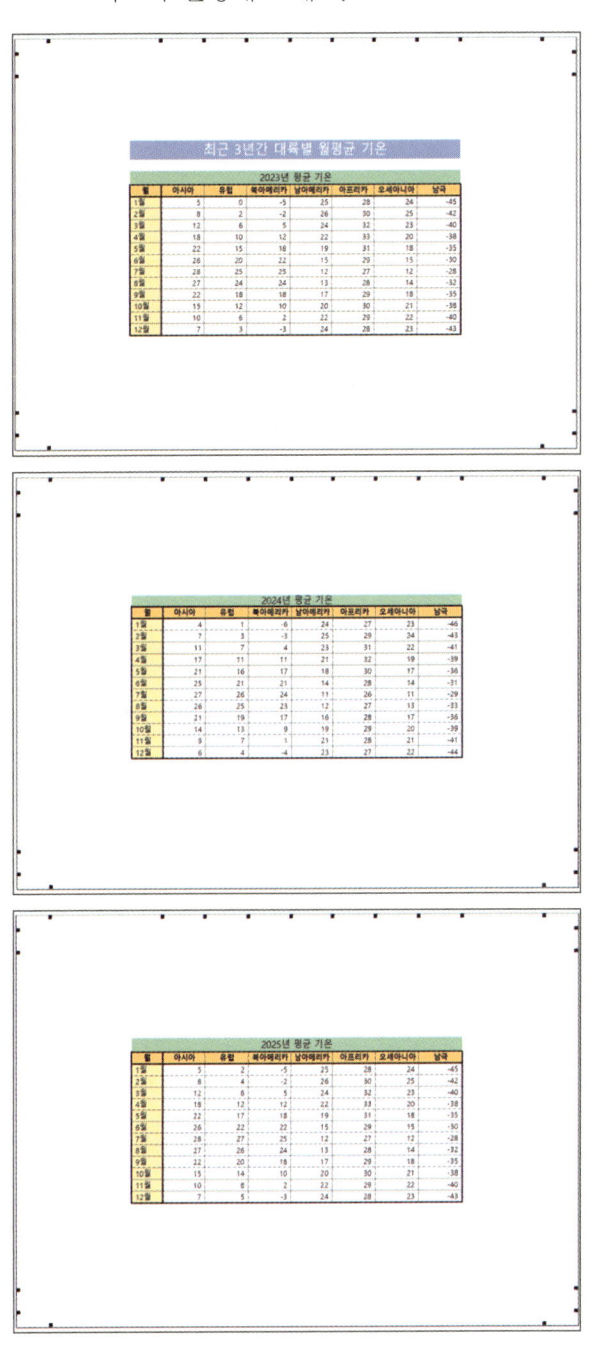

Excel 2021

SECTION 09 수식 입력과 셀 참조

엑셀에서는 수식을 이용하여 계산을 쉽고 빠르며 정확하게 수행할 수 있습니다. 여기에서는 간단한 판매 현황표를 이용해서 사칙연산 수식을 입력하고, 수식 자동 채우기를 할 때 항상 특정 셀을 고정해서 참조하는 절대 참조에 대해 알아보겠습니다.

1 수식 입력하기

① '전시회_판매현황.xls' 파일을 불러옵니다. '총판매 수량'을 구하기 위해 [G6] 셀에 '='을 입력하고 [E6] 셀을 클릭한 후 '+'를 입력하고 [F6] 셀을 클릭합니다. '=E6+F6' 수식이 만들어졌으면 Enter 키를 누릅니다.

② '1일차 수량'과 '2일차 수량'의 합계가 구해집니다. [G6] 셀의 오른쪽 하단의 자동 채우기 핸들을 [G14] 셀까지 드래그하여 총판매 수량을 모두 채웁니다.

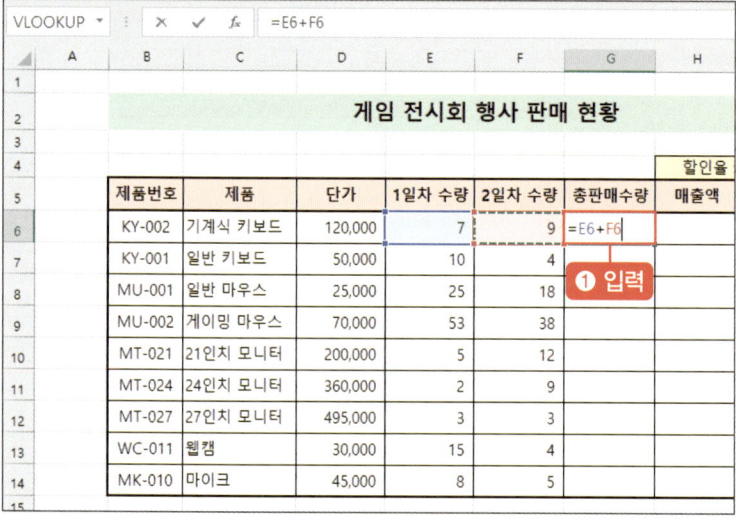

56 · 정보화 실무 엑셀 2021

③ '단가'와 '총판매 수량'을 이용해서 매출액을 구해 보겠습니다. [H6] 셀에 '='을 입력하고 [D6] 셀을 클릭한 후 '*'를 입력하고 [G6] 셀을 클릭합니다. '=D6*G6'로 수식이 완성되면 Enter 키를 누릅니다.

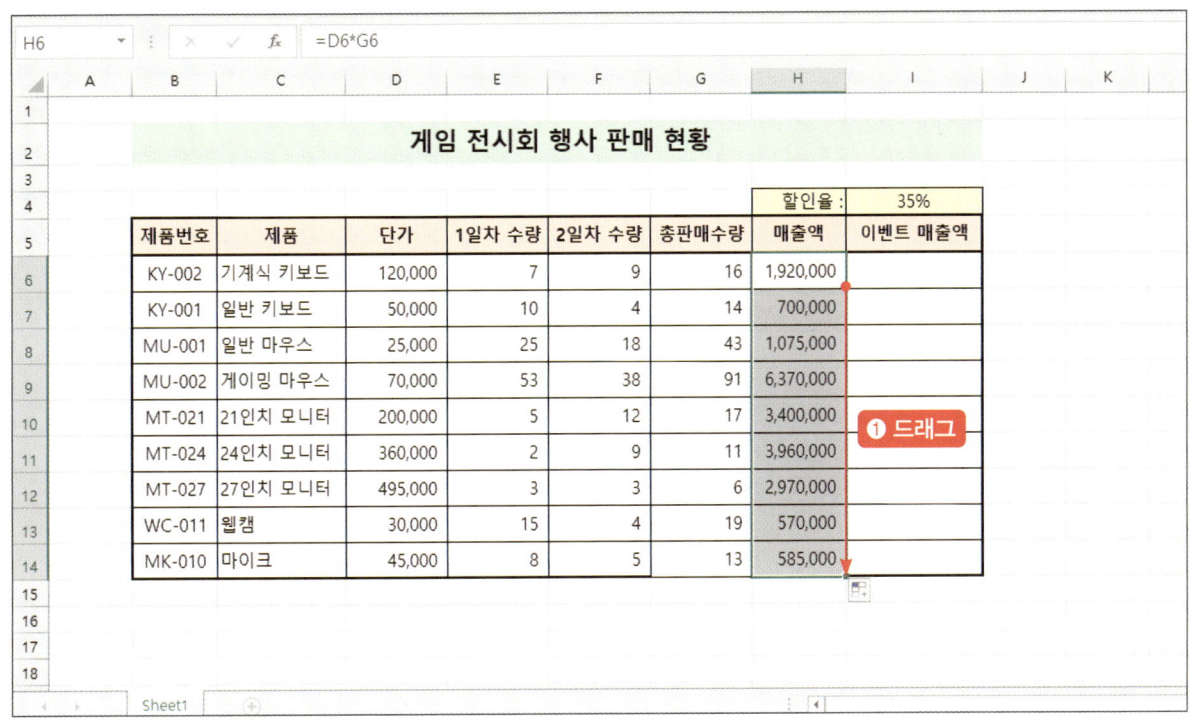

④ [H6] 셀에 매출액이 구해지면 자동 채우기 기능으로 수식을 복사하여 제품별 매출액을 구합니다.

2 셀 참조하기

1 [I6] 셀에 할인율이 적용된 매출액을 구하기 위해 '=H6*(1-$I$4)'를 입력하고 Enter 키를 누릅니다. '$I$4'를 입력하는 것은 자동 채우기 기능을 이용하여 수식을 복사하더라도 항상 [I4] 셀의 데이터를 고정해서 계산해야 하기 때문입니다. 이렇게 수식을 복사하더라도 데이터를 고정해서 참조하는 것을 '절대 참조'라고 합니다.

제품번호	제품	단가	1일차 수량	2일차 수량	총판매수량	매출액	이벤트 매출액
					할인율 :		35%
KY-002	기계식 키보드	120,000	7	9	16	1,920,000	=H6*(1-$I$4)
KY-001	일반 키보드	50,000	10	4	14	700,000	
MU-001	일반 마우스	25,000	25	18	43	1,075,000	
MU-002	게이밍 마우스	70,000	53	38	91	6,370,000	
MT-021	21인치 모니터	200,000	5	12	17	3,400,000	
MT-024	24인치 모니터	360,000	2	9	11	3,960,000	
MT-027	27인치 모니터	495,000	3	3	6	2,970,000	
WC-011	웹캠	30,000	15	4	19	570,000	
MK-010	마이크	45,000	8	5	13	585,000	

❶ 입력

2 [I6] 셀에 결괏값이 구해지면 자동 채우기 핸들을 [I14] 셀까지 드래그하여 모든 제품에 35%의 할인율이 적용된 매출액을 구합니다.

제품번호	제품	단가	1일차 수량	2일차 수량	총판매수량	매출액	이벤트 매출액
					할인율 :		35%
KY-002	기계식 키보드	120,000	7	9	16	1,920,000	1,248,000
KY-001	일반 키보드	50,000	10	4	14	700,000	455,000
MU-001	일반 마우스	25,000	25	18	43	1,075,000	698,750
MU-002	게이밍 마우스	70,000	53	38	91	6,370,000	4,140,500
MT-021	21인치 모니터	200,000	5	12	17	3,400,000	2,210,000
MT-024	24인치 모니터	360,000	2	9	11	3,960,000	2,574,000
MT-027	27인치 모니터	495,000	3	3	6	2,970,000	1,930,500
WC-011	웹캠	30,000	15	4	19	570,000	370,500
MK-010	마이크	45,000	8	5	13	585,000	380,250

❶ 드래그

❸ [수식] 탭에서 [수식 분석] 그룹의 [수식 표시]를 클릭하면 [G6:I14] 셀에 사용된 수식이 표시됩니다. 자동 채우기 기능으로 수식이 복사될 때 총판매 수량과 매출액은 행 번호가 1씩 증가했지만 절대 참조가 적용된 이벤트 매출액의 경우 $I$4'는 변하지 않았습니다.

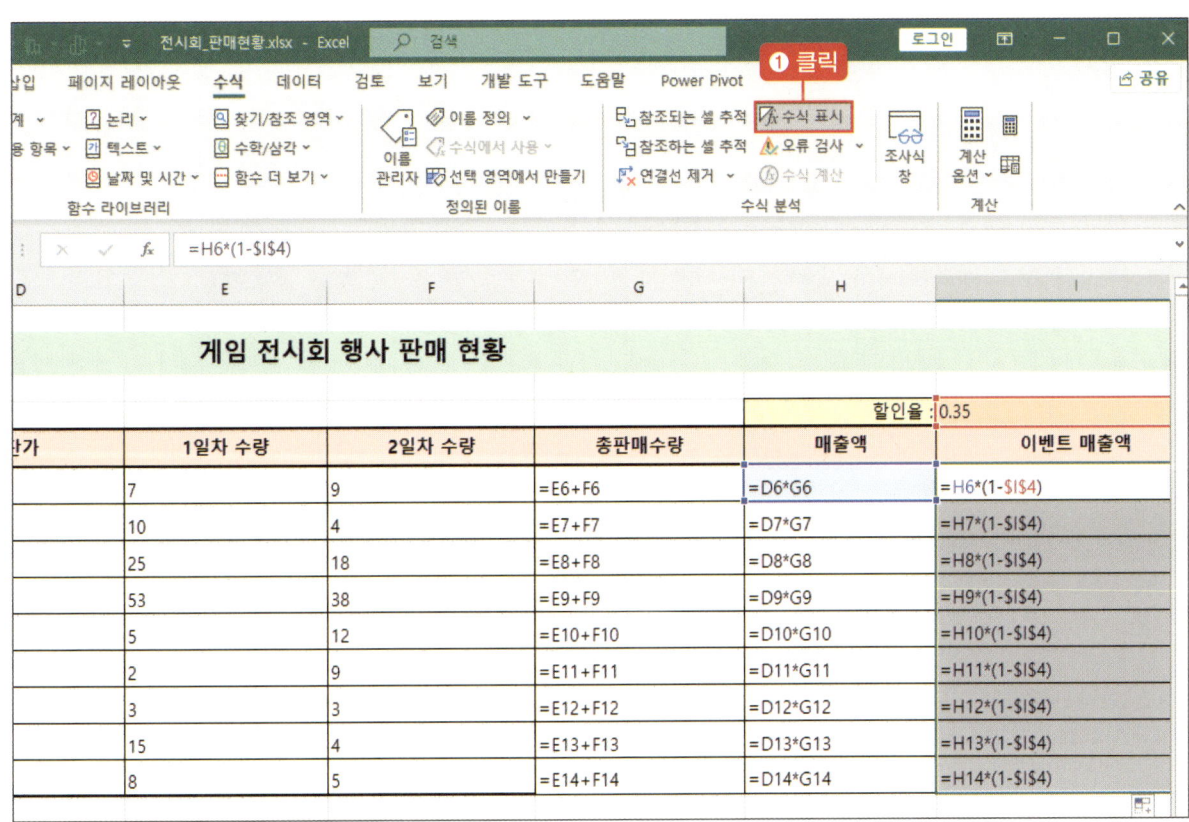

❹ [수식] 탭에서 [수식 분석] 그룹의 [수식 표시]를 다시 한번 클릭하여 수식 표시를 해제합니다. [I4] 셀의 할인율을 20%로 수정하면 이벤트 매출액이 모두 변경되는 것을 확인할 수 있습니다.

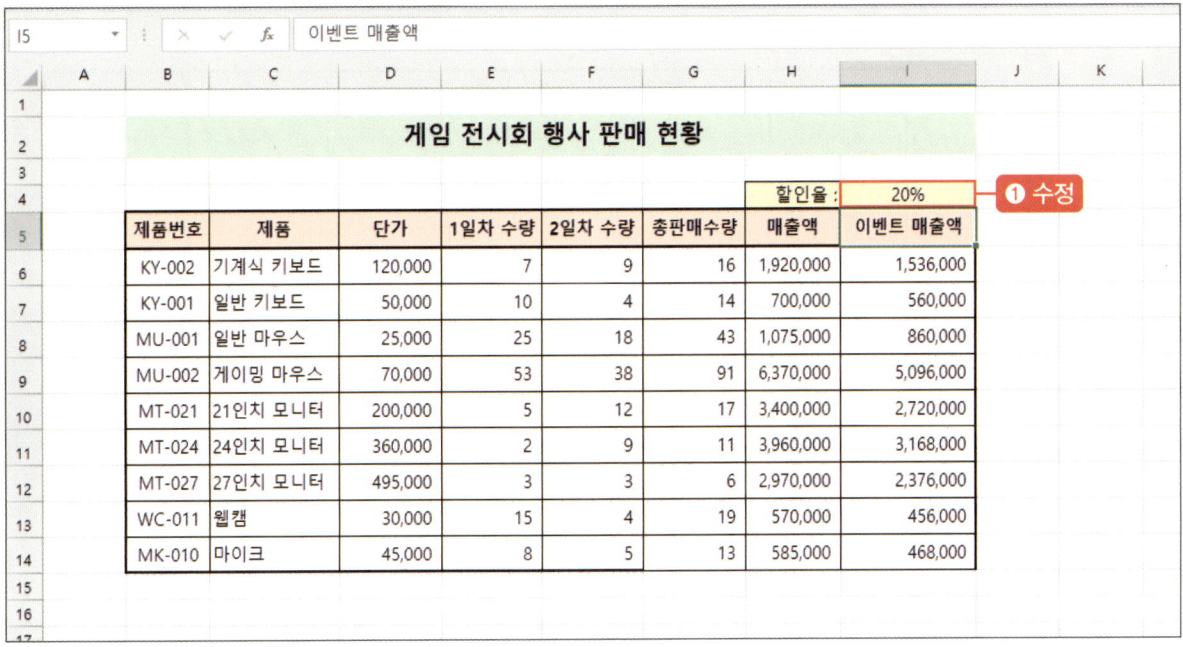

셀프 테스트

1 '기말고사성적.xlsx' 파일을 불러와 총점과 평균을 수식으로 계산하고 자동 채우기 기능으로 완성해 보세요.

2학년 5반 기말 고사 성적표

학생	국어	수학	영어	과학	총점	평균
김민준	92	72	85	54	303	76
이서연	88	91	90	68	337	84
박지후	75	68	65	72	280	70
최도윤	95	79	70	66	310	78
정하윤	81	95	50	45	271	68
강은서	68	88	80	77	313	78
조예준	90	75	75	62	302	76
윤수아	72	60	60	45	237	59
장시우	85	82	70	68	305	76

2 '영업부실적.xlsx' 파일을 불러와 차이와 달성률을 수식으로 계산하고 자동 채우기 기능으로 완성해 보세요.

영업부 목표 대비 실적

부서	직급	목표	실적	차이	달성률
홍길동	부장	123,000,000	174,583,200	51,583,200	142%
장반수	부장	132,000,000	193,254,900	61,254,900	146%
나수달	차장	243,500,000	205,498,200	- 38,001,800	84%
김병기	차장	285,400,000	242,567,200	- 42,832,800	85%
고상달	차장	349,500,000	359,634,500	10,134,500	103%
주당모	과장	194,500,000	204,856,700	10,356,700	105%
모지리	과장	210,500,000	189,567,000	- 20,933,000	90%

❸ '화장품손익.xlsx' 파일을 불러와 차익과 판매금액 및 손익을 수식으로 계산하고 자동 채우기 기능으로 완성해 보세요.

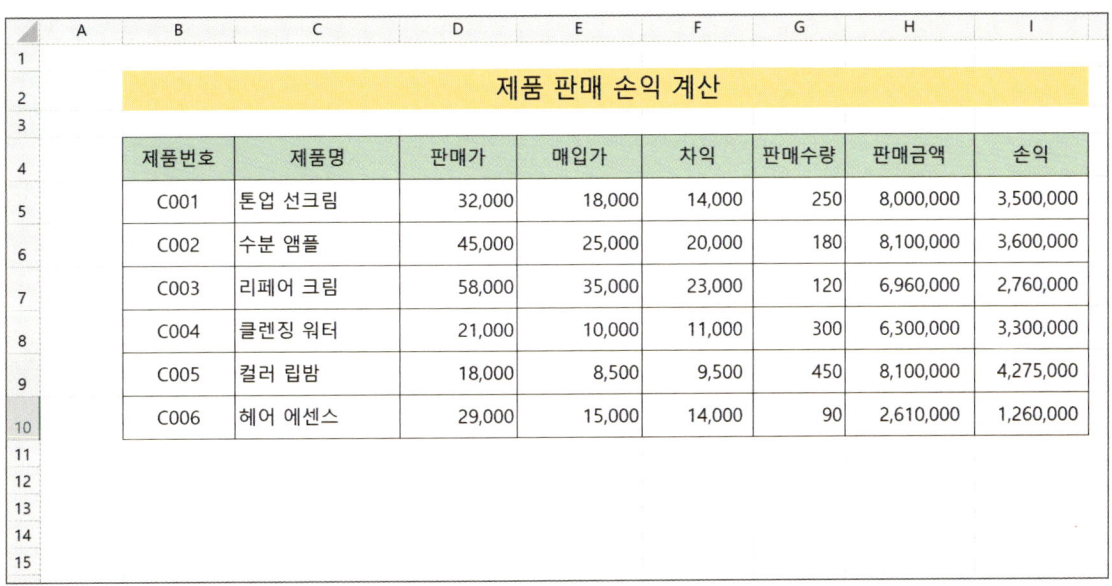

❹ '출석일수.xlsx' 파일을 불러와 강의 일수와 결강 일수를 수식으로 계산하고 자동 채우기 기능으로 완성해 보세요.

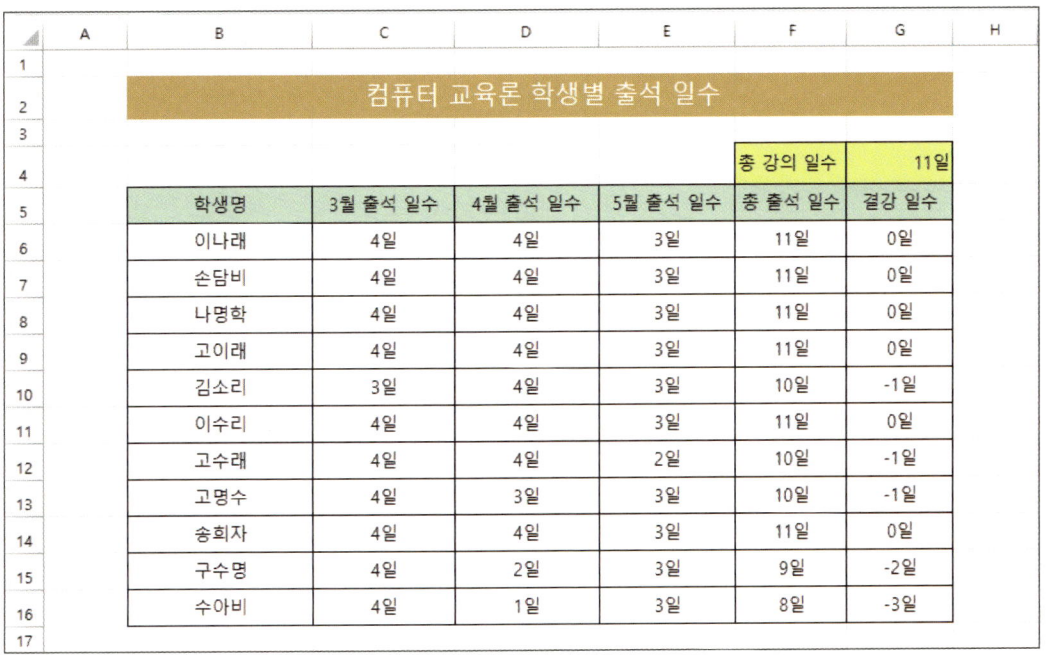

SECTION 10 함수 기본 익히기

Excel 2021

엑셀의 중요한 기능 중 하나는 함수입니다. 함수를 잘 활용하면 복잡한 계산을 편리하게 할 수 있습니다. 여기에서는 간단하게 데이터의 합계와 평균을 구하는 방법을 알아보겠습니다.

1 자동 합계와 평균 구하기

1 '함수_영업부매출.xlsx' 파일을 불러옵니다. [D13] 셀을 선택하고 [수식] 탭의 [함수 라이브러리] 그룹에서 [자동 합계]를 클릭하여 '=SUM(D5:D12)'가 자동으로 입력되면 Enter 키를 누릅니다.

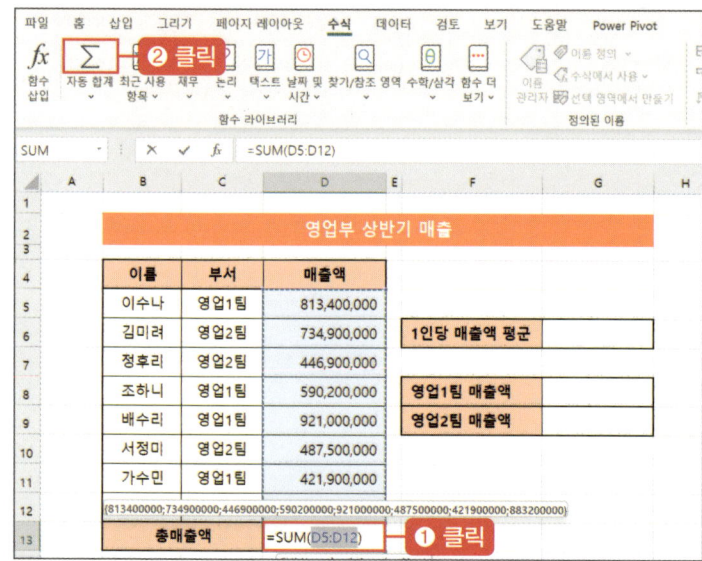

> **TIP** SUM 함수는 선택한 영역의 합계를 구해줍니다.

2 [G6] 셀을 선택하고 [수식] 탭의 [함수 라이브러리] 그룹에서 [자동 합계]의 펼치기(˅)를 클릭한 후 [평균]을 선택합니다.

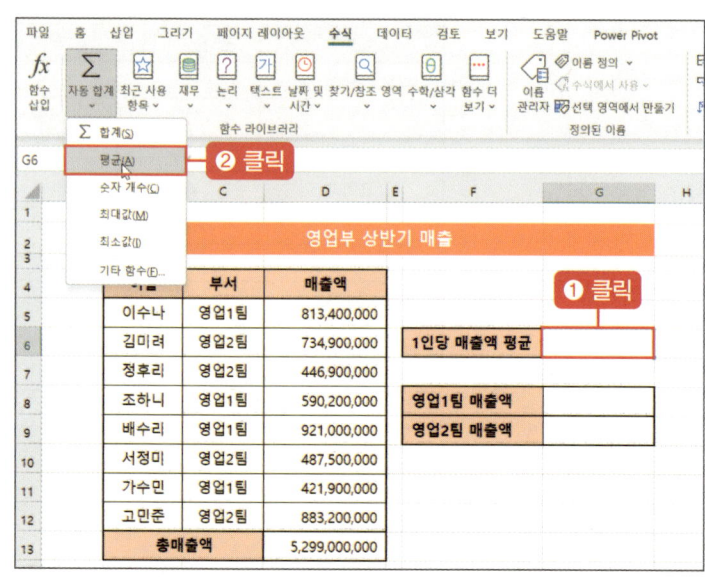

③ [G6] 셀에 '=AVERAGE(D6:F6)'이 자동 입력되면서 [D6:F6] 셀이 범위로 지정되었습니다.

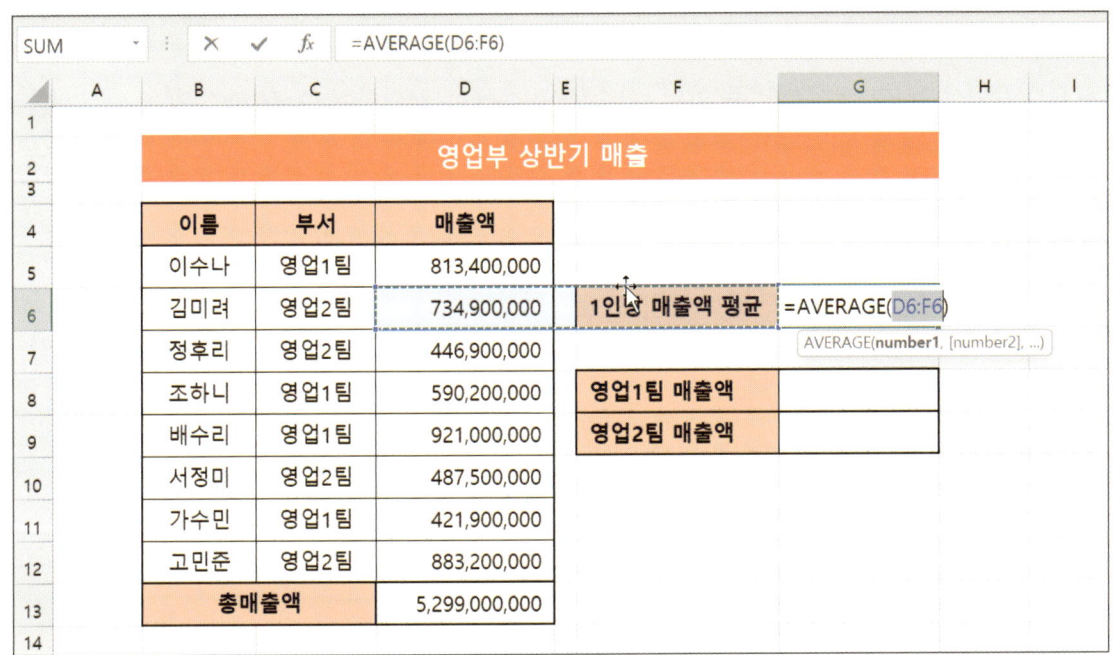

TIP '자동 합계'나 '자동 평균' 함수를 적용하면 항상 근처의 셀이 자동으로 선택됩니다. 원하는 셀이 아니면 수정해서 사용하면 됩니다.

④ 평균을 구하려는 범위가 [D6:F6] 셀이 아니므로 [D5:D12] 셀을 드래그하여 범위를 지정하고 Enter 키를 누릅니다.

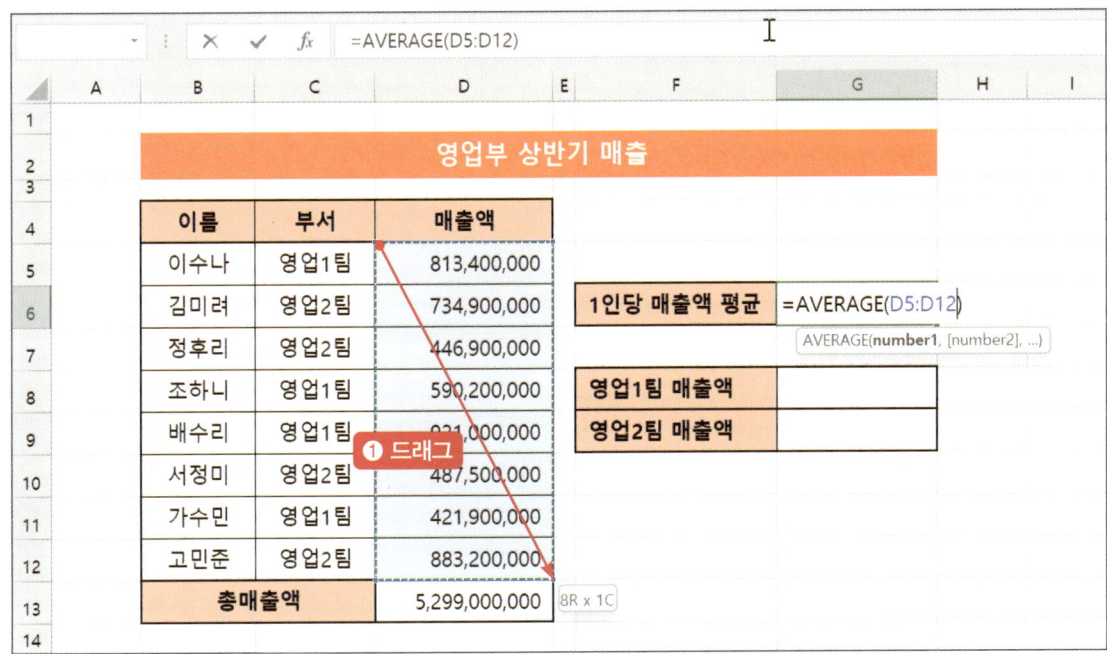

TIP 함수 뒤에는 항상 괄호를 사용하여 범위나 개수 등을 입력하는데, 괄호 안에 들어가는 범위나 개수를 인수라고 합니다.

2 함수 마법사 사용하기

1. [G8] 셀을 선택하고 수식 입력줄 앞의 [함수 삽입(f_x)]을 클릭하여 [함수 마법사] 대화상자를 실행합니다. '함수 검색'에 'sum'을 입력하고 [검색]을 클릭한 후 '함수 선택'에서 'SUMIF'를 선택하고 [확인]을 클릭합니다.

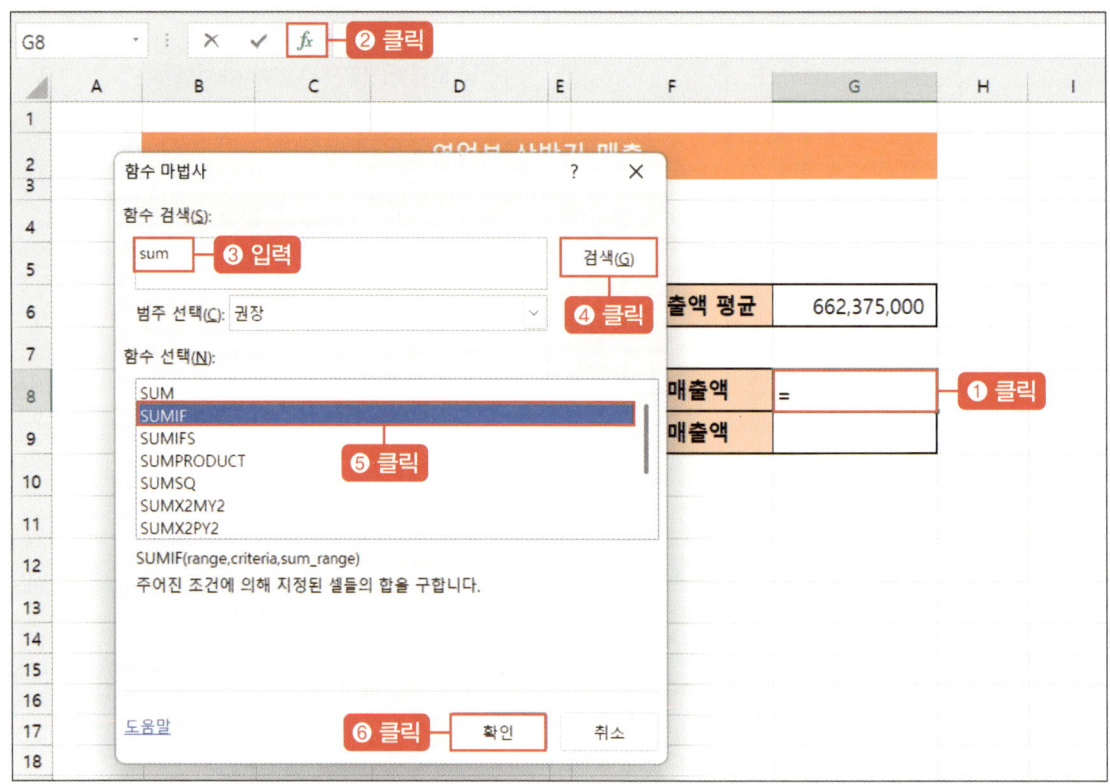

2. [함수 인수] 대화상자가 나타나면 'Range'를 클릭하고 '$C$5:$C$12'를 입력합니다.

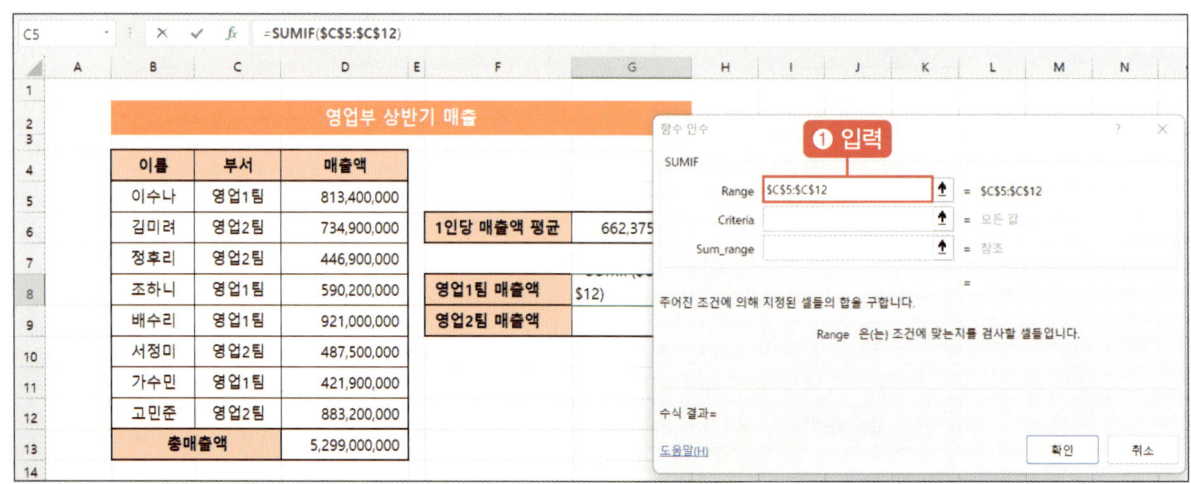

TIP [C5:C12] 셀을 드래그한 후 F4 키를 눌러도 '$C$5:$C$12'를 입력할 수 있습니다.

③ 'Criteria'를 클릭하고 [C5] 셀을 클릭하거나 'C5'를 입력합니다.

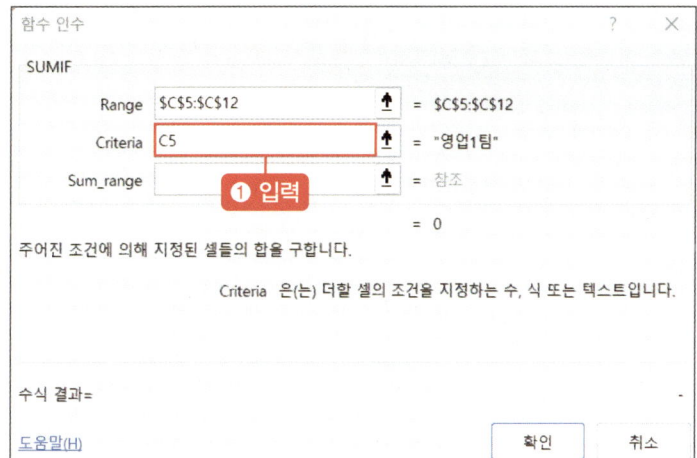

TIP 'C5' 대신 '영업1팀'을 입력해도 됩니다.

④ 'Sum_range'를 선택하고 '$D$5:$D$12'를 입력한 후 [확인]을 클릭합니다.

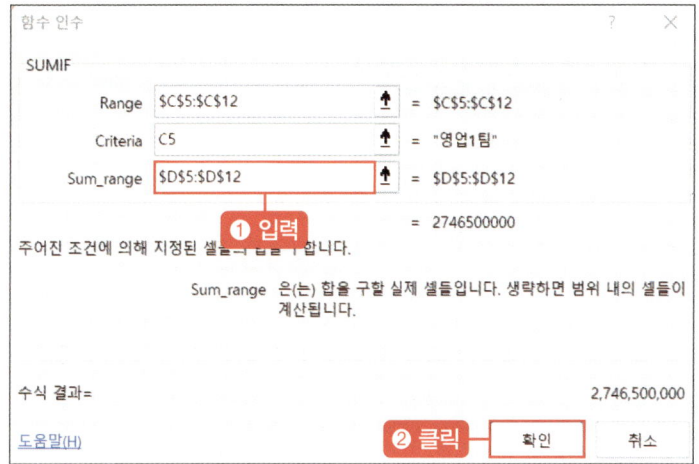

TIP [D5:D12] 셀을 드래그하여 범위로 지정한 후 F4 키를 눌러 '$D$5:$D$12'로 변환합니다.

⑤ [G8] 셀에 영업1팀의 매출액 합계가 구해지면 자동 채우기 기능을 이용하여 [G9] 셀에 영업2팀의 매출액 합계도 구합니다.

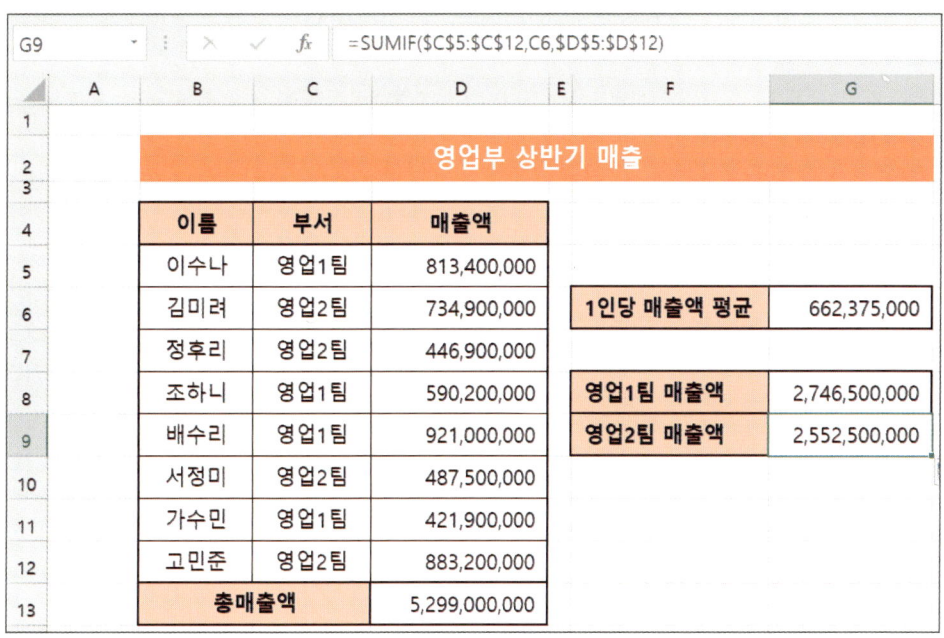

셀프 테스트

1 '함수_중간고사성적.xlsx' 파일을 불러온 후 '총점' 시트에서 [H] 열의 총점을 자동 합계(SUM) 함수를 이용해서 구해 보세요.

이름	국어	수학	영어	사회	과학	총점
김한나	99	75	90	87	72	423
나한도	89	99	100	80	100	468
도경수	75	80	87	77	92	411
모경택	93	99	97	90	98	477
박수라	89	92	100	100	100	481
소공녀	87	88	83	88	89	435
안도민	78	72	76	62	99	387
채민영	100	66	100	92	76	434
피수민	78	100	88	76	100	442
하정모	87	90	66	76	87	406

1학기 중간고사 성적표

2 '함수_중간고사성적.xlsx' 파일의 '평균' 시트에서 [H] 열의 평균을 AVERAGE 함수를 이용해서 구해 보세요.

이름	국어	수학	영어	사회	과학	평균
김한나	99	75	90	87	72	84.6
나한도	89	99	100	80	100	93.6
도경수	75	80	87	77	92	82.2
모경택	93	99	97	90	98	95.4
박수라	89	92	100	100	100	96.2
소공녀	87	88	83	88	89	87
안도민	78	72	76	62	99	77.4
채민영	100	66	100	92	76	86.8
피수민	78	100	88	76	100	88.4
하정모	87	90	66	76	87	81.2

1학기 중간고사 성적표

③ '함수_커피수입.xlsx' 파일을 불러온 후 [E5:E16] 셀의 수입액을 수식으로 구하고 [J5:J7], [J11:J16] 셀은 SUMIF 함수로 합계를 구해 보세요. 그리고 SUM 함수를 이용해서 [E17], [J8], [J17] 셀의 합계를 구해 보세요.

	A	B	C	D	E	F	G	H	I	J
1										
2			상반기 월별 커피 수입 보고서							
3										
4		제품명	수량	단가	수입액	수입 시기	수입매장		매장별 수입액	
5		아라비카	150	3,500,000	525,000,000	1월	별별커피		별별커피	3,430,200,000
6		로부스타	150	3,800,000	570,000,000	3월	별별커피		대박커피	2,505,000,000
7		리베리카	167	3,200,000	534,400,000	2월	별별커피		로지아	3,976,000,000
8		리베리카	170	3,200,000	544,000,000	4월	별별커피		수입 총액	9,911,200,000
9		아라비카	150	3,500,000	525,000,000	1월	대박커피			
10		로부스타	180	3,800,000	684,000,000	5월	별별커피		월별 수입액	
11		리베리카	400	3,200,000	1,280,000,000	2월	대박커피		1월	2,646,000,000
12		아라비카	200	3,500,000	700,000,000	5월	대박커피		2월	1,814,400,000
13		아라비카	450	3,500,000	1,575,000,000	3월	로지아		3월	2,145,000,000
14		리베리카	179	3,200,000	572,800,000	6월	별별커피		4월	544,000,000
15		로부스타	420	3,800,000	1,596,000,000	1월	로지아		5월	2,189,000,000
16		아라비카	230	3,500,000	805,000,000	5월	로지아		6월	572,800,000
17		커피 수입 총액			9,911,200,000				수입 총액	9,911,200,000

④ '함수_반평균.xlsx' 파일을 불러와 [I] 열의 평균을 구하고 AVERAGEIF 함수를 이용해서 [K6:L6] 셀의 반평균을 구해 보세요. AVERAGEIF 함수의 사용법은 SUMIF 함수의 사용법과 같습니다.

	A	B	C	D	E	F	G	H	I	J	K	L
1												
2			1학기 중간고사 성적표									
3												
4		이름	반	국어	수학	영어	사회	과학	평균		반별 평균 구하기	
5		김한나	뻐꾸기반	99	75	90	87	72	84.6		뻐꾸기반	비둘기반
6		나한도	비둘기반	89	99	100	80	100	93.6		86.96	87.6
7		도경수	비둘기반	75	80	87	77	92	82.2			
8		모경택	뻐꾸기반	93	99	97	90	98	95.4			
9		박수라	뻐꾸기반	89	92	100	100	100	96.2			
10		소공녀	비둘기반	87	88	83	88	89	87			
11		안도민	뻐꾸기반	78	72	76	62	99	77.4			
12		채민영	비둘기반	100	66	100	92	76	86.8			
13		피수민	비둘기반	78	100	88	76	100	88.4			
14		하정모	뻐꾸기반	87	90	66	76	87	81.2			

Excel 2021
SECTION 11
셀과 수식 입력줄에서 함수 입력하기

[수식] 탭의 [함수 라이브러리] 그룹에서 [함수 더보기]-[통계]에 다양한 통계 함수가 있습니다. 여기에서는 COUNTA, COUNTBLANK, LARGE, SMALL 함수를 알아보면서 셀과 수식 입력줄에 직접 함수를 입력하는 방법을 알아보겠습니다.

1 셀 개수 세기

① '통계함수_노래자랑.xlsx' 파일을 불러옵니다. [G6] 셀을 클릭하고 '=count'를 입력하면 추천 함수 목록이 나타납니다. 여기에서 'COUNTA'를 더블클릭합니다.

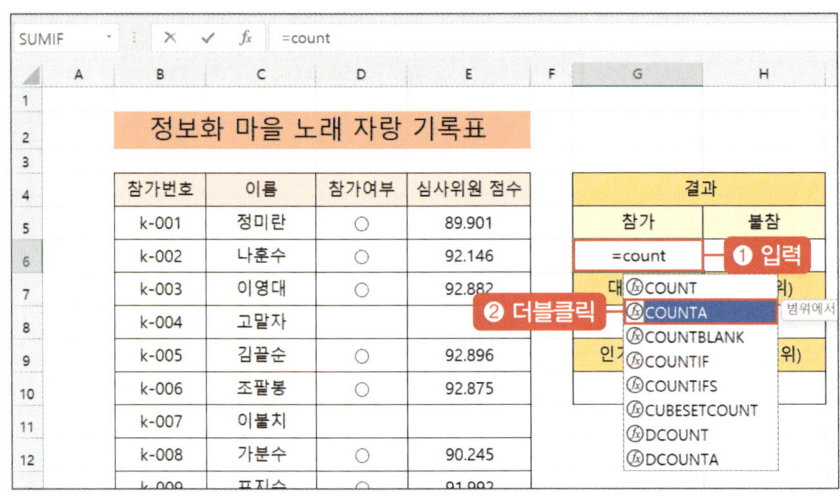

② 셀 안에 '=COUNTA('가 입력되면 [D5:D16] 셀을 드래그하여 범위를 지정합니다. '=COUNTA(D5:D16'가 자동 입력됩니다.

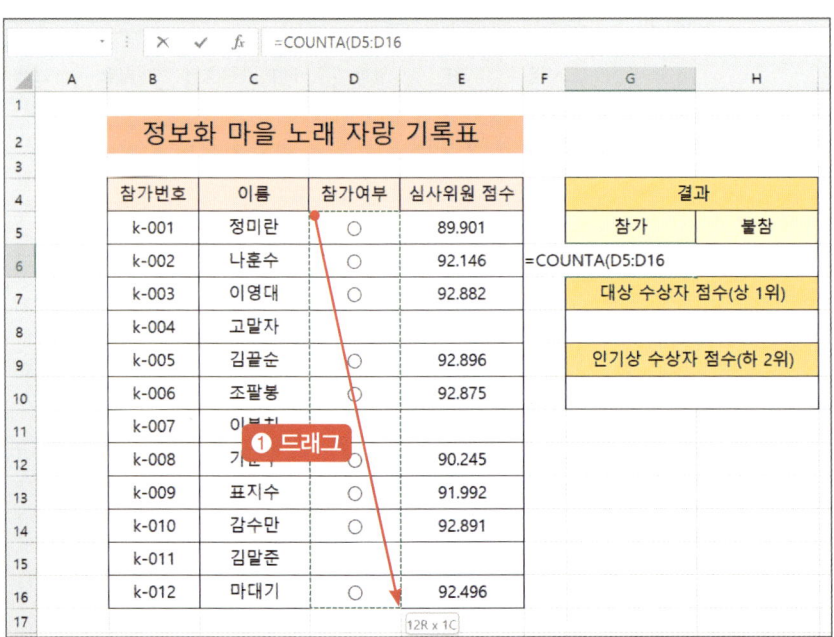

③ '=COUNTA(D5:D16' 뒤에 ')'를 입력하고 Enter 키를 누르면 [D5:D16] 범위에서 데이터가 입력된 셀의 개수가 구해집니다.

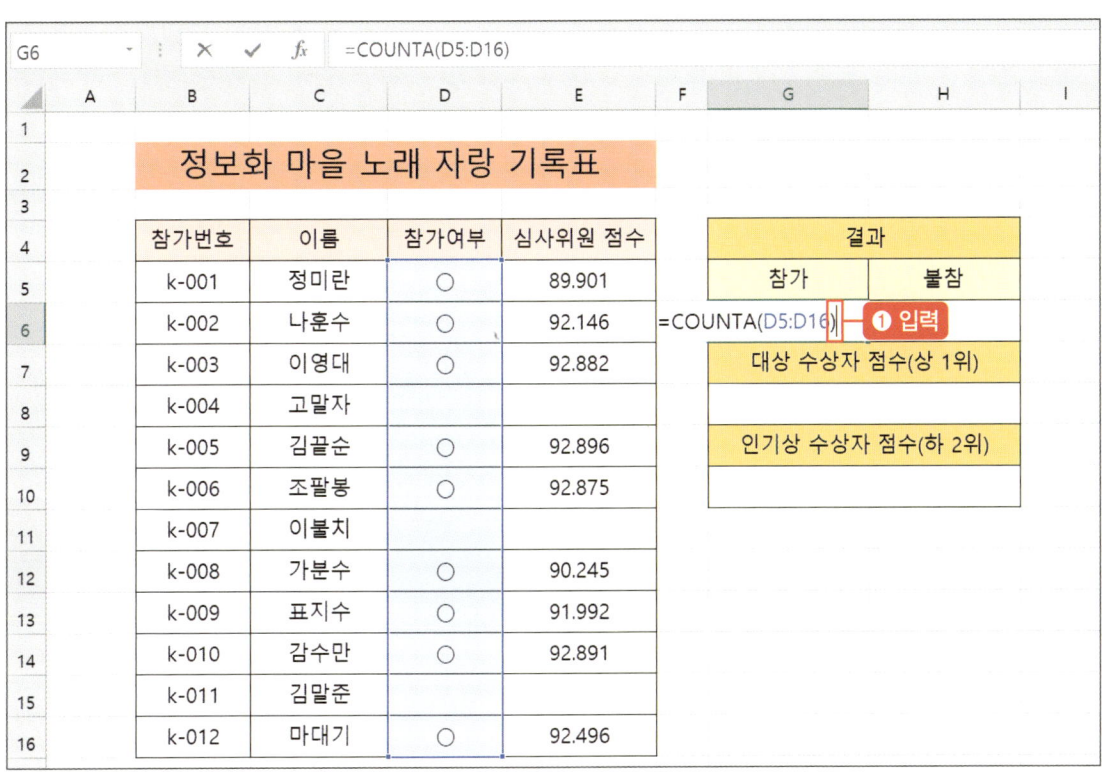

④ 같은 방법으로 [H6] 셀에 '=COUNTBLANK(D5:D16)'을 입력하고 Enter 키를 누르면 [D5:D16] 범위에서 빈 셀의 개수를 구할 수 있습니다.

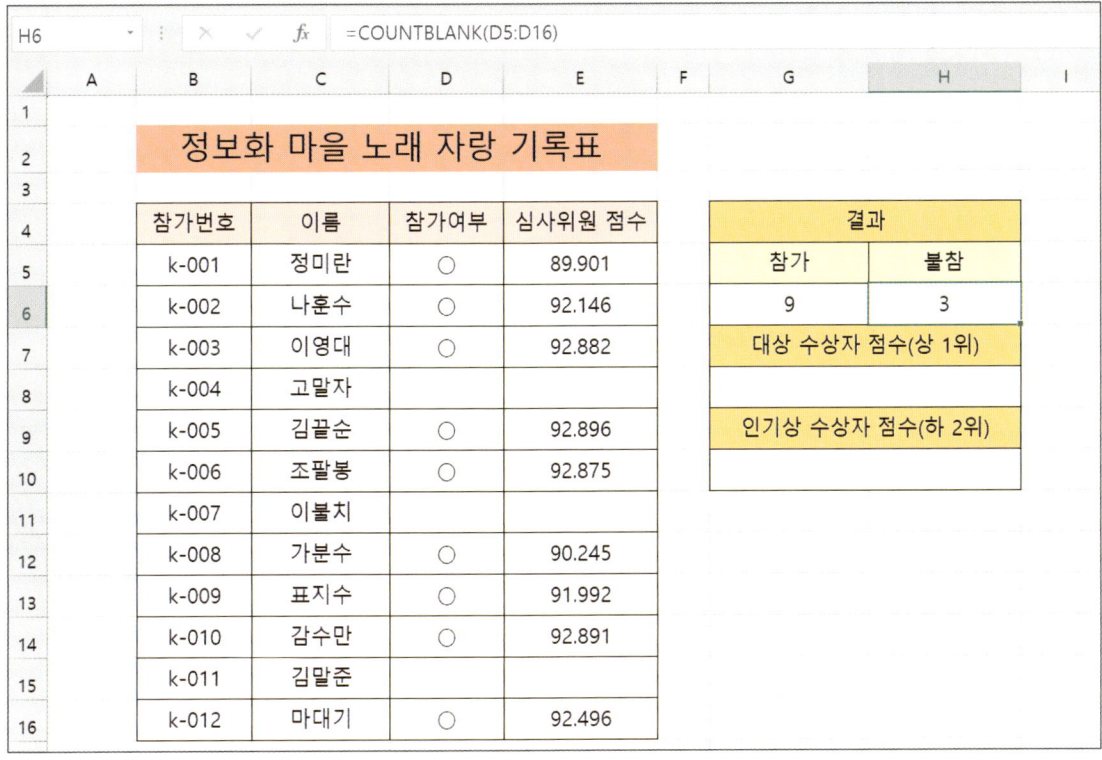

2 높은 값과 낮은 값을 기준으로 데이터 찾기

1 [G8] 셀을 선택하고 수식 입력 창에 '=LARGE(E5:E16,1)'을 입력하고 Enter 키를 눌러 [E5:E16] 범위에서 가장 높은 점수를 표시합니다.

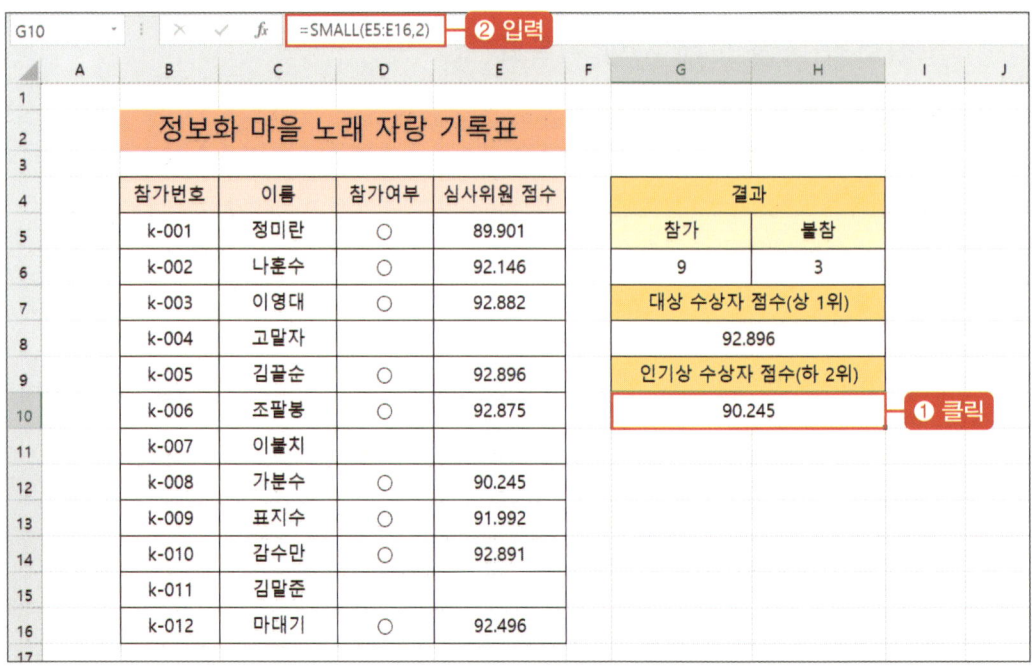

2 [G10] 셀을 선택하고 '=SMALL(E5:E16,2)'을 입력하고 Enter 키를 눌러 [E5:E16] 범위에서 두 번째로 낮은 점수를 표시합니다.

셀프 테스트

1 '수입지출내역.xlsx' 파일을 불러온 후 LARGE와 SMALL 함수를 이용하여 [H] 열의 가장 '많이 지출한 금액'과 '가장 작은 수입 금액'을 구해 보세요.

8월 수입 및 지출 내역

수입 내역	금액	지출 내역	금액
월급	3,500,000	월세	700,000
부업 수입	500,000	식비	450,000
이자 수입	15,000	교통비	120,000
선물 수령	100,000	공과금	80,000
기타 수입	50,000	통신비	60,000
		문화/여가비	150,000
		저축/투자	1,000,000
합계	4,165,000	합계	2,560,000

가장 많이 지출한 금액
1,000,000
가장 작은 수입 금액
15,000

2 '디자인_중간고사.xlsx' 파일을 불러온 후 COUNTBLANK 함수를 이용하여 과목별 결시생 수를 구해 보세요.

산업디자인과 중간고사 점수표

학번	이름	디자인개론	소묘	입체디자인	시각디자인	디자인설계
D0512001	가만희	A	C	A	B	C
D0512002	나한도	B	A	A		A
D0512003	마소라	C		B	C	A
D0512004	모경택	A	A	A	A	A
D0512005	박수라	B	A	A	A	
D0512006	소공녀	B		B	B	B
D0512007	안도민	C	C	C	D	A
D0512008	채민영	A	D		A	
D0512009	피수민	C	A	B	C	A
D0512010	하정모		A	D	C	B

과목별 결시생 수	
디자인개론	1
소묘	2
입체디자인	1
시각디자인	1
디자인설계	2

Excel 2021

SECTION 12 순위 매기기와 조건부 셀 개수 구하기

전체 데이터에서 몇 번째 순위에 해당하는지를 구하는 RANK 함수와 특정 조건을 만족하는 셀의 개수를 구하는 COUNTIF 함수를 배워봅니다.

1 순위 매기기

1 '영업팀_월별실적.xlsx' 파일을 불러옵니다. [E6] 셀을 선택하고 수식 입력줄에 '=RANK.EQ('를 입력하고 [C6] 셀을 클릭한 후 ','를 입력합니다.

2 계속해서 [C6:C15] 셀을 범위로 지정하고 F4 키를 눌러 절대 참조로 변경합니다. 그 뒤에 ',0)'을 입력하고 Enter 키를 누릅니다.

❸ [E6] 셀에 판매 순위 '7'이 구해집니다. 자동 채우기 핸들을 [E15] 셀까지 드래그하여 각각의 판매 순위를 구합니다.

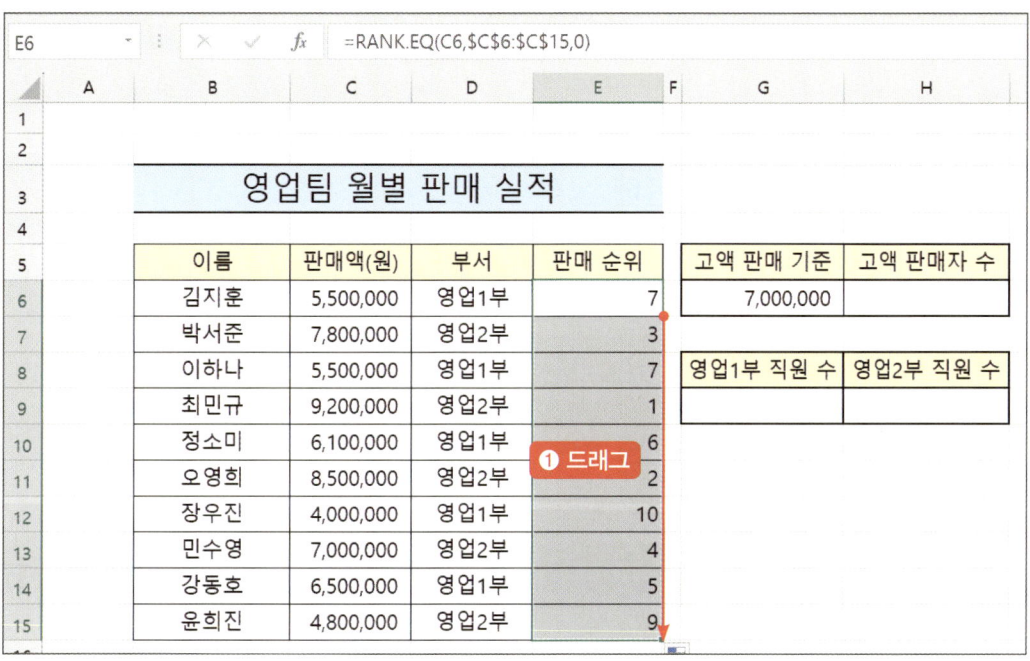

2 조건에 맞는 셀 개수 구하기

❶ [G9] 셀을 선택하고 수식 입력줄에 '=COUNTIF('를 입력하고 [D6:D15]를 범위로 지정한 후 F4 키를 눌러 절대 참조로 변경합니다.

② 계속해서 ',D6)'을 입력하고 Enter 키를 누릅니다. ','를 입력하고 [D6] 셀을 클릭한 후 ')'를 입력해도 됩니다. 영업1부의 직원이 몇 명인지 확인할 수 있습니다.

③ [H6] 셀을 선택하고 '=COUNTIF($D$6:$D$15,"영업2부")'를 입력하여 영업2부의 직원 수도 구합니다.

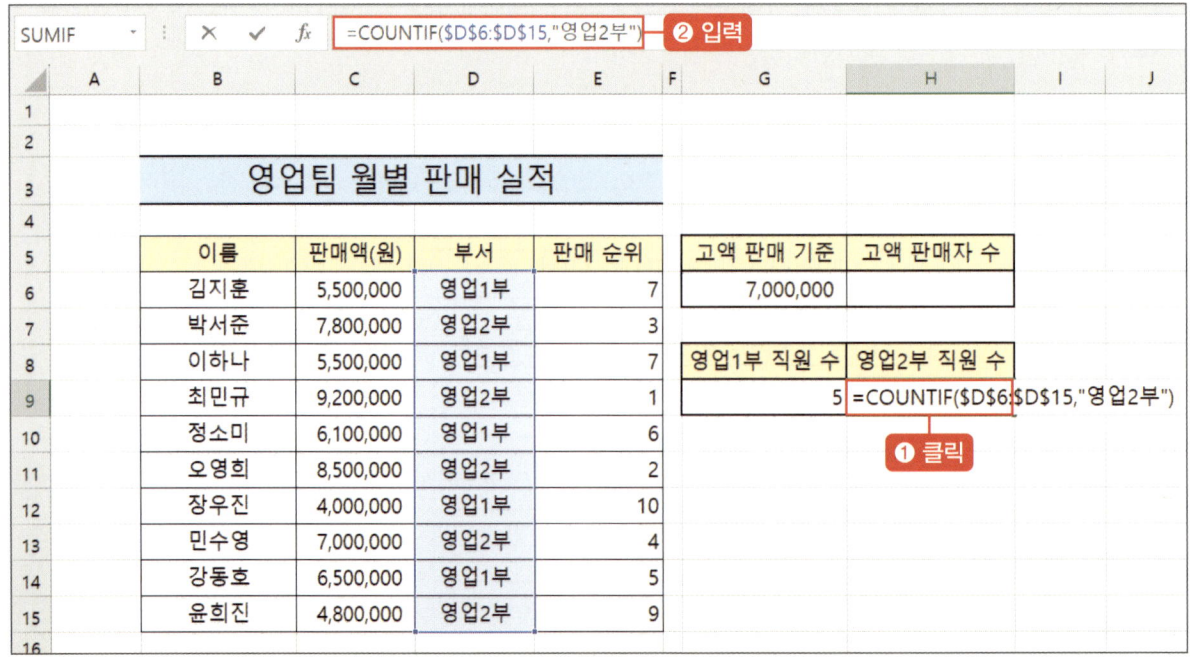

TIP 함수의 괄호 안에 셀이나 범위를 선택하여 입력하거나, 직접 수식이나 값을 입력할 수 있습니다.

3 수식 입력줄을 이용하여 조건에 맞는 셀 개수 구하기

① [H6] 셀을 선택하고 수식 입력줄에 '=COUNTIF($C$6:$C:$15,">"&$G$6)'을 입력하고 Enter 키를 누릅니다.

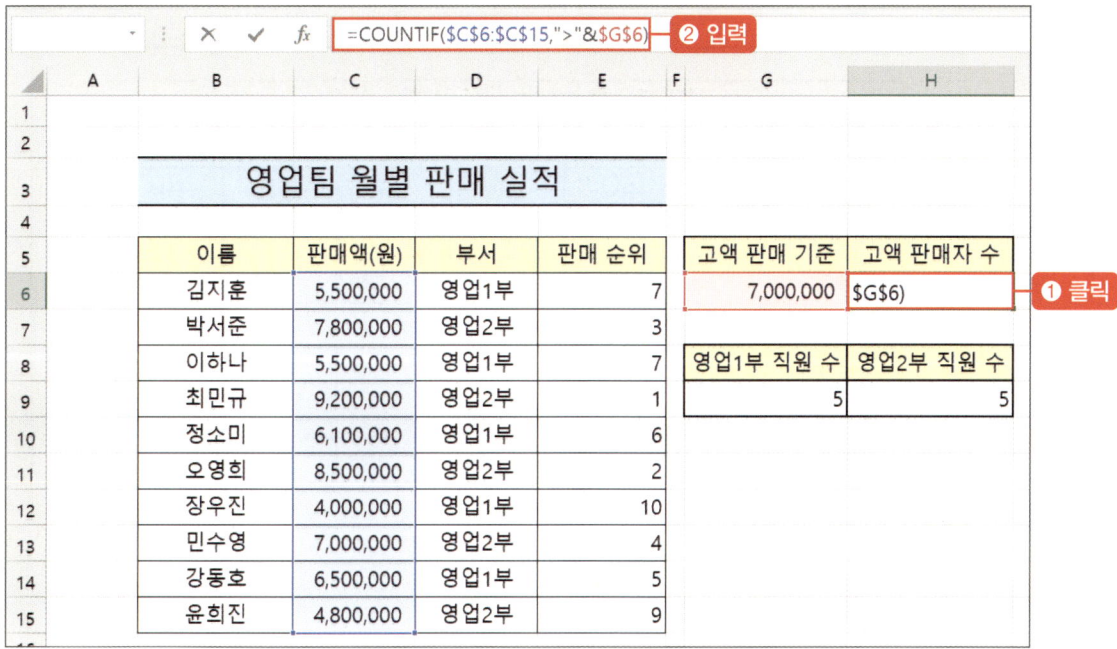

② [H6] 셀에 판매액이 700만 원보다 큰 셀의 개수를 표시해 줍니다.

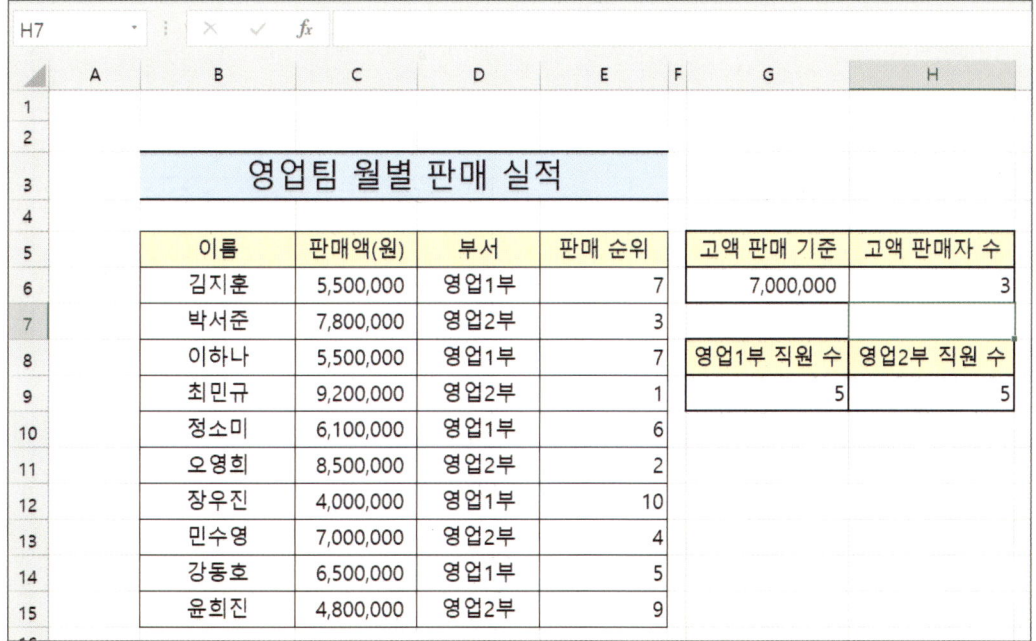

> **TIP** 전체 판매액 범위에서 [G6] 셀의 700만 원을 초과하는 판매액이 몇 건인지 셉니다. 조건(">"&$G$6)을 입력할 때 부등호(>)는 따옴표 안에 넣고, 셀 주소는 앰퍼샌드(&)로 연결해야 합니다.

셀프 테스트

1 '모의고사성적.xlsx' 파일을 불러와서 RANK.EQ 함수를 이용하여 총점의 순위를 매겨 보세요.

이름	국어	수학	영어	탐구	총점	순위
김민준	95	87	89	45	316	1
박하늘	88	92	93	36	309	4
이서진	95	69	98	49	311	2
최도윤	75	70	93	42	280	6
정수아	92	98	88	33	311	2
강지호	88	93	80	25	286	5

전국 모의고사 성적 순위

2 '고객만족도.xlsx' 파일을 불러와서 COUNTIF 함수를 이용하여 [H5:H7]에 조건에 맞는 응답 수를 구해 보세요.

고객 만족도 설문 현황

고객ID	고객직업	제품ID	응답		만족도 응답 수	
kang****	학생	A01	만족		만족	3
sum******	회사원	B02	불만족		불만족	2
mk77****	회사원	C03	보통		보통	2
ztzt8*****	학생	A04	만족			
sasa****	학생	D05	만족			
etst****	회사원	E06	보통			
8798****	주부	F07	불만족			

❸ '판매성과분석.xlsx' 파일을 불러온 후 함수를 이용해서 [D5:D10] 셀에는 순위를, [F5] 셀에는 목표를 달성한 인원수를 구해 보세요.

팀별 판매 성과 분석

	판매 목표액	145		
팀원명	실적(만원)	순위		목표 달성 인원수
홍길동	150	4		4
김철수	180	2		
박영희	120	6		
이민호	200	1		
정유미	140	5		
최지수	180	2		

❹ '영업팀실적_인원수.xlsx' 파일을 불러온 후 함수를 이용해서 [E5:E10] 셀에는 순위를, [G6:H6] 셀에는 팀별 인원수를 구해 보세요.

영업팀 실적 및 인원 현황

이름	소속팀	실적(건)	순위	팀 인원수	
				영업1팀	영업2팀
강현우	영업1팀	45	5	3	3
노윤아	영업2팀	60	2		
오진석	영업1팀	50	3		
문소리	영업2팀	40	6		
박주원	영업1팀	50	3		
조민서	영업2팀	65	1		

Excel 2021

13 중첩 함수 활용하기
SECTION

엑셀에서 복잡한 작업을 수행할 때는 하나의 함수만으로는 원하는 결과를 얻기 어렵습니다. 여기에서는 하나의 함수 안에 다른 함수를 넣어 논리 판단, 계산, 검색 등 여러 기능을 동시에 처리하는 방법을 알아보겠습니다.

1 조건에 따라 다른 값 표시하기

1 '중첩함수.xlsx' 파일을 불러와서 판매 점수를 기준으로 보너스 내용을 표시합니다. [F5] 셀을 클릭하고 '=IF(E5>=90,"보너스 100%","보너스 없음")'을 입력하고 Enter 키를 누릅니다.

2 자동 채우기 핸들을 [F11] 셀까지 드래그하여 수식에 입력한 조건에 따라 결괏값이 표시되도록 합니다.

3 이번에는 [F5] 셀을 클릭하고 수식 입력줄에서 '=IF(E5>=90,"보너스 100%",IF(E5>=80,"보너스 50%","보너스 없음"))'으로 수식을 수정합니다.

4 자동 채우기 기능을 이용하여 [F11] 셀까지 채웁니다. 판매 점수가 90점 이상은 '보너스 100%', 80점 이상은 '보너스 50%', 그 외는 '보너스 없음'으로 표시됩니다.

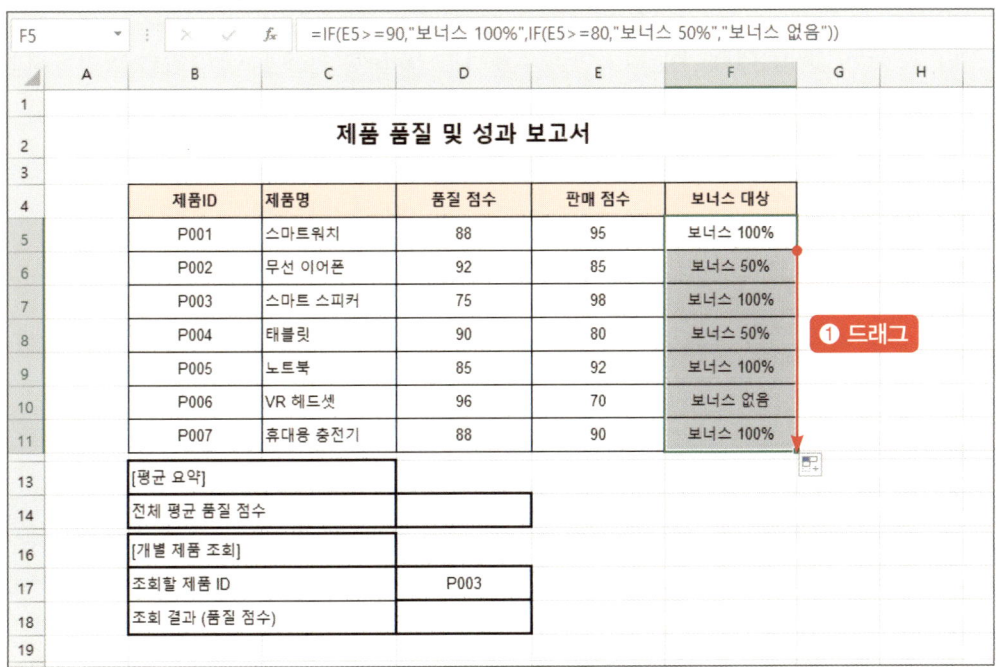

> **TIP** IF 함수 안에 또 다른 IF 함수를 중첩하면 여러 가지 조건을 판단하여 각각 다른 결괏값을 표시할 수 있습니다.

2 소수점 반올림하기

1 [D14] 셀을 선택한 후 수식 입력줄에 'AVERAGE(D5:D11)'을 입력하고 Enter 키를 누르면 품질 점수에 대한 평균을 소수점으로 표시해 줍니다.

2 [D14] 셀이 선택된 상태에서 소수점을 반올림하기 위해 수식 입력줄에서 ROUND 함수를 추가합니다. 수식을 '=ROUND(AVERAGE(D5:D11),0)'으로 수정하고 Enter 키를 눌러 결과를 확인합니다.

3 데이터 검색하여 표시하기

1 [D18] 셀을 선택하고 수식 입력줄에 '=IFERROR(VLOOKUP(D17,B5:E11,3,FALSE),"ID를 입력하세요")'를 입력하고 Enter 키를 누릅니다.

2 [D17] 셀에 [B5:B11] 셀의 제품 ID를 입력하면 [D18] 셀에 해당 제품의 품질 점수를 표시해 줍니다. 만일 제품 ID 이외의 텍스트를 입력하면 [D18] 셀에 'ID를 입력하세요'가 표시됩니다.

셀프 테스트

1 '고객만족도.xlsx' 파일을 불러와 [E5:E11] 셀에 [D] 열의 점수가 80점 이상이면 만족, 50점 이상이면 보통, 그 외에는 불만이 표시되도록 함수를 적용해 보세요.

	A	B	C	D	E	F	G
1							
2			제품별 고객 만족도				
3							
4		제품 ID	제품명	점수표	만족도		
5		P-001	AI 커피 드리퍼	75	보통		
6		P-002	원두 그라인더	80	만족		
7		P-003	470ml 텀블러	50	보통		
8		P-004	559ml 텀블러	45	불만		
9		P-005	에스프레소 머신	97	만족		
10		P-006	드립커피 메이커	68	보통		
11		P-007	캡슐커피 머신	90	만족		

2 '주요과목_평균.xlsx' 파일을 불러와 함수를 이용하여 [F] 열의 평균 점수를 소수점 두 자릿수까지 표시해 보세요.

	A	B	C	D	E	F	G	H	I
1									
2			주요 과목 평균						
3									
4		이름	국어	수학	영어	평균			
5		가모라	85	98	78	87.00			
6		김소리	77	80	100	85.67			
7		나수현	69	100	100	89.67			
8		도경민	90	99	92	93.67			
9		라한수	87	97	90	91.33			
10		마길호	99	87	78	88.00			
11		박찬수	59	78	80	72.33			
12		신기철	78	88	82	82.67			
13		오수현	86	89	99	91.33			
14		이천만	92	90	87	89.67			
15		조수미	85	88	98	90.33			
16		하미라	69	100	100	89.67			

❸ '모의고사_등급표.xlsx' 파일을 불러와 [D], [F], [H] 열은 10점 간격으로 1~5등급, [J] 열은 5점 간격으로 1~5등급이 표시되도록 함수를 적용해 보세요.

이름	국어		수학		영어		탐구	
	점수	등급	점수	등급	점수	등급	점수	등급
가모라	85	2등급	98	1등급	78	3등급	45	1등급
김소리	77	3등급	80	2등급	100	1등급	38	3등급
나수현	69	4등급	100	1등급	100	1등급	48	1등급
도경민	90	1등급	99	1등급	92	1등급	39	3등급
라한수	87	2등급	97	1등급	90	1등급	49	1등급
마길호	99	1등급	87	2등급	78	3등급	33	4등급
박찬수	59	5등급	78	3등급	80	2등급	39	3등급
신기철	78	3등급	88	2등급	82	2등급	48	1등급
오수현	86	2등급	89	2등급	99	1등급	42	2등급

❹ '제품등급표.xlsx' 파일을 불러와 [F7:F15] 셀은 ROUND와 AVERAGE, [G7:G15] 셀은 IF, [G4] 셀은 IFERROR와 VLOOKUP 함수를 이용하여 다음과 같이 결과를 구해 보세요. [E4] 셀에 제품 코드 외의 텍스트를 입력하면 '제품 코드를 입력해 주세요'가 표시되게 합니다.

제품별 등급표

		제품 코드	S001	제품 등급	C등급
제품코드	제품명	사원 점수	고객 점수	평균 점수	등급
S001	폴더블폰	85	60	73	C등급
S002	S-20폰	75	80	78	C등급
S003	I-17폰	65	75	70	C등급
S004	공부폰	35	80	58	F등급
S005	엣지폰	45	70	58	F등급
S006	I-16미니폰	75	60	68	D등급
S007	K-위성폰	25	35	30	F등급
S008	모토롤라폰	65	70	68	D등급
S009	노키아폰	45	60	53	F등급

Excel 2021

14 조건부 서식 사용하기
SECTION

수많은 데이터 속에서 중요한 정보를 찾기 어려울 때 조건부 서식이 이를 해결해 줄 수 있습니다. 조건에 맞는 셀만 색상, 막대, 아이콘 등으로 강조하여 데이터의 흐름을 한눈에 파악할 수 있습니다.

1 셀 강조하여 표시하기

1 '조건부서식.xlsx' 파일을 불러와 [C5:C12] 셀을 범위로 지정하고 [홈] 탭에서 [스타일] 그룹의 [조건부 서식]-[셀 강조 규칙]-[보다 큼]을 선택합니다.

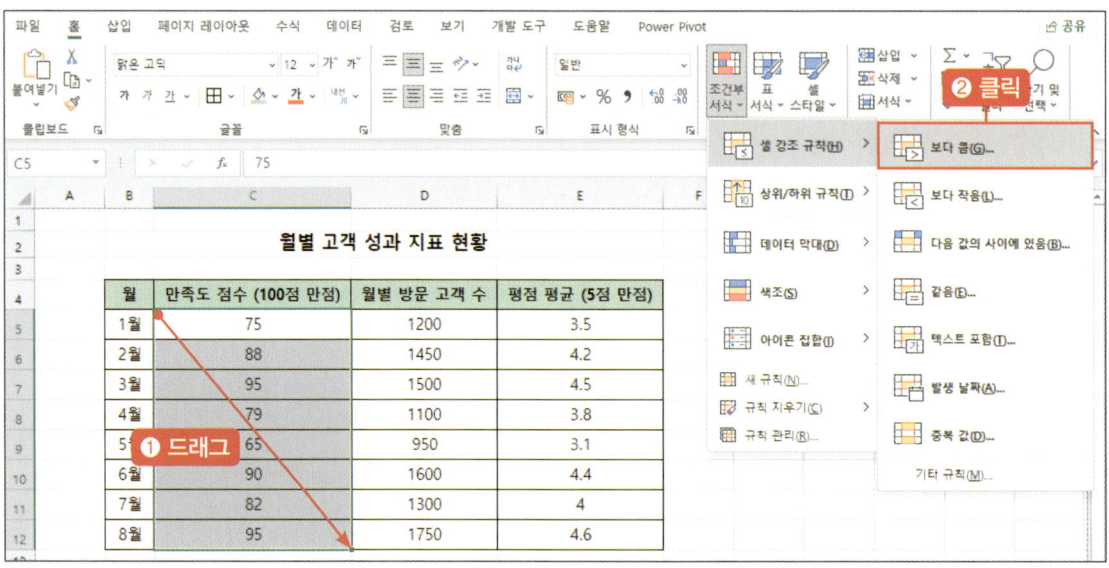

2 [보다 큼] 대화상자가 나타나면 '다음 값보다 큰 셀의 서식 지정:'에 '90'을 입력하고 '적용할 서식:'은 '진한 빨강 텍스트가 있는 연한 빨강 채우기'를 선택한 후 [확인]을 클릭합니다.

③ 이번에는 [D5:D12] 셀을 범위로 지정하고 [홈] 탭에서 [스타일] 그룹의 [조건부 서식]-[데이터 막대]-[연한 파랑 데이터 막대]를 선택하여 그래프 형식으로 데이터를 표시합니다.

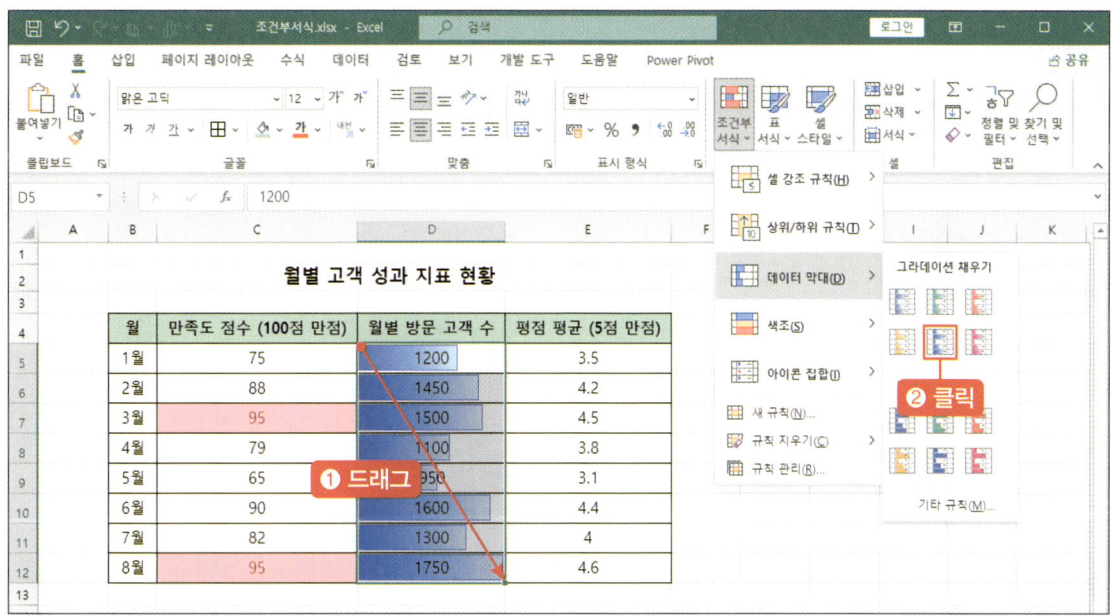

2 새 규칙으로 조건부 서식 설정하기

① [E5:E12] 셀을 범위로 지정하고 [홈] 탭에서 [스타일] 그룹의 [조건부 서식]-[새 규칙]을 선택합니다.

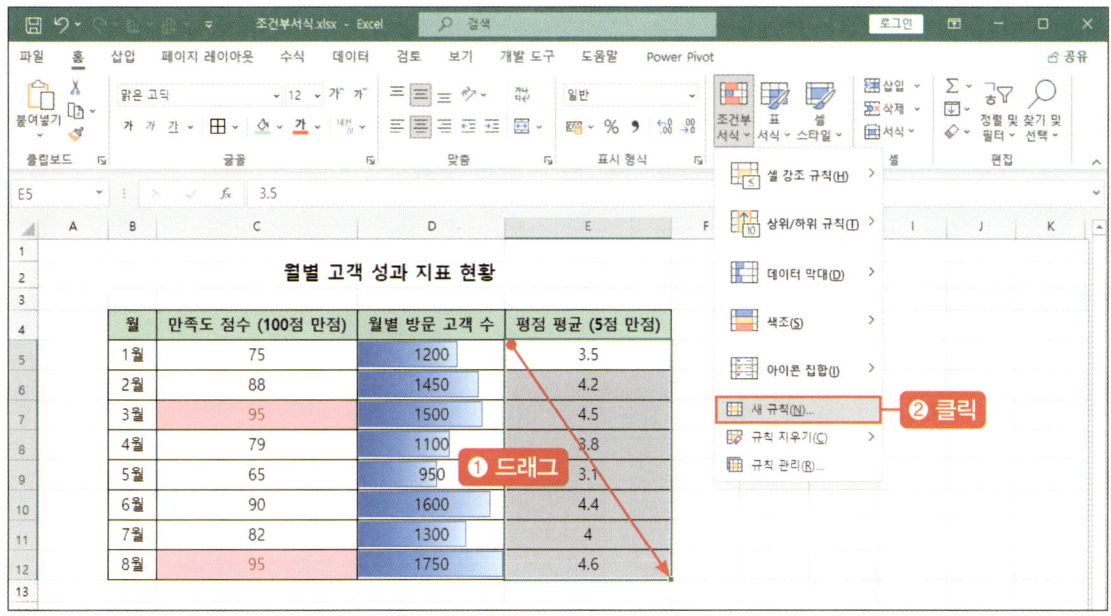

② [새 서식 규칙] 대화상자가 나타나면 '규칙 유형 선택'은 '셀 값을 기준으로 모든 셀의 서식 지정', '서식 스타일'은 '아이콘 집합'으로 설정합니다. '아이콘'은 다음과 같이 설정한 후 [확인]을 클릭합니다.

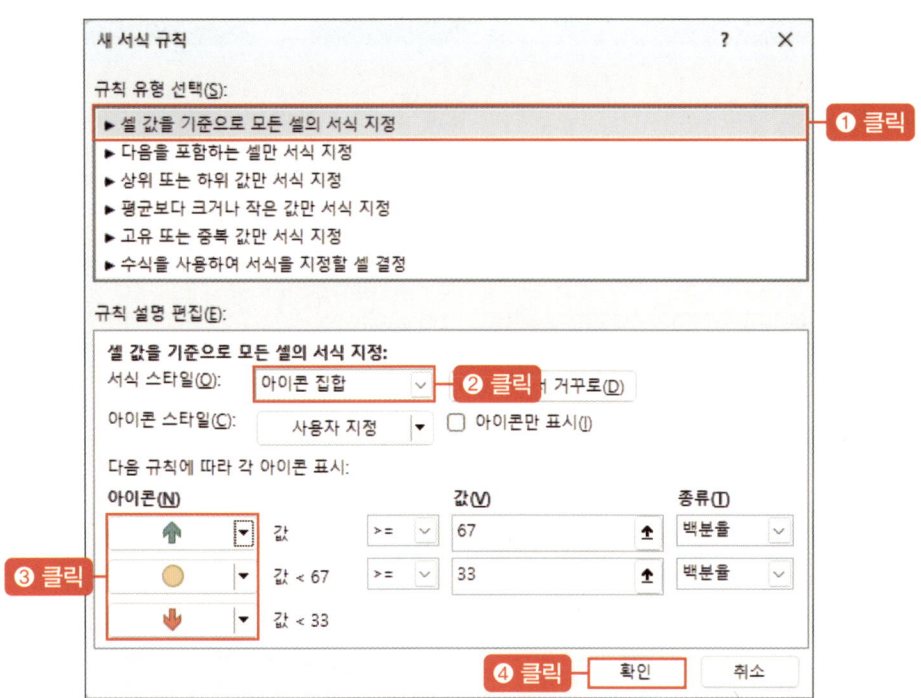

③ [E5:E12] 범위의 데이터 앞에 선택한 아이콘이 표시됩니다.

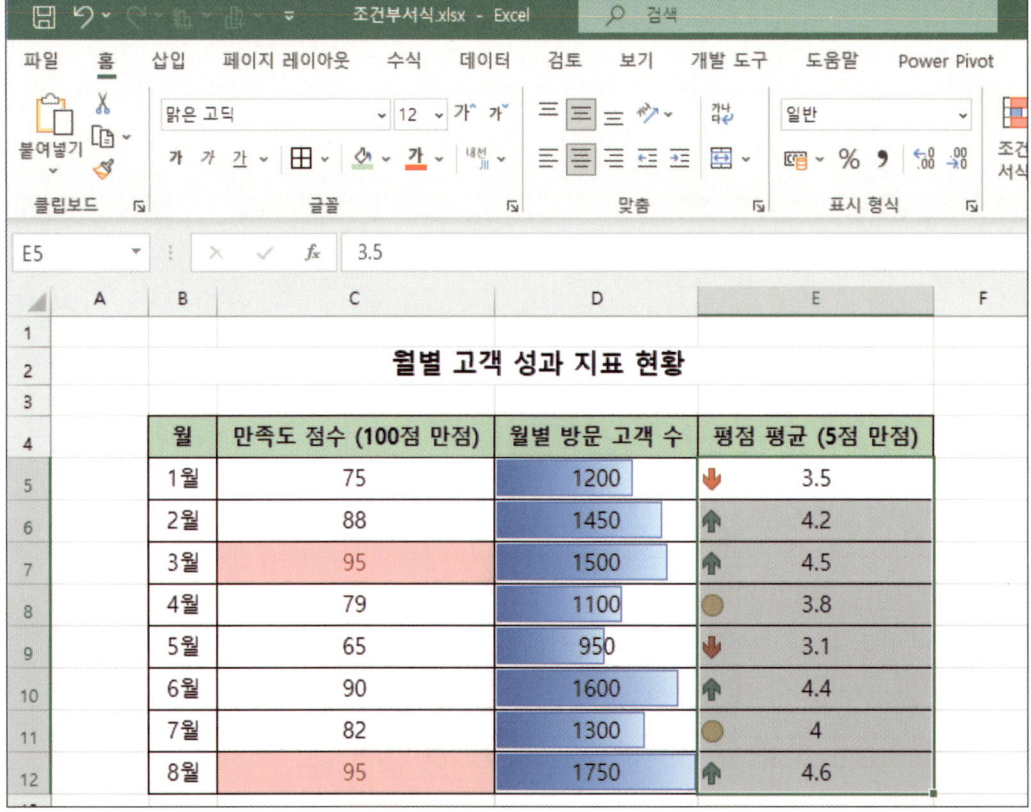

셀프 테스트

1 '제품별_재고현황.xlsx' 파일을 불러온 후 조건부 서식을 이용해 다음과 같이 재고 수량이 100개 이상일 땐 초록색, 30개 미만일 땐 빨간색이 되도록 설정해 보세요.

제품별 현재 재고 현황

제품 코드	제품명	재고 수량
A101	프리미엄 펜	15개
B202	노트 세트	85개
C303	텀블러	120개
D404	무선 마우스	55개
E505	휴대용 스피커	25개
F606	데스크 매트	90개
G707	충전 케이블	150개
H808	미니 선풍기	45개

2 '영업팀_목표달성.xlsx' 파일을 불러온 후 조건부 서식을 이용해 목표 달성률이 우수한 상위 3개 셀을 강조해 보세요.

영업팀 월간 목표 달성률

팀 번호	지역	담당자	목표 달성률 (%)
T01	서울	김민준	88.50%
T02	경기	박지영	95.20%
T03	인천	이현우	75.10%
T04	대전	최유리	99.90%
T05	광주	정우진	82.00%
T06	대구	한가을	65.80%
T07	부산	강하늘	92.50%
T08	울산	윤서진	78.30%
T09	제주	송민호	96.00%
T10	세종	구아라	89.10%

Excel 2021

15 차트 활용하기
SECTION

수많은 숫자로 가득한 데이터 목록에서 핵심 정보를 빠르게 파악하려면 차트를 활용할 수 있습니다. 차트는 복잡한 숫자를 막대, 선, 원 등의 시각적 형태로 변환하여 데이터의 추세와 비율을 직관적으로 보여줍니다.

1 차트 삽입하기

1. '차트.xlsx' 파일을 불러와 [B4:D10] 셀을 범위로 지정한 후 [삽입] 탭에서 [차트] 그룹의 [세로 또는 가로 막대형 차트 삽입]을 선택하고 [묶은 세로 막대형] 차트를 선택합니다.

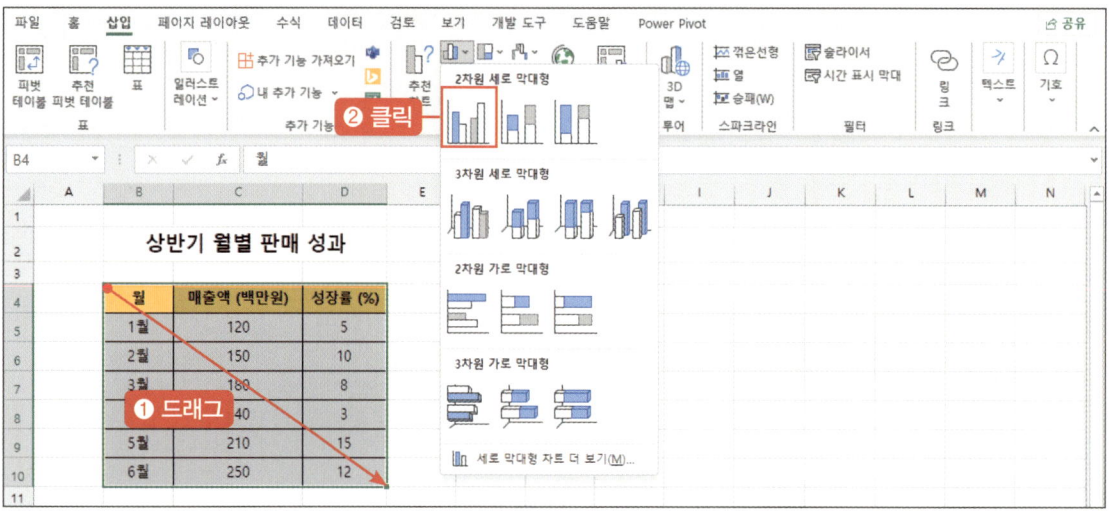

2. 성장률과 매출액의 표 데이터가 세로 막대형 차트로 만들어집니다.

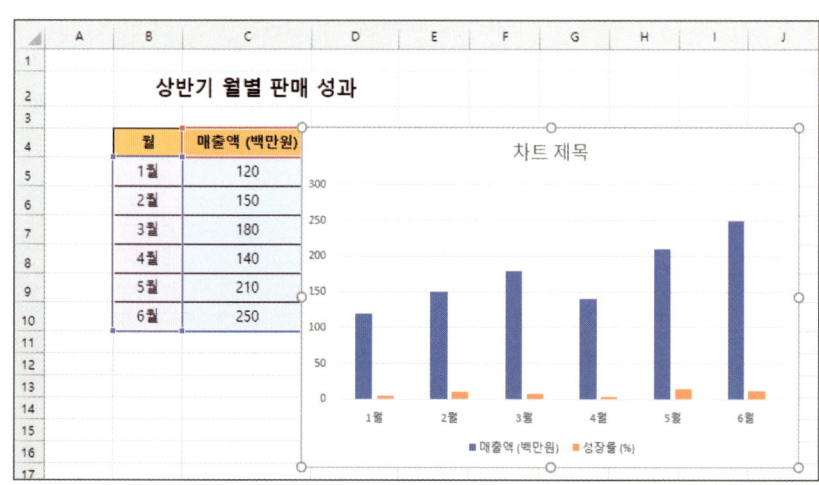

2 차트 서식 변경하기

1 차트를 클릭하고 [차트 디자인] 탭에서 [차트 스타일] 그룹의 [스타일 14]를 선택하여 차트의 스타일을 변경합니다.

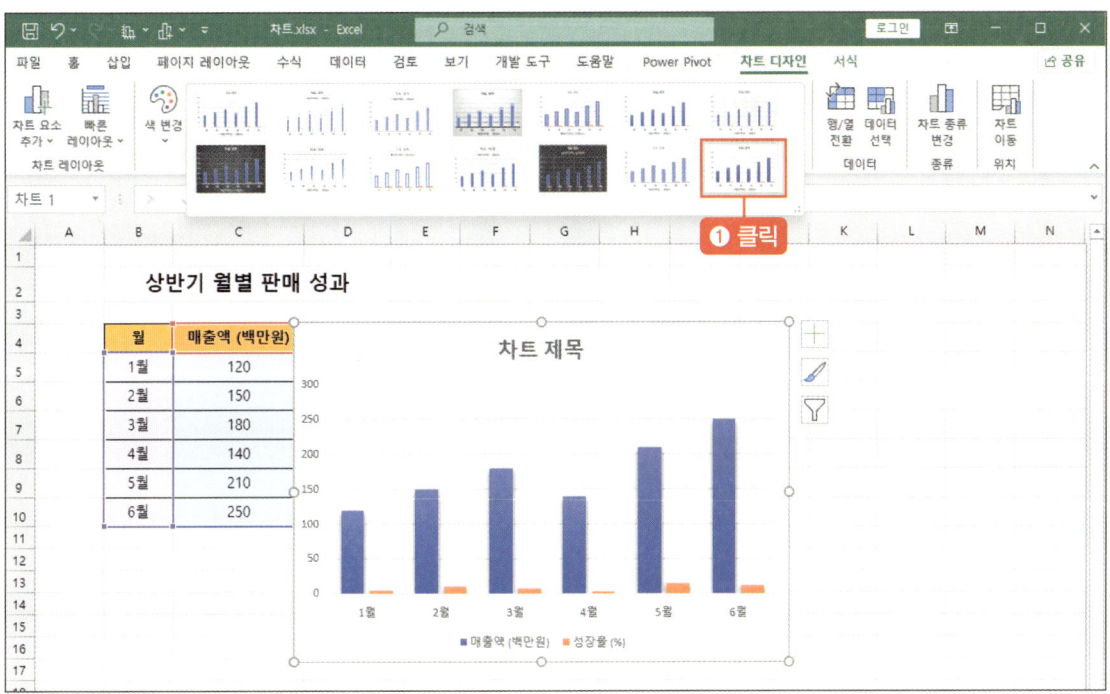

2 '차트 제목'을 드래그하여 선택하고 '상반기 월별 판매 성과'를 입력하여 차트의 제목을 변경합니다.

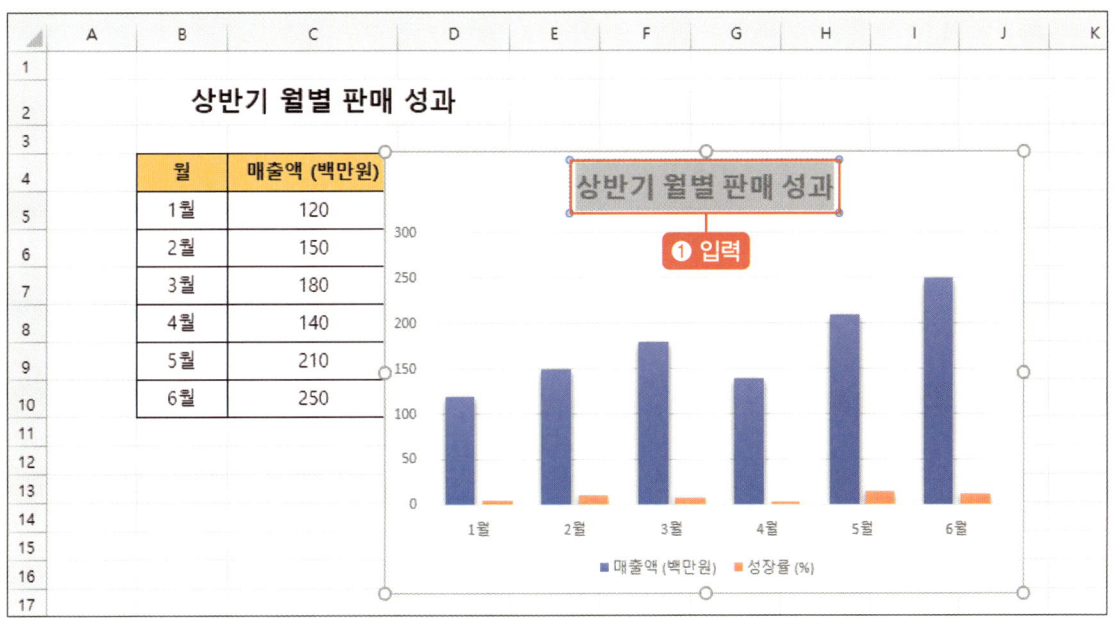

❸ 차트 오른쪽 상단의 '+' 모양 아이콘을 클릭한 후 [데이터 레이블]-[바깥쪽 끝에]를 선택해서 막대 그래프 바깥쪽에 숫자로 데이터값을 표시해 줍니다.

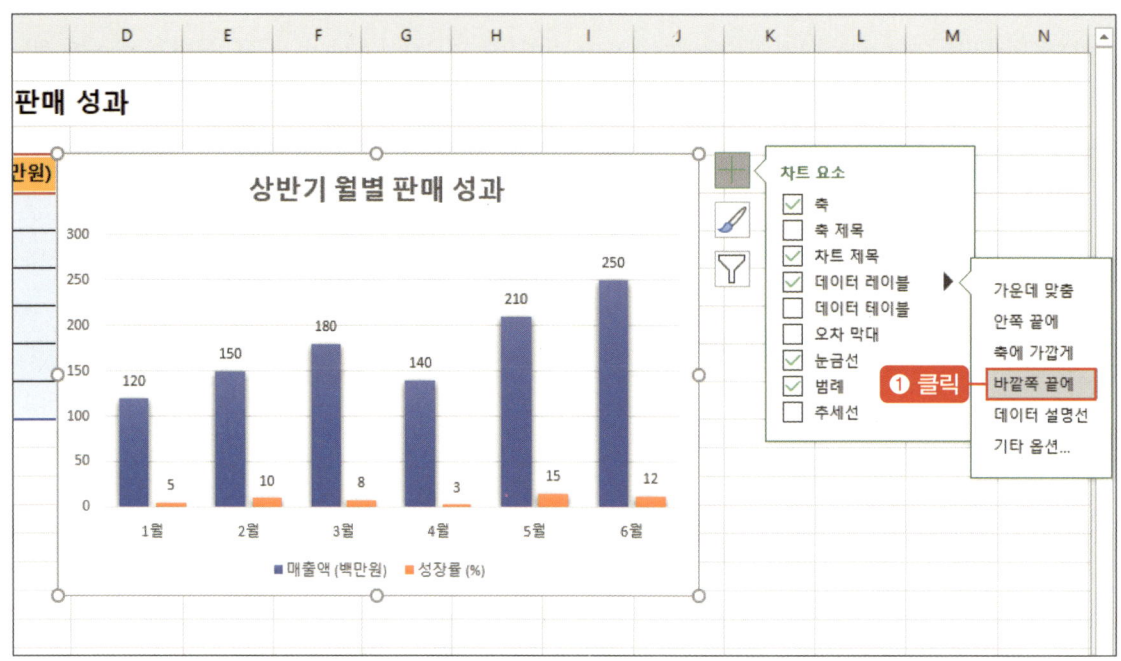

❹ 다시 한번 '+' 모양 아이콘을 클릭한 후 [눈금선]-[기본 주 세로]를 선택해서 월별 그래프를 구분합니다.

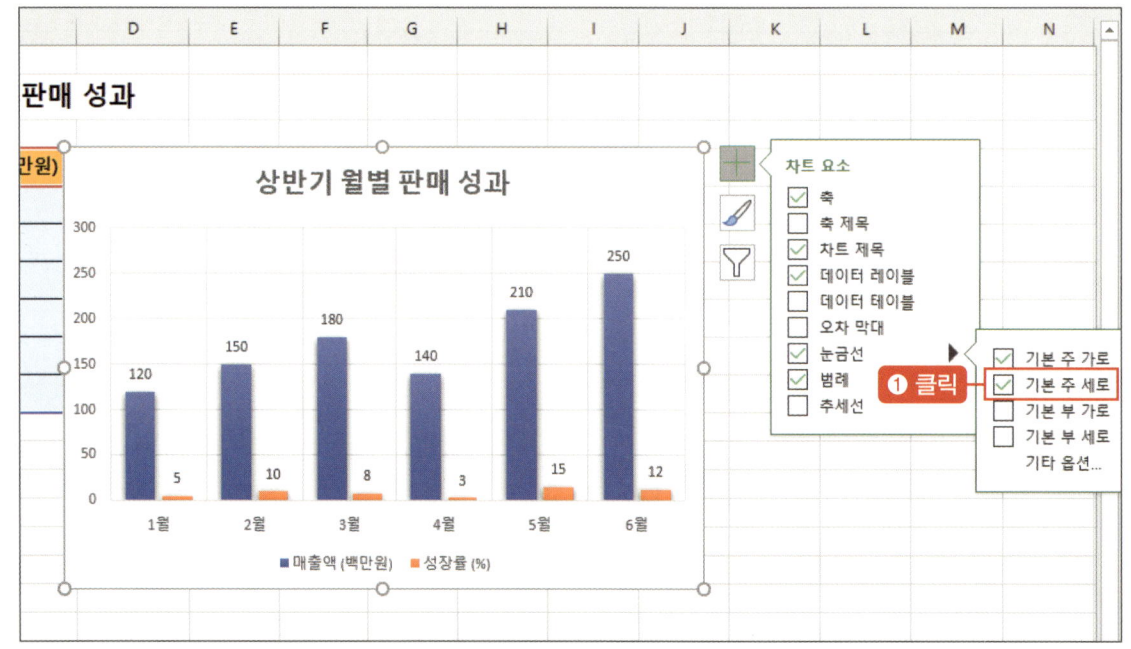

3 차트 종류 변경하기

1 매출액과 성장률의 단위가 달라 성장률이 제대로 보이지 않으므로 차트 종류를 변경해 두 데이터 모두 잘 보이도록 수정합니다. 차트를 선택하고 [차트 디자인] 탭에서 [종류] 그룹의 [차트 종류 변경]을 클릭합니다.

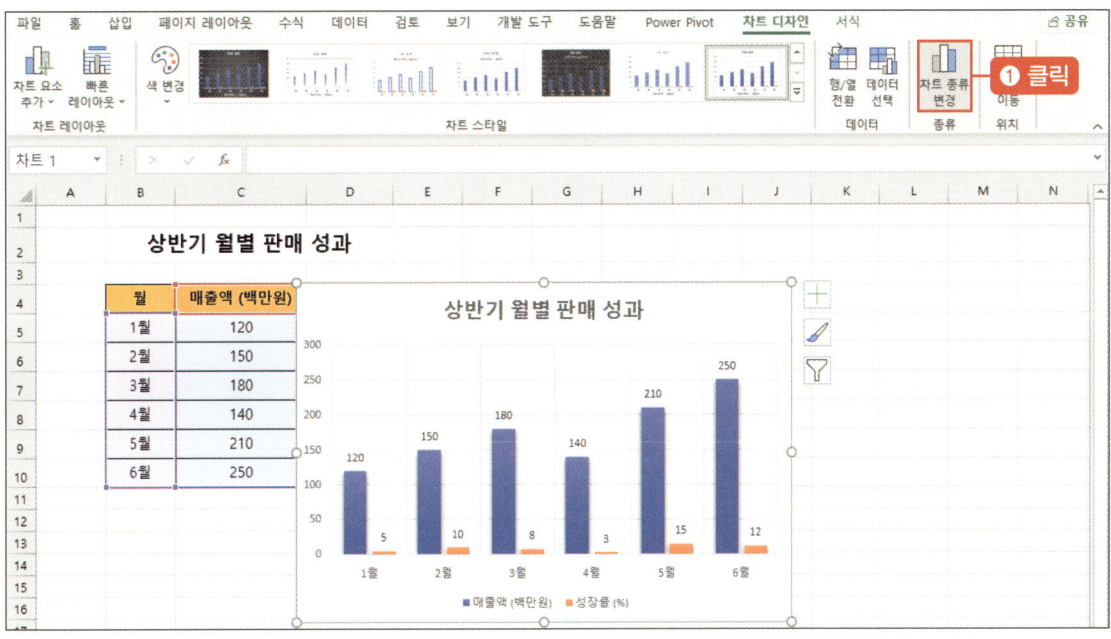

2 [차트 종류 변경] 대화상자가 나타나면 [모든 차트] 탭의 '혼합'을 클릭하고 '사용자 지정 조합'을 선택합니다. '성장률(%)'의 '보조축'을 체크한 후 [확인]을 클릭합니다.

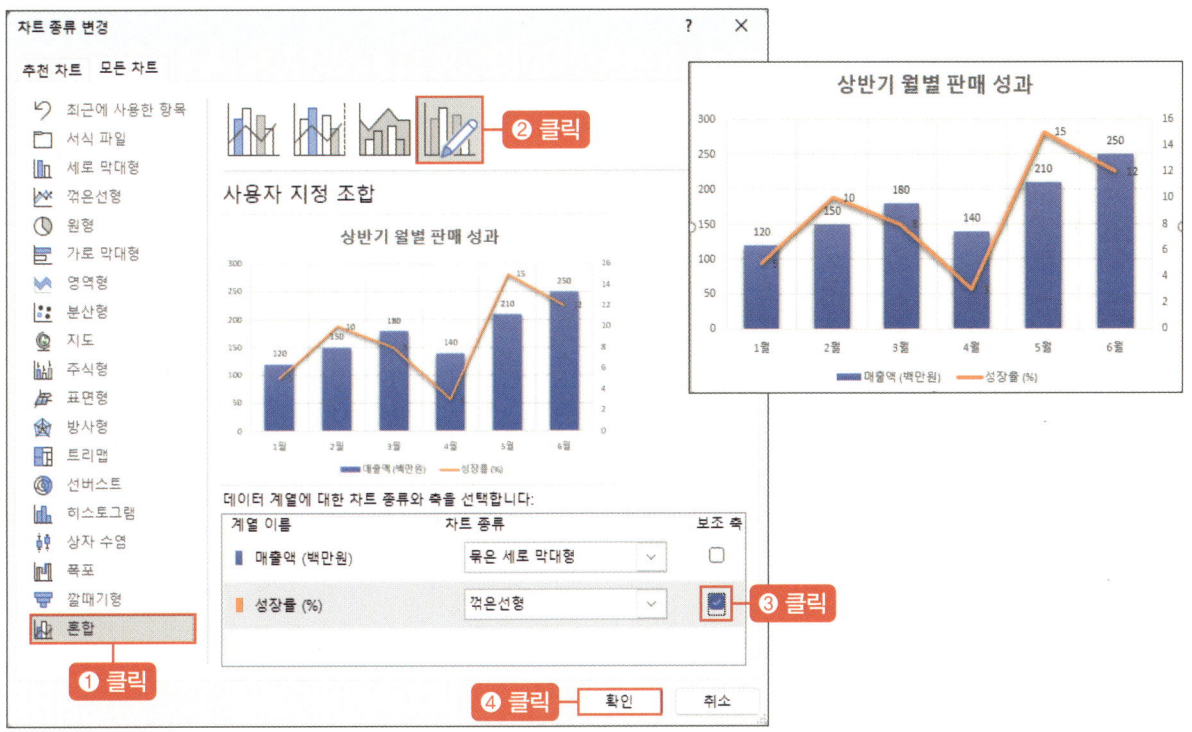

셀프 테스트

1 '제품판매량_차트.xlsx' 파일을 불러와 막대형 차트를 만들어 보세요.

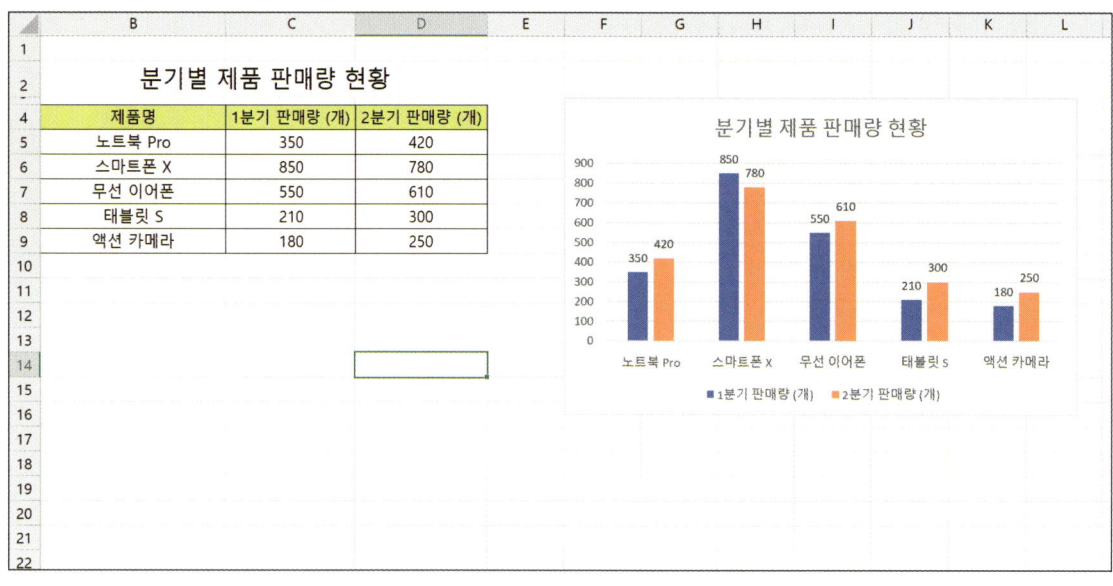

2 '비용추이_차트.xlsx' 파일을 불러와 표식이 있는 꺾은선형 차트를 만들어 보세요.

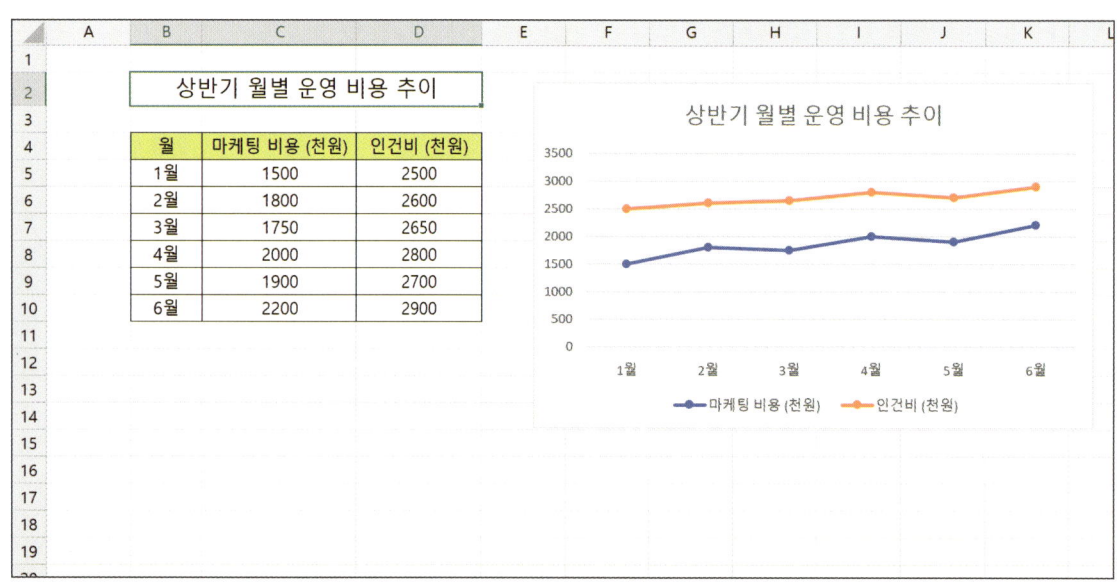

❸ '평가점수_차트.xlsx' 파일을 불러와 원형 차트를 만들어 보세요.

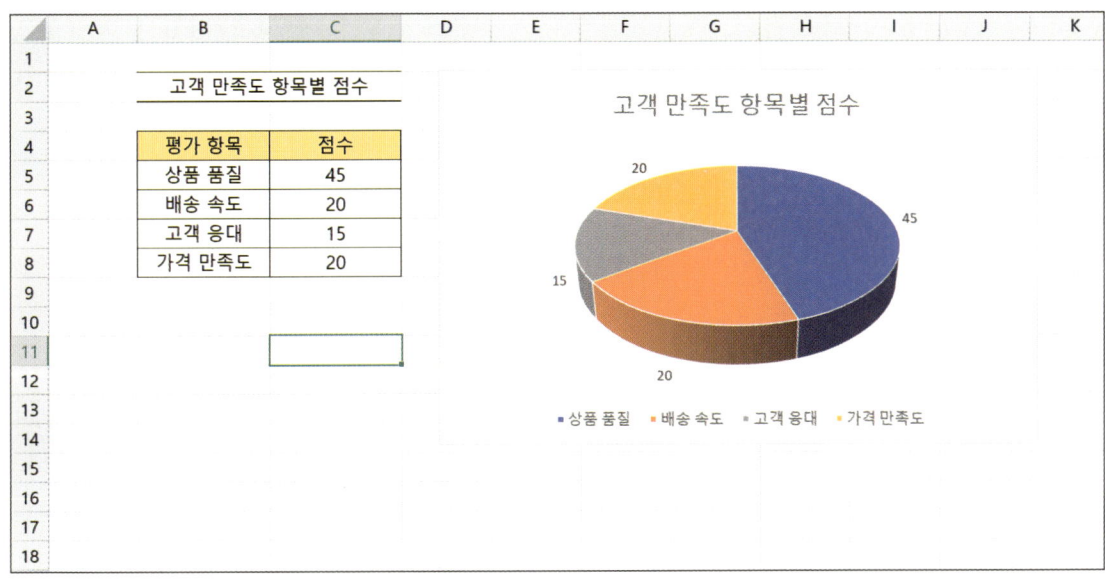

❹ '매출달성률_차트.xlsx' 파일을 불러와 세로 막대형-꺾은선형의 혼합 차트를 만들어 보세요.

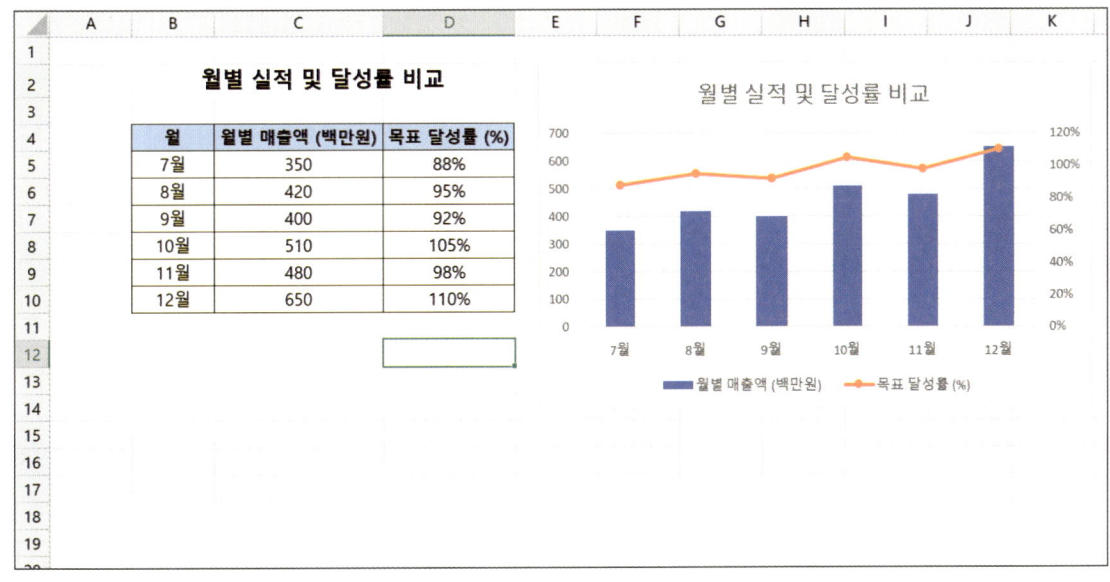

Excel 2021
SECTION 16 자동 필터로 데이터 추출하기

방대한 데이터에서 원하는 정보만 빠르게 추출하고 싶을 경우 자동 필터를 사용합니다. 자동 필터는 가장 쉽고 빠른 데이터 추출 도구입니다. 복잡한 수식 없이 클릭 몇 번만으로 특정 텍스트나 숫자를 추출하거나 조건에 맞는 행을 즉시 분리하여 표시할 수 있습니다.

1 텍스트 데이터 추출하기

① '필터링.xlsx' 파일을 불러와 [B4] 셀을 선택하고 [데이터] 탭에서 [정렬 및 필터] 그룹의 [필터]를 선택합니다.

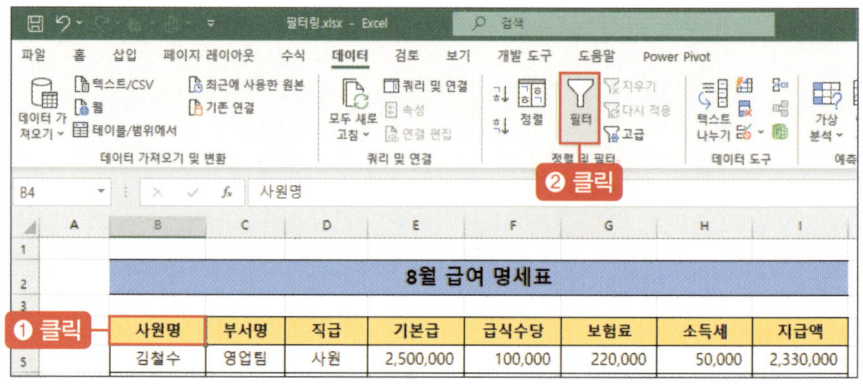

② 4행의 제목 셀 옆에 자동 필터 버튼이 나타납니다. '부서명' 옆에 있는 자동 필터 버튼을 클릭한 후 체크 박스 목록에서 '영업팀'만 남기고 모두 숨긴 후 [확인]을 클릭합니다.

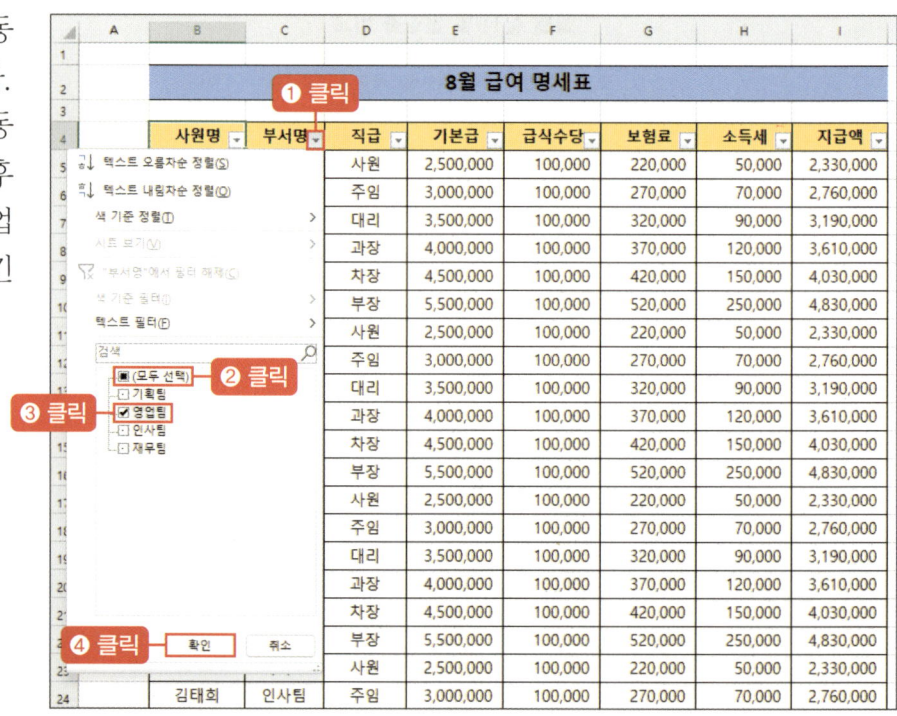

③ 자동 필터 기능으로 영업팀 데이터만 표시됩니다.

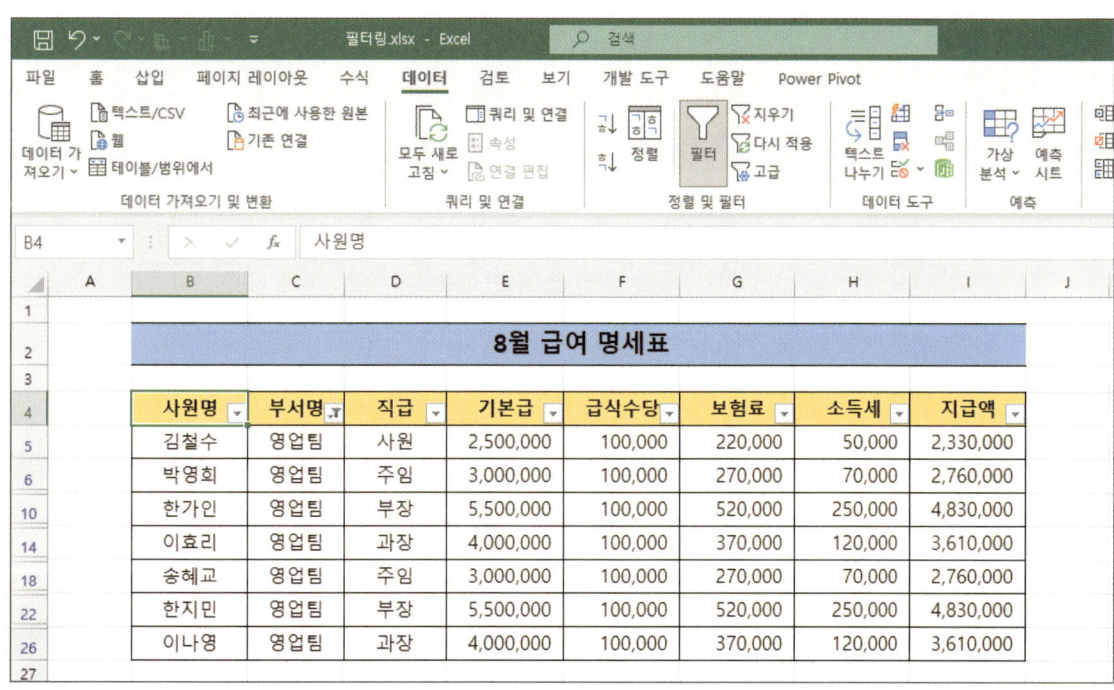

④ 부서명에 적용된 필터를 해제하려면 부서명 옆에 있는 자동 필터 버튼을 클릭한 후 ["부서명"에서 필터 해제]를 클릭합니다.

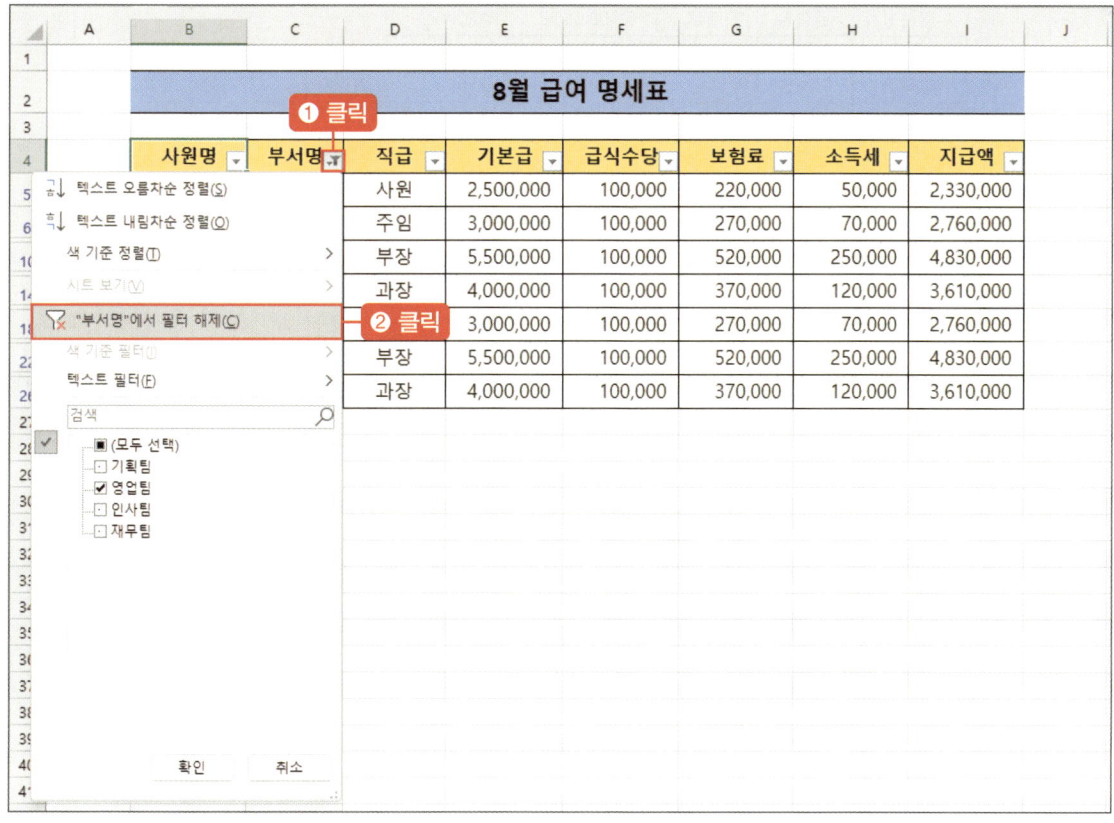

2 숫자 데이터 추출하기

1 숫자 데이터를 필터링 기능으로 추출하기 위해서 [I4] 셀의 자동 필터 버튼을 클릭한 후 [숫자 필터]에서 [크거나 같음]을 선택합니다.

	A	B	C	D	E	F	G	H	I	J	K
1											
2					8월 급여 명세표						
3										❶ 클릭	
4		사원명	부서명	직급	기본급	급식수당	보험료	소득세	지급액		
5		김철수	영업팀	사원	2,500,000	100,000					
6		박영희	영업팀	주임	3,000,000	100,000					같음(E)...
7		이민호	기획팀	대리	3,500,000	100,000					같지 않음(N)...
8		최수진	인사팀	과장	4,000,000	100,000					보다 큼(G)...
9		정우성	재무팀	차장	4,500,000	100,000				❷ 클릭	크거나 같음(O)...
10		한가인	영업팀	부장	5,500,000	100,000					보다 작음(L)...
11		강호동	기획팀	사원	2,500,000	100,000					작거나 같음(Q)...
12		유재석	인사팀	주임	3,000,000	100,000					해당 범위(W)...
13		신동엽	재무팀	대리	3,500,000	100,000					상위 10(T)...
14		이효리	영업팀	과장	4,000,000	100,000					평균 초과(A)
15		김혜수	기획팀	차장	4,500,000	100,000					평균 미만(O)
16		차승원	인사팀	부장	5,500,000	100,000					사용자 지정 필터(F)
17		박보검	재무팀	사원	2,500,000	100,000					
18		송혜교	영업팀	주임	3,000,000	100,000					
19		현빈	기획팀	대리	3,500,000	100,000					
20		손예진	인사팀	과장	4,000,000	100,000					
21		정우성2	재무팀	차장	4,500,000	100,000					
22		한지민	영업팀	부장	5,500,000	100,000					
23		공유	기획팀	사원	2,500,000	100,000					
24		김태희	인사팀	주임	3,000,000	100,000	270,000	70,000	2,760,000		

2 [사용자 지정 자동 필터] 대화상자가 나타나면 '찾을 조건'에서 '>='을 선택하고, '3000000'을 입력한 후 '그리고'를 선택합니다. 계속해서 '<'를 선택하고 '4000000'을 입력한 후 [확인]을 클릭합니다.

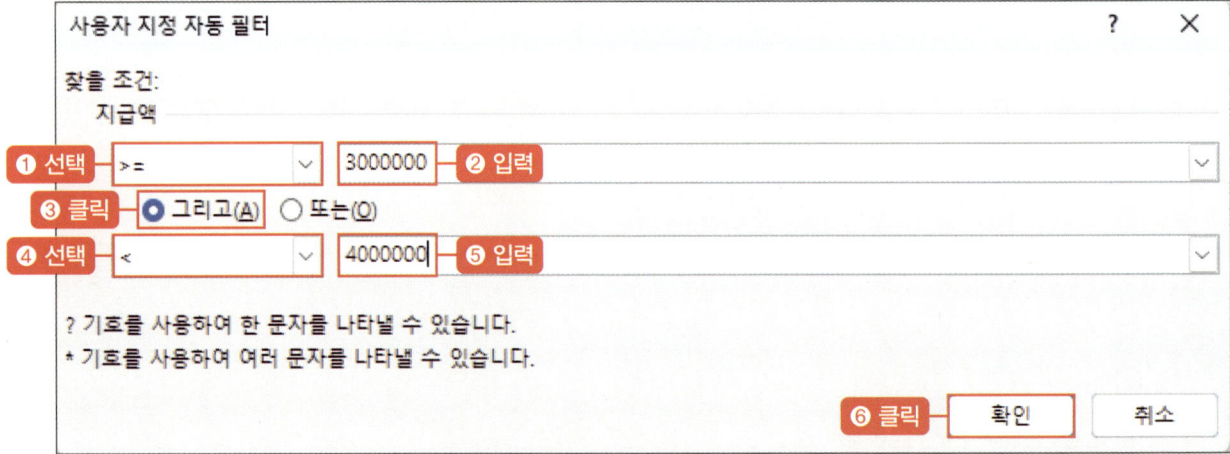

③ 8월 급여 명세표에서 지급액이 3,000,000원과 4,000,000원 사이의 데이터만 표시해 줍니다.

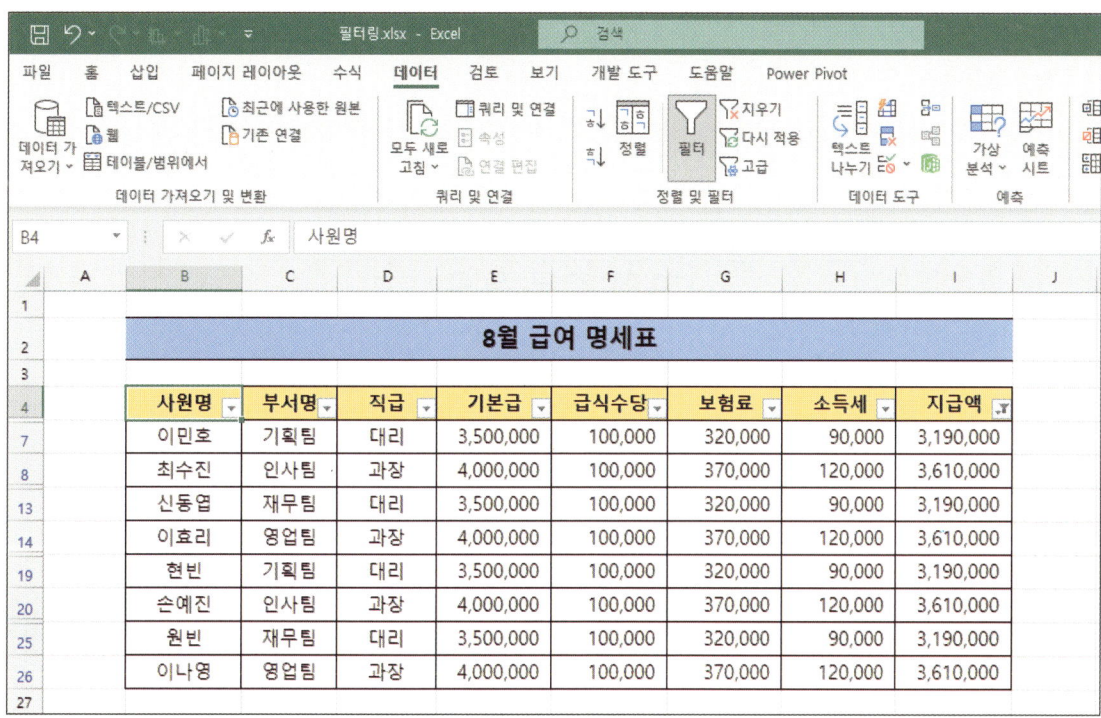

더 알아보기 자동 필터의 [숫자 필터] 하위 메뉴

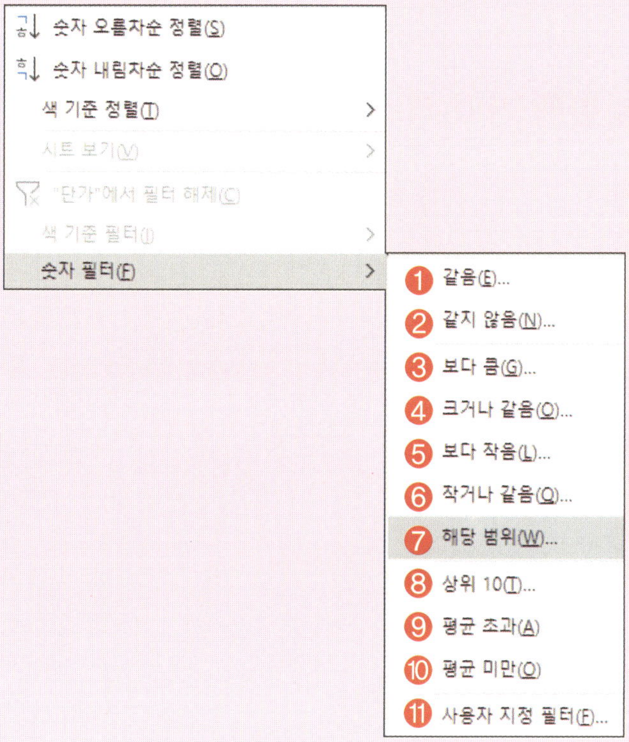

❶ **같음** 지정한 숫자와 정확히 같은 값만 표시합니다.
❷ **같지 않음** 지정한 숫자와 다른 값을 표시합니다.
❸ **보다 큼** 지정한 숫자보다 큰 값만 표시합니다.
❹ **크거나 같음** 지정한 숫자보다 크거나 같은 값을 표시합니다.
❺ **보다 작음** 지정한 숫자보다 작은 값만 표시합니다.
❻ **작거나 같음** 지정한 숫자보다 작거나 같은 값을 표시합니다.
❼ **해당 범위** 두 숫자 사이에 포함된 값을 표시합니다. (이상, 이하)
❽ **상위 10** 값이 큰 순서로 상위 10개(기본값) 또는 원하는 개수만큼 표시합니다.
❾ **평균 초과** 전체 평균보다 큰 값만 표시합니다.
❿ **평균 미만** 전체 평균보다 작은 값만 표시합니다.
⓫ **사용자 지정 필터** 위의 조건들을 조합하거나 새로운 복합 조건을 직접 지정할 수 있는 창이 열립니다.

셀프 테스트

1 '고객주문리스트.xlsx' 파일을 불러와 '고객 지역'이 '경기'인 데이터만 표시해 보세요.

	A	B	C	D	E	F	G
1							
2			고객 주문 목록				
3							
4		주문 번호	고객명	고객 지역	주문 금액		
6		ORD002	박진수	경기	120,000		
10		ORD006	강성훈	경기	150,000		
13		ORD009	임서준	경기	88,000		

2 '제품별가격리스트.xlsx' 파일을 불러와 '판매 가격'이 100,000원보다 큰 제품만 표시해 보세요.

	A	B	C	D	E	F
1						
2			제품별 판매 가격 리스트			
3						
4		제품 코드	제품명	카테고리	판매 가격 (원)	
6		P002	노이즈 캔슬링 이어폰	전자제품	129,000	
10		P006	태블릿 PC	전자제품	480,000	
12		P008	게이밍 마우스	전자제품	115,000	
13		P009	여행용 캐리어	잡화	150,000	
15		P011	무선 키보드	전자제품	135,000	

❸ '직원평가현황.xlsx' 파일을 불러와 '평가 점수'가 80~90 사이의 사원만 표시해 보세요.

직원별 분기 평가 점수 현황

사원번호	사원명	부서	평가 점수
E002	김철수	기획	83
E006	정우성	기획	88
E008	강하늘	재무	80
E011	문채원	인사	86

❹ '직원별매출성과.xlsx' 파일을 불러와 '매출액'이 평균을 초과한 사원만 표시해 보세요.

직원별 월별 매출 성과

사번	직원명	부서	매출액 (천원)
S01	A직원	영업	5,200
S03	C직원	영업	6,500
S05	E직원	영업	7,000
S07	G직원	영업	5,800
S09	I직원	영업	6,100

Excel 2021

SECTION 17 데이터 정렬과 부분합

방대한 데이터에서 의미 있는 정보를 찾으려면 먼저 데이터를 구조화해야 합니다. 정렬을 통해 데이터를 기준에 따라 깔끔하게 배열한 후 부분합 기능으로 그룹별 합계, 평균 등 요약 정보를 손쉽게 추출할 수 있습니다.

1 데이터 정렬하기

1 '정렬_부분합.xlsx' 파일을 불러와 [F5] 셀을 선택하고 [데이터] 탭에서 [정렬 및 필터] 그룹의 [텍스트 내림차순]을 클릭합니다.

> **TIP** [정렬 및 필터] 그룹의 내림차순/오름차순 아이콘에 마우스를 올려놓았을 때 텍스트가 입력된 셀을 선택했을 때에는 텍스트 내림차순/오름차순으로, 숫자가 입력된 셀을 선택했을 때에는 숫자 내림차순/오름차순으로 설명이 표시됩니다.

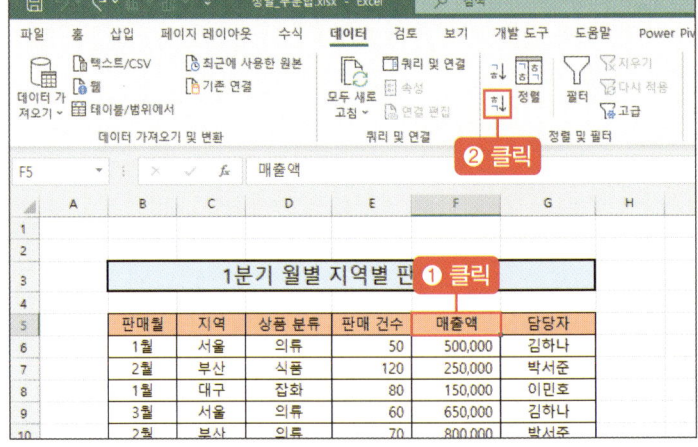

2 매출액이 입력된 [F6:F18] 범위의 숫자 데이터를 기준으로 내림차순으로 정렬됩니다. 이번에는 [데이터] 탭의 [정렬 및 필터] 그룹에서 [정렬]을 클릭합니다.

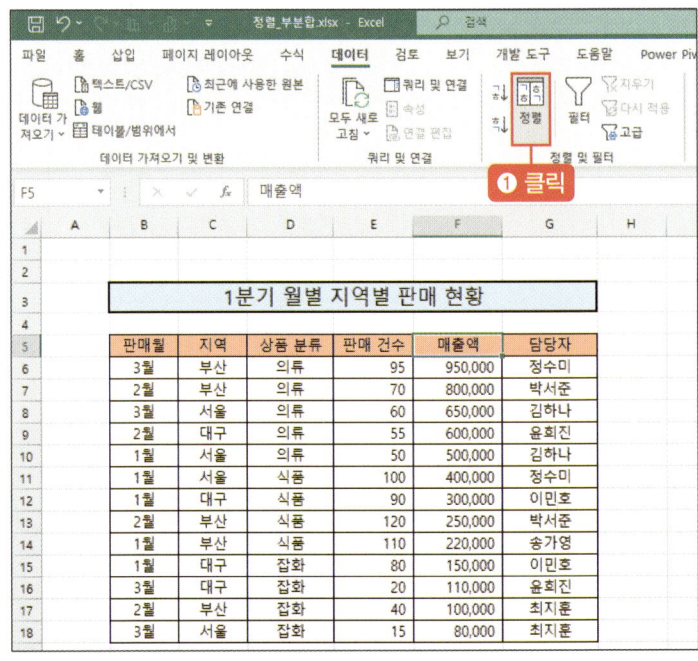

③ [정렬] 대화상자가 나타나면 '정렬 기준'을 '지역', '셀 값', '오름차순'으로 설정하고 상단의 [기준 추가]를 클릭합니다.

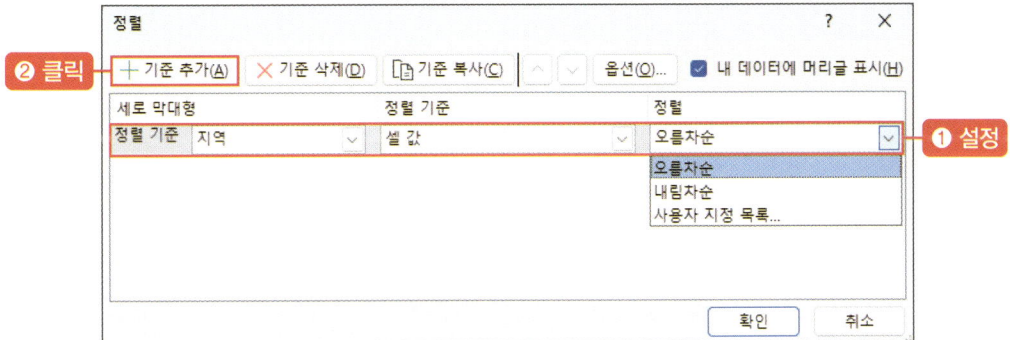

④ 정렬 기준이 아래에 하나 더 추가되면 '매출액', '셀 값', '내림차순'으로 설정하고 [확인]을 클릭합니다.

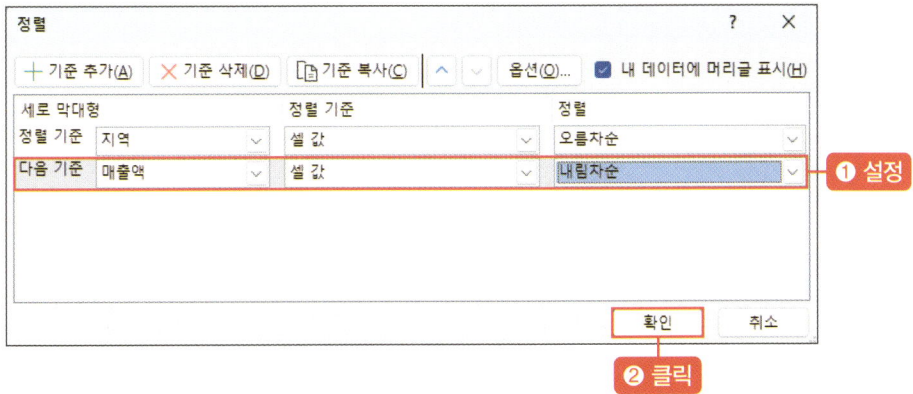

⑤ 데이터가 '지역'을 기준으로 오름차순으로 정렬된 다음, 지역 내에서는 '매출액'을 기준으로 내림차순으로 정렬됩니다.

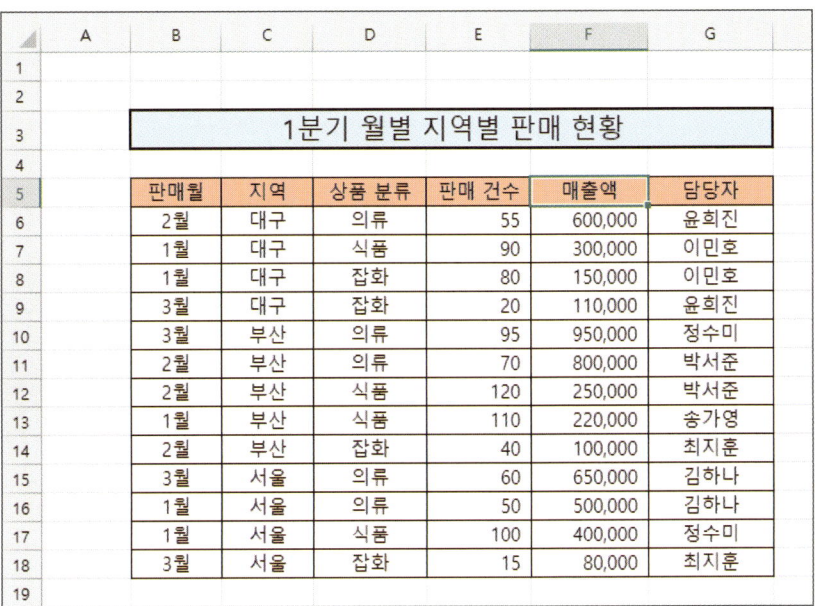

17 데이터 정렬과 부분합 · 101

2 부분합 삽입하기

1 [데이터] 탭에서 [개요] 그룹의 [부분합]을 선택합니다.

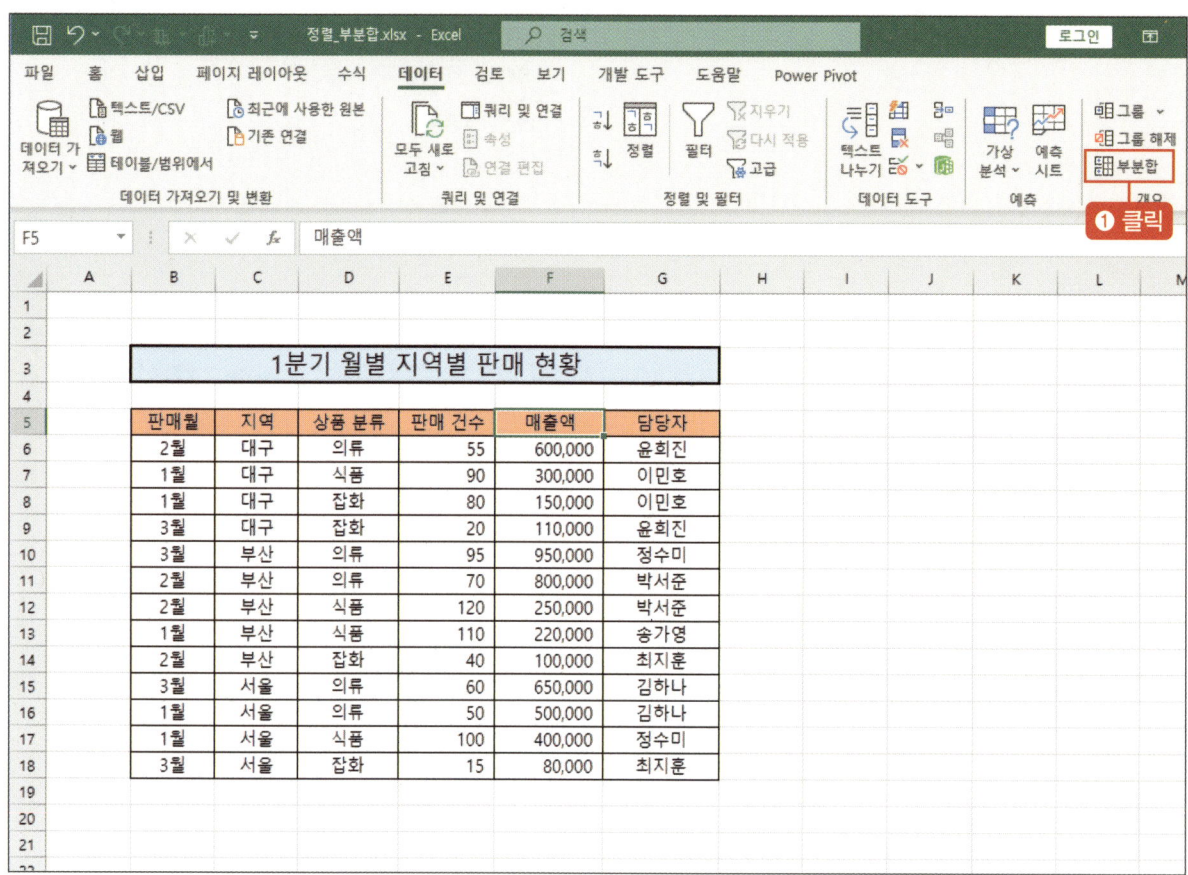

2 [부분합] 대화상자가 나타나면 '그룹화할 항목'은 '지역', '사용할 함수'는 '합계', '부분합 계산 항목'은 '매출액'을 선택하고 [확인]을 클릭합니다.

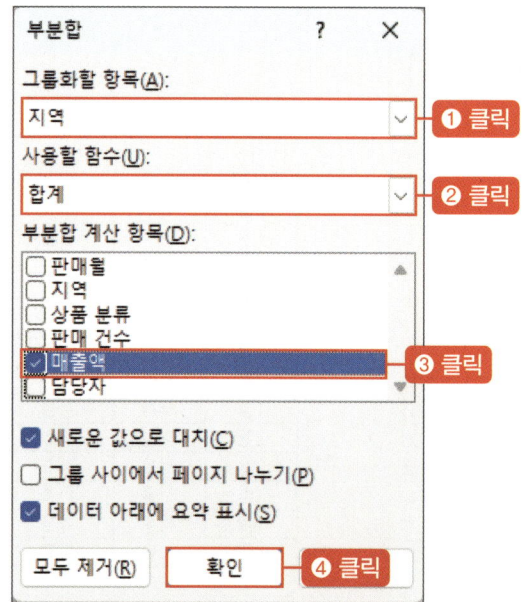

3 다음과 같이 지역별 매출액의 합계와 총합계가 자동으로 표시됩니다.

판매월	지역	상품 분류	판매 건수	매출액	담당자
2월	대구	의류	55	600,000	윤희진
1월	대구	식품	90	300,000	이민호
1월	대구	잡화	80	150,000	이민호
3월	대구	잡화	20	110,000	윤희진
	대구 요약			1,160,000	
3월	부산	의류	95	950,000	정수미
2월	부산	의류	70	800,000	박서준
2월	부산	식품	120	250,000	박서준
1월	부산	식품	110	220,000	송가영
2월	부산	잡화	40	100,000	최지훈
	부산 요약			2,320,000	
3월	서울	의류	60	650,000	김하나
1월	서울	의류	50	500,000	김하나
1월	서울	식품	100	400,000	정수미
3월	서울	잡화	15	80,000	최지훈
	서울 요약			1,630,000	
	총합계			5,110,000	

4 워크시트 왼쪽에 표시된 개요 기호에서 [2]를 클릭하면 지역별 부분합이 표시됩니다. 개요 기호의 [1]은 총합, [2]는 지역별 부분합, [3]은 전체 데이터를 나타냅니다.

판매월	지역	상품 분류	판매 건수	매출액	담당자
	대구 요약			1,160,000	
	부산 요약			2,320,000	
	서울 요약			1,630,000	
	총합계			5,110,000	

셀프 테스트

1 '직원평가점수.xlsx' 파일을 불러와 최종 점수 데이터를 내림차순으로 정렬해 보세요.

직원별 분기 평가 점수 현황

사번	직원명	부서	최종 점수
E004	최유리	재무	95
E001	김하나	영업	92
E008	한지민	재무	90
E003	이민호	인사	88
E005	정우성	영업	81
E006	윤지수	기획	79
E002	박서준	기획	75
E007	강태오	인사	68

2 '팀프로젝트.xlsx' 파일을 불러와 부서 데이터를 오름차순으로 정렬해 보세요.

팀별 프로젝트 목록

프로젝트ID	부서	프로젝트명	상태
P102	IT개발	시스템 업데이트	완료
P105	IT개발	보안 강화	진행중
P101	마케팅	신제품 런칭	진행중
P107	마케팅	캠페인 분석	완료
P103	영업	주요 고객 관리	진행중
P106	영업	잠재 고객 발굴	진행중
P104	재무	분기 결산 보고	완료
P108	재무	비용 효율화	진행중

❸ '팀별실적현황.xlsx' 파일을 불러와 1차 기준은 '팀명'을 오름차순으로, 2차 기준은 '판매 실적'을 내림차순으로 설정하여 정렬해 보세요.

❹ '판매기록상세.xlsx' 파일을 불러와 제품명 기준으로 합계와 매출액을 부분합으로 그룹화해 보세요.

Excel 2021

SECTION 18 데이터 유효성 검사하기

엑셀에서 데이터값을 잘못 입력하면 다양한 문제가 발생할 수 있습니다. 데이터 유효성 검사는 셀에 입력할 수 있는 데이터의 기준(날짜 범위, 정수 범위, 목록 등)을 미리 정해 입력 오류를 방지할 수 있습니다.

1 데이터 입력 범위 설정하기

1 '유효성검사.xlsx' 파일을 불러와 [B5:B12] 셀을 드래그하여 범위를 지정한 후 [데이터] 탭에서 [데이터 도구] 그룹의 [데이터 유효성 검사]를 선택합니다.

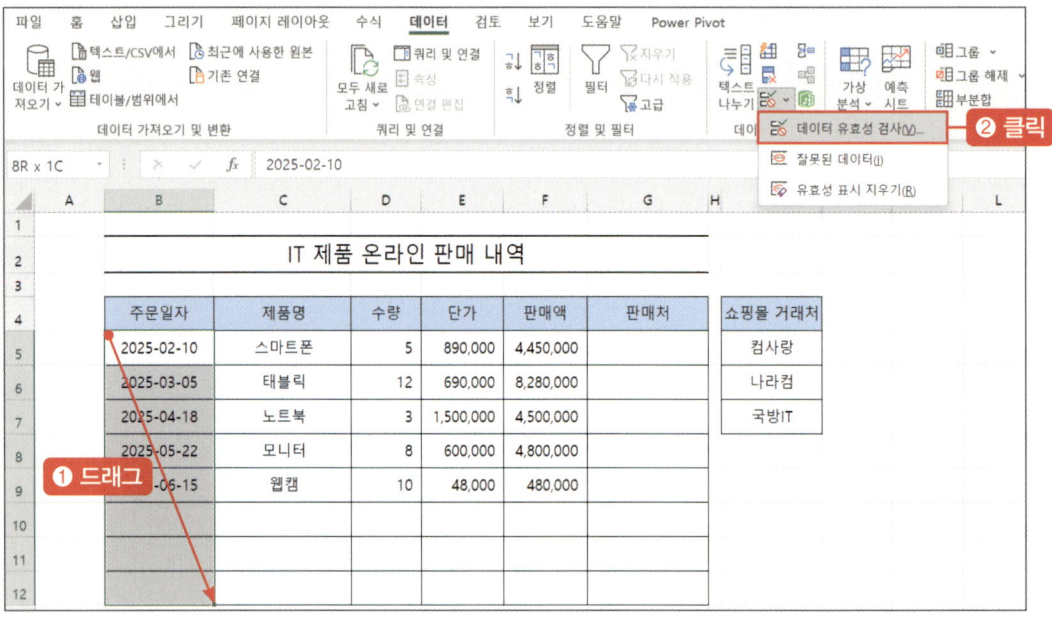

2 [데이터 유효성] 대화상자가 나타나면 [설정] 탭에서 '제한 대상'은 '날짜', '제한 방법'은 '>=', '시작 날짜'는 '2025-02-01'로 설정하고 [확인]을 클릭합니다.

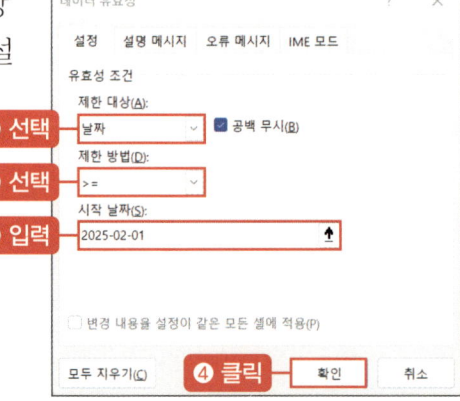

③ [D5:D12] 셀을 범위로 지정하고 [데이터] 탭에서 [데이터 도구] 그룹의 [데이터 유효성 검사]를 선택합니다. [데이터 유효성] 대화상자의 [설정] 탭에서 '제한 대상'은 '정수', '제한 방법'은 '해당 범위', '최소값'은 '5', '최대값'은 '15'로 설정하고 [확인]을 클릭합니다.

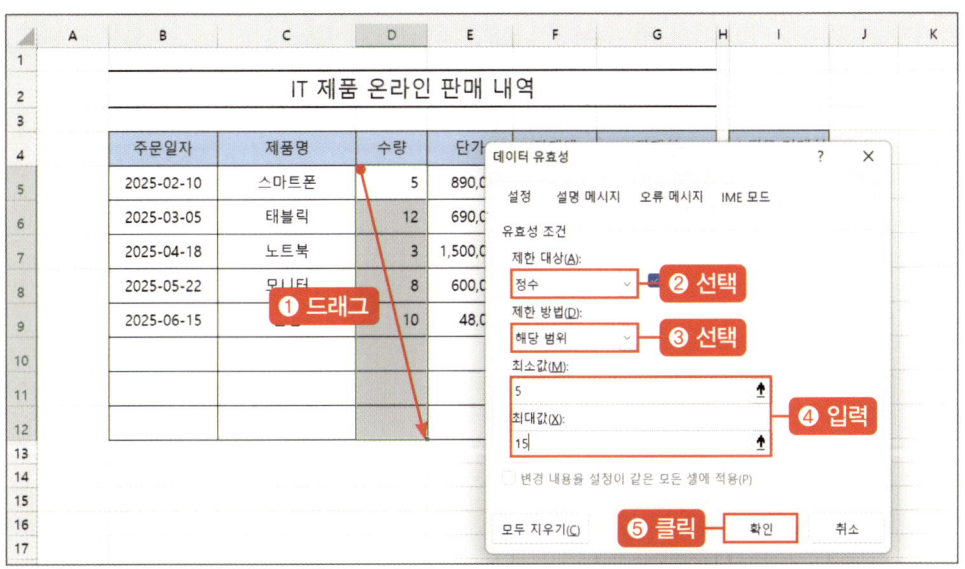

④ [B10] 셀에 '2025-01-30'을 입력하거나 [D10] 셀에 '16'을 입력하면 데이터 유효성 대화상자에서 지정한 범위에 해당하지 않으므로 다음과 같은 오류 메시지 창이 나타납니다.

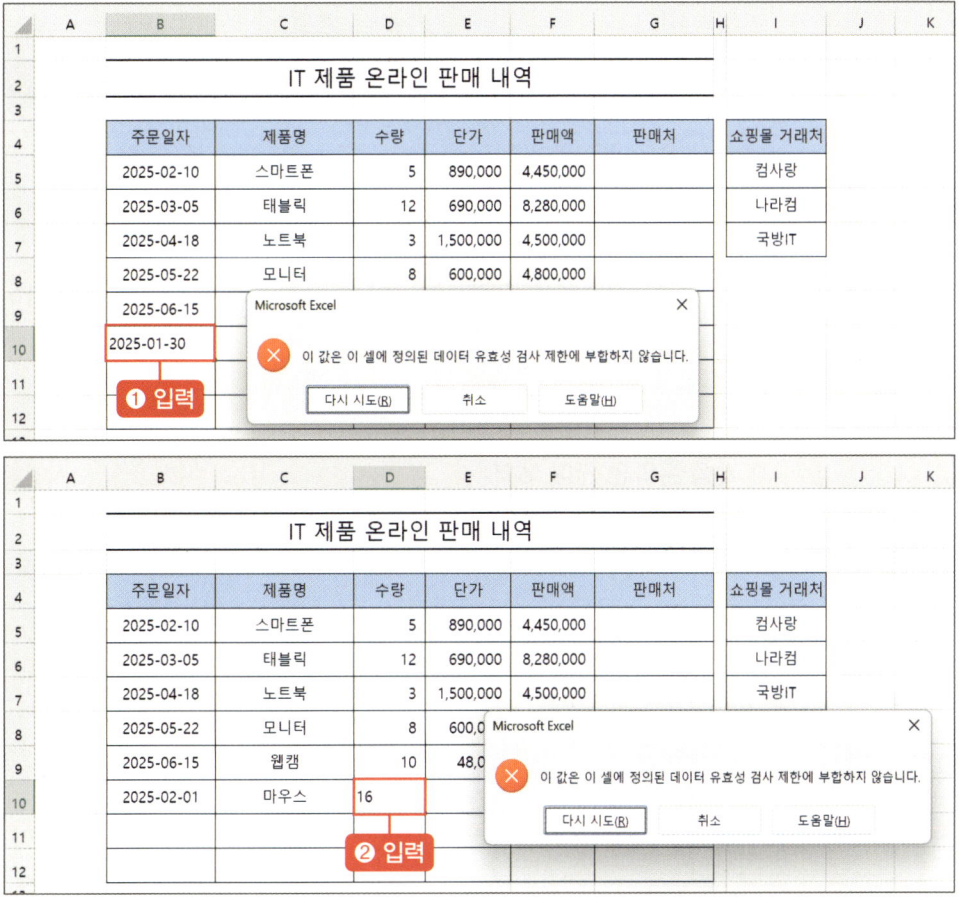

18 데이터 유효성 검사하기 • 107

2 목록을 이용한 데이터 입력하기

1 [G5:G12] 셀을 범위로 지정하고 [데이터 유효성] 대화상자를 실행합니다. [설정] 탭의 '제한 대상'을 '목록'으로 선택합니다. '원본'을 클릭하여 [I5:I7]을 범위로 지정하고 F4 키를 눌러 '$I$5:$I:$7'로 변경한 후 [확인]을 클릭합니다.

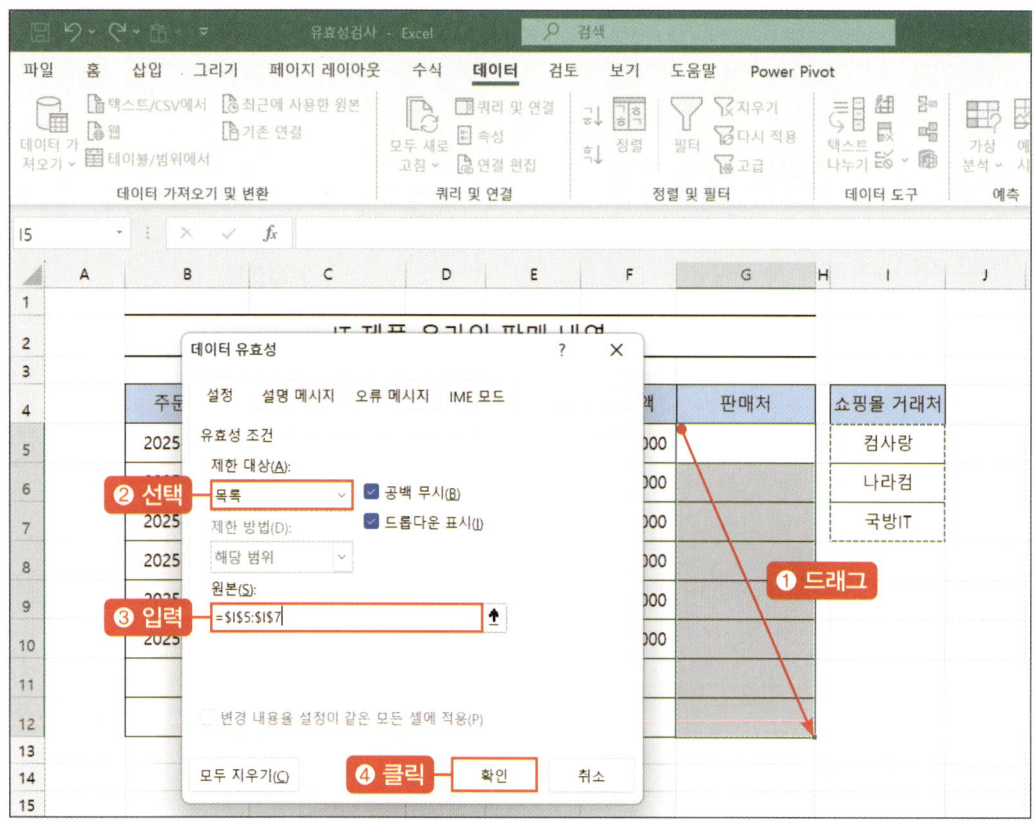

2 [G5:G12] 셀에는 [I5:I7] 범위의 쇼핑몰 거래처가 목록으로 표시됩니다. 해당 목록 중 선택하여 데이터를 입력할 수 있습니다.

❸ [데이터] 탭에서 [데이터 도구] 그룹의 [데이터 유효성 검사]-[잘못된 데이터]를 클릭합니다.

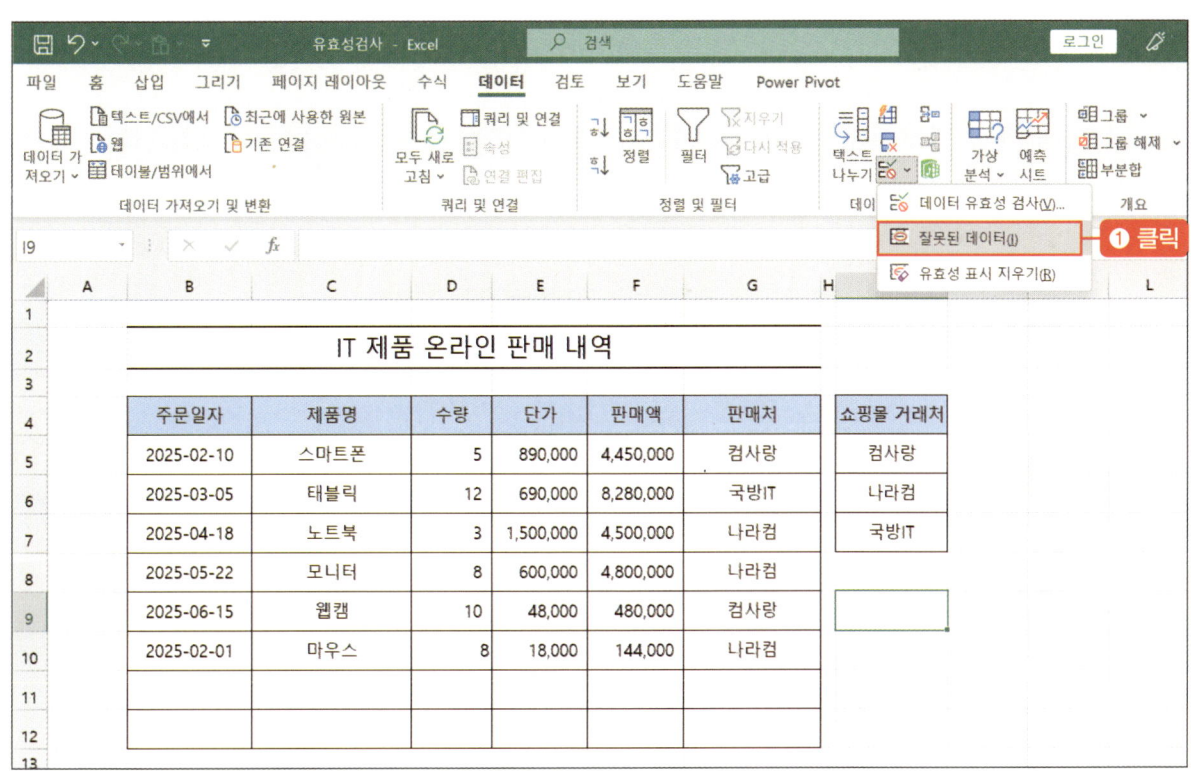

❹ 데이터 유효성 검사를 설정하기 전에 잘못 입력된 데이터를 붉은색 타원으로 표시해 줍니다.

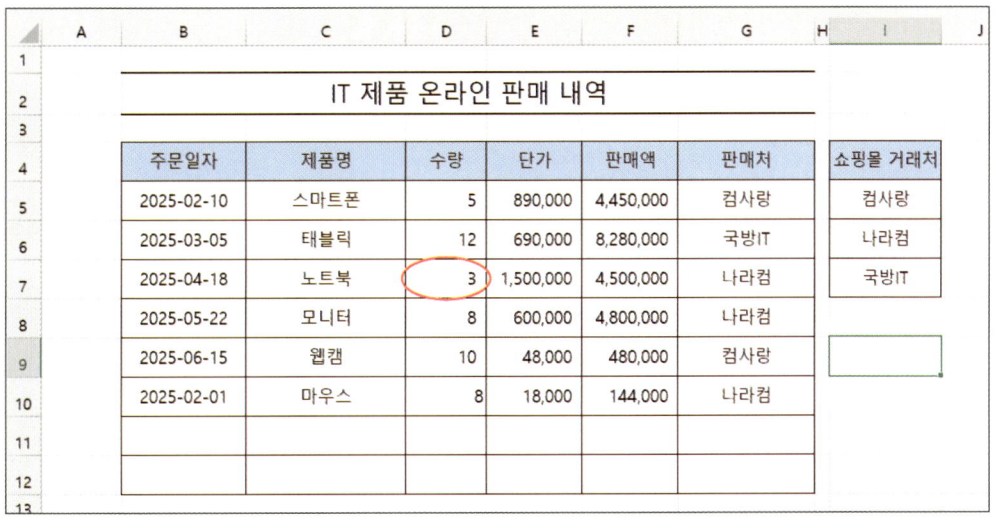

TIP 워크시트에 표시된 타원을 지우려면 [데이터] 탭에서 [데이터 도구] 그룹의 [데이터 유효성 검사]-[유효성 표시 지우기]를 선택하면 됩니다.

셀프 테스트

1 '물류입고기록.xlsx' 파일을 불러와 '입고일'에 2025년 10월 5일 이전의 날짜를 입력하면 오류 메시지가 나타나도록 설정해 보세요.

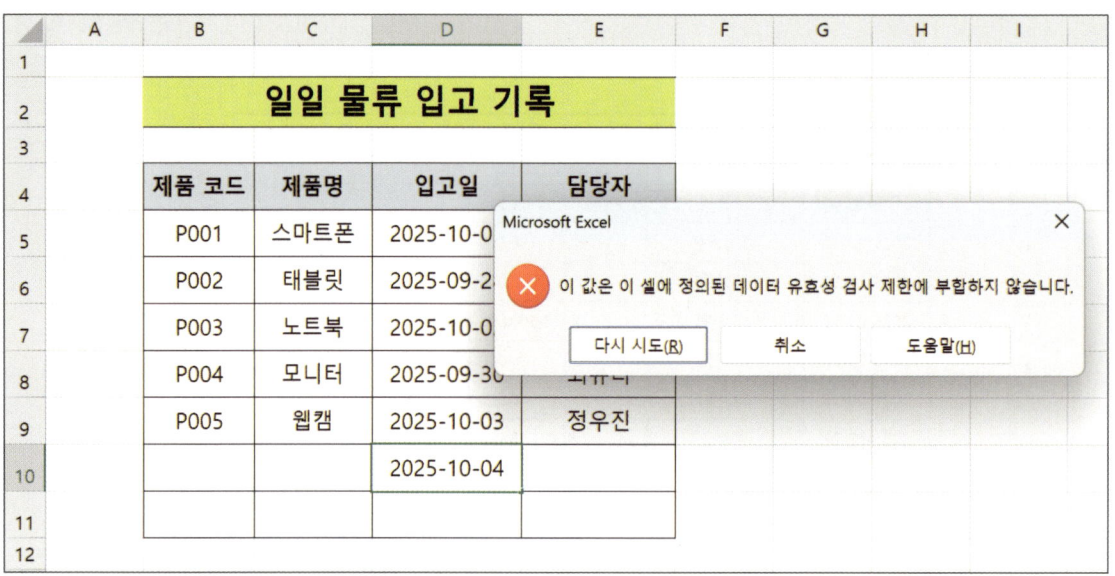

2 '주문요청서.xlsx' 파일을 불러와 '주문 수량'이 10~1,000까지만 입력되도록 설정해 보세요.

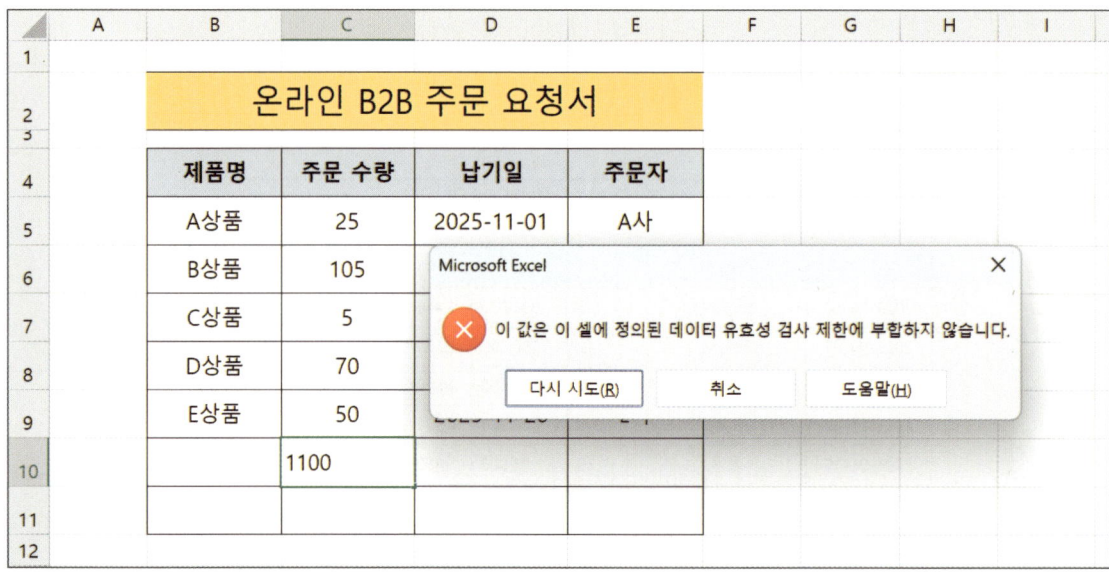

❸ '상담기록상세.xlsx' 파일을 불러와 메모에 10글자 이상만 입력되도록 설정해 보세요.
(힌트: 사용자 지정, =LEN(E10:E17)>=10)

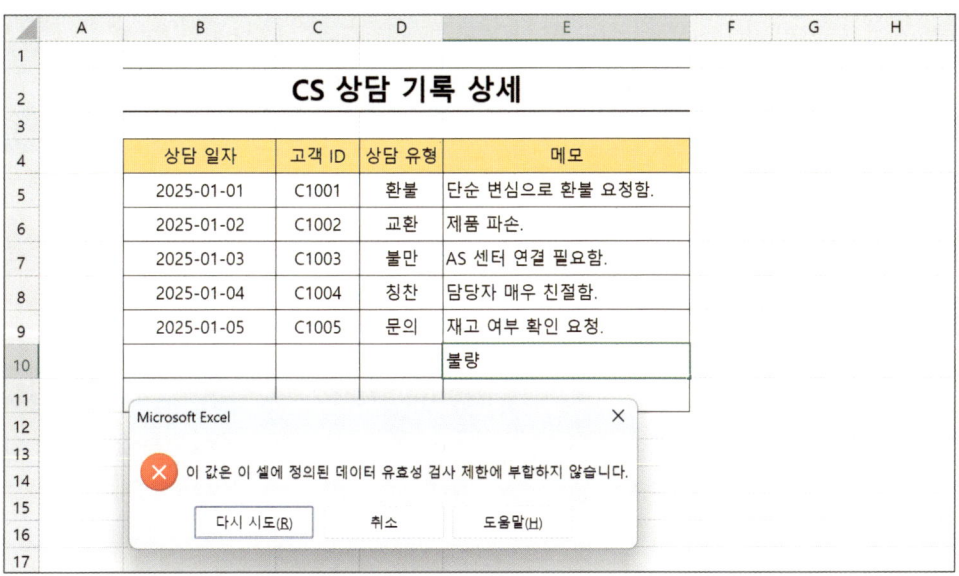

❹ '거래처검색.xlsx' 파일을 불러와 '제품 번호'를 [G5:G9] 범위의 데이터로 목록을 만들고, VLOOKUP 함수를 이용해 선택한 제품 번호에 해당하는 '제품명', '단가', '거래처'가 자동 표시되도록 해 보세요.

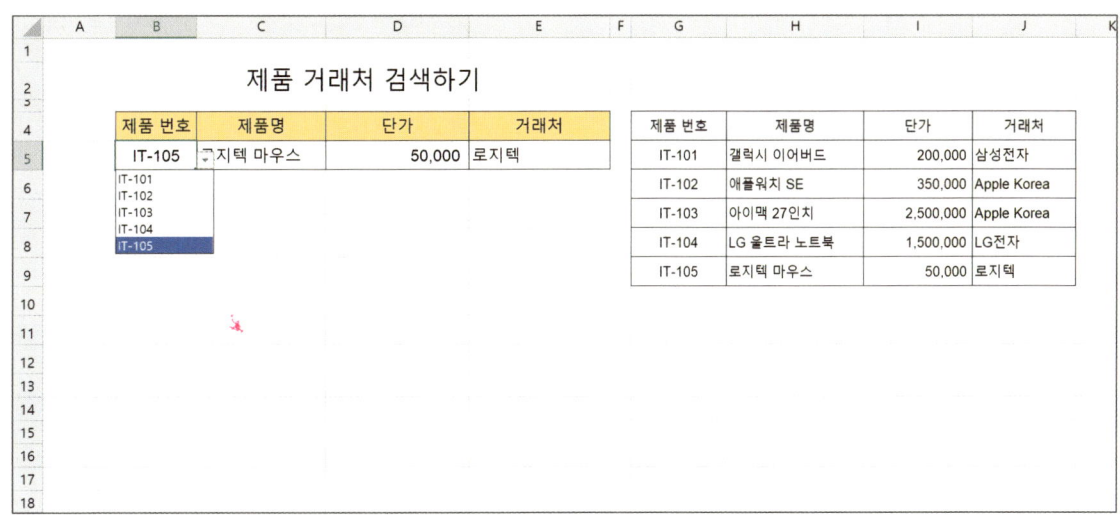

Excel 2021

19 피벗 테이블로 데이터 정리하기
SECTION

수많은 데이터에서 핵심 정보를 빠르게 요약하고 분석하는 데 피벗 테이블이 사용됩니다. 피벗 테이블은 복잡한 목록 데이터를 드래그 앤드 드롭만으로 재구성하여 원하는 기준에 따라 분석하는 기능입니다.

1 피벗 테이블 만들기

① '피벗테이블.xlsx' 파일을 불러온 후 [B4:G17] 셀을 범위로 설정하고 [삽입] 탭에서 [표] 그룹의 [피벗 테이블]을 클릭합니다.

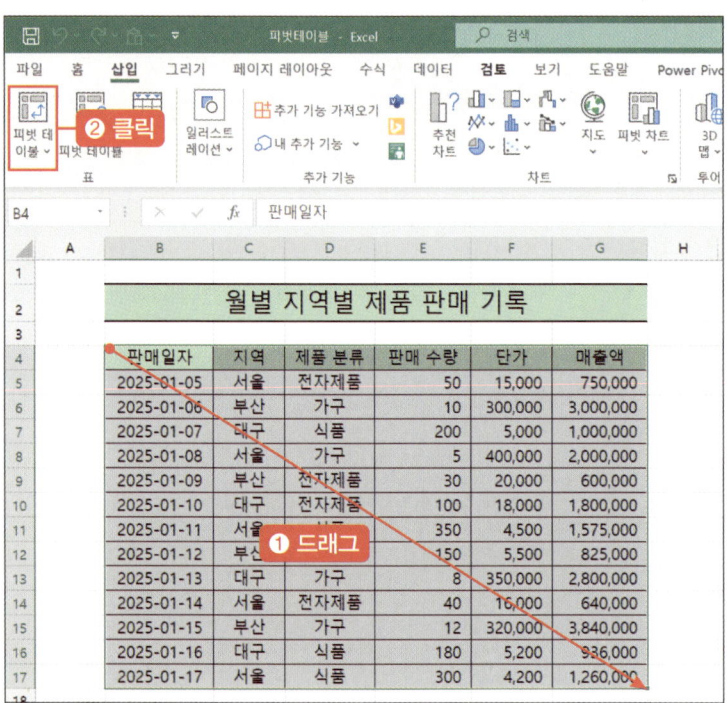

② [표 또는 범위의 피벗 테이블] 대화상자가 나타나면 '표/범위'가 'Sheet1!$B$4:$G$17'로, '피벗 테이블을 배치할 위치를 선택합니다.'는 '새 워크시트'로 선택되었는지 확인한 후 [확인]을 클릭합니다.

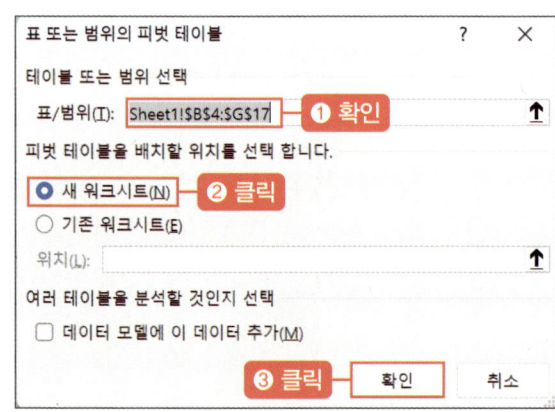

③ 'Sheet2'라는 새로운 워크시트에 피벗 테이블이 생성됩니다.

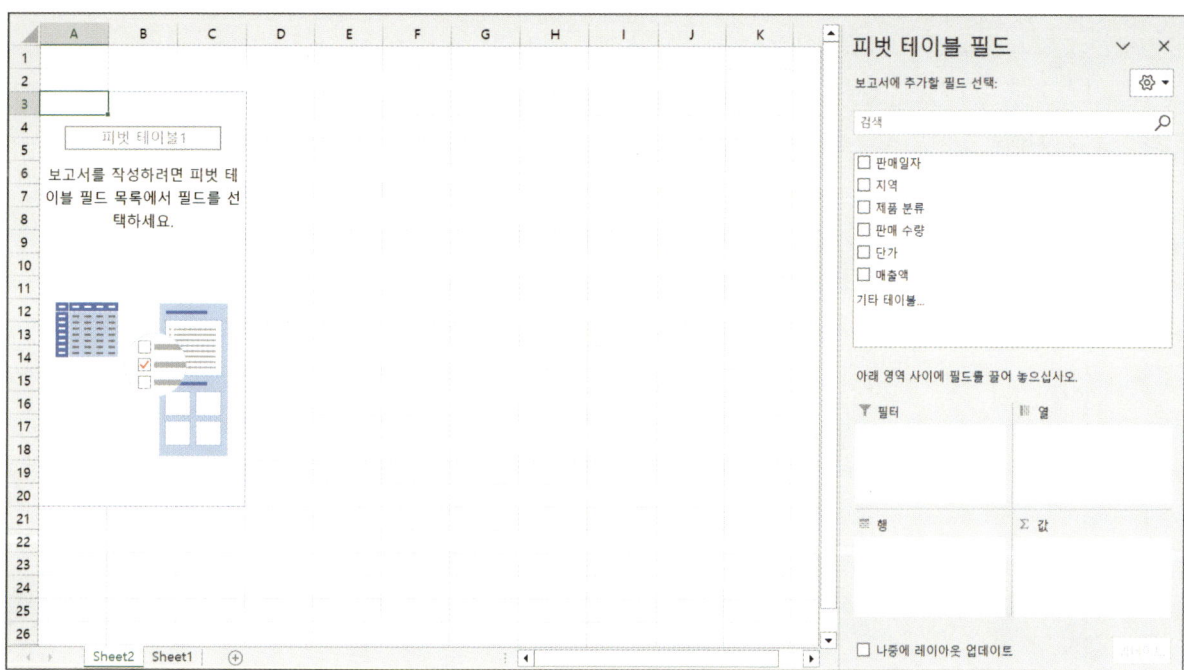

2 피벗 테이블 설정하기

① 오른쪽의 '피벗 테이블 필드'에서 '지역'을 선택하고 '행'으로 드래그합니다.

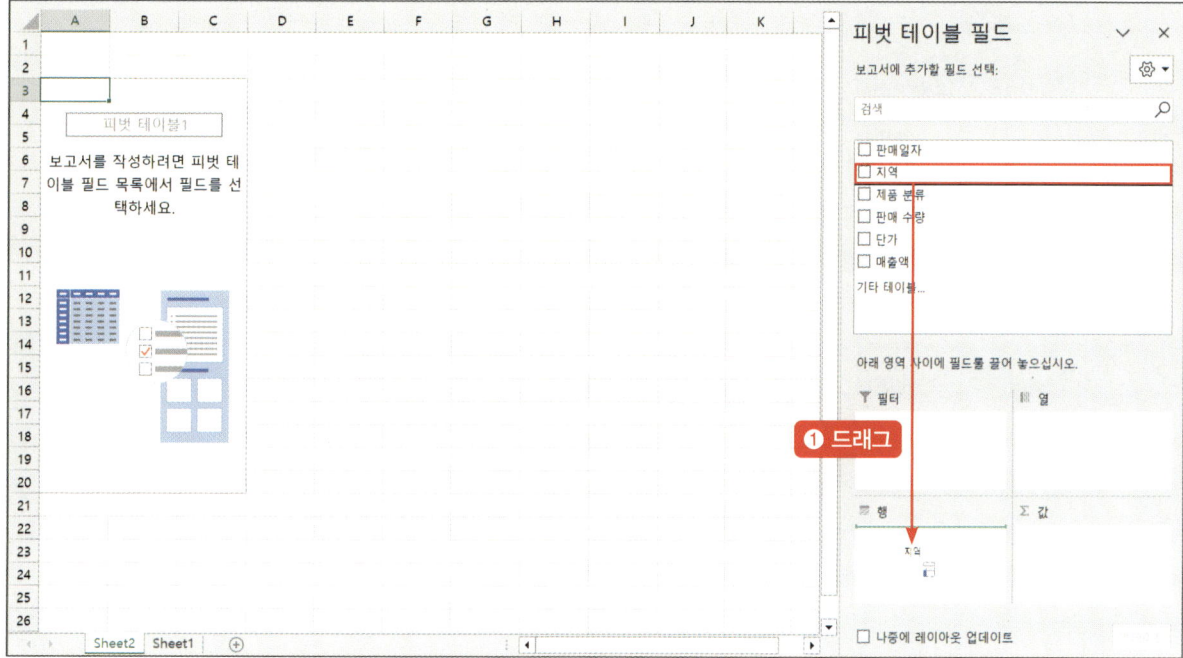

② [A] 열에 행 레이블과 함께 'Sheet1'의 지역이 표시됩니다. 이번에는 '피벗 테이블 필드'에서 '매출액'을 클릭한 채로 '값'으로 드래그합니다. [B] 열에 '합계:매출액'이 표시됩니다.

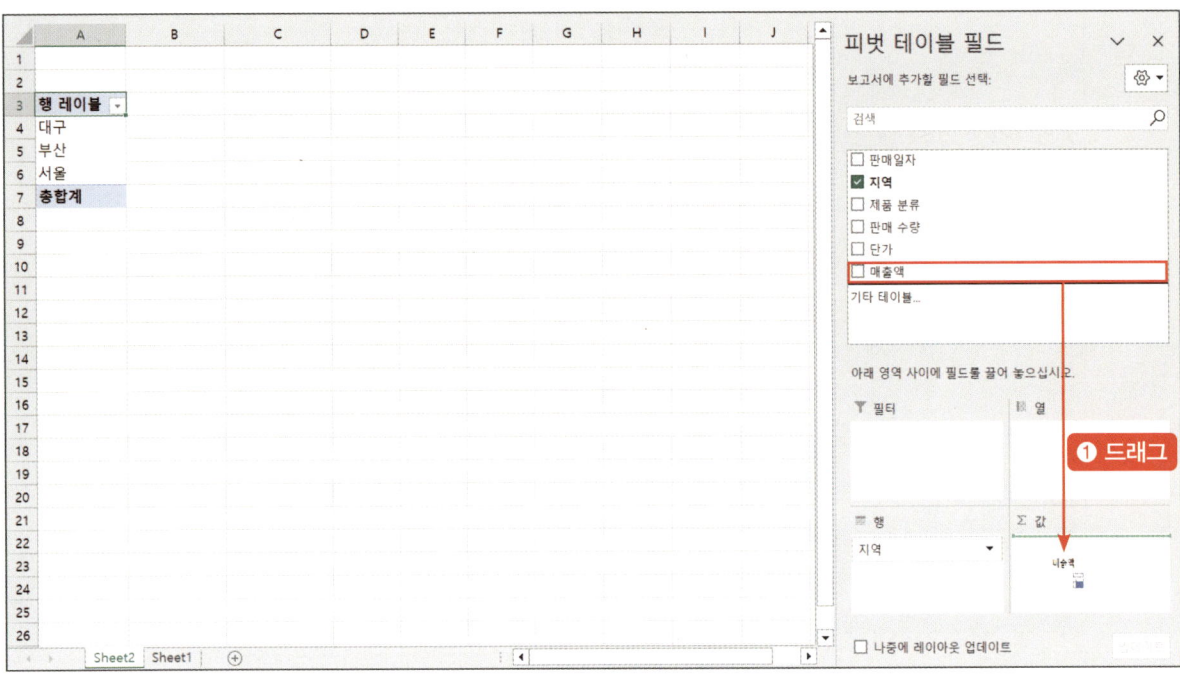

③ '피벗 테이블 필드'에서 '제품 분류'를 선택하면 '행'에 '제품 분류'가 추가되면서 워크시트의 각 지역 아래에 제품이 표시됩니다. '행'에 추가된 '제품 분류'를 클릭한 채로 '열'로 드래그합니다.

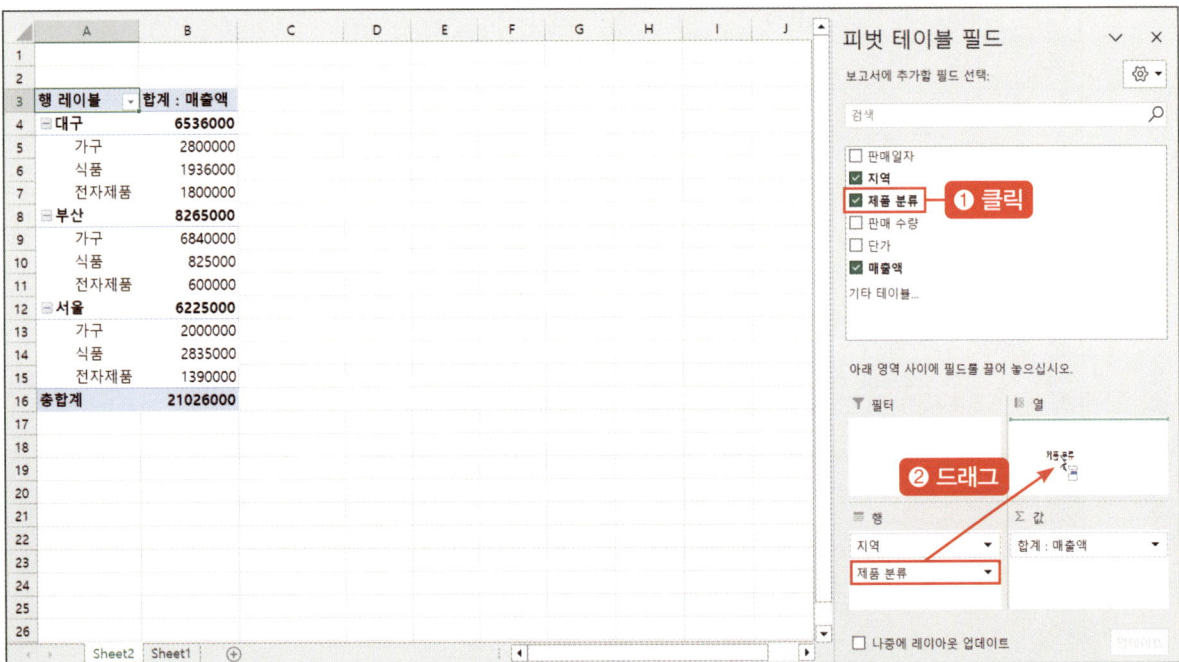

④ '가구', '식품', '전자제품'이 행에서 열로 변경됩니다. '판매일자'를 '필터'에 추가하면 1행에 판매일자가 표시됩니다. (모두)의 자동 필터 버튼을 클릭하면 날짜를 선택할 수 있습니다. [B] 열의 '열 레이블'의 자동 필터 단추를 클릭하여 제품 분류별로 각 지역의 매출액을 확인할 수 있습니다.

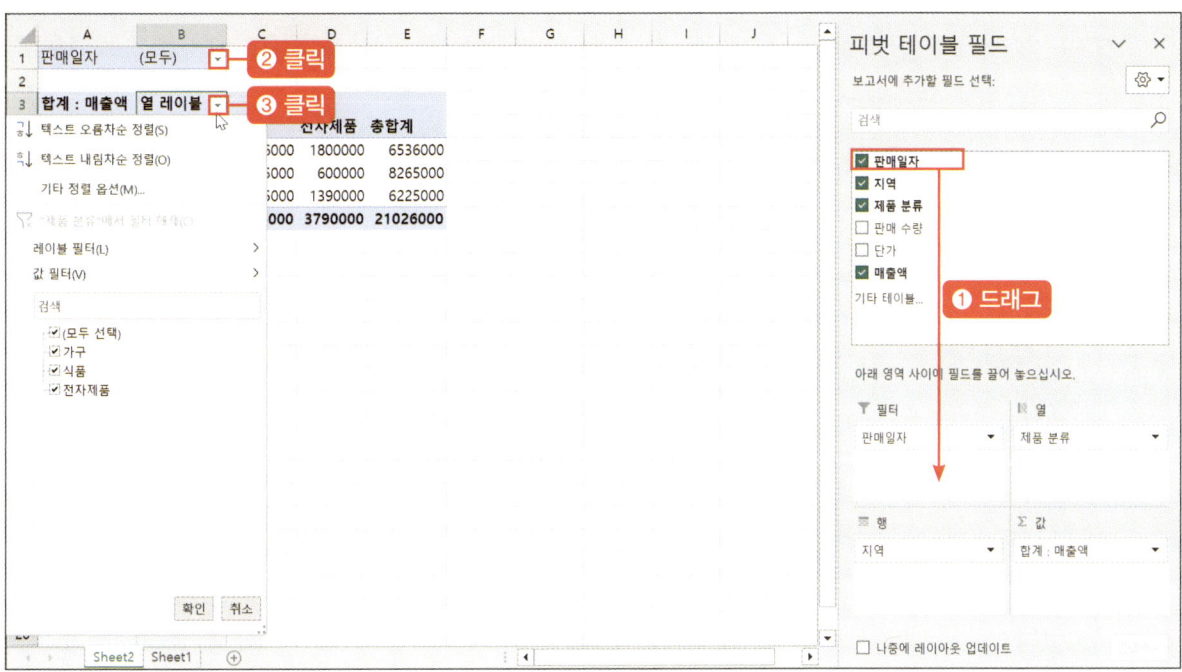

⑤ 피벗 테이블 필드에서 '필터', '열', '행', '값'에 추가된 필드를 삭제하려면 해당 필드를 클릭하고 [필드 제거]를 선택하면 됩니다.

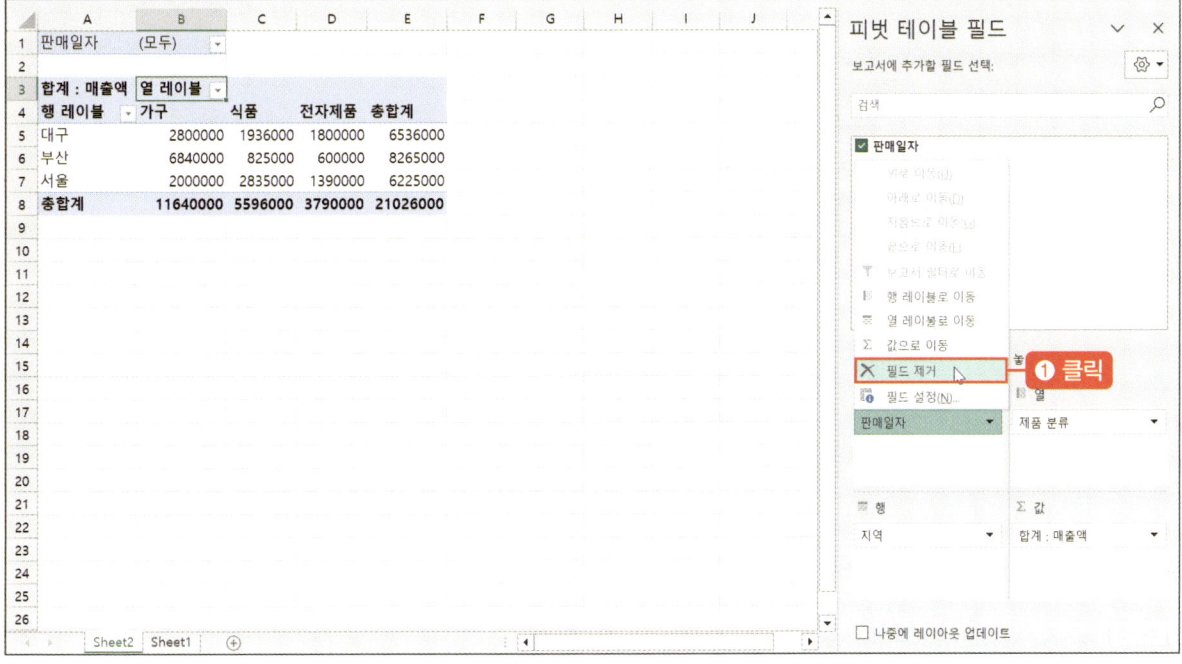

셀프 테스트

1 '지역매출현황_피벗.xlsx' 파일을 불러와 피벗 테이블을 이용해 다음과 같이 각 지역의 분기별 매출액을 분석해 보세요.

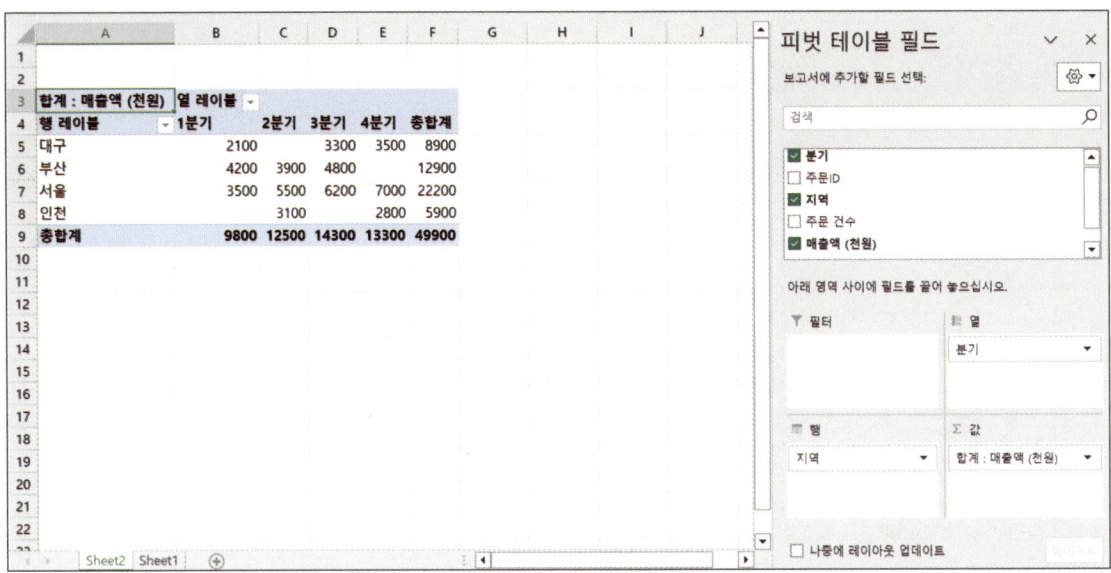

2 '제품판매기록_피벗.xlsx' 파일을 불러와 판매 기간별 제품 판매액을 분석해 보세요.

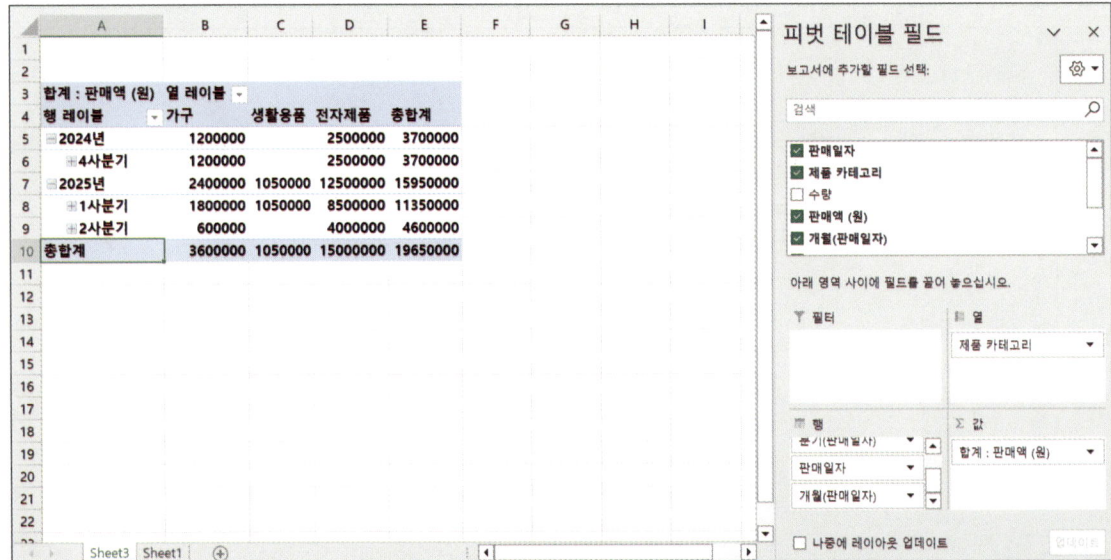

❸ '판매현황_피벗.xlsx' 파일을 불러와 지역별 제품 판매액을 분석해 보세요.

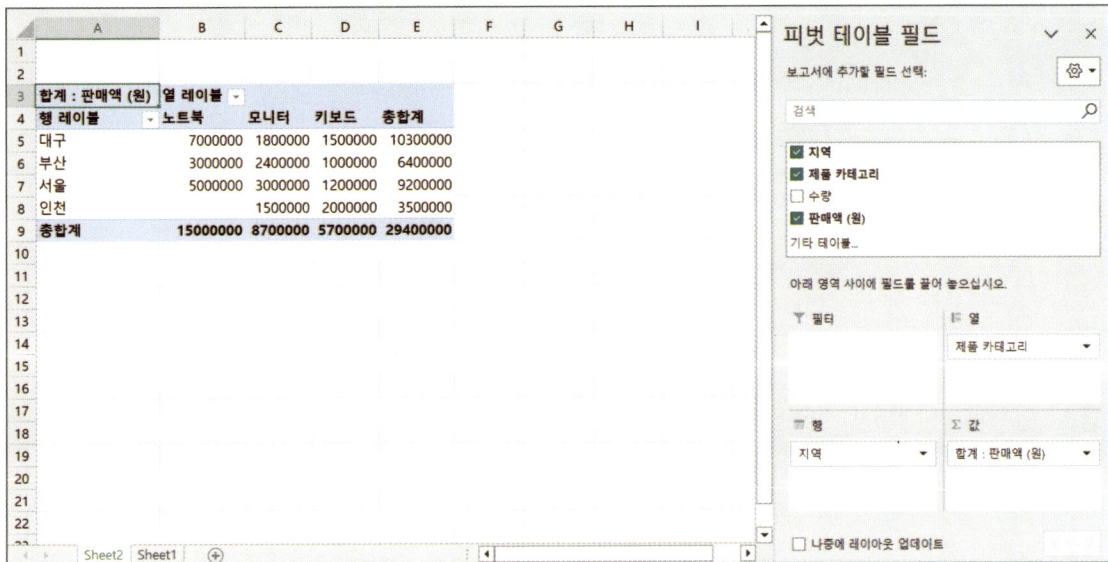

❹ '월매출실적_피벗.xlsx' 파일을 불러와 담당자와 팀별 매출액을 분석해 보세요.

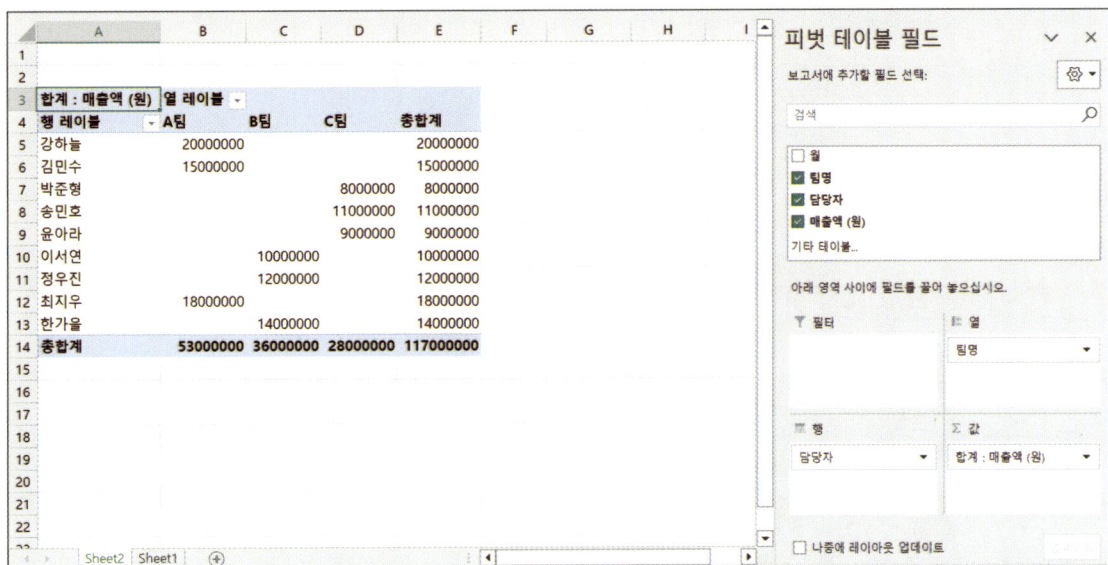

목표값 찾기와 데이터 표

Excel 2021
20 SECTION

엑셀의 가상 분석 기능을 통해 데이터의 미래를 예측할 수 있습니다. 목표값 찾기를 이용하면 결과 달성에 필요한 입력값을 역으로 계산할 수 있으며, 데이터 표 기능으로 조건 변화에 따른 다양한 시나리오를 한눈에 비교 분석할 수 있습니다.

1 목표값 찾기

1 '목표값_데이터표.xlsx' 파일을 불러옵니다. [C6] 셀을 선택하고 '=(C3*C4)+C5'를 입력하여 총수입을 구하고, [F4] 셀을 선택하고 '=(C3*F5)+C5'를 입력하여 목표 총수입을 구합니다.

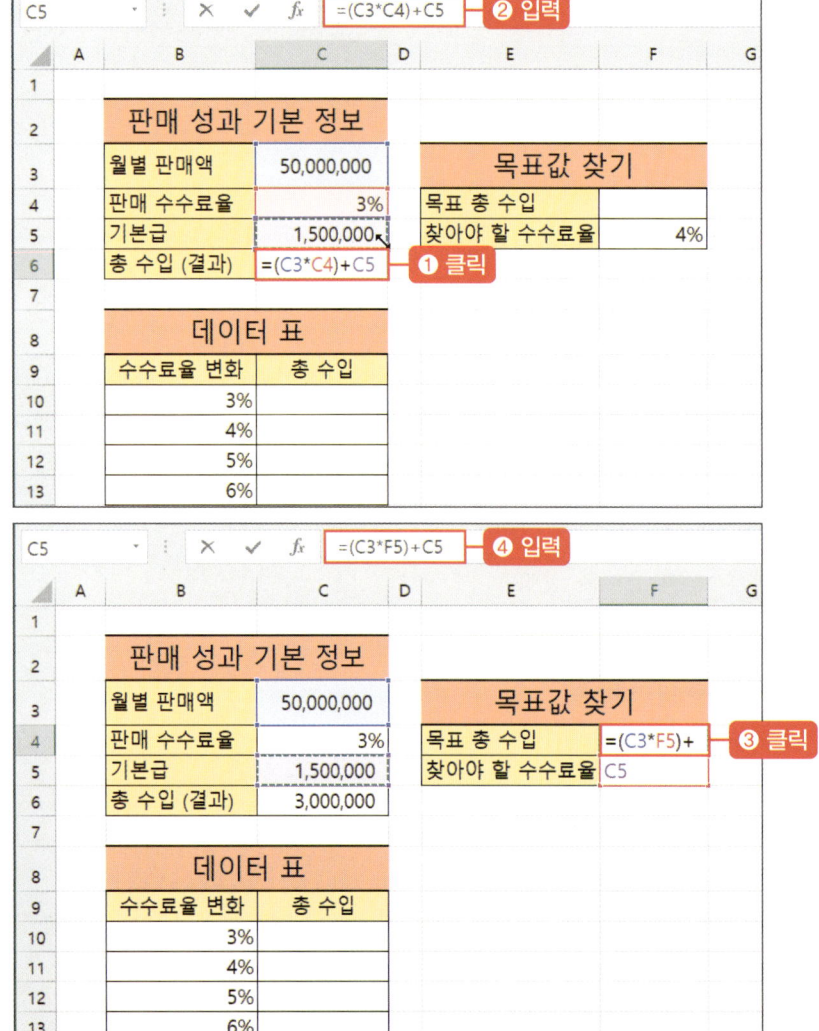

② [데이터] 탭에서 [예측] 그룹의 [가상 분석]-[목표값 찾기]를 선택합니다.

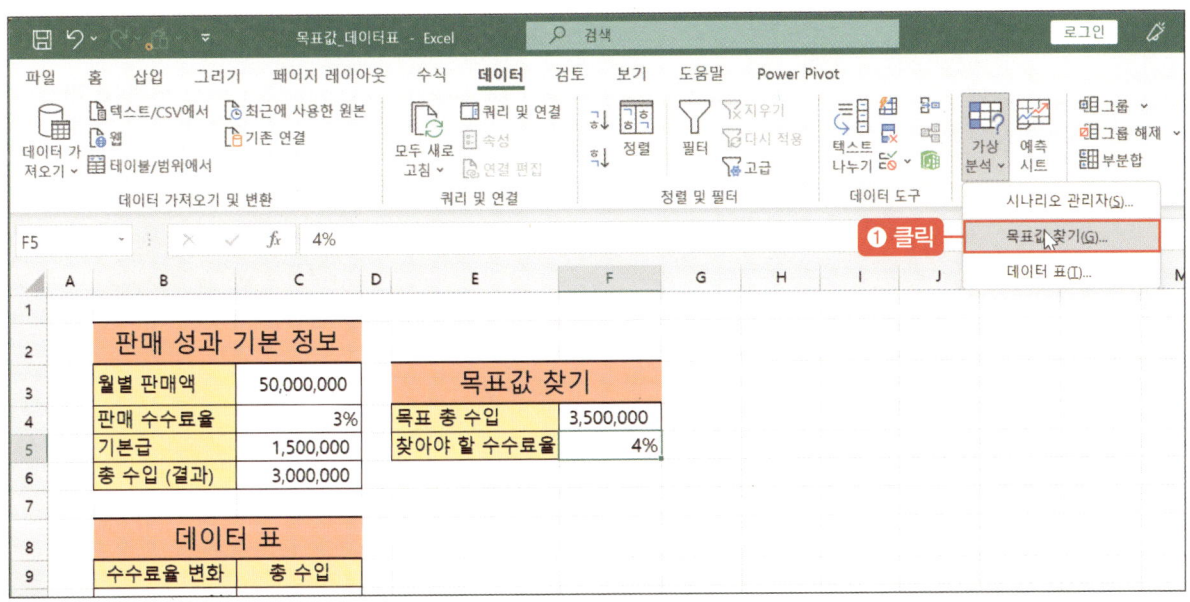

③ [목표값 찾기] 대화상자가 나타나면 '수식 셀'에 '$F$4', '찾는 값'은 '6000000', '값을 바꿀 셀'은 '$F$5'를 입력한 후 [확인]을 클릭합니다.

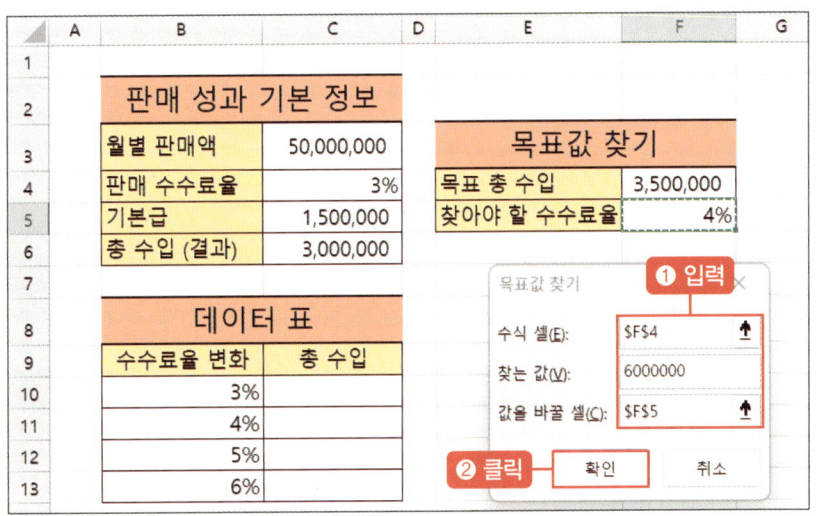

④ [목표값 찾기 상태] 대화상자로 변경되면서 [F4] 셀의 목표값 6,000,000원을 달성하기 위해 찾아야 할 수수료율이 9%로 변경됩니다.

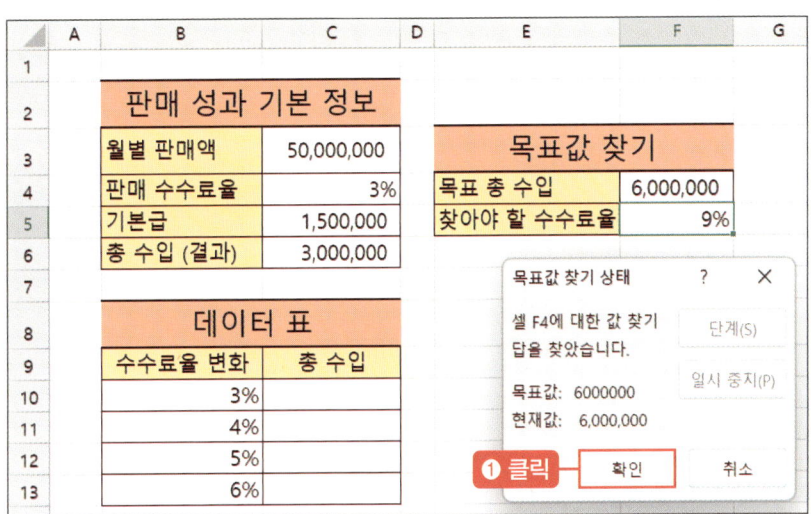

2 데이터 표

① [C10] 셀에 '=C6'을 입력하고 Enter 키를 누릅니다. [C10] 셀을 선택한 후 '='를 입력하고 [C6] 셀을 클릭해도 됩니다.

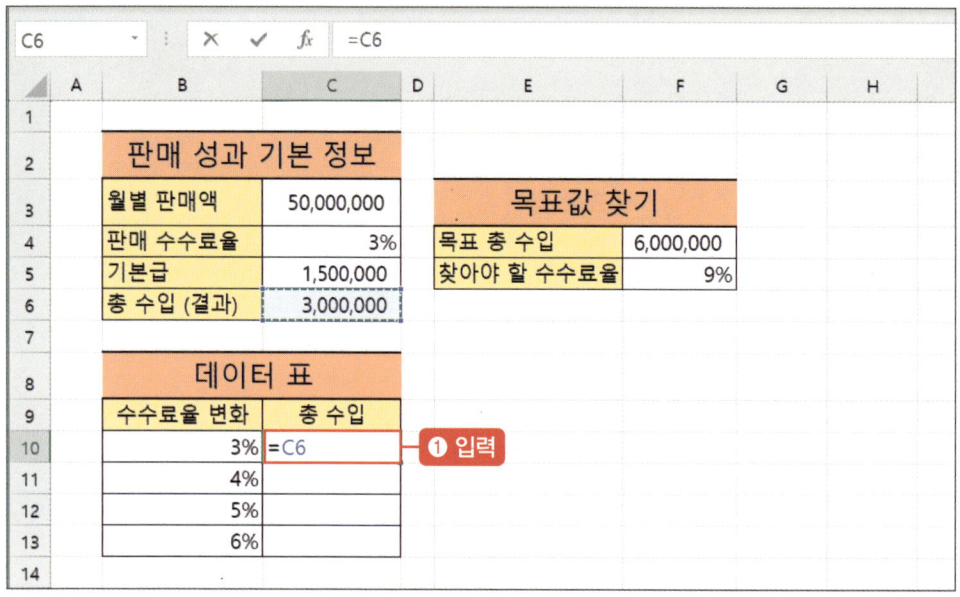

② [B10:C13] 셀의 범위를 지정하고 [데이터] 탭에서 [예측] 그룹의 [가상 분석]-[데이터 표]를 선택합니다.

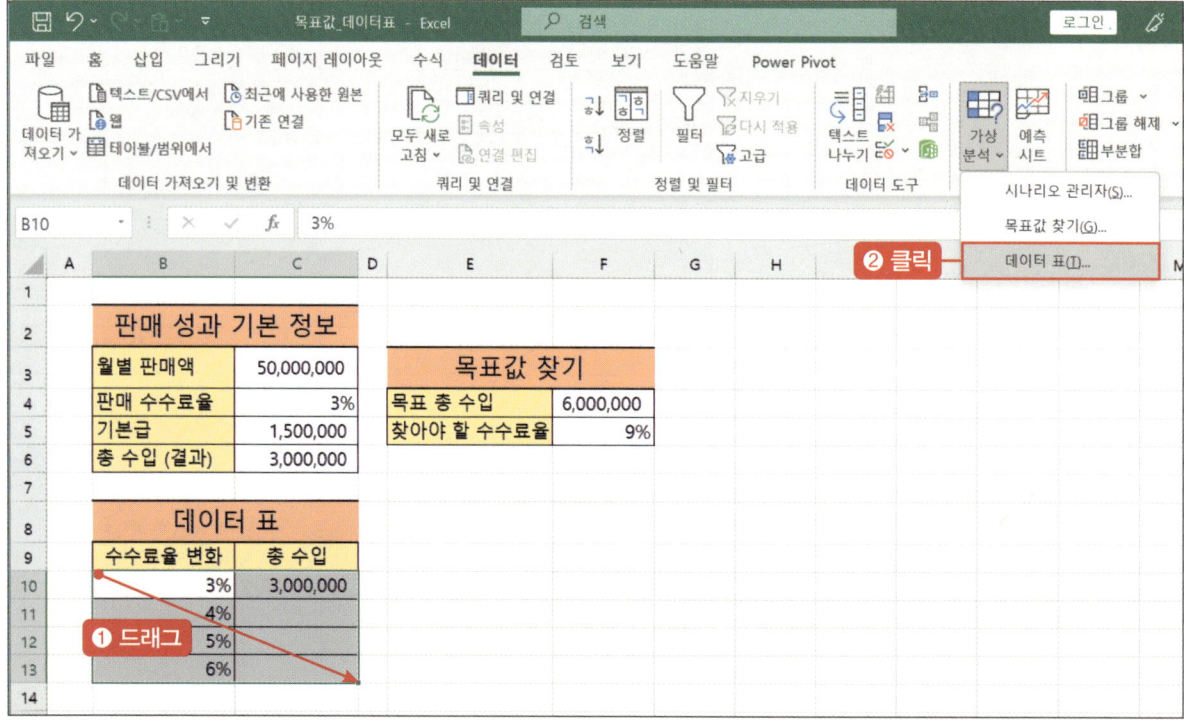

3 [데이터 테이블] 대화상자가 나타나면 '열 입력 셀'을 선택하고 '$C$4'을 입력한 후 [확인]을 클릭합니다.

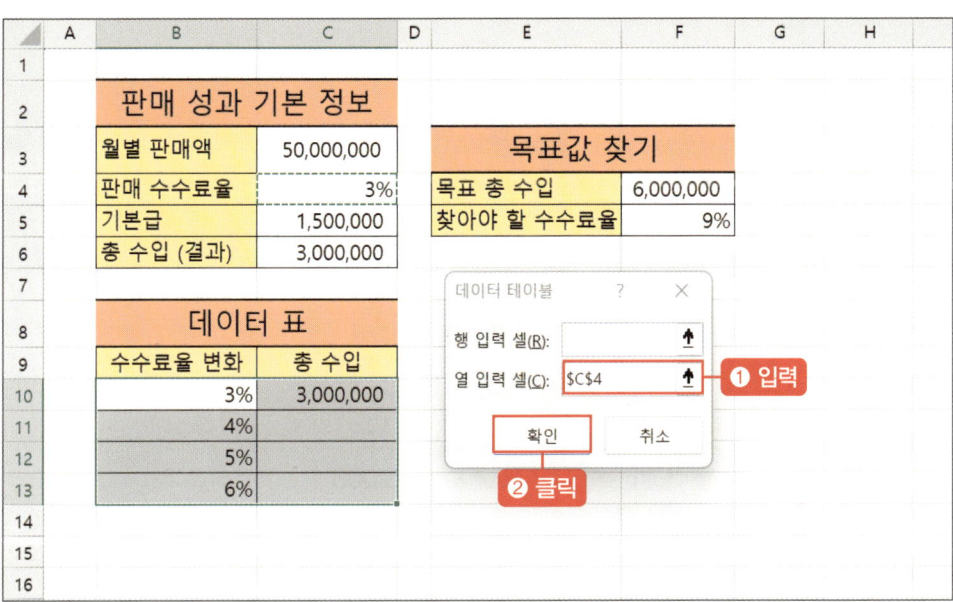

4 [B10:B13] 셀의 수수료율에 따른 총수입이 입력됩니다.

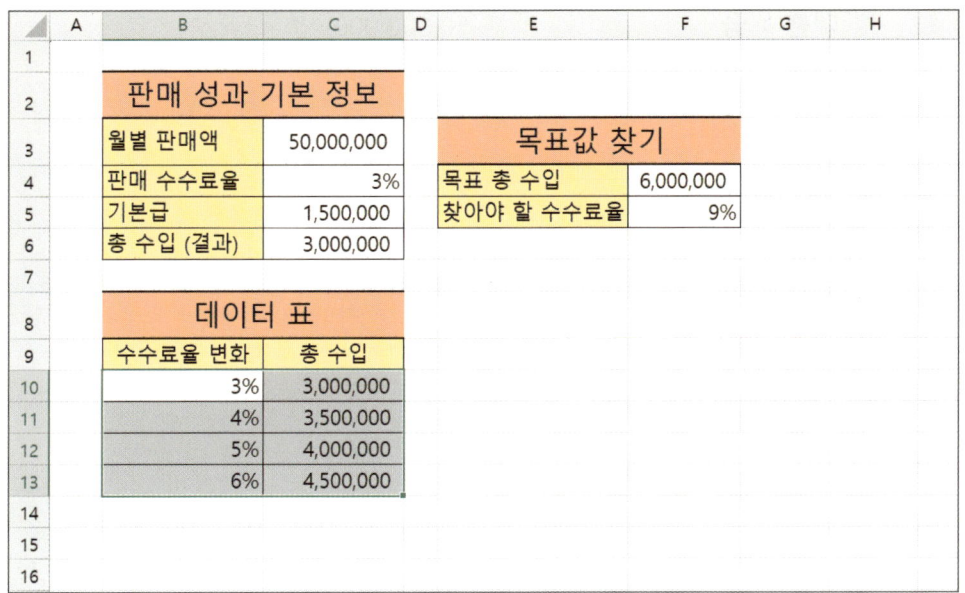

셀프 테스트

1 '목표값.xlsx' 파일을 불러와 목표값 찾기를 이용해 이익률 100%를 달성하기 위한 원가를 구해 보세요.

	A	B	C	D	E	F
1						
2		\multicolumn{4}{c}{제품별 이익률 분석}	
3						
4		제품명	원가	판매 단가	이익률	
5		프리미엄 텀블러	12,500	25,000	100%	
6						
7						

2 '데이터표.xlsx' 파일을 불러와 데이터 표를 이용해 이자율 변화에 따른 월 상환액을 구해 보세요.

	A	B	C	D
1				
2		\multicolumn{2}{c}{이자율에 따른 대출 상환액}	
3				
4		대출 원금	50,000,000	
5		상환 기간	120	
6		변동 이자율	4.00%	
7				
8		월 상환액	583,333	
9				
10		이자율 변화	월 상환액	
11			583,333	
12		3.00%	541,667	
13		3.50%	562,500	
14		4.00%	583,333	
15		4.50%	604,167	
16		5.00%	625,000	

기초에서 실무까지
정보화 실무

Powerpoint 2021 파워포인트

교재에서 사용하는 실습 파일 및 완성 파일은
교학사 홈페이지의 [자료실]-[출판]-[단행본]으로 접속하여
'정보화 실무 파워포인트 2021'로 검색한 후 다운로드하여 사용하세요.

PowerPoint 2021

01 파워포인트 2021 시작하기
SECTION

파워포인트는 아이디어와 정보를 청중에게 효과적으로 전달할 수 있게 해 주는 도구입니다. 특히 2021 버전은 디자인 도구가 개선되어 초보자도 쉽게 작성할 수 있으며, 협업 기능이 강화되어 실시간으로 공동 편집할 수 있는 장점이 있습니다.

1 새 프레젠테이션 시작하기

1. 바탕화면에 있는 [PowerPoint]를 더블클릭하면 파워포인트 빠르게 시작하기 화면이 나타납니다. [새 프레젠테이션]을 클릭합니다.

더 알아보기 '파워포인트 빠르게 시작하기' 화면 살펴보기

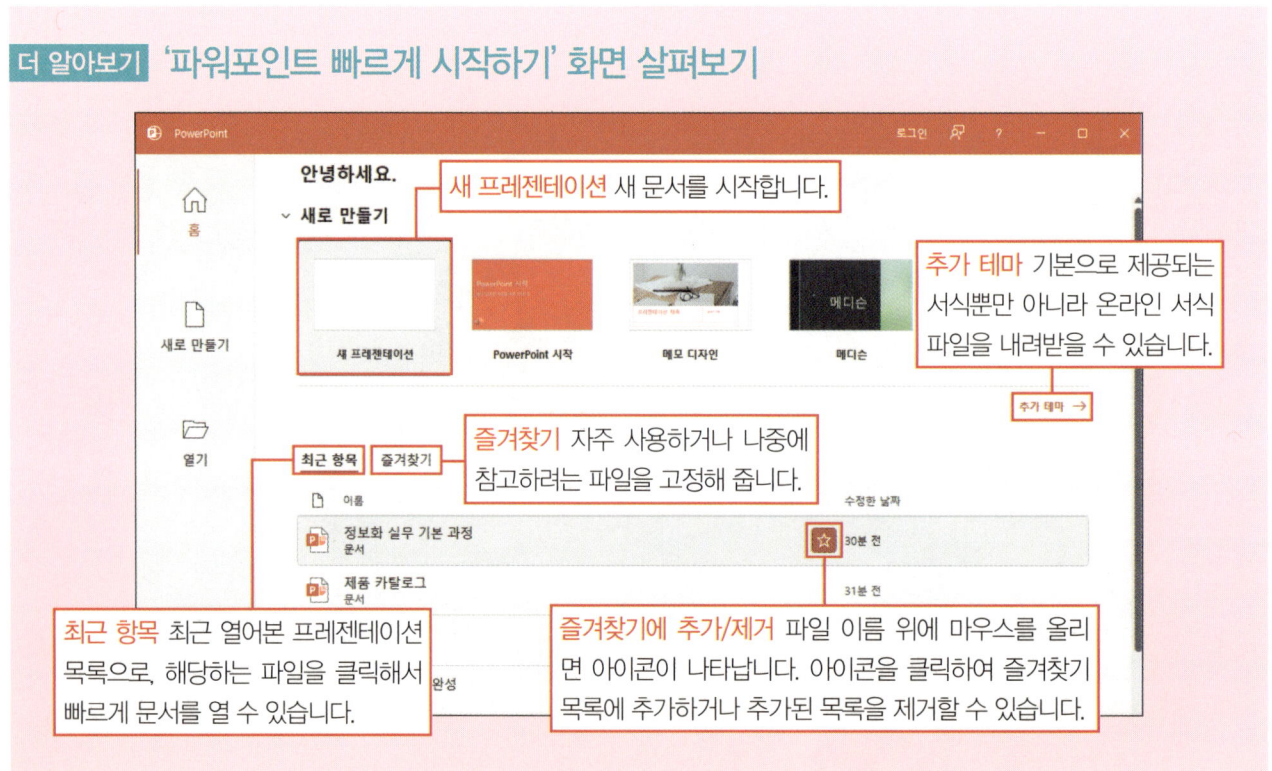

- **새 프레젠테이션** 새 문서를 시작합니다.
- **추가 테마** 기본으로 제공되는 서식뿐만 아니라 온라인 서식 파일을 내려받을 수 있습니다.
- **즐겨찾기** 자주 사용하거나 나중에 참고하려는 파일을 고정해 줍니다.
- **최근 항목** 최근 열어본 프레젠테이션 목록으로, 해당하는 파일을 클릭해서 빠르게 문서를 열 수 있습니다.
- **즐겨찾기에 추가/제거** 파일 이름 위에 마우스를 올리면 아이콘이 나타납니다. 아이콘을 클릭하여 즐겨찾기 목록에 추가하거나 추가된 목록을 제거할 수 있습니다.

2 기본 화면 구성 살펴보기

1 다음과 같이 새 슬라이드가 열립니다.

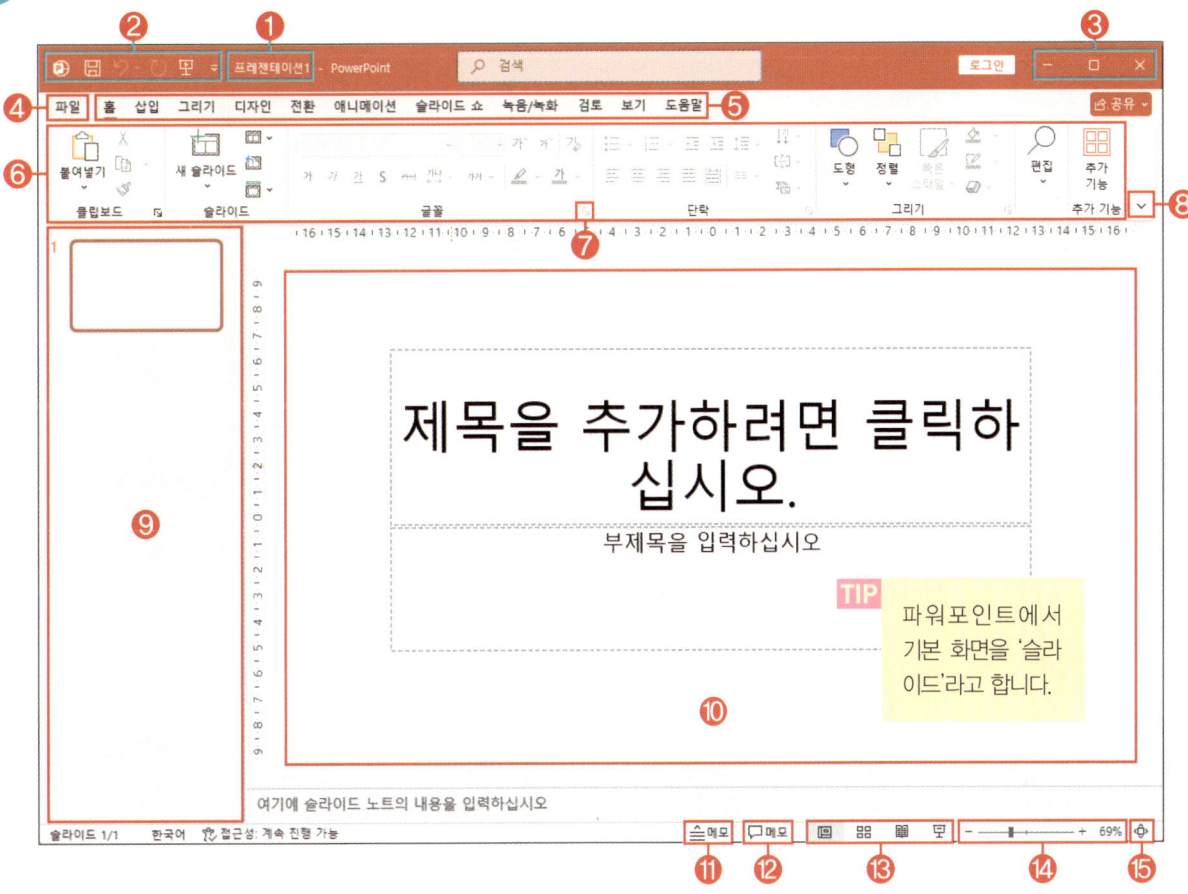

❶ **제목 표시줄** 현재 작업 중인 프레젠테이션 문서의 저장 파일명이 표시됩니다.

❷ **빠른 실행 도구 모음** 자주 사용하는 도구의 모음으로 사용자가 원하는 대로 추가, 삭제할 수 있습니다.

❸ **창 크기 조절** 창을 최소화, 최대화, 종료합니다.

❹ **[파일] 탭** 새로 만들기, 열기, 저장, 인쇄, 공유 등의 기능을 지정합니다.

❺ **[메뉴] 탭** 파워포인트에서 제공하는 기능을 그룹별로 묶어 제공합니다.

❻ **[리본 메뉴]** [메뉴] 탭을 누르면 각 해당 탭에서 자주 사용되는 명령들이 그룹별로 표시됩니다.

❼ **[대화상자 표시]** 기능의 세부 옵션을 설정합니다.

❽ **[리본 메뉴 축소]** [리본 메뉴]를 축소하고 탭 이름만 보여 줍니다. 임의의 [메뉴] 탭을 더블클릭하면 [리본 메뉴]를 다시 보이게 할 수 있습니다.

❾ **[슬라이드/개요]** 슬라이드를 축소판 그림 형태로 보여 줍니다. 슬라이드 순서를 바꾸거나 삽입/삭제할 수 있습니다.

❿ **[슬라이드]** 기본 작업 창입니다.

⓫ **[메모(슬라이드 노트)]** 발표자가 참고할 내용을 작성합니다.

⓬ **[메모]** 의견이나 변경 내용 등을 작성합니다.

⓭ **[화면 보기]** 슬라이드의 화면 보기 상태를 지정합니다.
  [기본] 슬라이드의 기본 편집 화면입니다.
  [여러 슬라이드] 슬라이드를 축소해서 한 화면에 나열해 줍니다.
  [읽기용 보기] 슬라이드 쇼의 미리보기로 프레젠테이션을 검토할 때 사용합니다.
  [슬라이드 쇼] 현재 슬라이드부터 [슬라이드 쇼]를 보여 줍니다.

⓮ **[확대/축소 슬라이더]** 슬라이드의 화면을 확대/축소합니다. 확대 비율을 확인할 수 있습니다.

⓯ **[현재 창 크기에 맞춤]** 슬라이드가 확대/축소되었을 때 현재 창 크기에 맞게 조절합니다.

3 기본 옵션 설정하기

1 [파일] 탭-[옵션]을 클릭합니다.

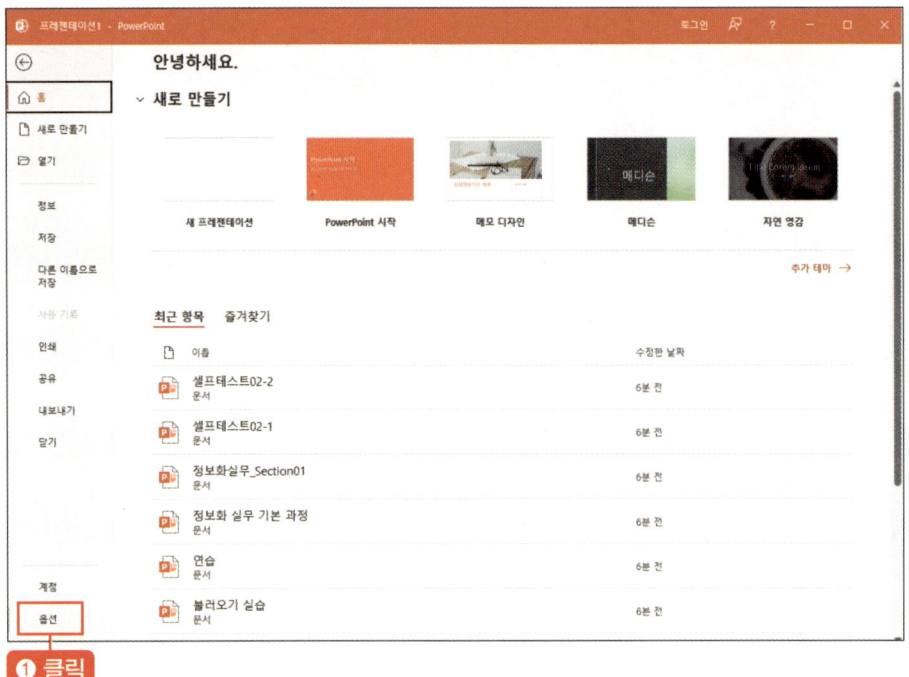

2 [PowerPoint 옵션] 대화상자가 열립니다. 왼쪽에 있는 일반, 저장, 리본 사용자 지정 등의 탭을 선택하여 사용자의 작업 스타일에 맞게 옵션을 설정할 수 있습니다.

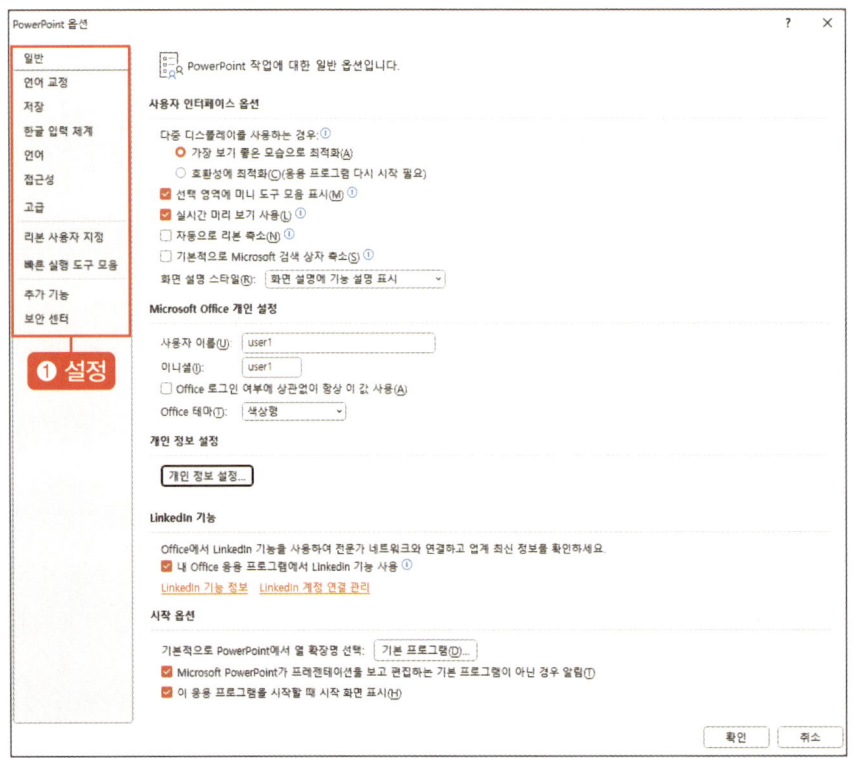

③ 문서를 저장할 때 글꼴을 함께 포함하면 다른 컴퓨터에서의 글꼴 호환성 문제를 해결할 수 있습니다. [저장]-[파일의 글꼴 포함]을 체크합니다.

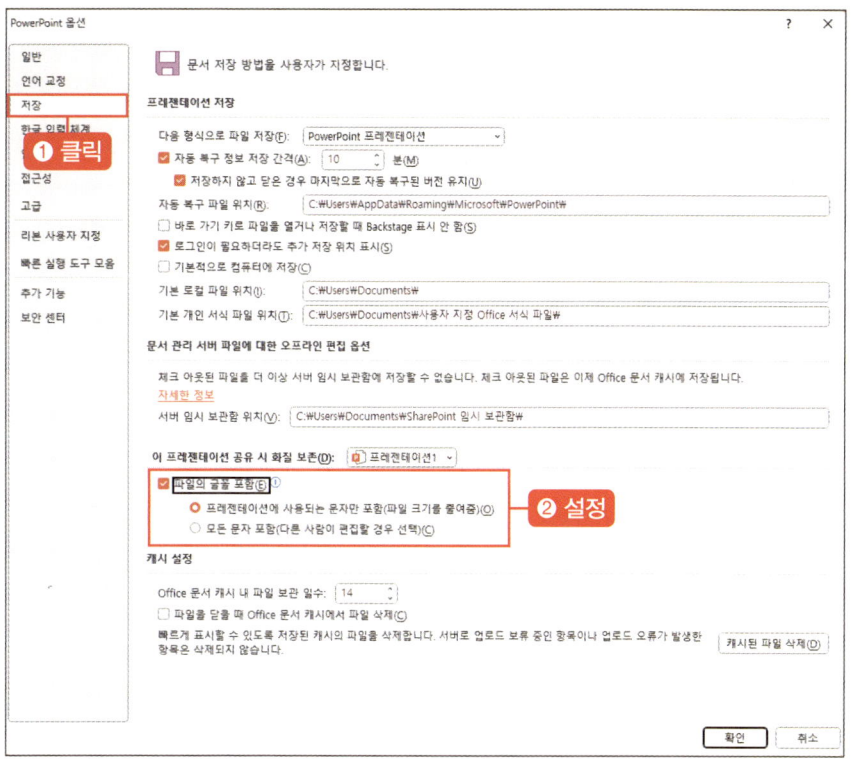

④ 실행 취소 버튼을 눌렀을 때 기본적으로 최대 20회까지 가능하도록 설정되어 있습니다. 이를 변경하기 위해 [고급]-[편집 옵션]-[실행 취소 최대 횟수: 50]으로 조정합니다. 최대 150회까지 입력할 수 있습니다. 설정이 끝나면 [확인]을 클릭합니다.

4 저장 및 종료하기

1 제목 텍스트 상자를 클릭하여 '파워포인트 마스터하기'을 입력하고, 부제목 텍스트 상자를 클릭하여 '기초부터 차근차근'을 입력합니다.

> **TIP** 파워포인트 2021에서 [새 프레젠테이션]을 실행하면 제목을 작성할 수 있는 제목 슬라이드 레이아웃이 나타납니다.

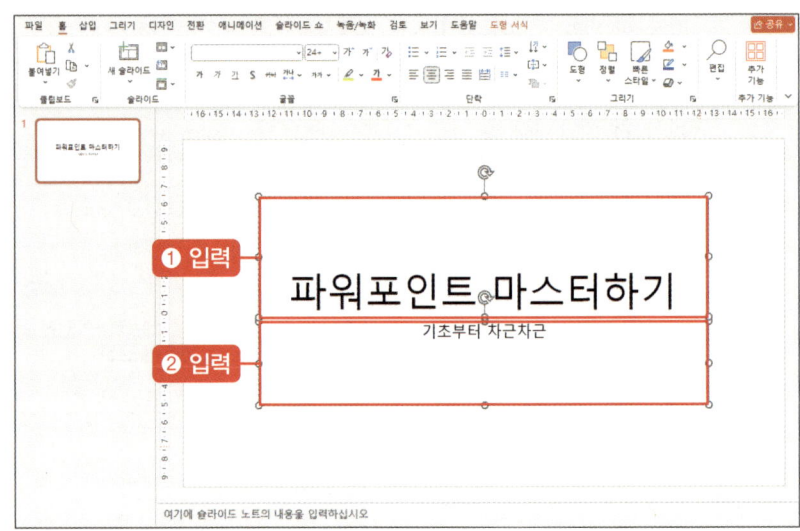

2 문서를 저장하기 위해 [파일] 탭-[다른 이름으로 저장]을 선택하고 [이 PC]를 더블클릭합니다. [다른 이름으로 저장] 대화상자가 나타나면 [파일 이름]에 '연습'을 입력하고 [저장]을 클릭합니다.

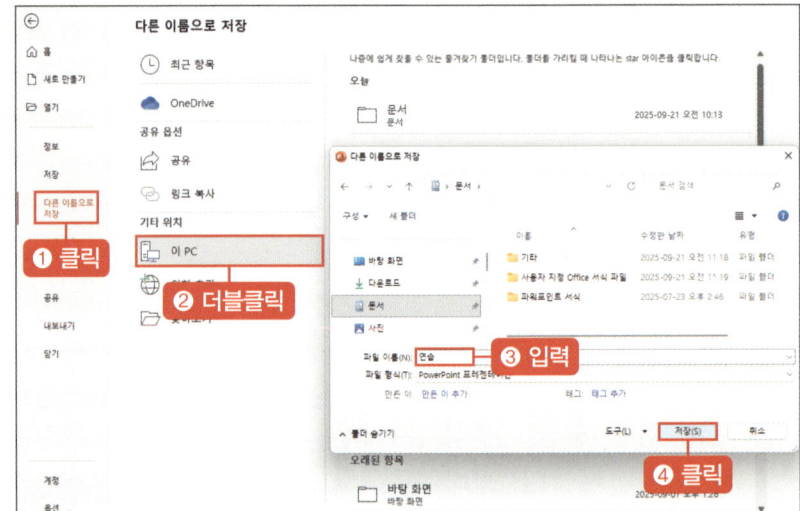

3 저장된 파일 이름을 확인할 수 있습니다. 파워포인트를 종료하려면 [파일] 탭-[닫기]를 클릭합니다.

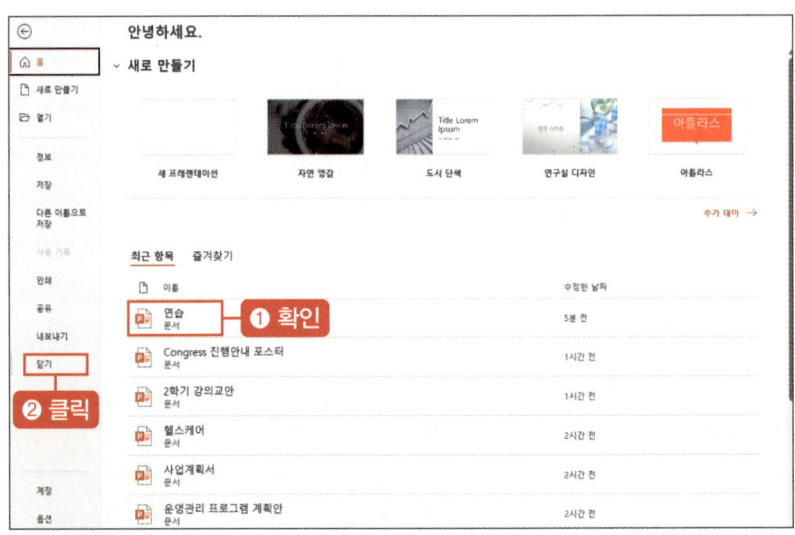

> **TIP** 창 크기 조절에서 ×를 클릭해도 파워포인트가 종료됩니다.

5 파일 불러오기

1. 기존의 파워포인트 파일을 불러와 활용할 수 있습니다. [파일] 탭-[열기]에서 [찾아보기]를 클릭합니다.

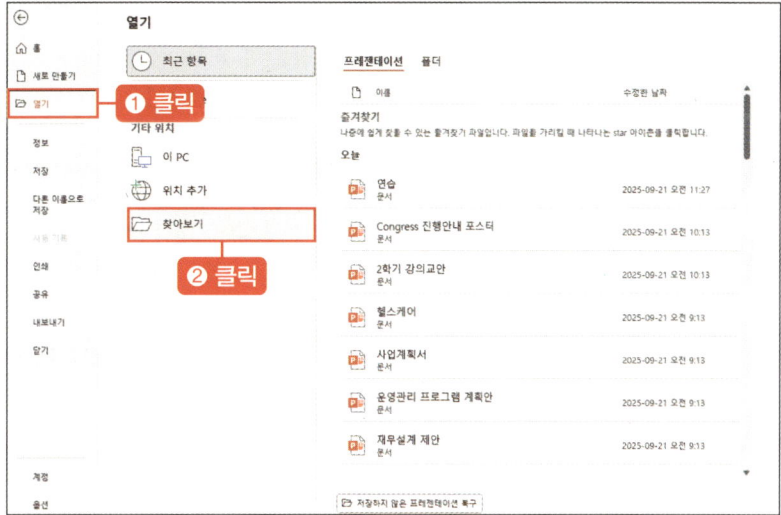

2. [열기] 대화상자가 나타나면 저장해 둔 '연습.pptx' 파일을 선택하고 [열기]를 클릭합니다.

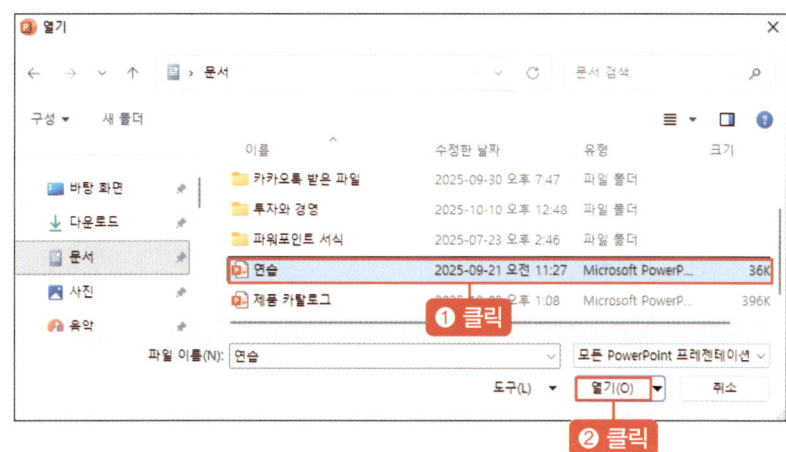

더 알아보기 | OneDrive에 저장된 파일 불러오기

OneDrive는 마이크로소프트에서 제공하는 클라우드 저장 공간으로, 인터넷이 연결된 환경에서는 어디서든 접근하여 문서를 공유할 수 있습니다. 단, Microsoft 계정에 로그인이 되어 있어야 합니다. OneDrive에 저장된 파일을 열기 위해 [파일] 탭-[열기]-[OneDrive]를 클릭하면 OneDrive에 저장된 폴더와 파일 목록이 표시됩니다. 불러올 파일을 클릭하거나 검색창에 파일명을 직접 입력하여 찾을 수도 있습니다. 파일을 수정하면 자동으로 OneDrive에 저장됩니다.

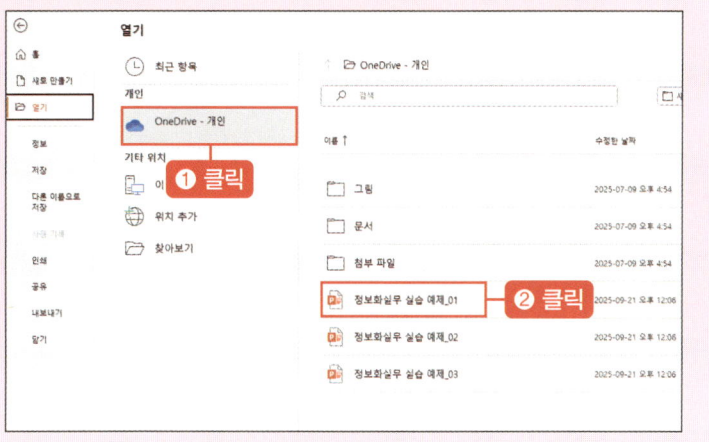

셀프 테스트

1 새 프레젠테이션을 실행하여 다음과 같이 제목 슬라이드를 작성해 보세요.

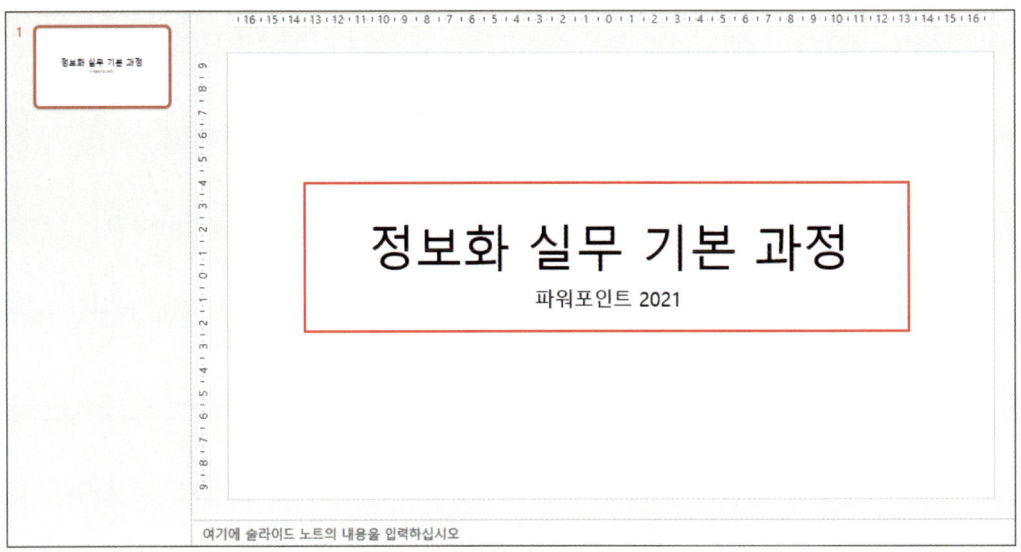

2 1번 문제에서 작성한 문서를 '정보화 실무 기본 과정.pptx'로 저장해 보세요.

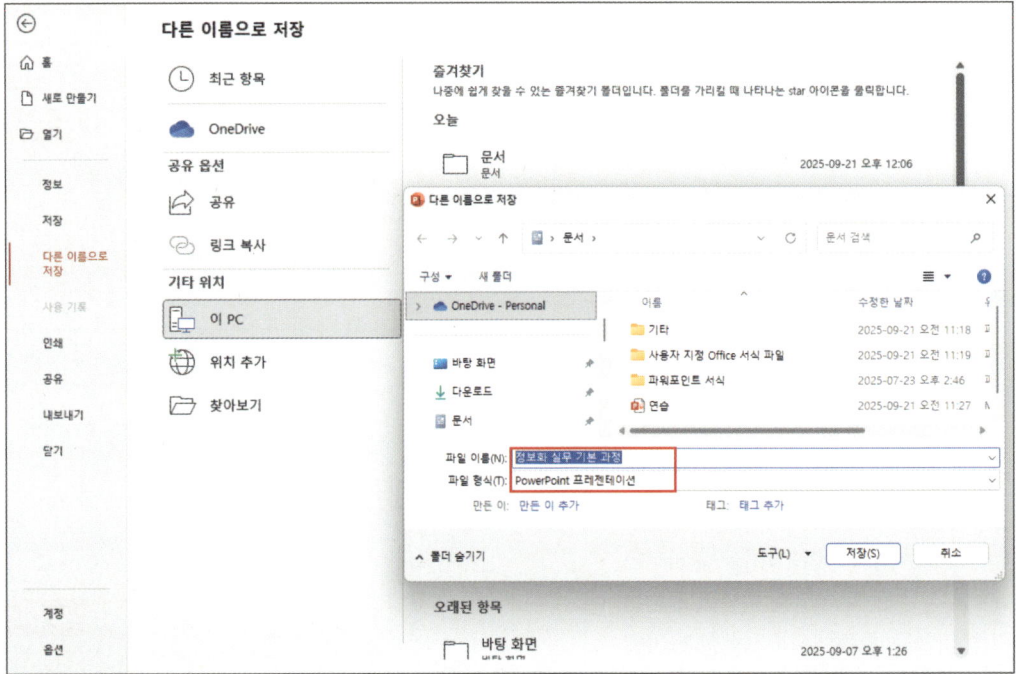

❸ 1번 문제에서 작성한 슬라이드 화면을 150%로 확대해 보세요.

❹ 예제 폴더에 있는 '불러오기 실습.pptx' 파일을 열어 보세요.

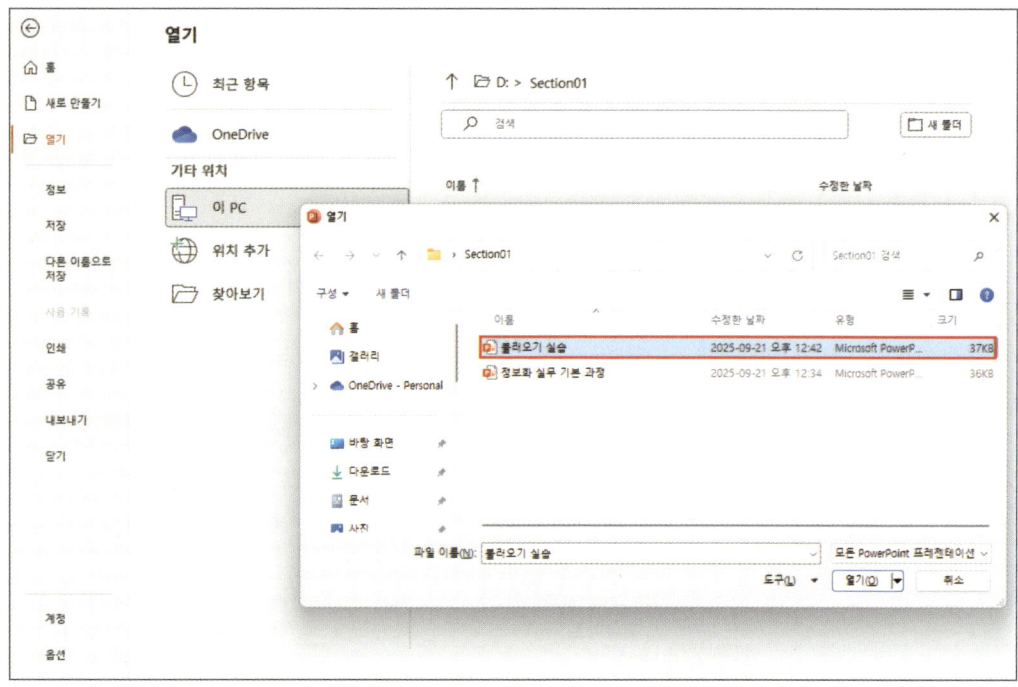

PowerPoint 2021

02 슬라이드 기본 관리
SECTION

목적에 따라 슬라이드의 크기를 조정하고 레이아웃을 변경할 수 있습니다. 또한 문서를 작성하면서 슬라이드의 순서를 바꾸거나 복사/이동할 수 있고 불필요한 슬라이드를 삭제하여 관리할 수 있습니다.

1 슬라이드 크기 조정 및 레이아웃 변경

1 파워포인트 2021의 기본 슬라이드 크기는 [와이드스크린(16:9)]이지만 사용자가 원하는 대로 변경이 가능합니다. [디자인] 탭-[사용자 지정] 그룹-[슬라이드 크기]를 클릭한 후 [사용자 지정 슬라이드 크기]를 선택합니다.

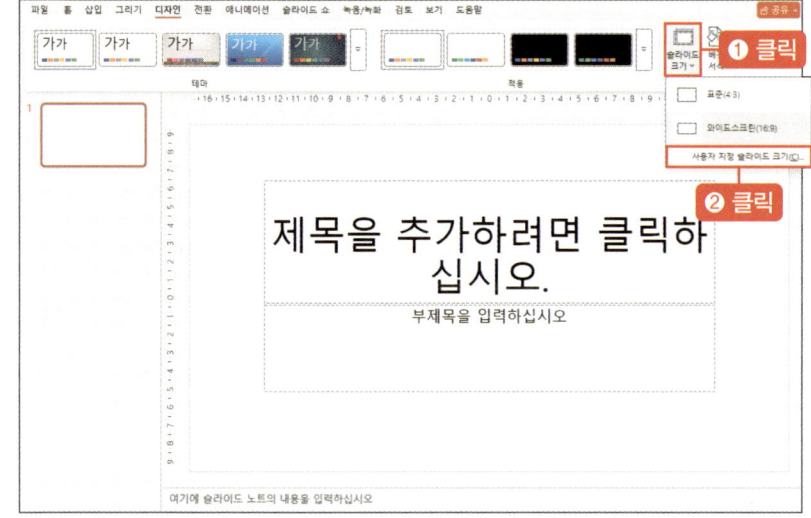

2 [슬라이드 크기] 대화상자가 열리면 [슬라이드 크기: 배너], [방향: 슬라이드-가로]를 선택하고 [확인]을 클릭합니다.

③ 콘텐츠의 크기 맞춤을 선택하는 대화상자가 열리면 [맞춤 확인]을 클릭합니다.

TIP
최대화 변경된 슬라이드의 공간을 최대한 활용하므로 개체가 잘릴 수 있습니다.
맞춤 확인 변경된 슬라이드의 크기에 맞춰 개체의 크기도 변경됩니다.

④ 배너 크기에 맞게 슬라이드가 변경되었습니다. 레이아웃을 변경하기 위해 [홈] 탭-[슬라이드] 그룹-[슬라이드 레이아웃]에서 [빈 화면]을 클릭합니다.

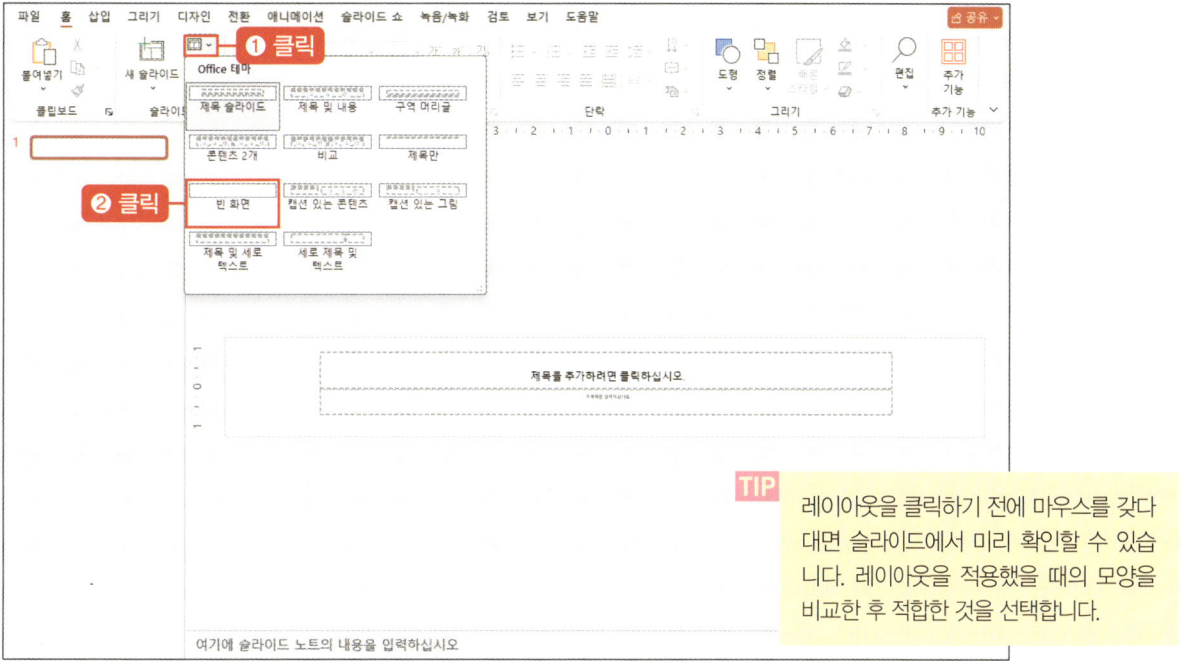

TIP 레이아웃을 클릭하기 전에 마우스를 갖다 대면 슬라이드에서 미리 확인할 수 있습니다. 레이아웃을 적용했을 때의 모양을 비교한 후 적합한 것을 선택합니다.

2 슬라이드 삽입/이동/복사/삭제하기

① 삽입하기 새 프레젠테이션에서 [홈] 탭-[슬라이드] 그룹-[새 슬라이드] 목록(새 슬라이드)을 클릭한 후 [제목 및 내용]을 선택합니다.

> **TIP**
> 1번 슬라이드를 선택한 상태에서 Enter 또는 Ctrl + M 키를 눌러도 새 슬라이드가 삽입됩니다.

② [제목 및 내용] 슬라이드가 삽입됩니다. 같은 방식으로 [콘텐츠 2개]를 선택하여 3번 슬라이드를 삽입합니다.

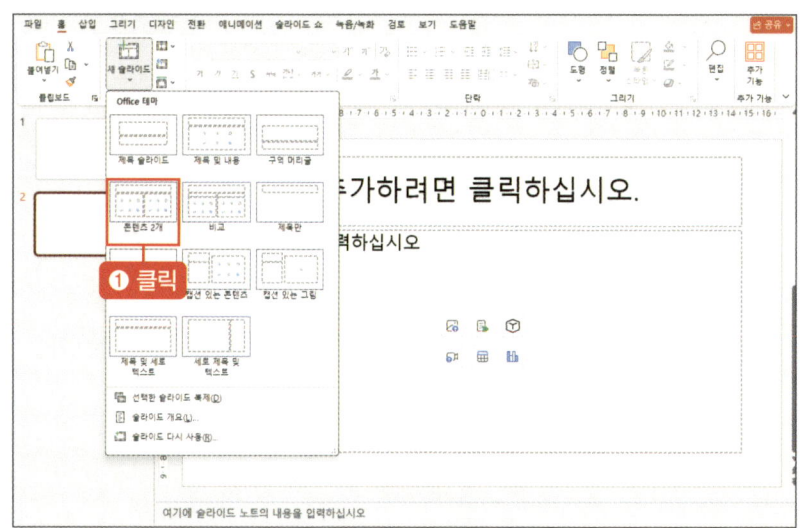

③ 복사하여 붙여넣기 이번에는 슬라이드를 복사해 봅니다. 왼쪽의 슬라이드 축소 창에서 3번 슬라이드를 선택하고 [홈] 탭-[클립보드] 그룹-[복사(🗐)]를 클릭합니다.

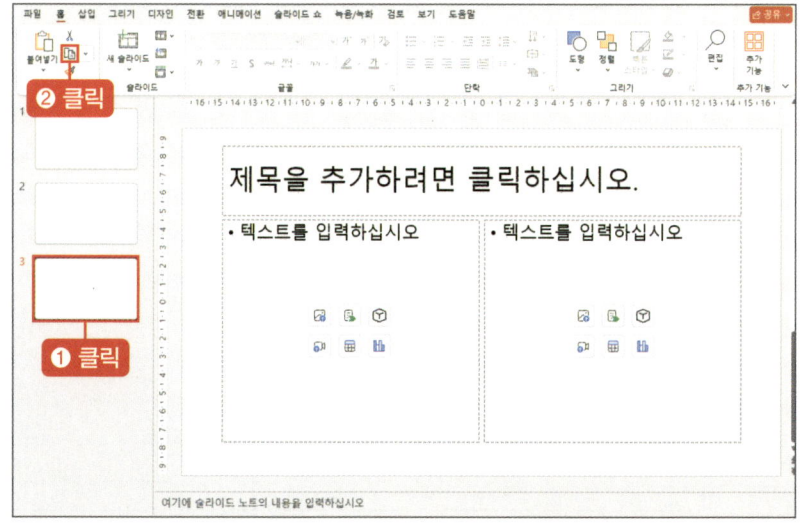

> **TIP**
> [복사] 단축키 Ctrl + C

4 이어서 [홈] 탭-[클립보드] 그룹-[붙여넣기(📋)]를 클릭하여 복사한 슬라이드를 붙여넣습니다.

> **TIP** [붙여넣기] 단축키 `Ctrl` + `V`

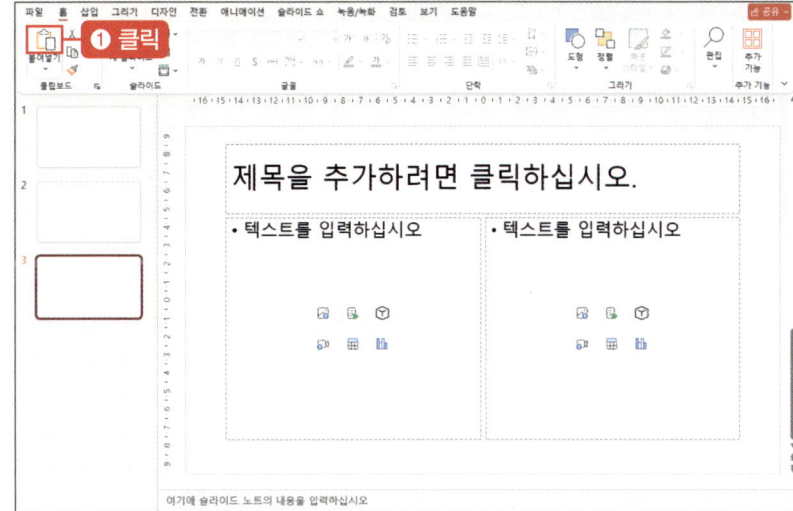

5 **이동하기** 2번 슬라이드를 3번과 4번 슬라이드 사이로 이동해 봅니다. 2번 슬라이드를 선택한 채로 드래그한 후 3번과 4번 슬라이드 사이에서 드롭합니다.

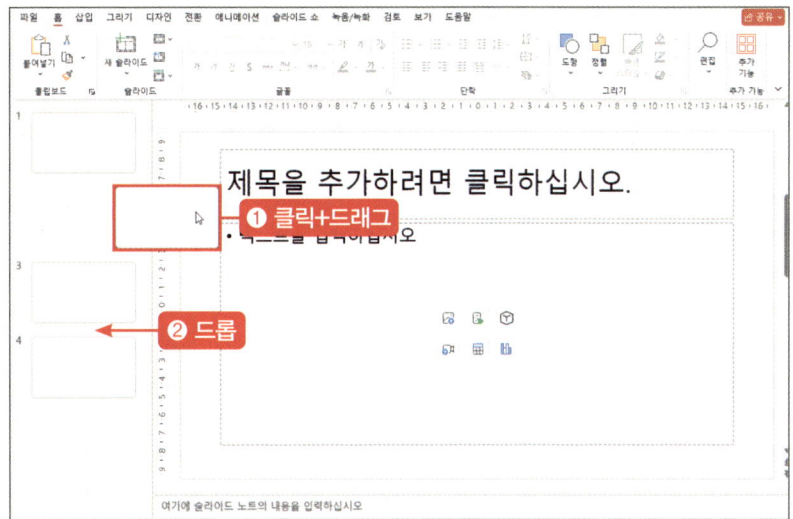

6 **삭제하기** 슬라이드 축소 창에서 4번 슬라이드를 선택한 후 마우스 오른쪽 버튼을 눌러 빠른 메뉴에서 [슬라이드 삭제]를 클릭합니다.

> **TIP** 슬라이드를 선택한 후 `Delete` 키를 눌러도 삭제됩니다.

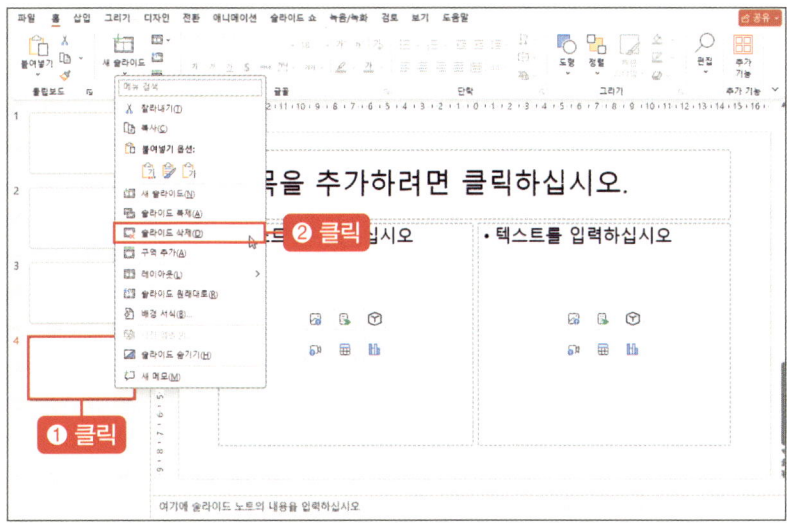

셀프 테스트

1 새 프레젠테이션을 실행하여 제목을 다음과 같이 입력하고 슬라이드 크기를 'A4 용지-가로 방향'으로 변경해 보세요.

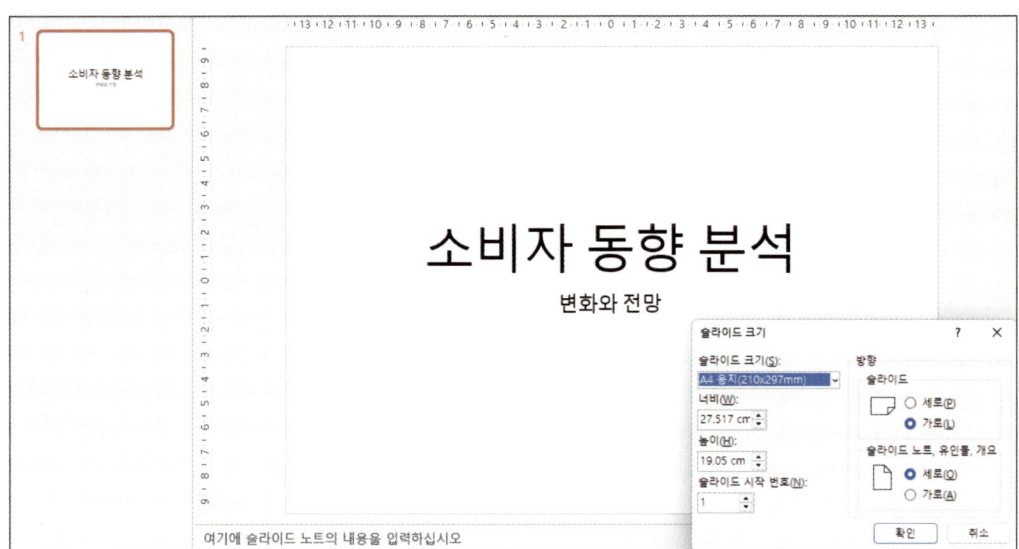

2 1번 문제에 이어서 [제목과 내용] 슬라이드를 삽입하고 다음과 같이 작성해 보세요.

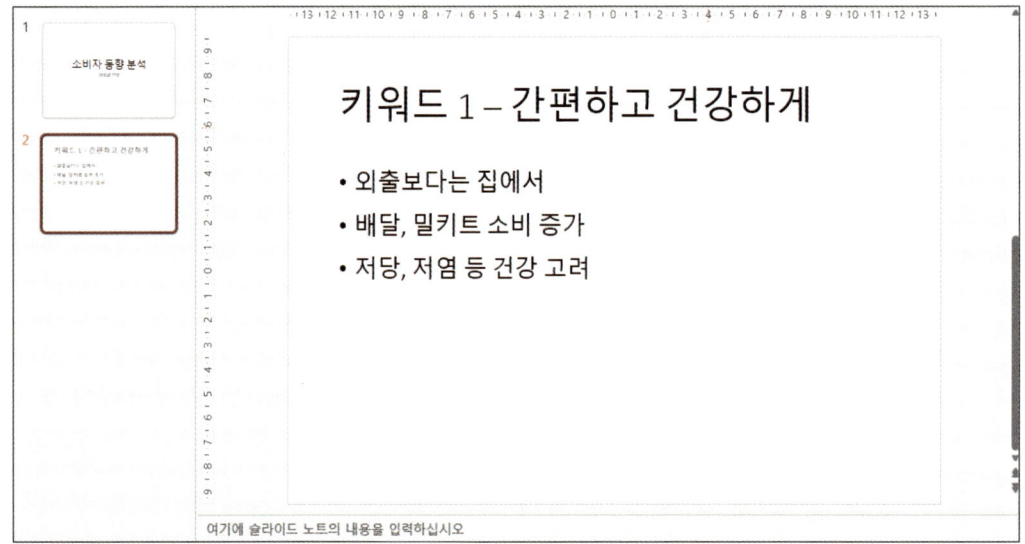

③ '공기정화 식물.pptx' 파일을 열어서 4번 슬라이드를 복사하여 붙여넣은 후 다음과 같이 수정해 보세요.

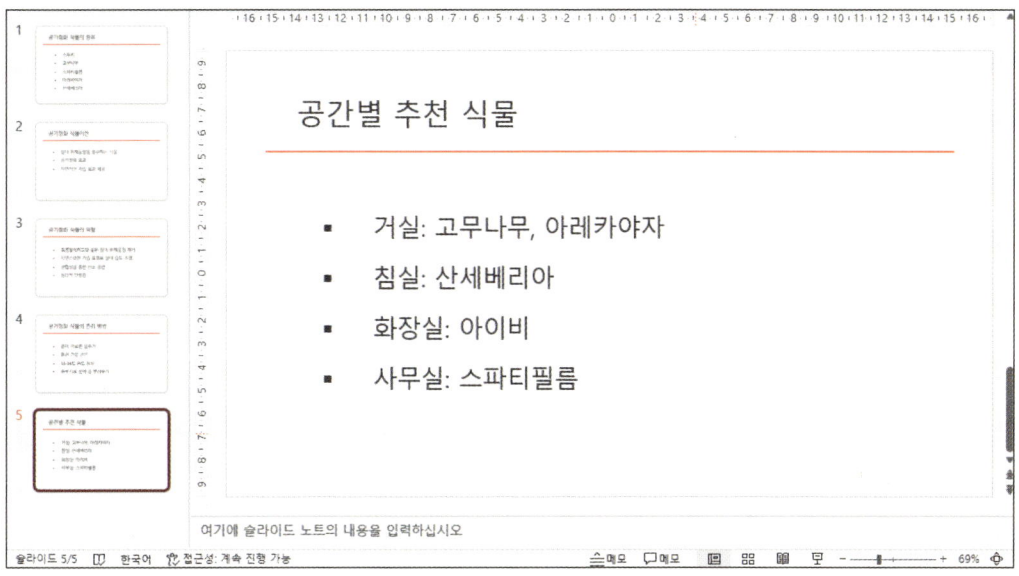

④ 3번 문제에 이어서 1번 슬라이드를 2번과 3번 슬라이드 사이로 이동해 보세요.

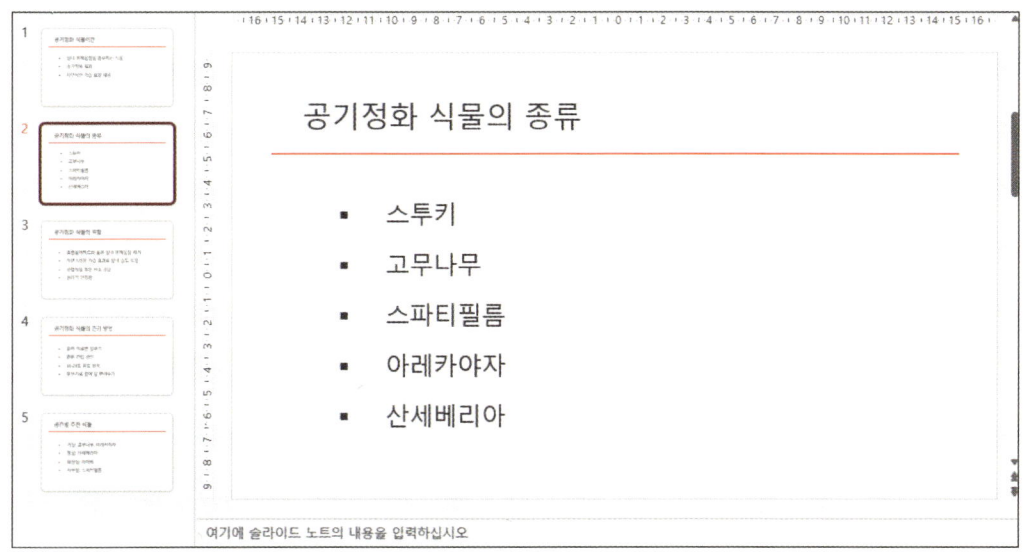

PowerPoint 2021

03 슬라이드 테마와 배경 설정
SECTION

슬라이드 테마는 색상 구성, 레이아웃 등이 미리 설정되어 있어 전체 슬라이드의 스타일을 통일할 수 있습니다. 배경 설정은 사용자가 슬라이드의 배경을 단색, 그라데이션, 이미지 등으로 채워 디자인하는 방법입니다.

1 테마를 선택하여 새 프레젠테이션 시작하기

1 [파일] 탭-[새로 만들기]를 클릭한 후 [Office] 탭에서 [메디슨]을 선택합니다.

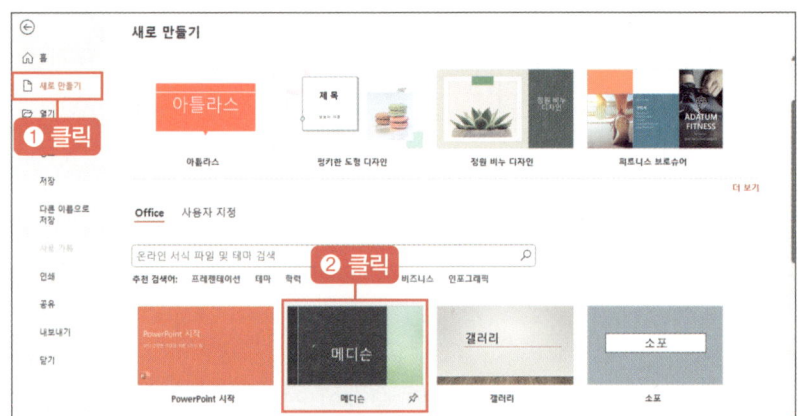

2 [메디슨] 테마가 열리면 [만들기]를 클릭합니다.

3 새 프레젠테이션에 테마가 적용됩니다. 추가되는 모든 슬라이드에 자동으로 동일한 테마가 적용됩니다.

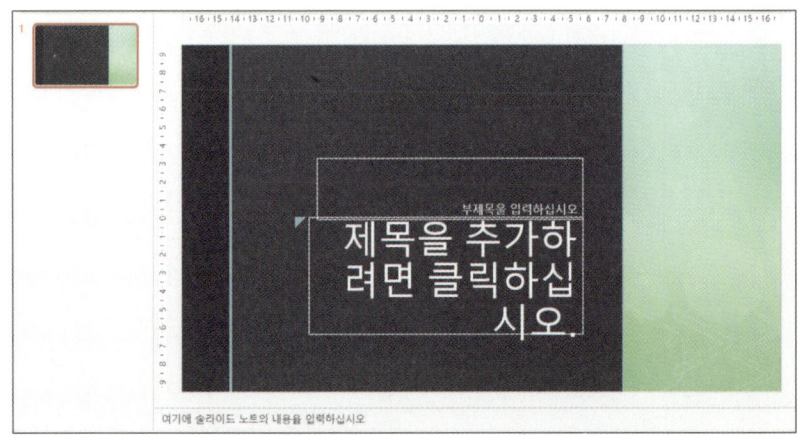

2 테마 변경하기

① 작성된 문서의 테마를 변경하기 위해 '고객응대 표준 매뉴얼.pptx' 파일을 엽니다. [디자인] 탭-[테마] 그룹-[테마] 목록(▼)을 클릭한 후 [이온(회의실)]을 선택합니다.

② 전체 슬라이드의 글꼴을 변경하기 위해 [디자인] 탭-[적용] 그룹-[적용] 목록(▼)을 클릭한 후 [글꼴]-[굴림]을 선택합니다.

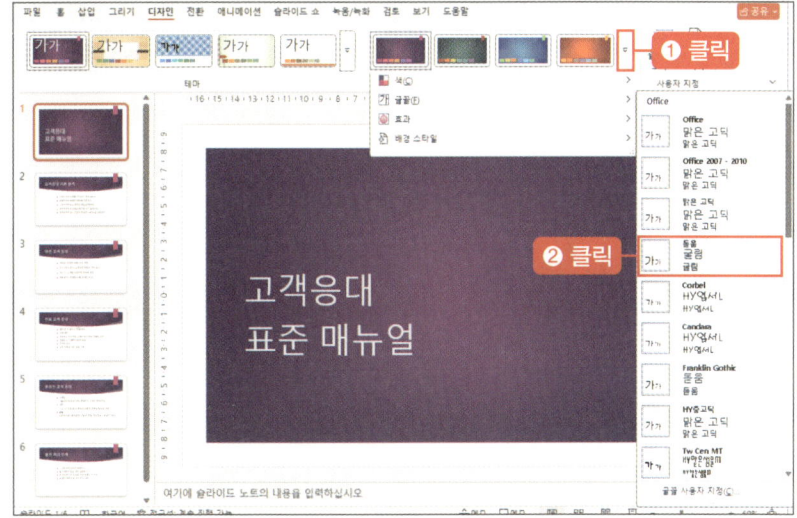

③ 원하는 슬라이드의 테마만 변경할 수 있습니다. 제목 슬라이드를 선택하고 [디자인] 탭-[테마] 그룹-[테마] 목록(▼)을 클릭합니다. [심플 테마]에서 마우스 오른쪽 버튼을 클릭한 후 [선택한 슬라이드에 적용]을 선택하면 제목 슬라이드의 테마만 변경됩니다.

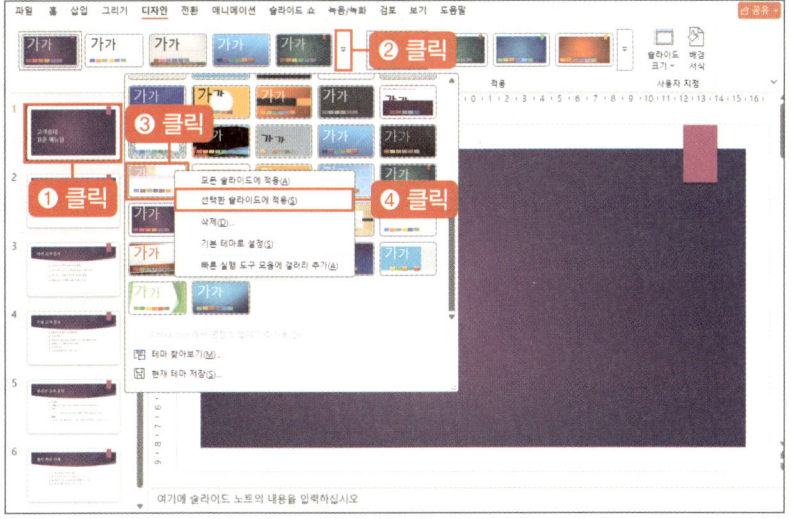

03 슬라이드 테마와 배경 설정 • 139

3 배경 설정하기

① 슬라이드의 배경을 이미지나 패턴 등으로 채울 수 있습니다. [디자인] 탭-[사용자 지정] 그룹-[배경 서식]을 클릭하면 오른쪽에 작업 창이 나타납니다.

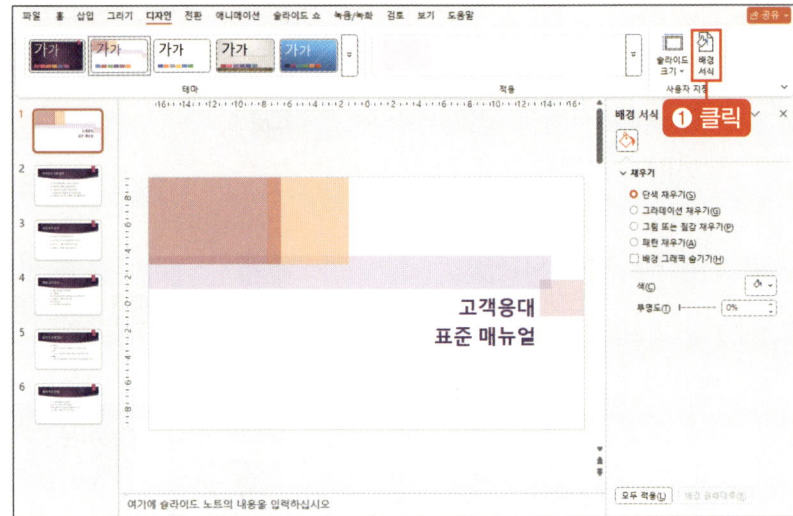

② 그림을 삽입하기 위해 [배경 서식] 작업 창의 [그림 또는 질감 채우기]를 체크하고 [그림 원본]-[삽입]을 클릭합니다.

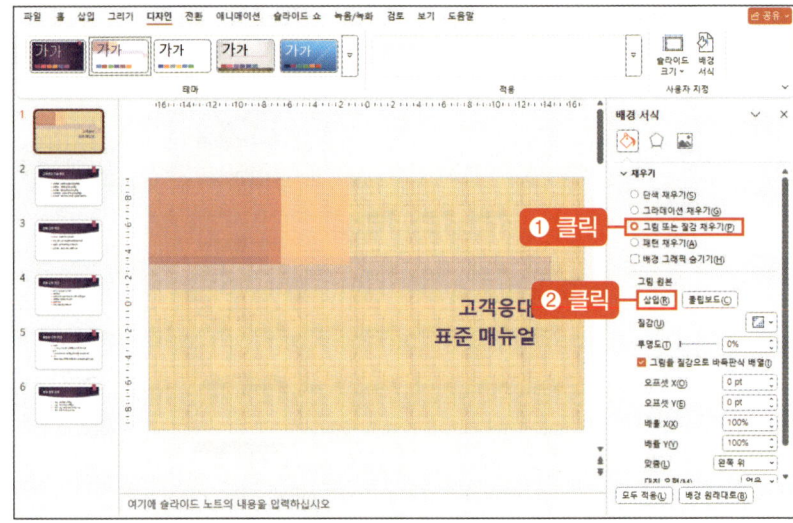

③ [그림 삽입] 대화상자가 열리면 [파일에서]를 클릭합니다.

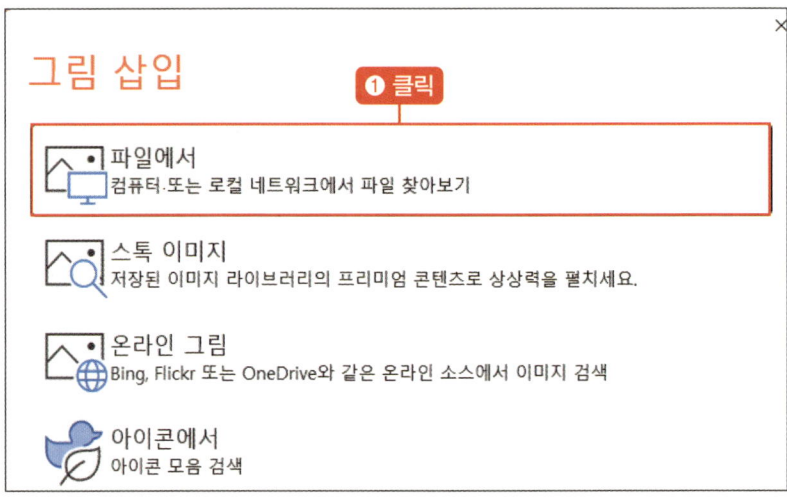

TIP 스톡 이미지, 온라인 그림, 아이콘 등 다양한 이미지를 검색하여 삽입할 수 있습니다.

④ [그림 삽입] 대화상자에서 '고객응대 배경.jpg'를 선택하고 [삽입]을 클릭합니다.

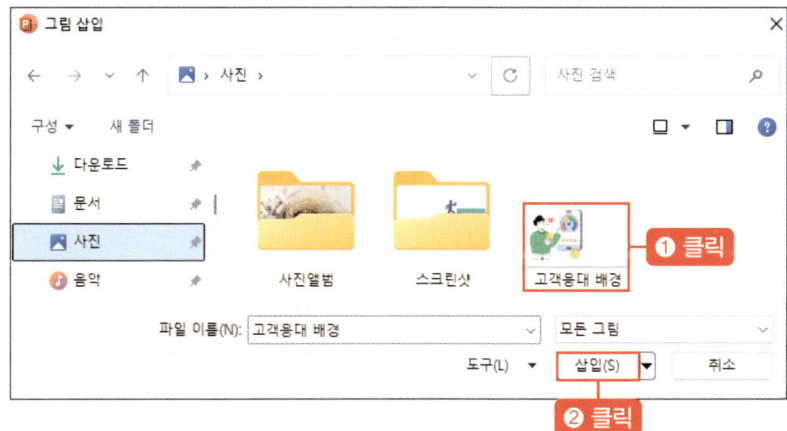

⑤ 선택한 이미지가 배경으로 삽입됩니다.

⑥ 테마와 이미지가 겹쳐서 보이므로, 이미지만 배경으로 사용하기 위해서 테마의 기본 배경 요소는 숨깁니다. [배경 서식] 창에서 [배경 그래픽 숨기기]를 체크합니다.

셀프 테스트

1 '우주 테마'를 적용한 새 프레젠테이션을 실행한 후 다음과 같이 제목 슬라이드를 작성해 보세요.

2 1번 문제에 이어서 새 슬라이드를 추가하여 다음과 같이 내용을 입력한 후 글꼴을 변경해 보세요.

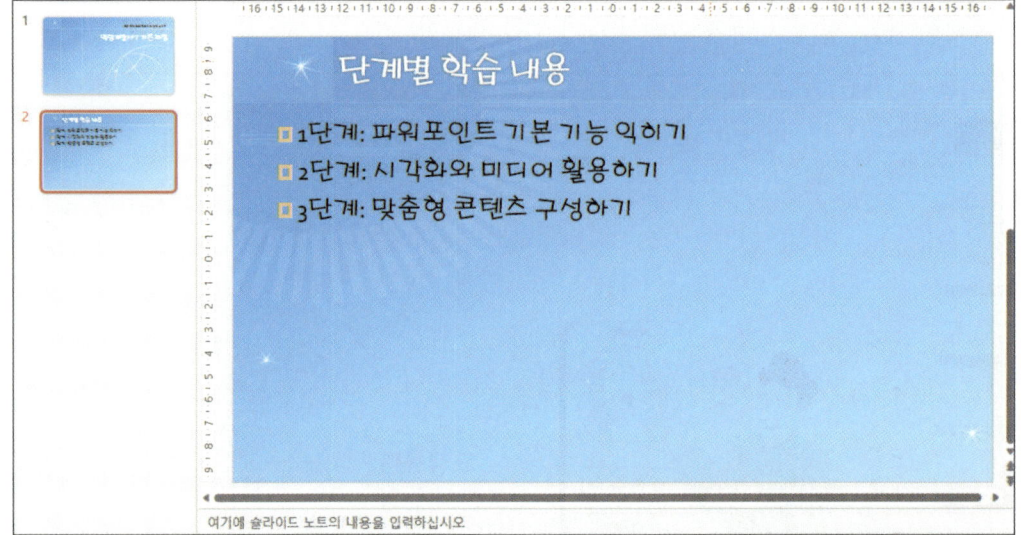

③ 2번 문제에 이어서 디자인 테마를 '줄무늬'로 변경하고 색을 적용해 보세요.

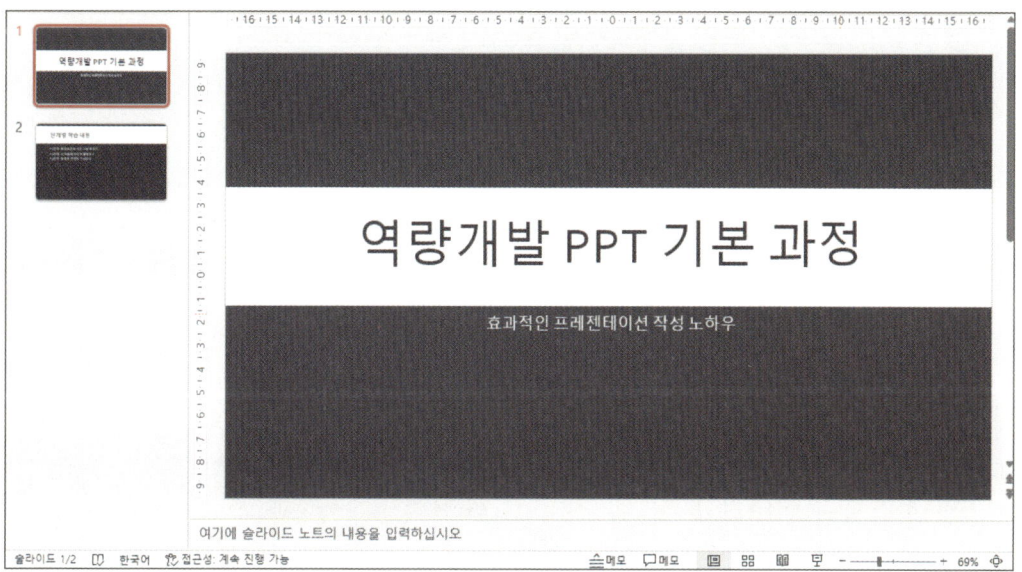

④ 3번 문제에 이어서 2번 슬라이드의 배경을 패턴으로 채워 보세요.

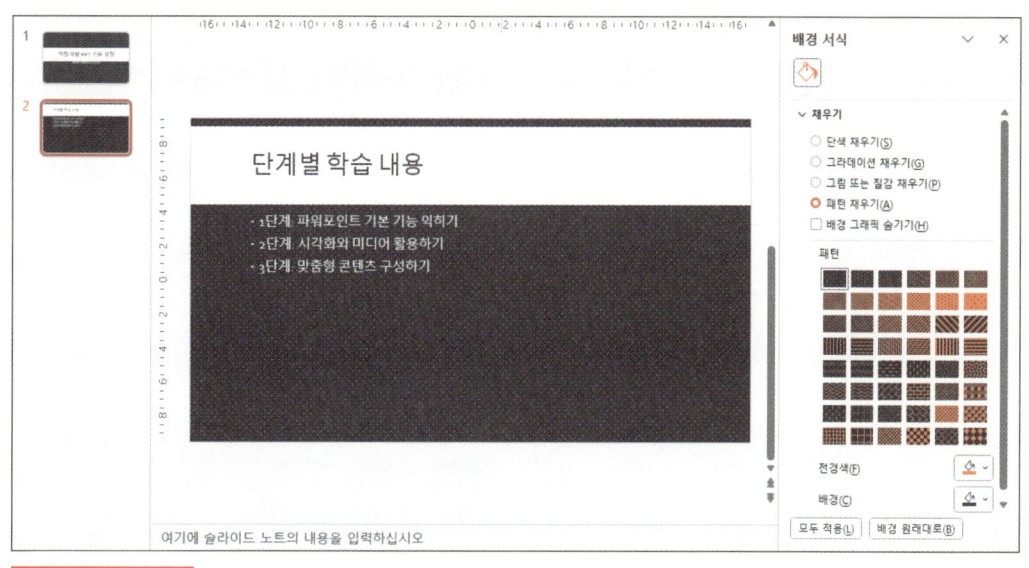

전경색 주황
배경 진한 회색

03 슬라이드 테마와 배경 설정

PowerPoint 2021

04 텍스트 입력과 서식
SECTION

도형과 텍스트 상자를 활용하여 텍스트를 입력하는 방법과 글꼴, 크기, 색상 등의 서식을 설정하는 방법을 익혀 봅니다. 아울러 키보드에서 직접 입력할 수 없는 특수문자와 한자를 입력하는 방법도 알아봅니다.

1 텍스트 입력하기

1 '회원 등급 안내.pptx' 파일을 엽니다. 직사각형을 클릭하여 '가입 기간별 회원 등급 안내'라고 입력합니다. 도형을 선택한 상태에서 키보드 입력을 시작하면 도형 안에 텍스트가 바로 삽입됩니다.

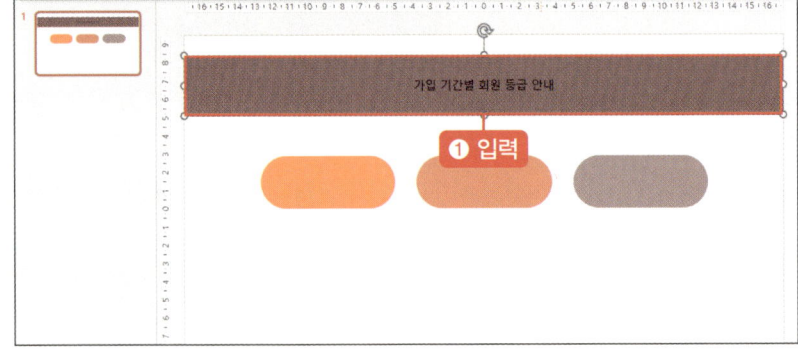

2 같은 방법으로 둥근 사각형에 각각 '특별 회원', '우수 회원', '일반 회원'을 입력합니다.

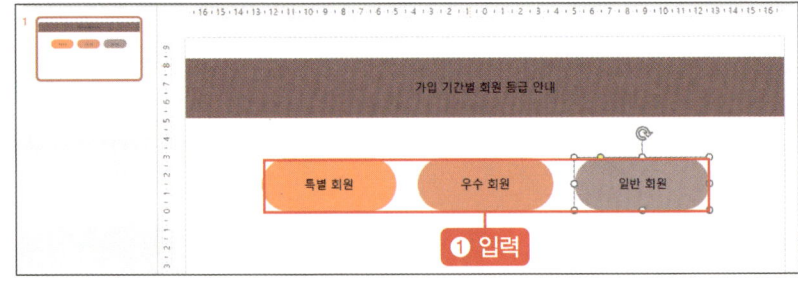

3 이번에는 텍스트 상자를 활용하기 위해 [삽입] 탭-[텍스트] 그룹-[텍스트 상자]-[가로 텍스트 상자 그리기]를 선택합니다. 첫 번째 둥근 사각형 아래를 클릭하여 '10년 이상'을 입력한 후 텍스트 상자의 오른쪽 경계선을 드래그하여 둥근 사각형과 수직선을 맞춥니다.

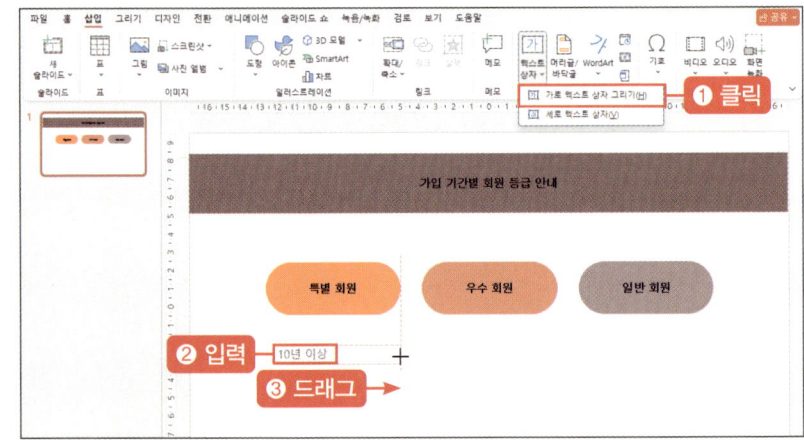

2 텍스트 서식 설정하기

1 제목이 입력된 직사각형을 선택한 후 [홈] 탭-[글꼴] 그룹에서 [돋움, 36pt, 굵게, 흰색]으로 설정합니다. 같은 방법으로 둥근 사각형의 글꼴 서식을 [돋움, 24pt, 굵게, 흰색]으로 설정합니다.

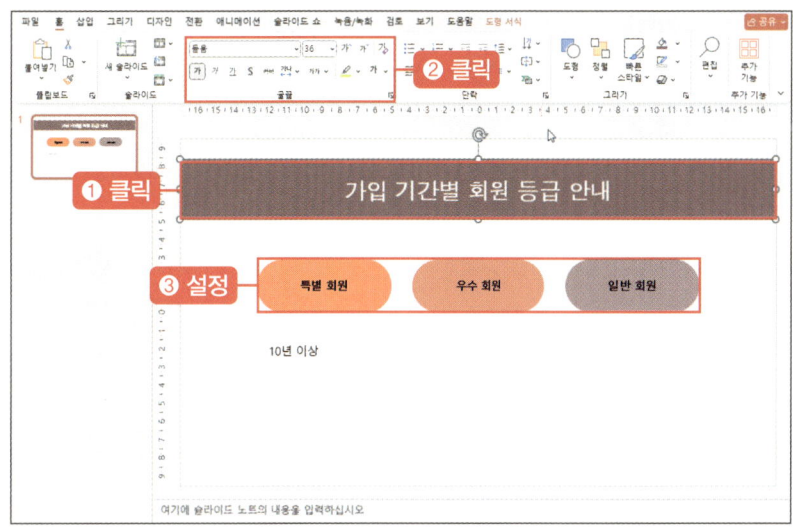

2 '10년 이상' 텍스트 상자를 선택하여 [홈] 탭-[글꼴] 그룹-[돋움, 20pt]로 설정하고 [단락] 그룹에서 [가운데 맞춤]을 클릭합니다.

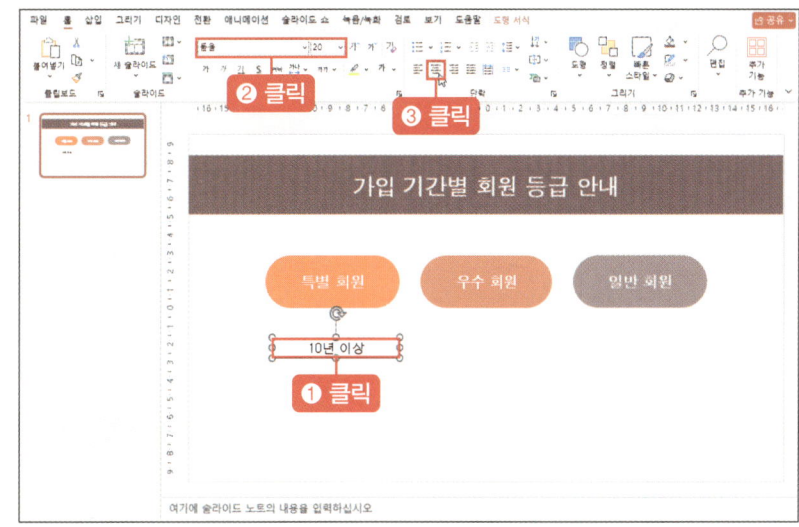

3 '10년 이상' 텍스트 상자를 선택하고 Ctrl + Shift 키를 누른 상태에서 오른쪽으로 드래그하여 수평 복사합니다. 한 번 더 반복하여 텍스트 상자 세 개를 만들고 다음과 같이 내용을 수정합니다.

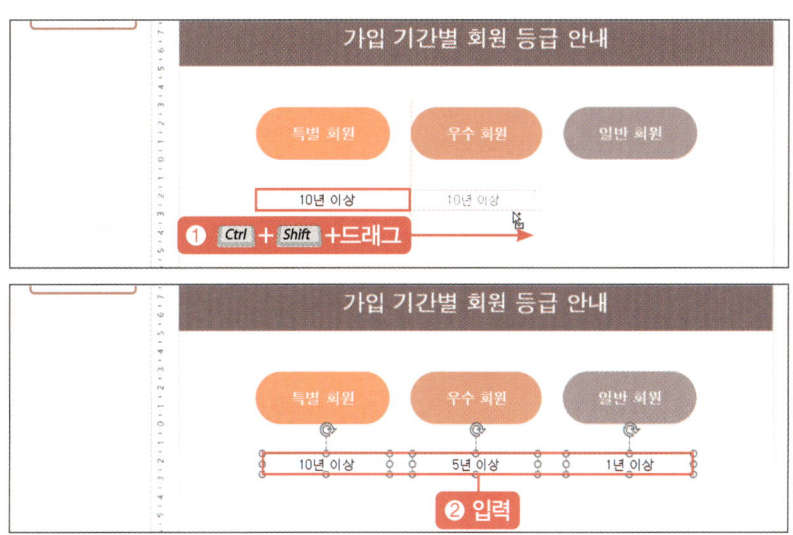

더 알아보기 | 특수문자 입력하기

특수문자를 입력할 위치에 커서를 놓고 [삽입] 탭-[기호] 그룹-[기호]를 클릭합니다. [기호] 대화상자가 나타나면 '◇'를 선택한 후 [삽입]을 클릭합니다.

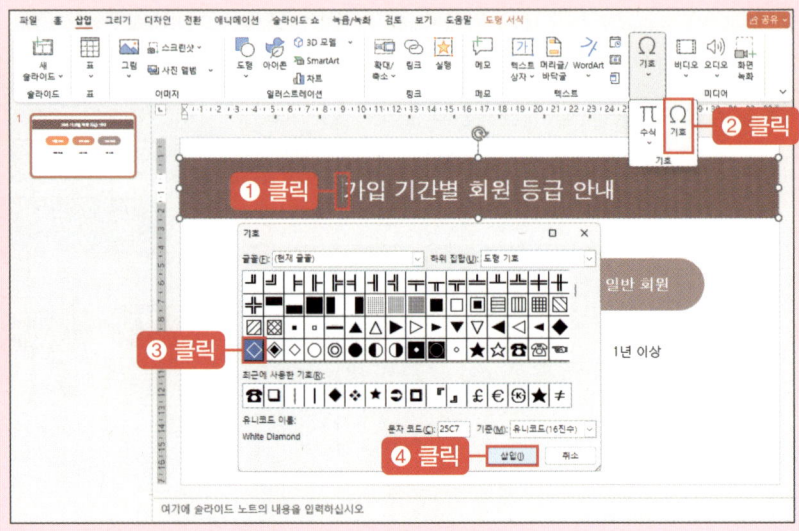

TIP 한글 자음과 [한자] 키를 조합하여 특수문자를 삽입할 수 있습니다. 예를 들어 'ㅁ'을 입력하고 [한자] 키를 누른 후 목록에서 원하는 특수문자를 선택합니다.

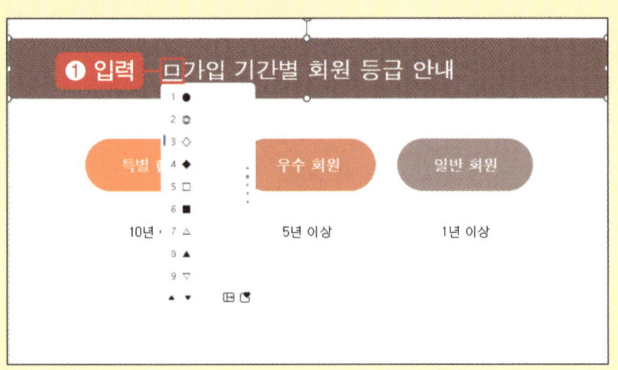

한글/한자 변환하기

한글을 한자로 변환하려면 단어 뒤에 커서를 놓고 [한자] 키를 누르거나 [검토] 탭-[언어] 그룹-[한글/한자 변환]을 클릭합니다. 예를 들어 '회원' 뒤에 커서를 놓고 [한자] 키를 누르면 추천 한자가 나타납니다. '會員'을 선택하면 한자로 변환됩니다. 한자를 한글로 변환하는 과정도 이와 동일합니다.

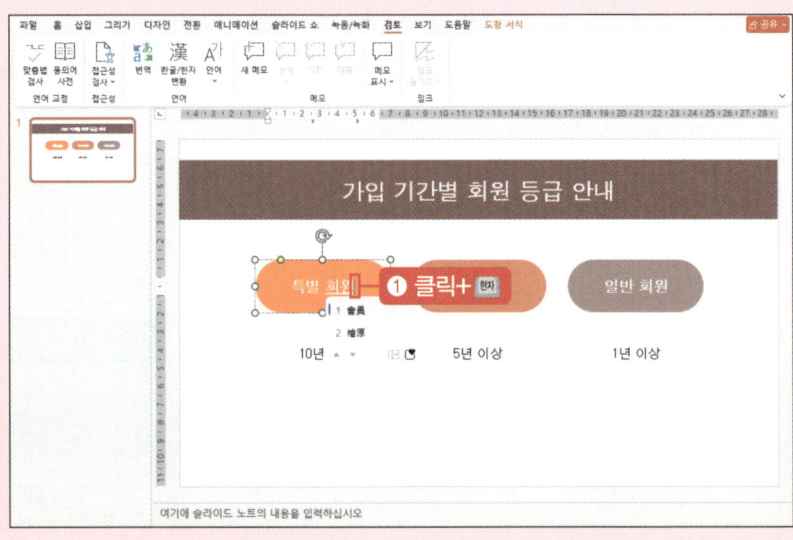

셀프 테스트

1 '대화를 시작하기 좋은 주제.pptx' 파일을 열어서 다음과 같이 작성해 보세요.

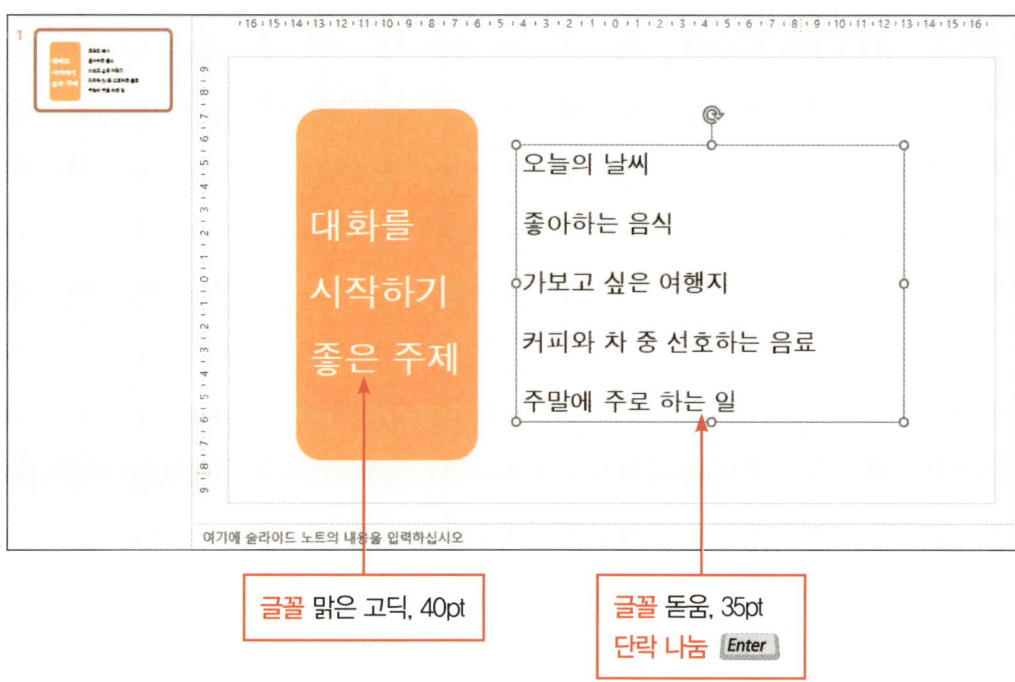

2 1번 문제에 이어서 다음과 같이 텍스트 서식을 변경하고 특수문자를 입력해 보세요.

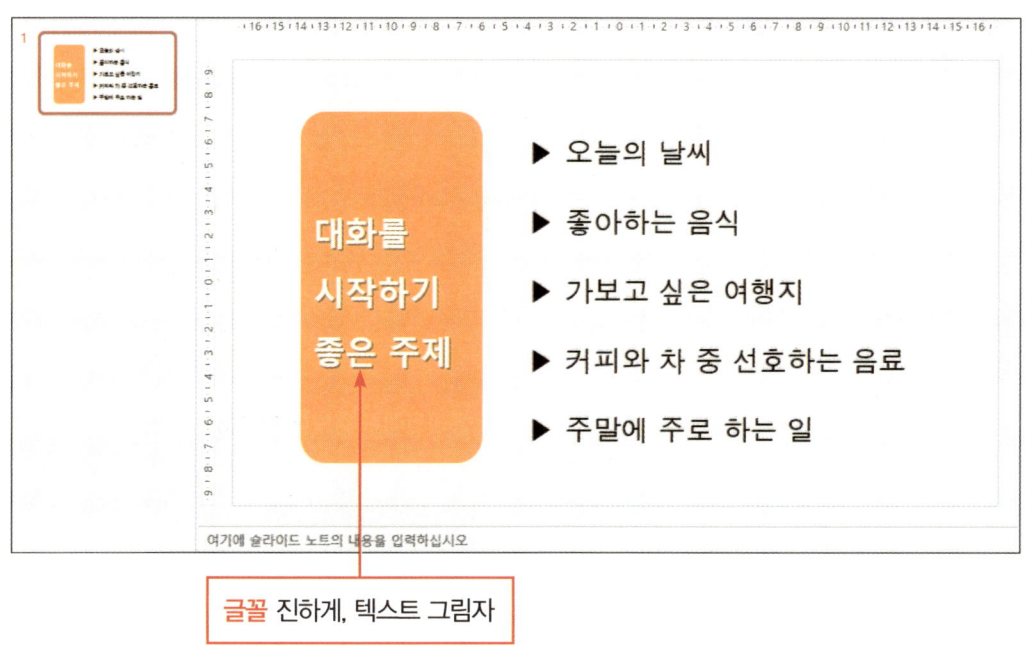

PowerPoint 2021

05 단락과 글머리 기호
SECTION

줄 간격이 너무 좁으면 텍스트가 답답해 보이고, 너무 넓으면 내용이 없어 보입니다. 이 섹션에서는 줄 간격을 조정하고 글 머리 기호를 삽입하여 단락을 정리하는 방법을 알아봅니다.

1 줄 간격 조정하기

1 '온라인 정보 보호.pptx' 파일을 엽니다. 내용 텍스트 상자를 선택한 후 [홈] 탭-[단락] 그룹-[줄 간격(‡≡ ˇ)]-[줄 간격 옵션]을 클릭합니다.

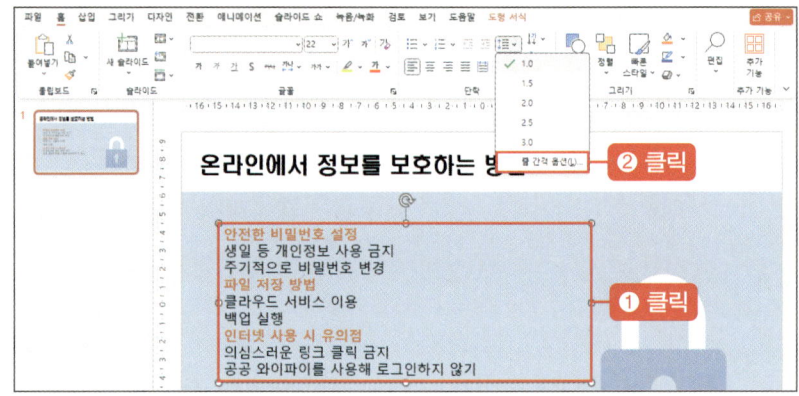

2 [단락] 대화상자가 나타나면 [간격]에서 줄 간격을 '1.5줄'로 선택하고 [확인]을 클릭합니다.

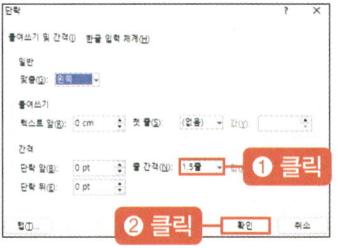

3 제목 텍스트 상자를 선택한 다음 [홈] 탭-[단락] 그룹-[가운데 맞춤(≡)]을 클릭하여 중앙으로 정렬합니다.

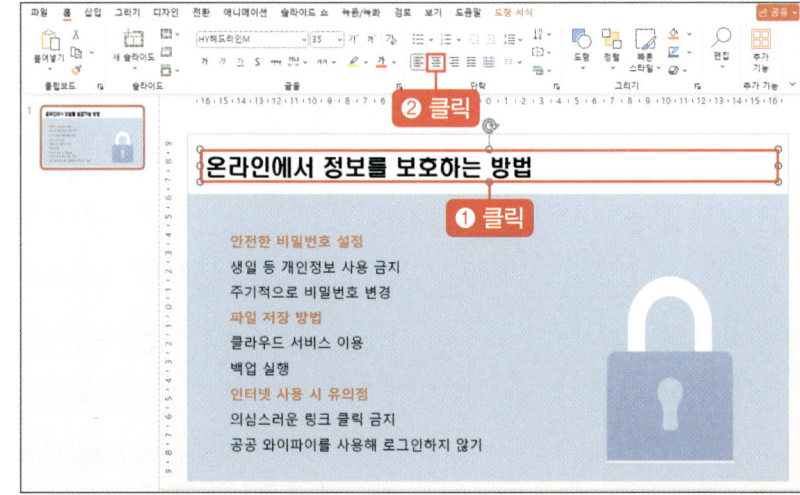

2 글머리 기호 삽입하기

1 글머리 기호를 삽입하기 위해 내용 텍스트 상자를 선택한 후 [홈] 탭-[단락] 그룹-[글머리 기호] 목록(∨)을 클릭하여 [대조표 글머리 기호]를 선택합니다.

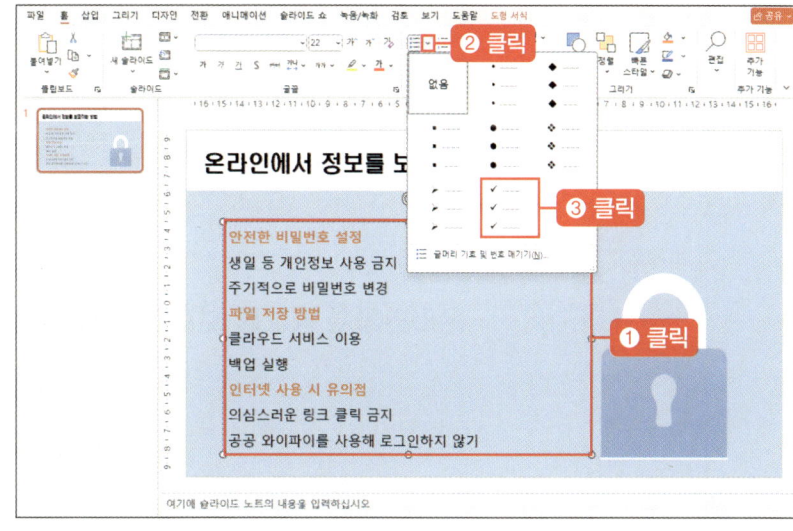

> **TIP** [글머리 기호 및 번호 매기기]-[사용자 지정]-[기호] 대화상자에서 원하는 글머리 기호 모양을 선택하여 입력할 수 있습니다.

2 하위 목록의 글머리 기호를 번호로 변경하기 위해 그림과 같이 번호를 입력할 부분을 드래그하여 선택한 후 [홈] 탭-[단락] 그룹-[번호 매기기] 목록(∨)을 클릭하여 [원 숫자]를 선택합니다.

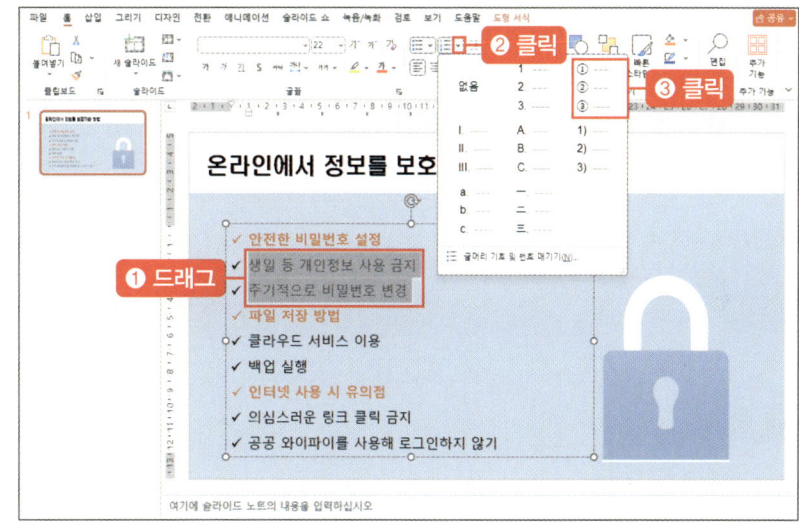

3 하위 목록에는 번호를 적용하기 위해 해당 부분을 드래그하여 선택한 후 F4 키를 누릅니다. 하위 목록에는 모두 번호를 삽입합니다.

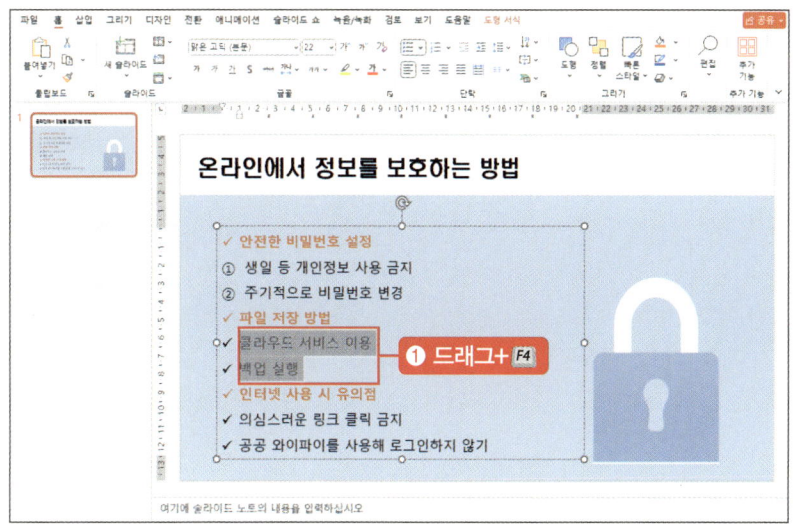

> **TIP** 파워포인트에서 F4 는 직전에 수행한 작업을 반복해서 실행하는 단축키입니다.

3 목록 수준 조정하기

1 목록의 수준에 따라 단락을 들여 쓰거나 내어 쓰면 항목을 구분하기가 쉽습니다. 하위 목록에 해당하는 단락을 선택합니다. `Ctrl` 키를 누른 상태에서 나머지 단락을 드래그하여 한꺼번에 선택합니다.

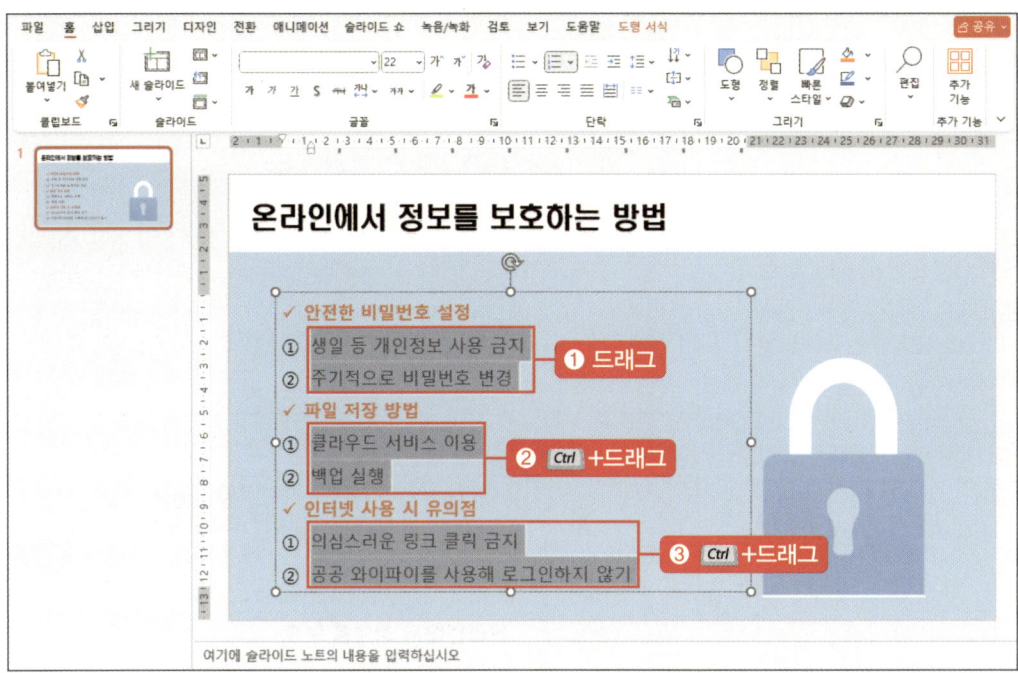

2 [홈] 탭-[단락] 그룹-[목록 수준 늘림(≡→)]을 클릭합니다. 들여 쓰기가 되면서 목록 구분이 쉬워집니다.

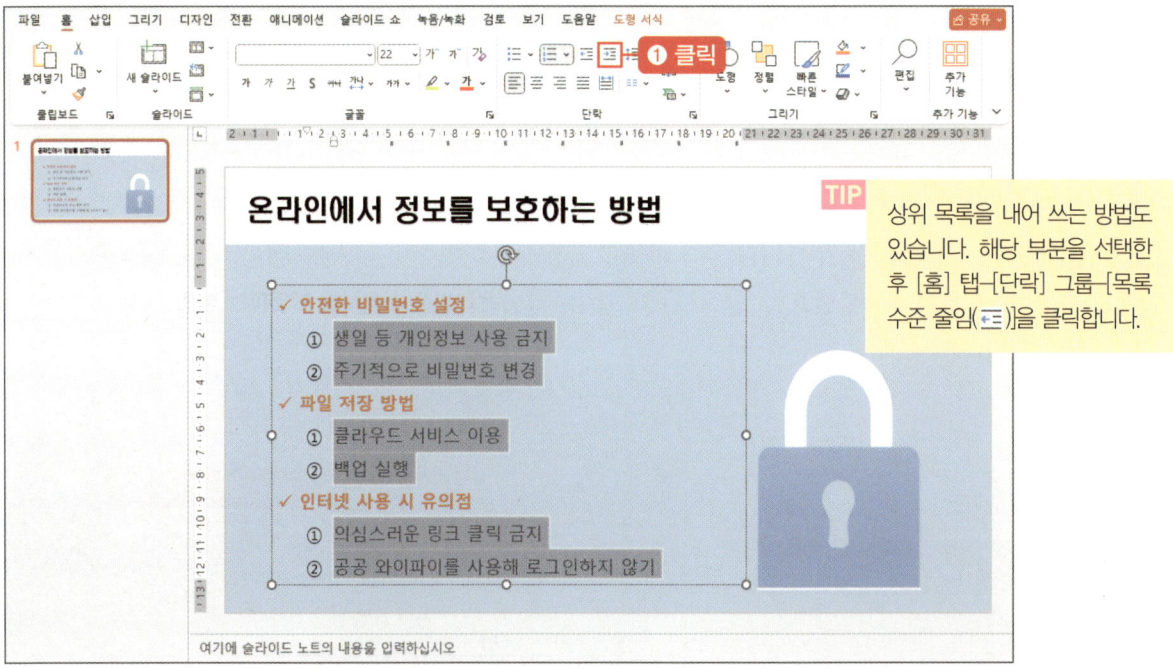

> **TIP** 상위 목록을 내어 쓰는 방법도 있습니다. 해당 부분을 선택한 후 [홈] 탭-[단락] 그룹-[목록 수준 줄임(←≡)]을 클릭합니다.

셀프 테스트

1 '미디어 리터러시.pptx' 파일을 열어서 다음과 같이 줄 간격을 조절하고 글머리 기호를 삽입해 보세요.

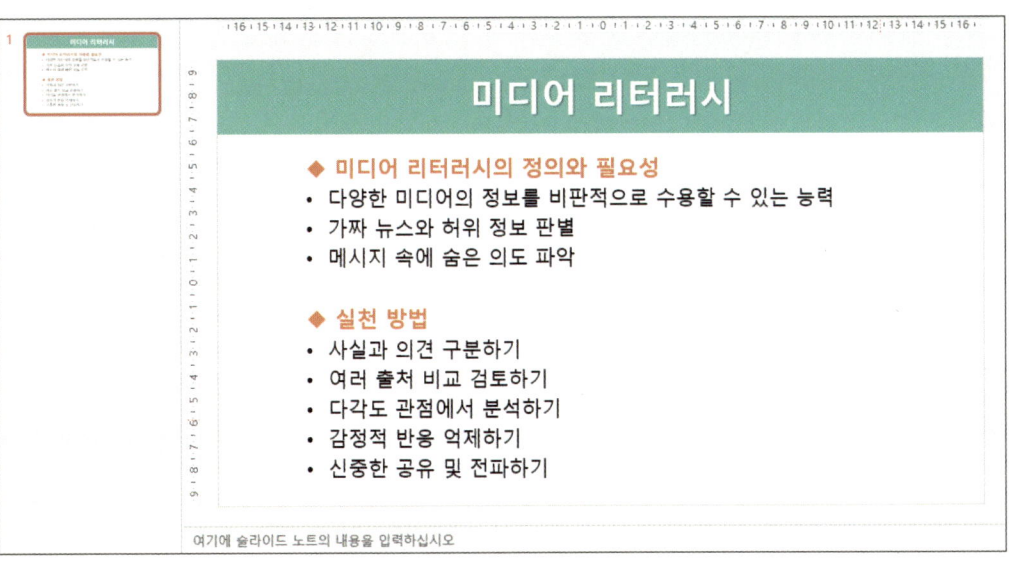

줄 간격 배수, 값: 1.2

2 1번 문제에 이어서 다음과 같이 글머리 기호와 목록 수준을 변경해 보세요.

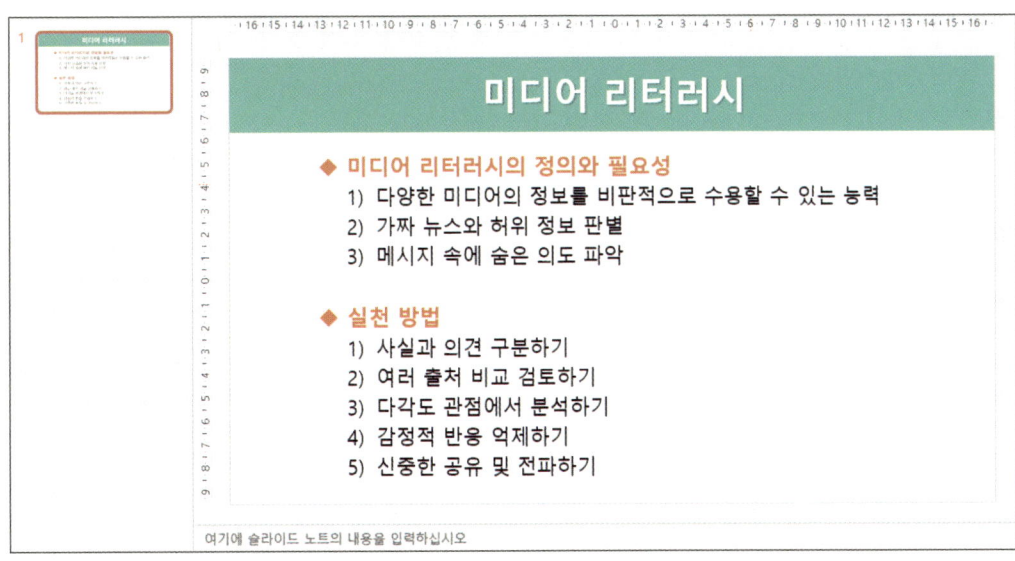

PowerPoint 2021

06 WordArt 스타일
SECTION

WordArt는 텍스트에 시각적 효과를 적용하여 돋보이게 만드는 기능입니다. 파워포인트에서는 일반 텍스트를 WordArt로 전환하거나 WordArt를 직접 삽입할 수 있습니다.

1 텍스트에 WordArt 적용하기

1 '광고가 만들어지는 과정.pptx' 파일을 엽니다. 제목 텍스트 상자를 선택하고 [도형 서식] 탭-[WordArt 스타일] 그룹-[빠른 스타일]을 클릭한 후 [채우기: 밝은 회색, 배경색 2, 안쪽 그림자]를 선택합니다.

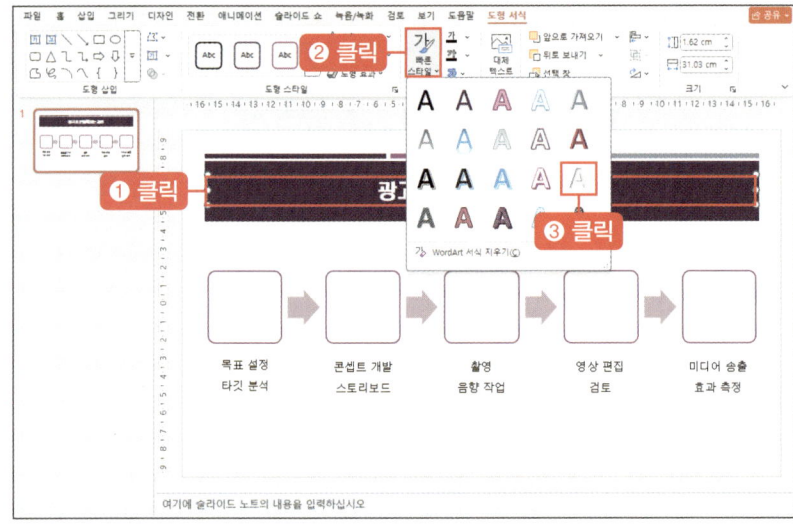

2 제목 텍스트 상자가 선택된 상태에서 [홈] 탭-[글꼴] 그룹에서 글꼴 크기를 [36pt]로 설정합니다.

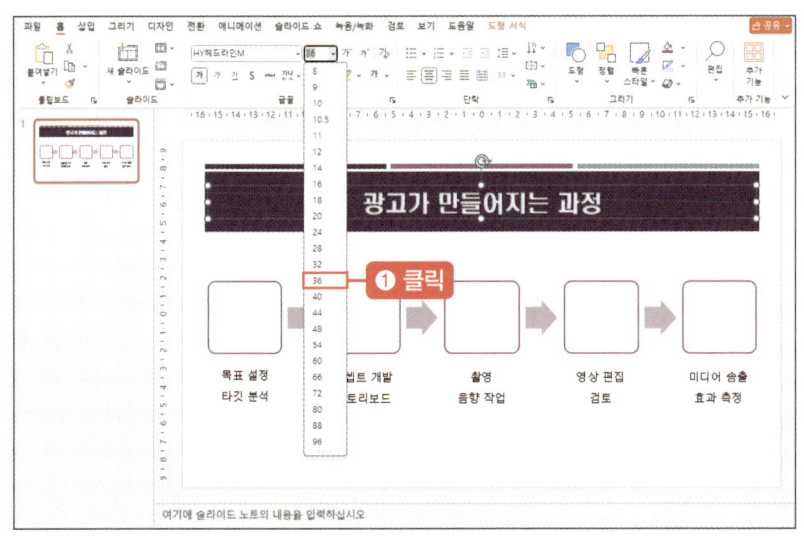

> **TIP** WordArt 스타일을 변경하려면 [도형 서식] 탭-[WordArt 스타일] 그룹-[빠른 스타일]을 클릭하여 다시 선택합니다.

152 • 정보화 실무 파워포인트 2021

2 WordArt에 텍스트 입력하기

① 이번에는 WordArt 스타일을 먼저 선택하고 텍스트를 입력해 보겠습니다. [삽입] 탭-[텍스트] 그룹-[WordArt]를 클릭한 후 [채우기: 분홍, 강조색 3, 선명한 입체]를 선택합니다.

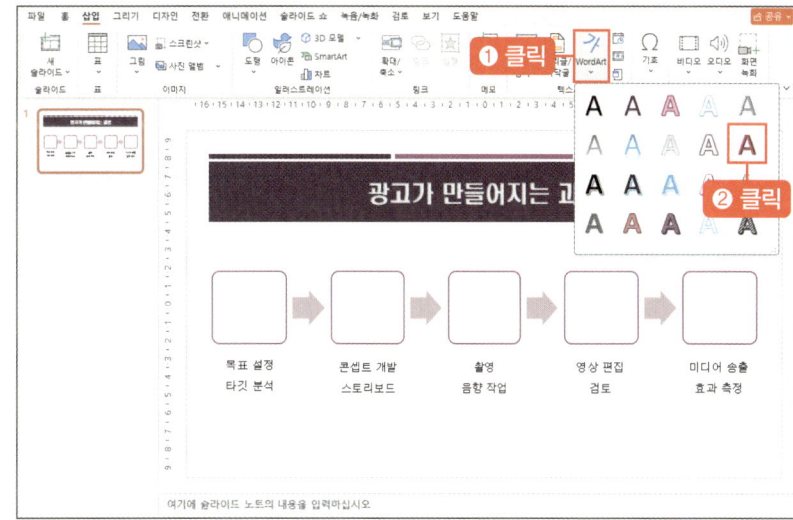

② '필요한 내용을 적으십시오.'라는 텍스트 입력 상자가 나타납니다.

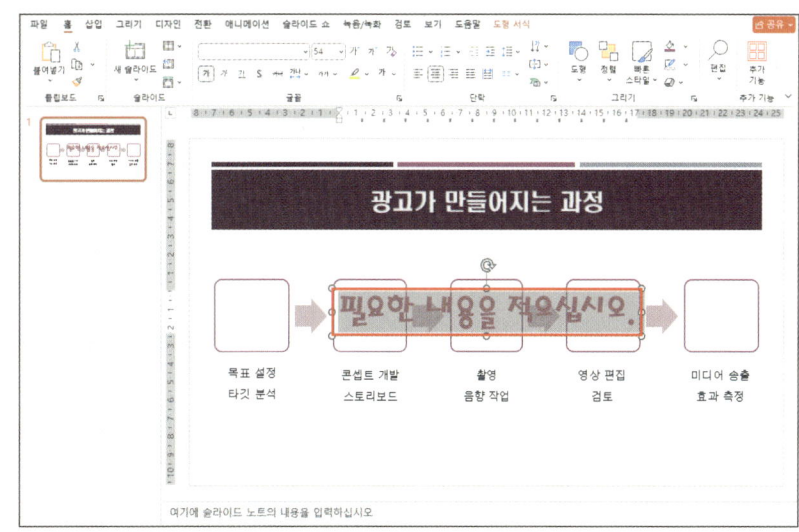

③ 텍스트 입력 상자에 '기획'을 입력한 후 [홈] 탭-[글꼴] 그룹에서 글꼴 크기를 [40pt]로 설정하고 첫 번째 사각형 위에 배치합니다.

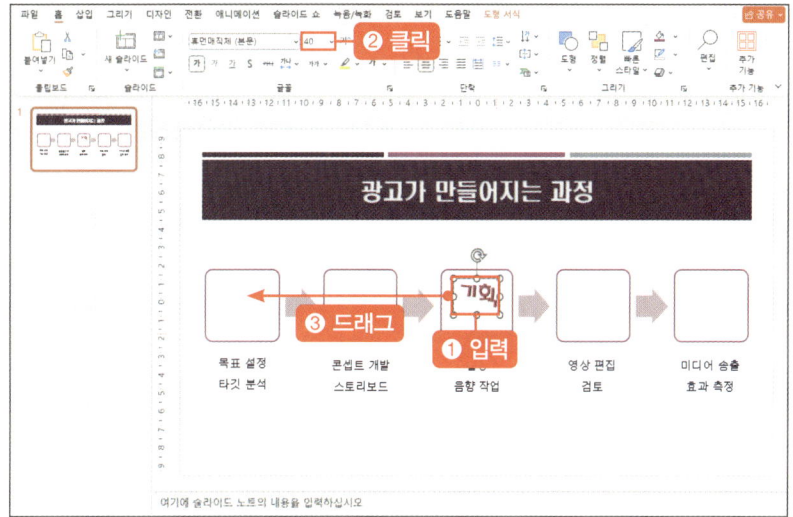

> **TIP** WordArt의 채우기 색과 윤곽선 색을 변경하려면 [WordArt 스타일] 그룹-[텍스트 채우기]와 [텍스트 윤곽선]을 이용하면 됩니다.

④ 그림자 효과를 적용하기 위해 [도형 서식] 탭-[WordArt 스타일] 그룹-[텍스트 효과]를 클릭한 후 [그림자]에서 [바깥쪽-오프셋: 아래쪽]을 선택합니다.

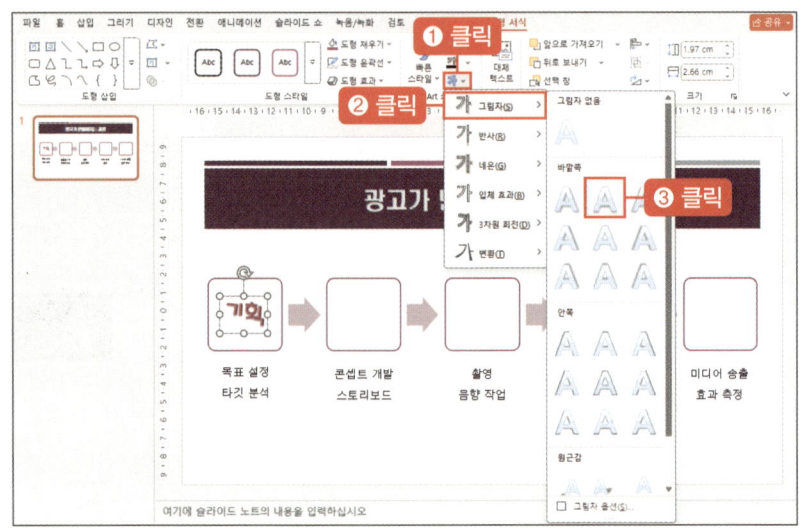

⑤ WordArt를 복사하여 나머지 4개의 사각형에 모두 붙여넣습니다.

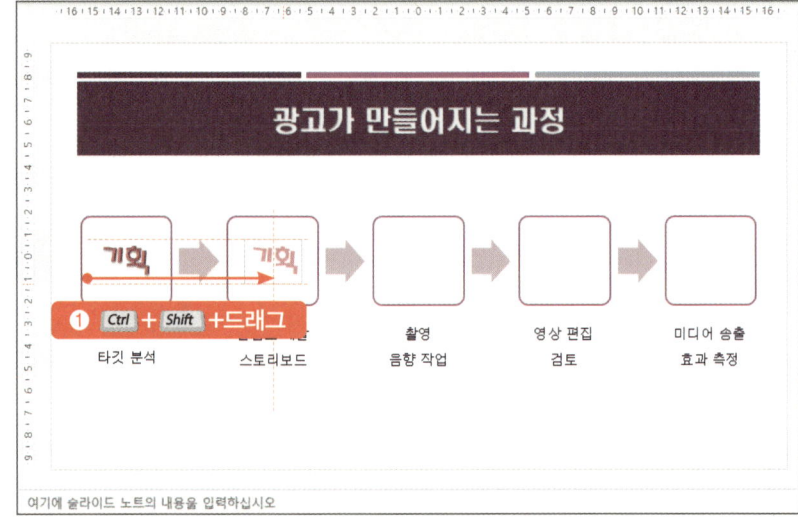

TIP '기획'이 입력된 WordArt를 선택하고 Ctrl + Shift 키를 누른 상태에서 오른쪽으로 드래그하면 수평 복사할 수 있습니다.

⑥ 복사된 WordArt를 클릭하여 다음과 같이 텍스트를 변경합니다.

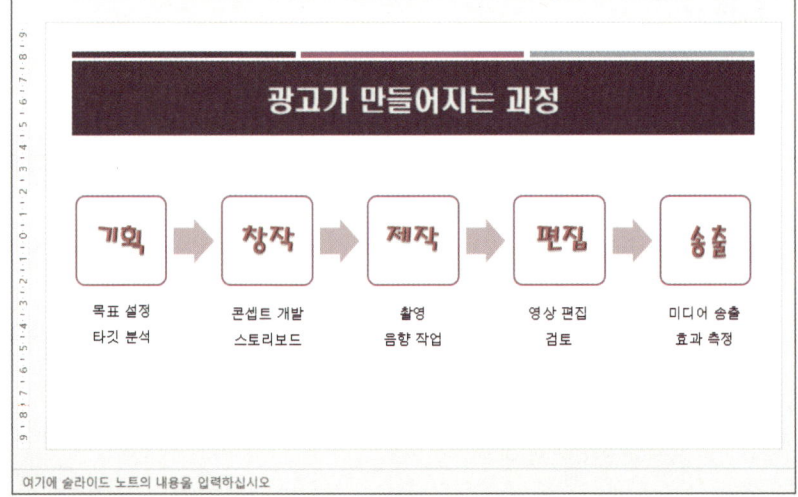

TIP WordArt 서식을 지우려면 [도형 서식] 탭-[WordArt 스타일] 그룹-[빠른 스타일]-[WordArt 서식 지우기]를 클릭하면 됩니다.

셀프 테스트

1 '자기브랜드화 전략.pptx' 파일을 열어서 제목에 WordArt를 적용해 보세요.

WordArt 스타일 빠른 스타일-그라데이션 채우기, 회색
글꼴 서식 36pt, 굵게

2 1번 문제에 이어서 WordArt를 선택하여 다음과 같이 '75%', '65%', '50%'를 입력해 보세요.

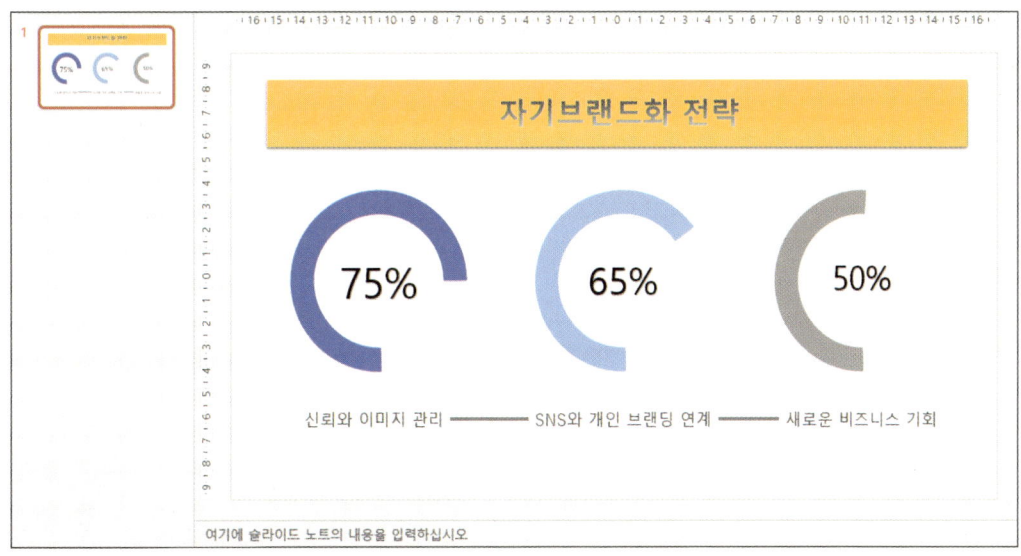

WordArt 스타일 빠른 스타일-채우기: 검정, 텍스트 색 1, 그림자
글꼴 크기 왼쪽부터 50pt, 45pt, 40pt

PowerPoint 2021

07 도형 활용
SECTION

도형은 이미지보다 파일 용량 부담이 적고 수정이 용이하며 색, 입체 효과 등을 적용할 수 있습니다. 이 섹션에서는 도형을 삽입하여 서식을 설정하고 정렬 및 그룹화하는 방법을 알아봅니다.

1 도형 삽입하기

① '프랜차이즈 운영 방법.pptx' 파일을 엽니다. 슬라이드 중앙에 다이아몬드 도형을 삽입하기 위해 [삽입] 탭-[일러스트레이션] 그룹-[도형]을 클릭한 후 [기본 도형: 다이아몬드]를 선택합니다.

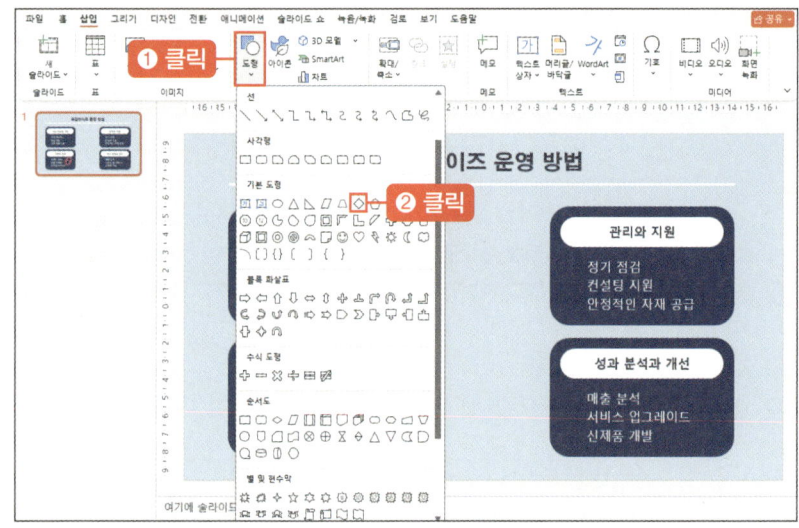

② 마우스 포인터가 + 모양으로 바뀌면 Shift 키를 누른 상태에서 드래그하여 도형을 삽입합니다.

> **TIP** Shift 키를 누른 상태에서 드래그하면 정다각형을 그릴 수 있습니다.

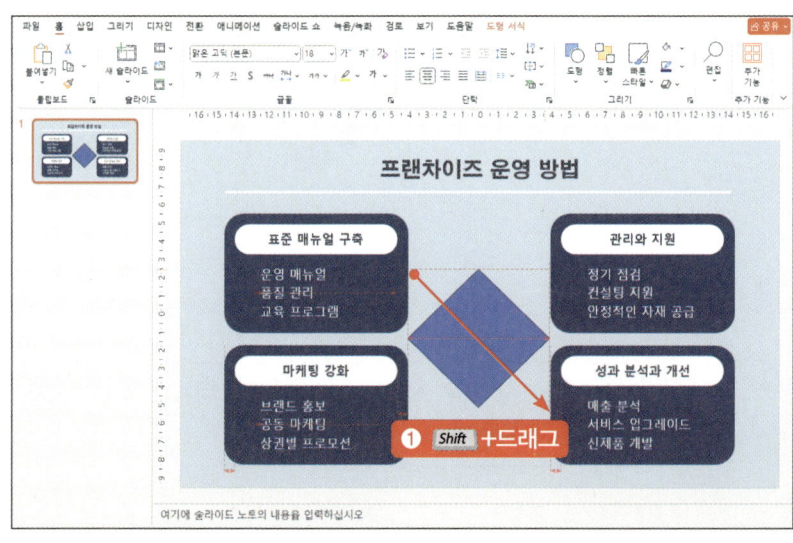

2 도형 채우기

1 다이아몬드 도형이 선택된 상태에서 [도형 서식] 탭-[도형 스타일] 그룹-[도형 채우기]를 클릭한 후 [흰색]을 선택합니다.

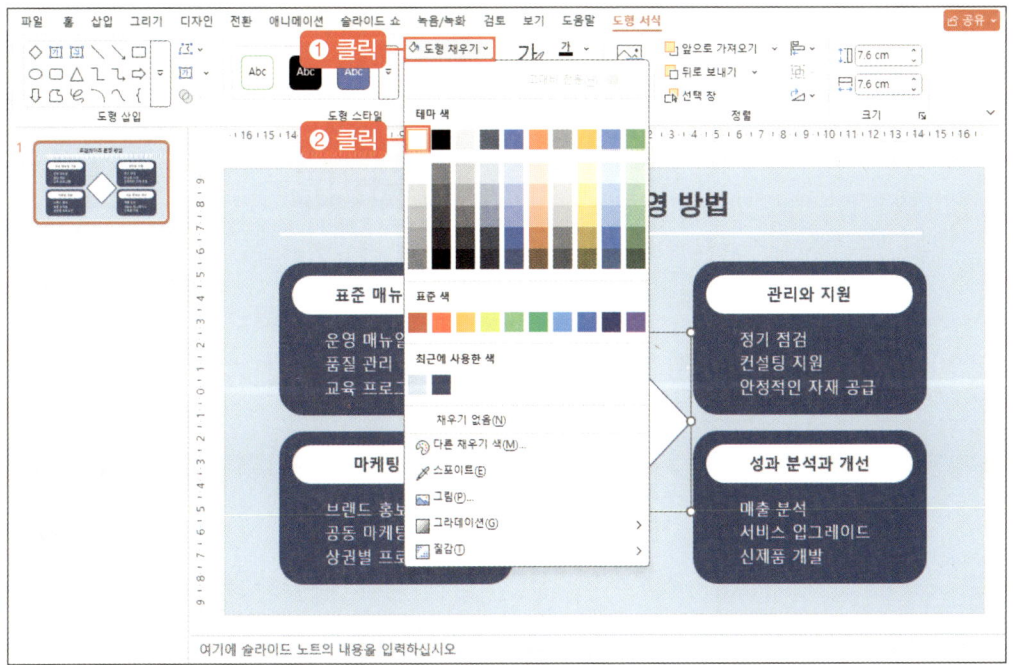

2 바로 이어서 [도형 윤곽선]을 클릭한 후 [윤곽선 없음]을 선택합니다.

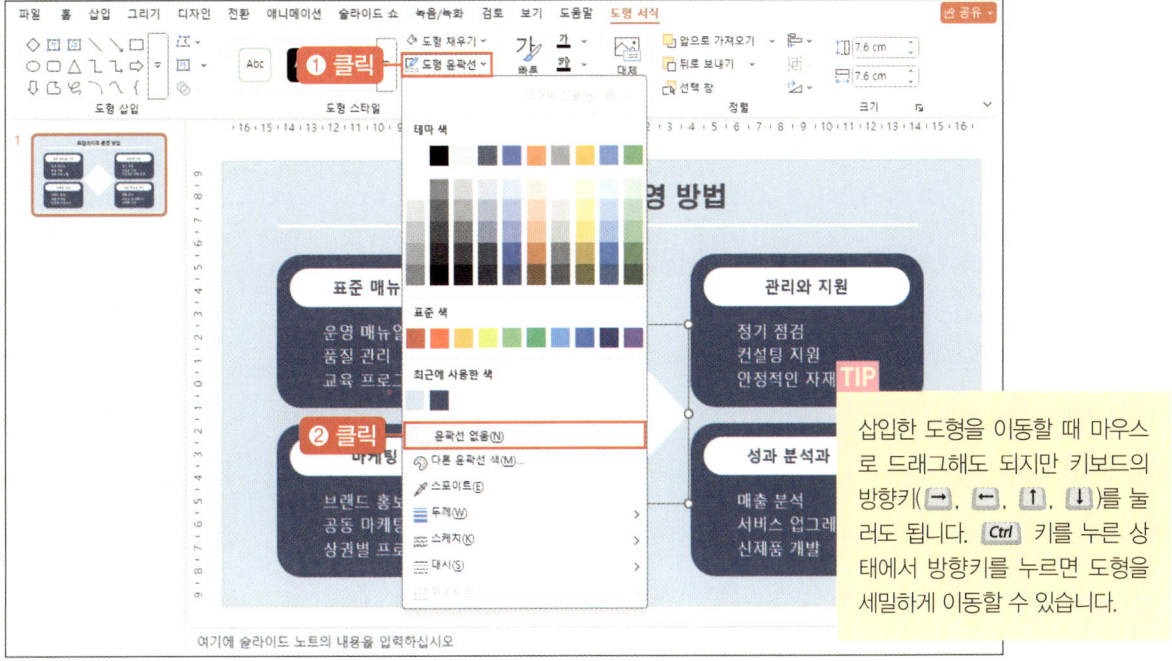

TIP 삽입한 도형을 이동할 때 마우스로 드래그해도 되지만 키보드의 방향키(→, ←, ↑, ↓)를 눌러도 됩니다. Ctrl 키를 누른 상태에서 방향키를 누르면 도형을 세밀하게 이동할 수 있습니다.

③ 다이아몬드 도형을 복사하여 붙여넣은 다음, 붙여넣은 도형에 스포이트를 사용하여 색을 채워보겠습니다. [도형 서식] 탭-[도형 스타일] 그룹-[도형 채우기]를 클릭한 후 [스포이트]를 선택합니다.

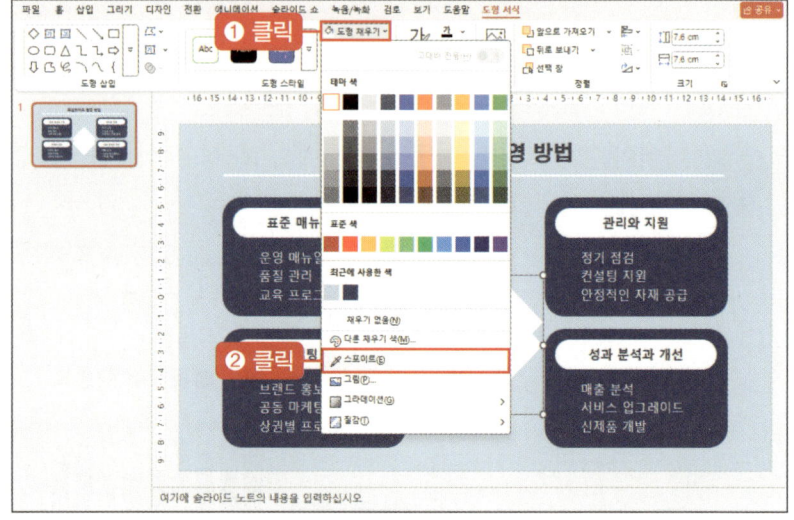

TIP
[복사] 단축키 Ctrl + C
[붙여넣기] 단축키 Ctrl + V

④ 마우스 포인터가 스포이트( ) 모양으로 바뀌면 진한 파랑 사각형을 클릭합니다. 붙여넣은 다이아몬드 도형이 스포이트로 클릭한 색으로 채워집니다.

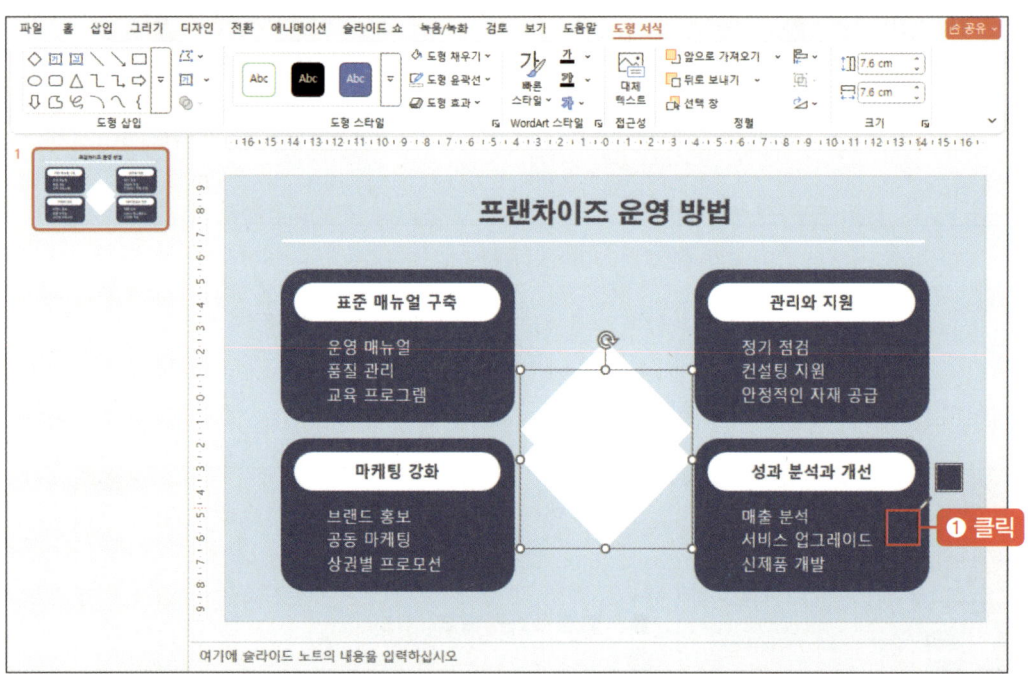

더 알아보기 **도형의 조절 핸들**

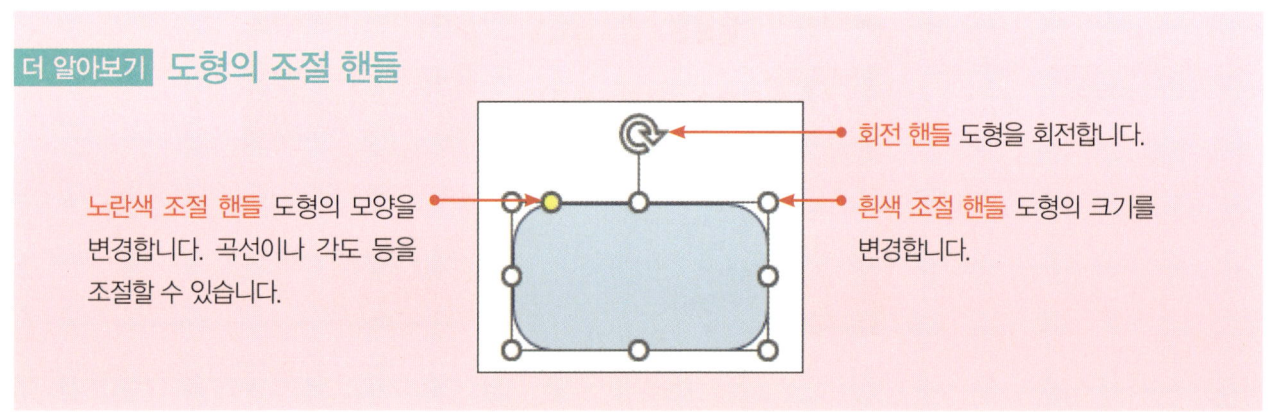

회전 핸들 도형을 회전합니다.

노란색 조절 핸들 도형의 모양을 변경합니다. 곡선이나 각도 등을 조절할 수 있습니다.

흰색 조절 핸들 도형의 크기를 변경합니다.

3 도형 순서 변경하기와 그룹화

1 진한 파랑 다이아몬드 도형을 선택한 후 [도형 서식] 탭-[정렬] 그룹-[뒤로 보내기]를 클릭합니다. 흰색 다이아몬드 도형이 앞으로 배치됩니다.

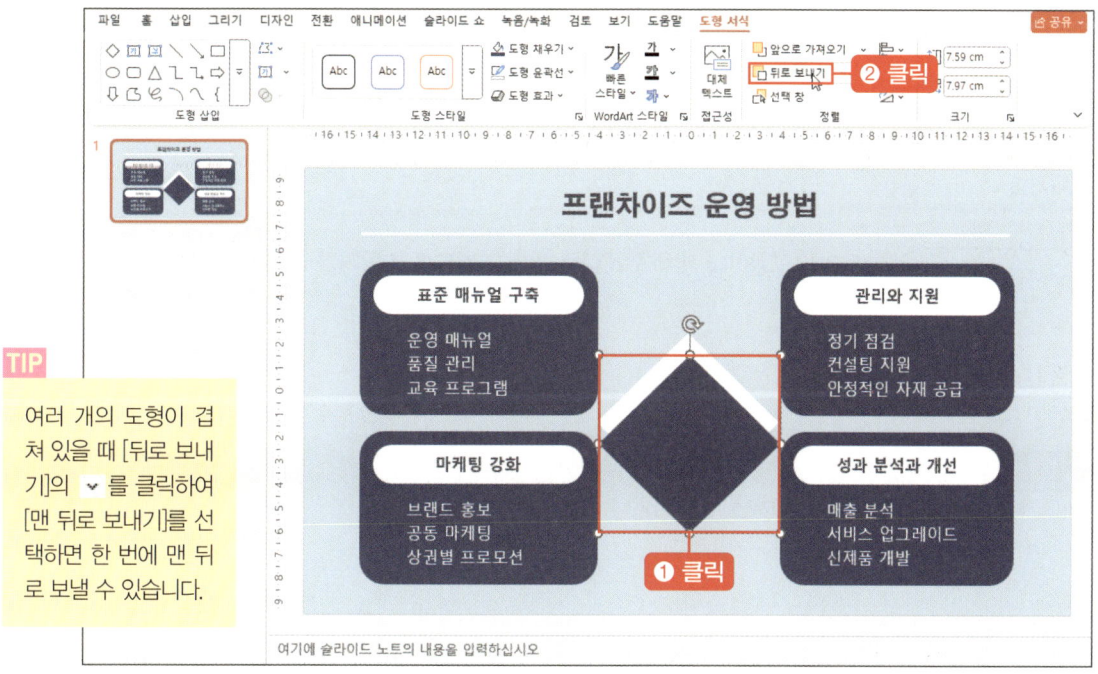

TIP
여러 개의 도형이 겹쳐 있을 때 [뒤로 보내기]의 ˅ 를 클릭하여 [맨 뒤로 보내기]를 선택하면 한 번에 맨 뒤로 보낼 수 있습니다.

2 두 개의 다이아몬드 도형을 모두 선택한 후 [도형 서식] 탭-[정렬] 그룹-[개체 그룹화]-[그룹]을 클릭합니다. 두 개의 도형이 하나의 개체로 그룹화되어 한 번에 이동하거나 설정을 변경할 수 있습니다. 그룹을 해제하려면 [개체 그룹화]-[그룹 해제]를 클릭하면 됩니다.

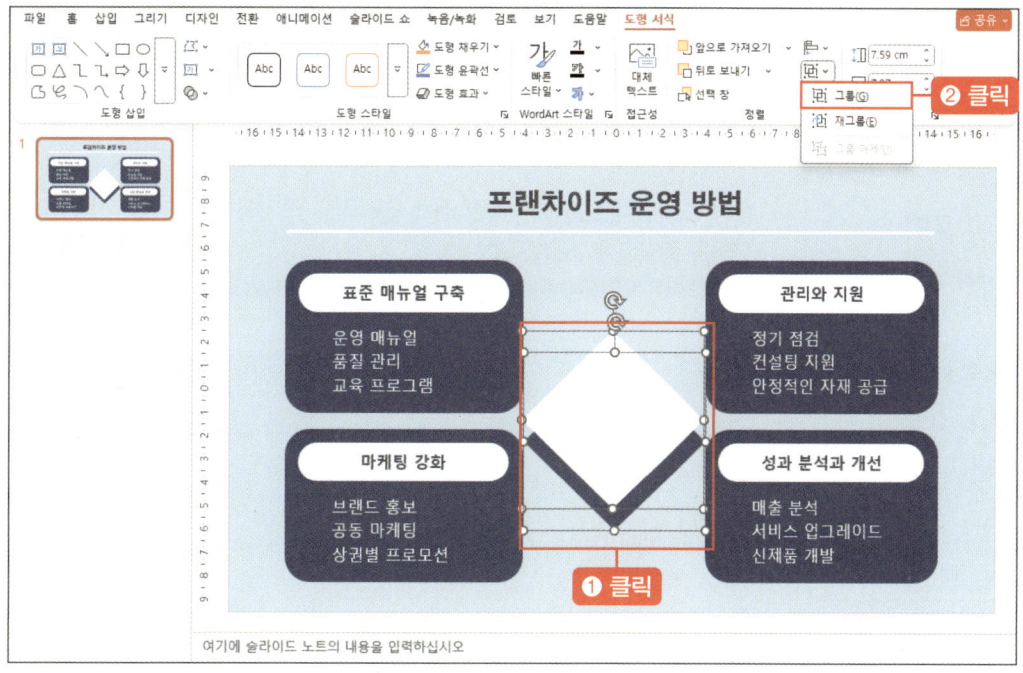

더 알아보기 [정렬] 기능 알아보기

- 도형이나 그림 등 여러 개의 개체를 사용할 때 정렬 기능을 이용해 쉽게 배치할 수 있습니다.

개체 순서 슬라이드에 삽입된 개체의 순서를 변경합니다.

개체 순서
- 맨 앞으로 가져오기(R)
- 맨 뒤로 보내기(K)
- 앞으로 가져오기(F)
- 뒤로 보내기(B)

개체 그룹 도형이나 개체를 하나로 묶어 그룹으로 만들거나 그룹을 해제하여 분리합니다.

개체 그룹
- 그룹(G)
- 그룹 해제(U)
- 재그룹(E)

개체 위치 개체를 정렬하거나 회전합니다.

개체 위치
- 맞춤(A)
- 회전(O)

- 왼쪽 맞춤(L)
- 가운데 맞춤(C)
- 오른쪽 맞춤(R)
- 위쪽 맞춤(T)
- 중간 맞춤(M)
- 아래쪽 맞춤(B)
- 가로 간격을 동일하게(H)
- 세로 간격을 동일하게(V)
- ✓ 슬라이드에 맞춤(A)
- 선택한 개체 맞춤(O)

[개체 위치]-[맞춤]
- 세로로 배열된 여러 개체 중 가장 왼쪽, 가운데, 오른쪽에 배치된 개체를 기준으로 정렬합니다.
- 가로로 배열된 여러 개체 중 가장 위쪽, 중간, 아래쪽에 배치된 개체를 기준으로 정렬합니다.
- 선택한 개체들의 가로 간격 또는 세로 간격을 동일하게 조절합니다.
- [슬라이드에 맞춤]을 해제하면 전체 슬라이드 크기에 맞춰 [가로 간격] 또는 [세로 간격]을 동일하게 조절합니다.

- 오른쪽으로 90도 회전(R)
- 왼쪽으로 90도 회전(L)
- 상하 대칭(V)
- 좌우 대칭(H)
- 기타 회전 옵션(M)...

[개체 위치]-[회전] 선택한 개체를 수직, 상하/좌우 대칭 등으로 회전합니다.

셀프 테스트

1 '일과 삶의 균형.pptx' 파일을 열어서 다음과 같이 도형을 삽입하여 1번 슬라이드를 작성해 보세요.

글꼴 서식 50pt, 흰색, 굵게

2 1번 문제에 이어서 2번 슬라이드에 도형을 삽입한 후 정렬과 그룹화 기능을 활용하여 다음과 같이 작성해 보세요.

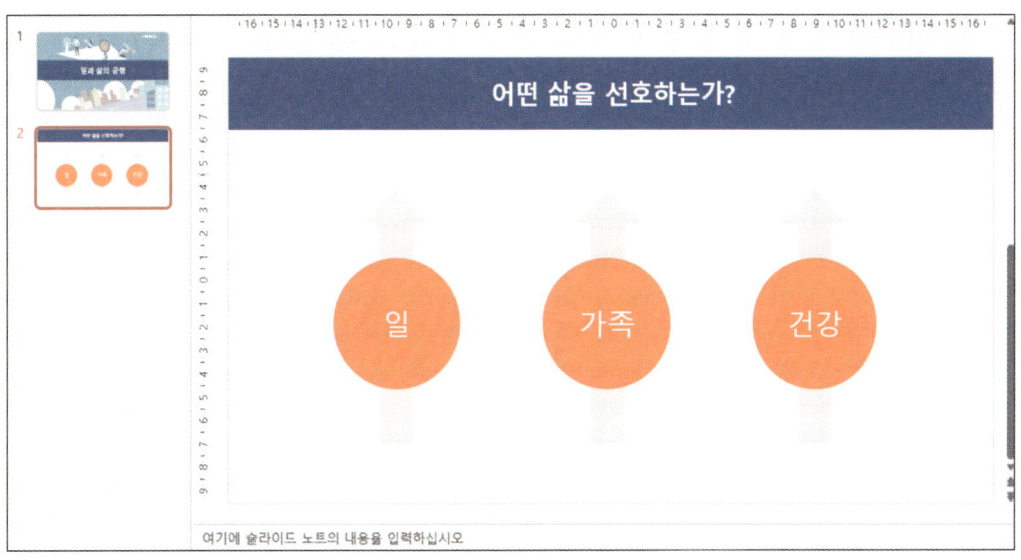

글꼴 서식 35pt, 흰색

PowerPoint 2021

08 도형 병합과 투명도 조절
SECTION

기본 도형을 병합하여 새로운 형태의 도형을 만들 수 있습니다. 이 기능을 활용하면 창의적으로 슬라이드를 디자인할 수 있을 뿐만 아니라 로고나 아이콘을 직접 제작할 수 있습니다.

1 도형 병합하기

1 '분야별 핵심 기술.pptx' 파일을 엽니다. 다음과 같이 도형을 드래그하여 모두 선택합니다.

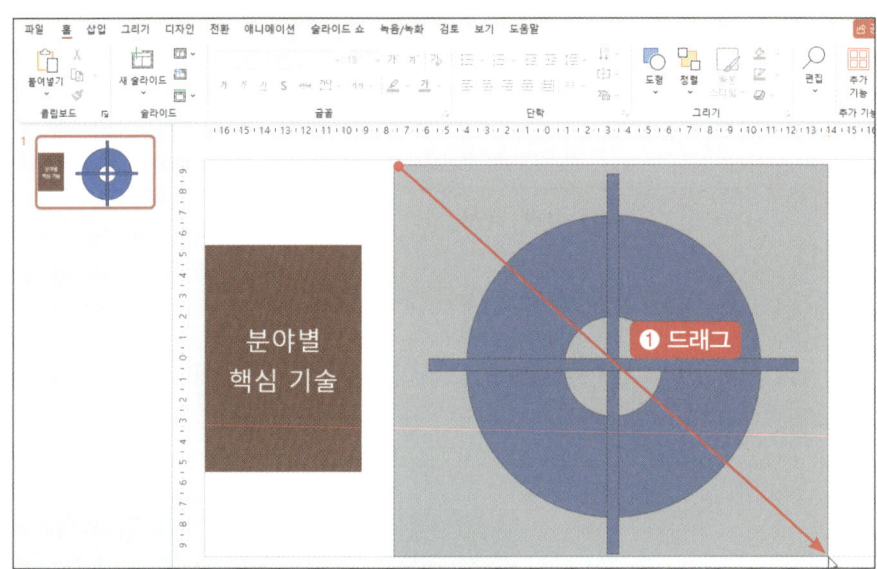

2 [도형 서식] 탭-[도형 삽입] 그룹-[도형 병합]을 클릭한 후 [조각]을 선택합니다.

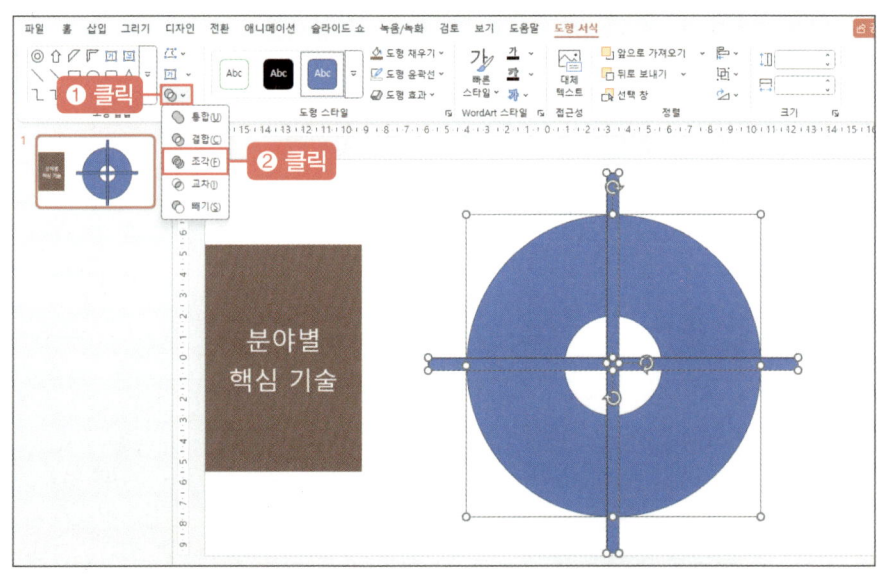

❸ 도형이 겹친 부분을 기준으로 모두 분리됩니다.

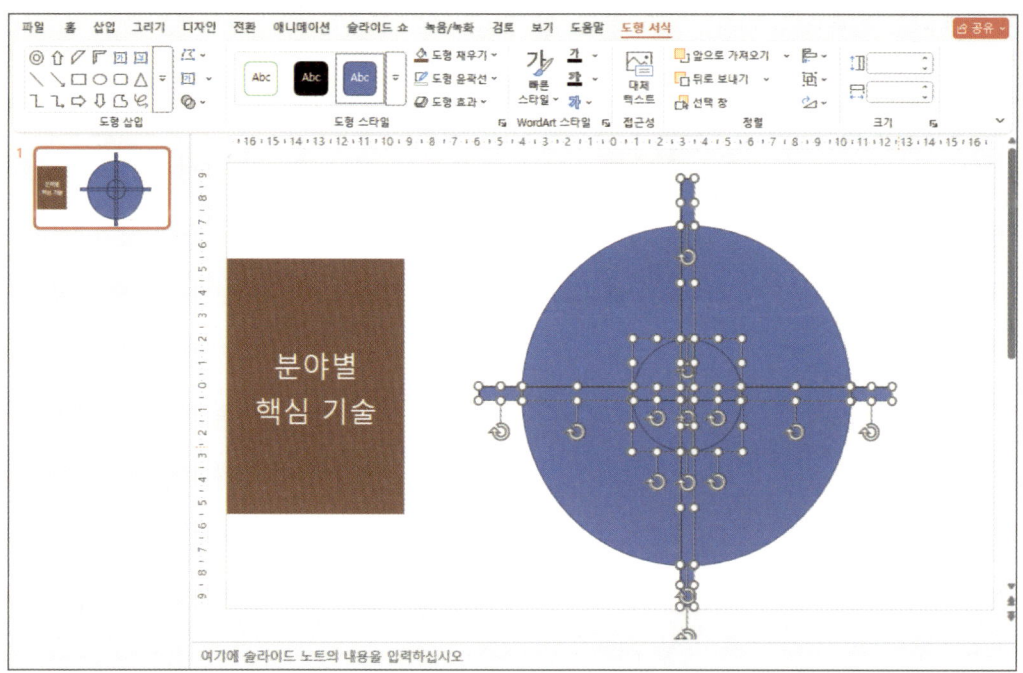

❹ 분리된 도형의 일부를 삭제하여 다음과 같이 네 개로 분리된 도넛 모양의 도형을 완성합니다.

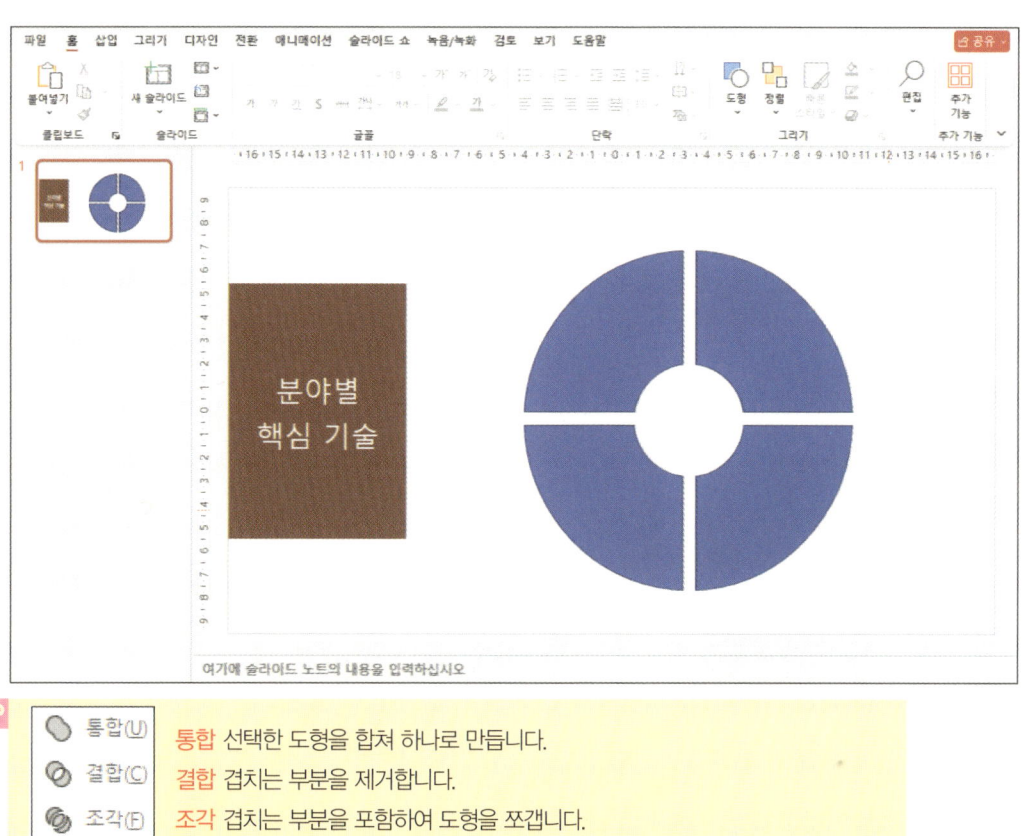

TIP

통합 선택한 도형을 합쳐 하나로 만듭니다.
결합 겹치는 부분을 제거합니다.
조각 겹치는 부분을 포함하여 도형을 쪼갭니다.
교차 겹치는 부분만 남기고 나머지는 제거합니다.
빼기 첫 번째 선택한 도형에서 나중에 선택한 도형의 겹치는 부분을 잘라냅니다.

5 [도형 서식] 탭-[도형 스타일] 그룹-[도형 채우기]에서 각각의 도형에 원하는 색을 채우고, [도형 윤곽선]에서 윤곽선을 없앱니다.

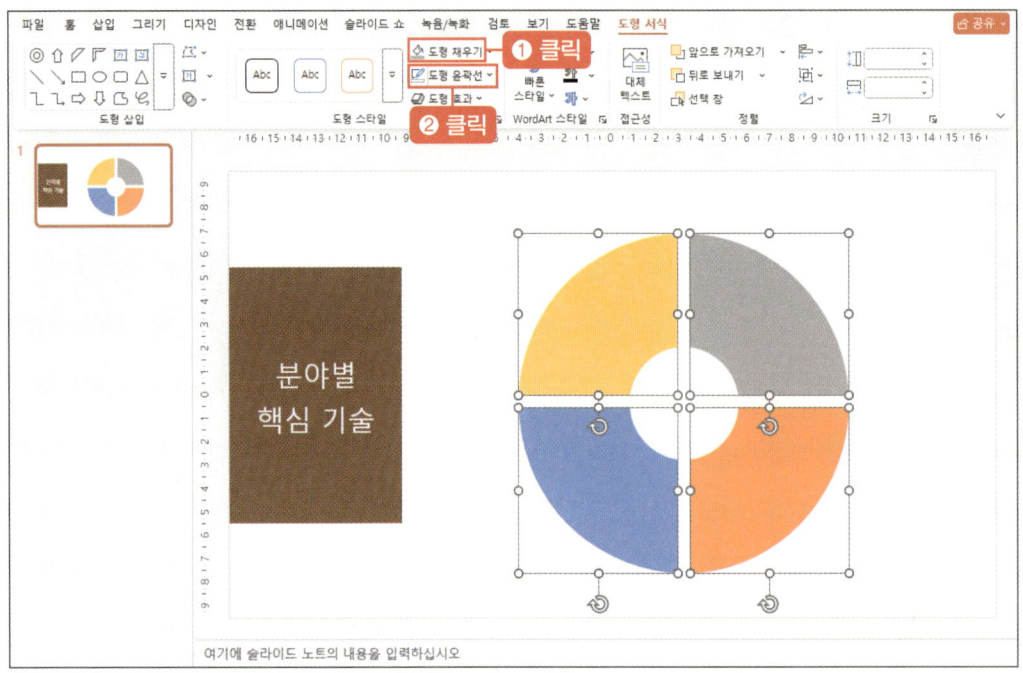

6 [삽입] 탭-[텍스트] 그룹-[텍스트 상자]-[가로 텍스트 상자 그리기]를 클릭하여 다음과 같이 텍스트를 입력합니다. 텍스트 상자를 모두 선택한 후 [홈] 탭-[글꼴] 그룹에서 서식을 설정합니다.

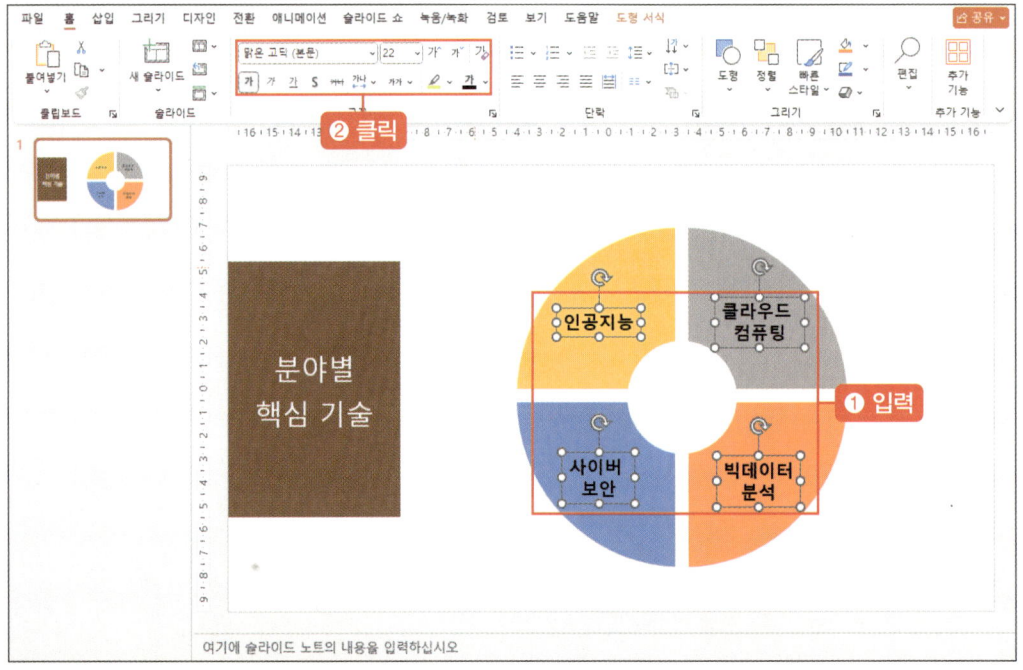

TIP 글꼴 서식 맑은고딕, 검정, 22pt, 굵게

2 투명도 조절하기

1 [삽입] 탭-[일러스트레이션] 그룹-[도형]을 클릭한 후 [기본 도형: 타원]을 선택합니다.

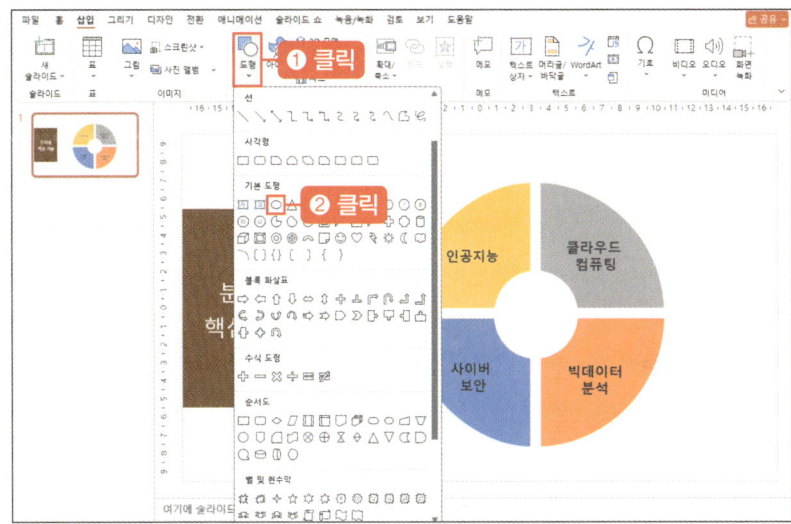

2 Ctrl + Shift 키를 누른 상태에서 드래그하여 다음과 같이 원을 그립니다.

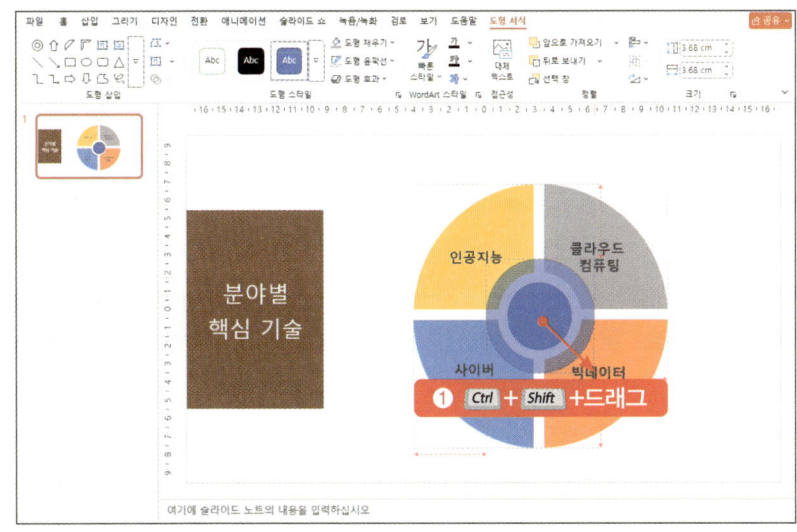

3 원이 선택된 상태에서 마우스 오른쪽 버튼을 클릭하여 [도형 서식]을 선택합니다.

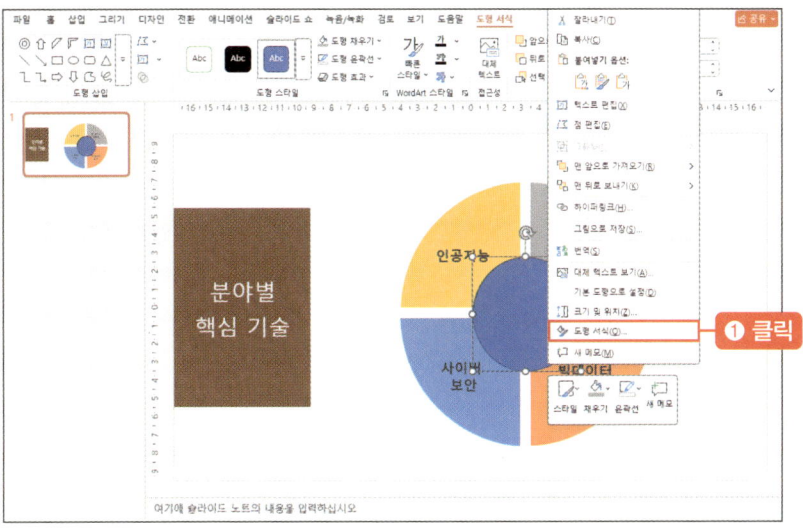

④ [도형 서식] 창이 열리면 [도형 옵션] 탭의 [채우기]에서 [색: 회색], [투명도: 50%]로 설정하고, [선]에서 [선 없음]을 클릭합니다. [도형 서식] 창을 닫습니다.

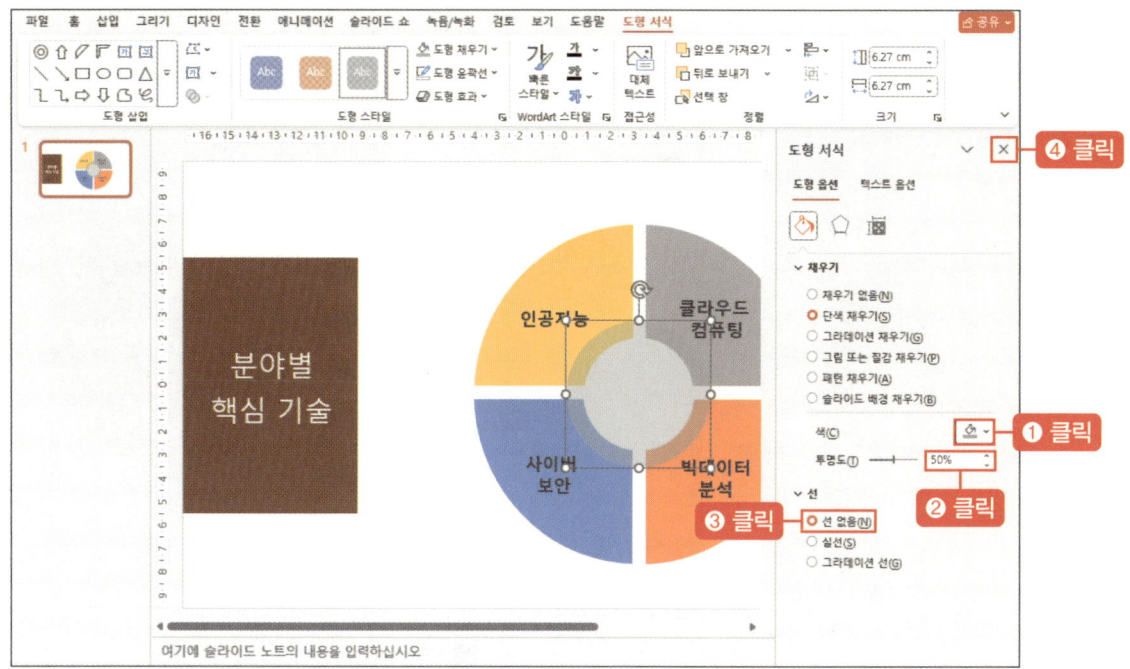

⑤ 원 안에 '디지털'을 입력한 후 [홈] 탭-[글꼴] 그룹에서 서식을 설정합니다.

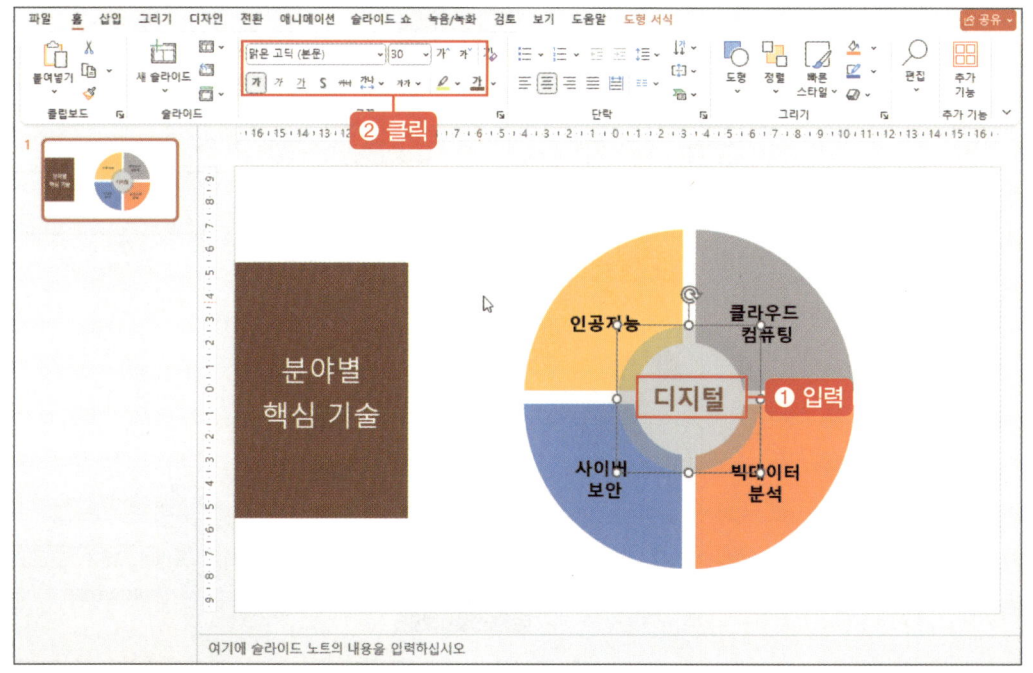

TIP 글꼴 서식 맑은 고딕, 갈색, 30pt, 굵게

셀프 테스트

1 '시도별 인구 분포.pptx' 파일을 열어서 도형 병합 기능을 활용하여 시도별 인구수를 완성해 보세요.

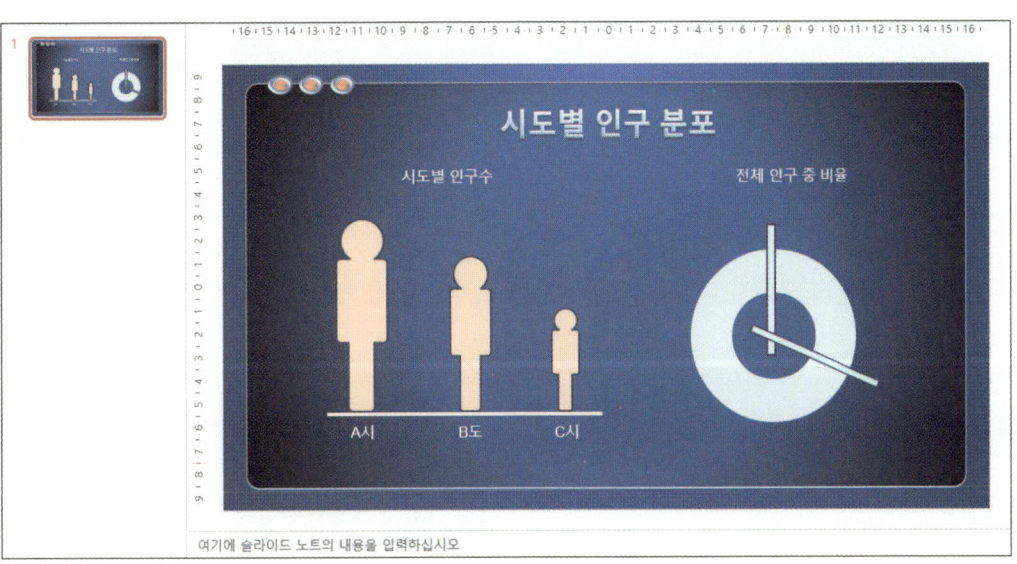

2 1번 문제에 이어서 도형 병합 기능을 활용하여 전체 인구 중 비율을 다음과 같이 완성해 보세요.

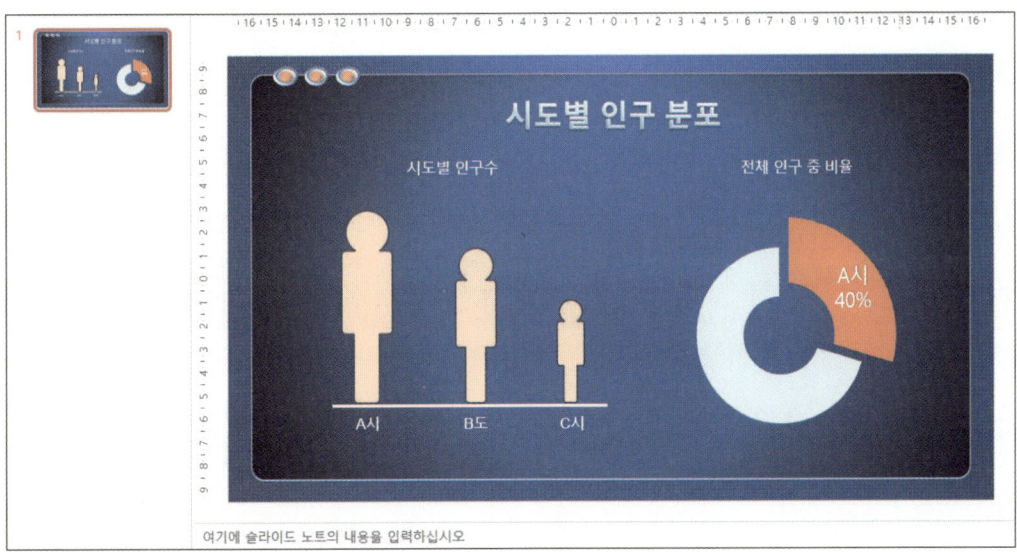

도형 채우기 주황, 강조 4, 25% 더 어둡게
글꼴 서식 25pt, 텍스트 그림자

PowerPoint 2021

09 SmartArt 그래픽
SECTION

조직도, 절차 등의 정보는 텍스트보다 그래픽이 훨씬 이해하기 쉽습니다. SmartArt는 정보의 종류에 적합한 템플릿을 제공하여 손쉽게 그래픽을 삽입할 수 있게 해 줍니다.

1 SmartArt 삽입하기

1 '인증 절차 안내.pptx' 파일을 엽니다. [삽입] 탭-[일러스트레이션] 그룹-[SmartArt]를 클릭한 후 [SmartArt 그래픽 선택] 대화상자에서 [프로세스형]-[기본 벤딩 프로세스형]을 선택하고 [확인]을 누릅니다.

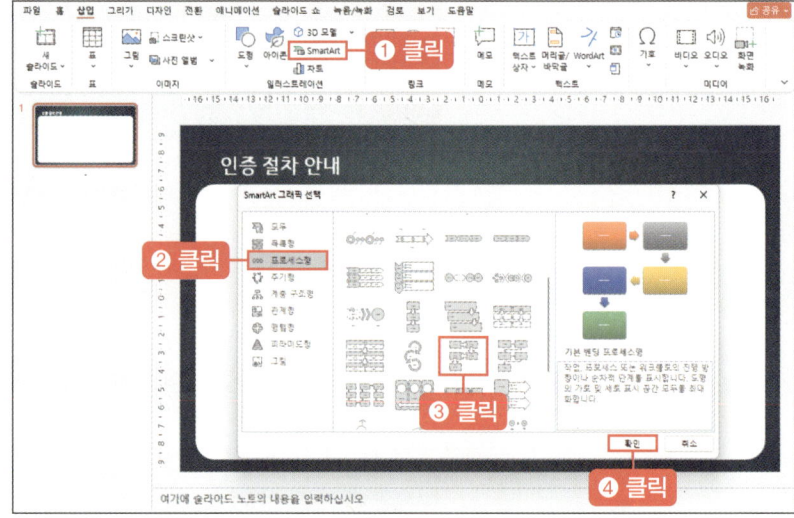

2 SmartArt가 삽입되면 화살표(◁)를 클릭하여 텍스트 창을 표시합니다. 각 항목에 '신청서 제출, 서류 심사, 현장 심사, 심의위원회, 최종 인증'을 입력합니다.

> **TIP** 도형을 선택하여 텍스트를 입력해도 됩니다.

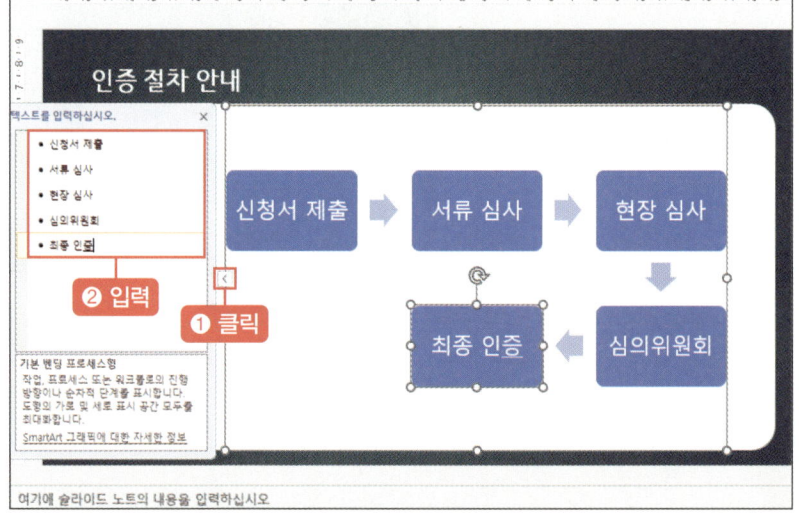

2 SmartArt 편집하기

1 '최종 인증'이 입력된 도형을 선택한 상태에서 마우스 오른쪽 버튼을 클릭하여 [도형 추가]-[뒤에 도형 추가]를 누릅니다.

> **TIP** 텍스트 입력 창의 '최종 인증' 뒤에서 Enter 키를 눌러도 도형이 삽입됩니다.

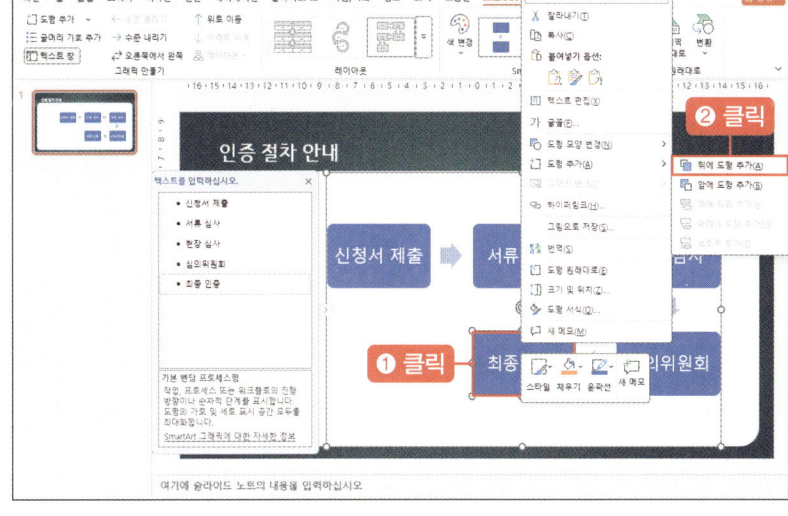

2 추가된 도형에 '등록'을 입력한 후 텍스트 입력 창을 닫습니다.

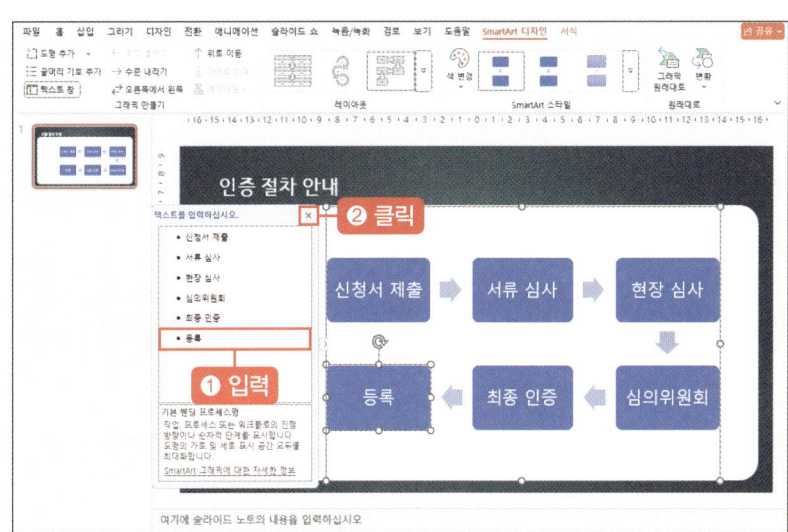

3 색을 변경하기 위해 SmartArt가 선택된 상태에서 [SmartArt 디자인] 탭-[SmartArt 스타일] 그룹-[색 변경]을 클릭한 후 [색상형 범위 - 강조색 5 또는 6]을 선택합니다.

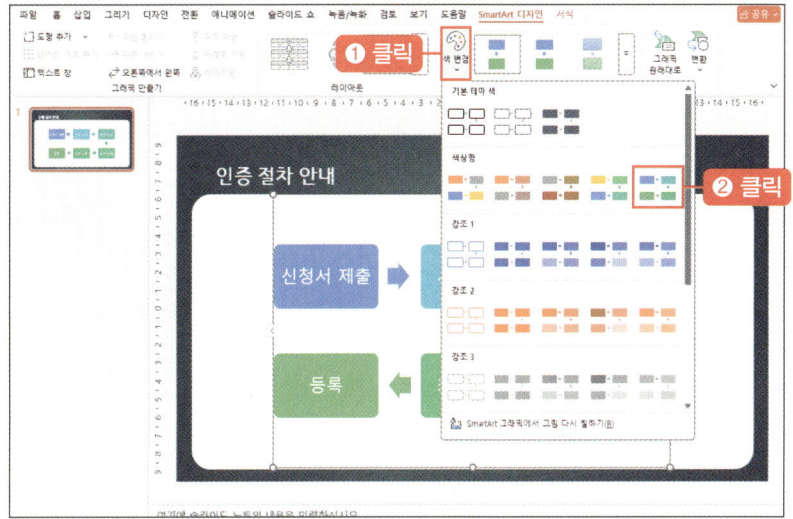

09 SmartArt 그래픽 • 169

더 알아보기 | 텍스트를 SmartArt로 변환하기

텍스트 상자가 선택된 상태에서 [홈] 탭-[단락] 그룹-[SmartArt 그래픽으로 변환]-[과녁 목록형]을 클릭합니다.

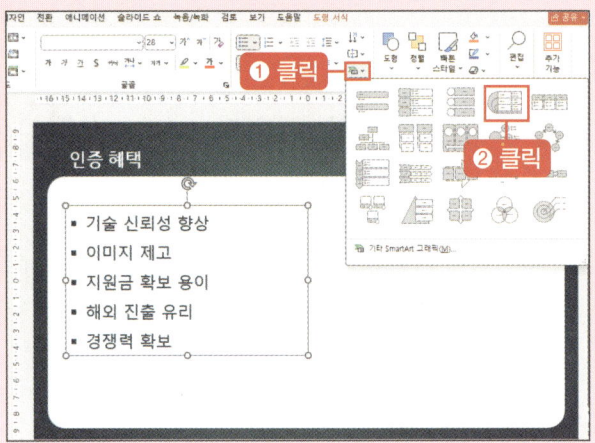 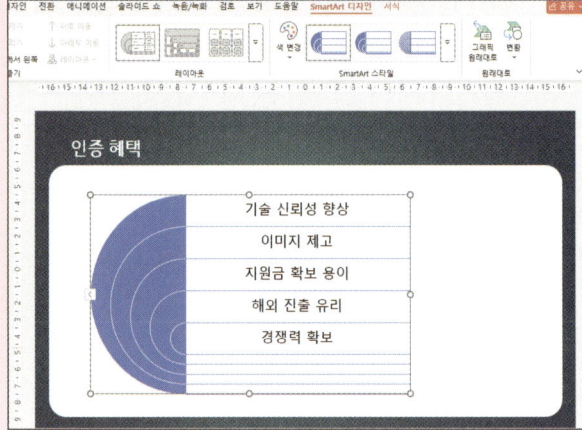

SmartArt를 텍스트로 변환하기

SmartArt가 선택된 상태에서 [SmartArt 디자인] 탭-[원래대로] 그룹-[변환]-[텍스트로 변환]을 클릭합니다.

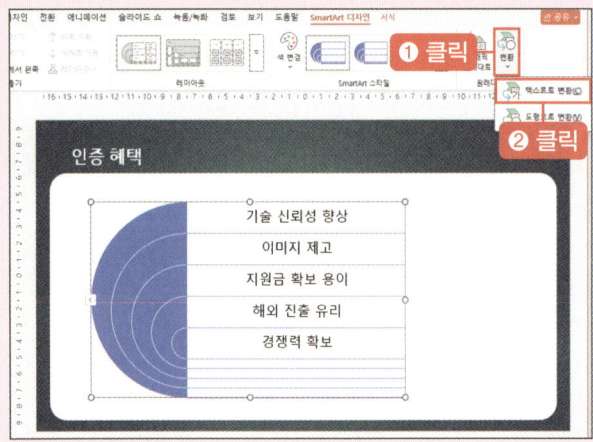 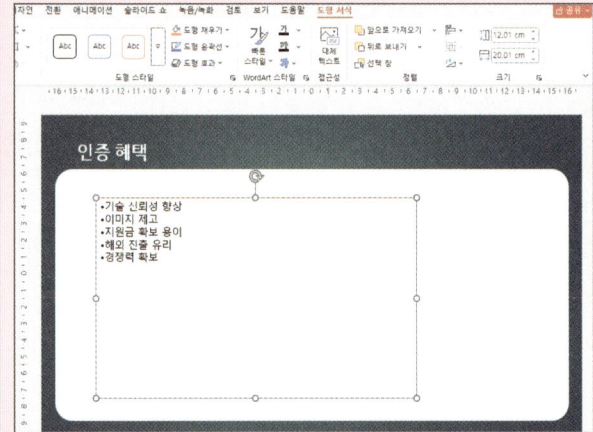

SmartArt를 도형으로 변환하기

SmartArt가 선택된 상태에서 [SmartArt 디자인] 탭-[원래대로] 그룹-[변환]-[도형으로 변환]을 클릭합니다. SmartArt를 도형으로 변환하면 자유로운 개별 편집이 가능합니다.

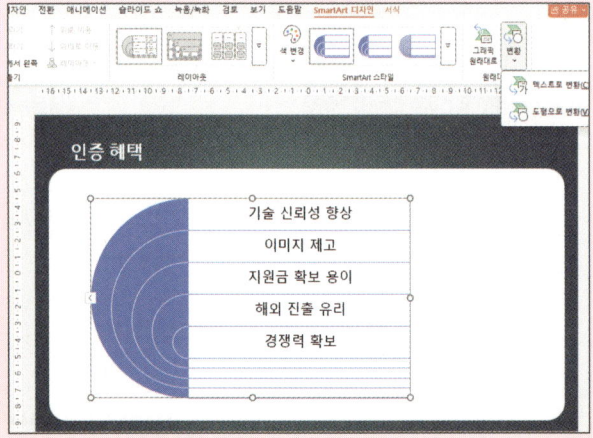 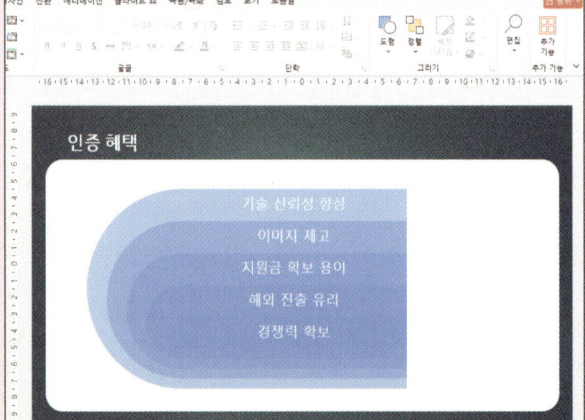

셀프 테스트

1 '순환경제.pptx' 파일을 열어서 1번 슬라이드에 다음과 같이 SmartArt를 삽입해 보세요.

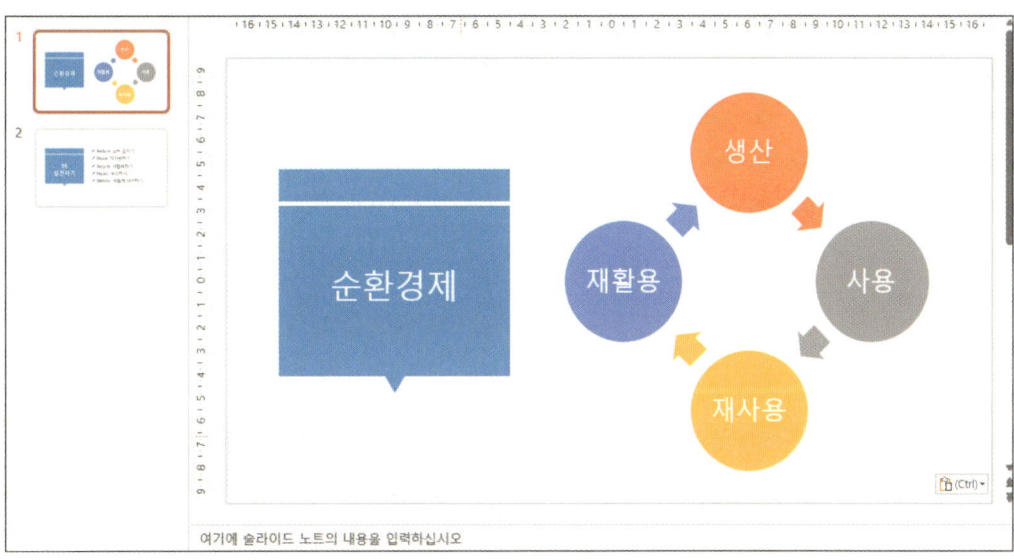

2 1번 문제에 이어서 2번 슬라이드의 텍스트 목록을 SmartArt로 변환해 보세요.

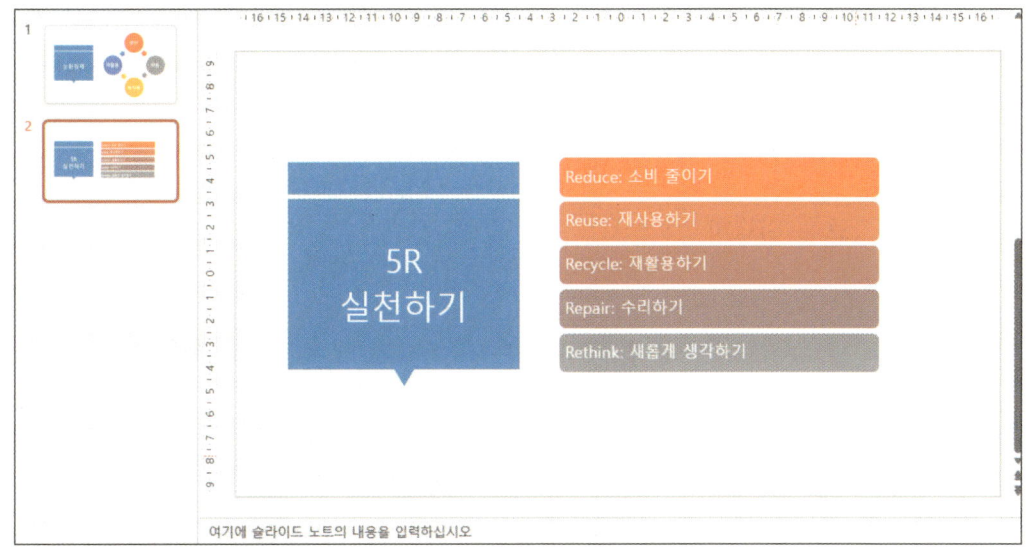

PowerPoint 2021

10 표 작성
SECTION

데이터를 비교하거나 일목요연하게 정리할 때 표를 많이 활용합니다. 슬라이드에 표를 삽입하여 색, 테두리 등의 서식을 적용하는 방법을 알아봅니다.

1 표 삽입하기

1 '대표 제품 비교.pptx' 파일을 엽니다. [삽입] 탭-[표] 그룹-[표]를 클릭한 후 3×4 표를 선택하여 표를 삽입합니다.

TIP [표 삽입] 대화상자에서 행 개수와 열 개수를 입력하여 표를 삽입할 수 있습니다.

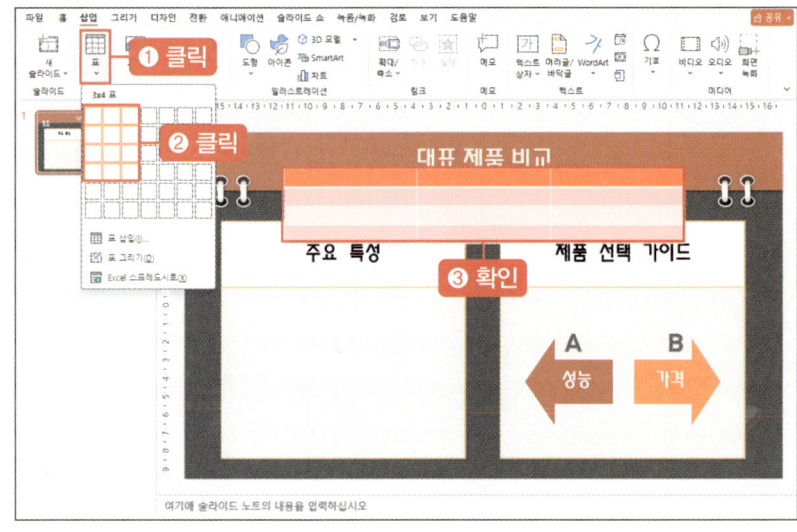

2 삽입된 표에 텍스트를 입력하고 크기를 조절한 후 다음과 같이 배치합니다.

TIP 도형과 마찬가지로 표의 흰색 조절점을 드래그하여 크기를 조절할 수 있습니다.

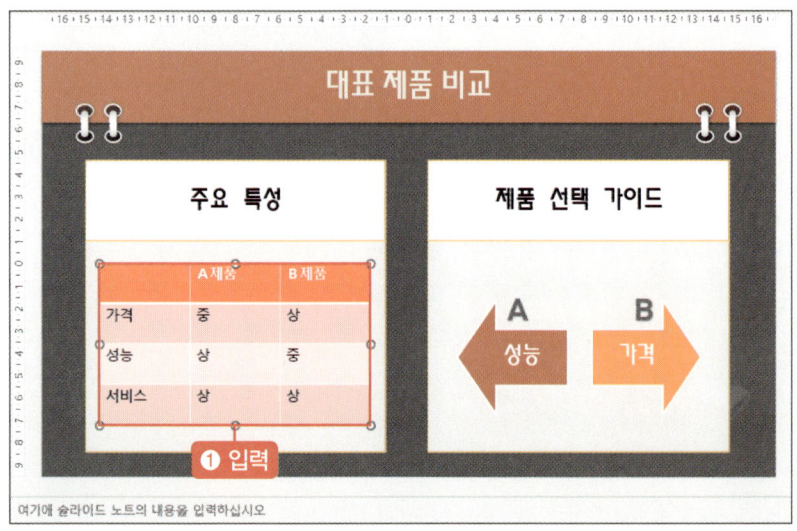

2 표 서식 설정하기

1 글꼴을 변경하기 위해 표가 선택된 상태에서 [홈] 탭-[글꼴] 그룹에서 글꼴 크기를 [22pt]로 설정합니다. 이어서 [단락] 그룹-[가운데 맞춤]을 클릭합니다.

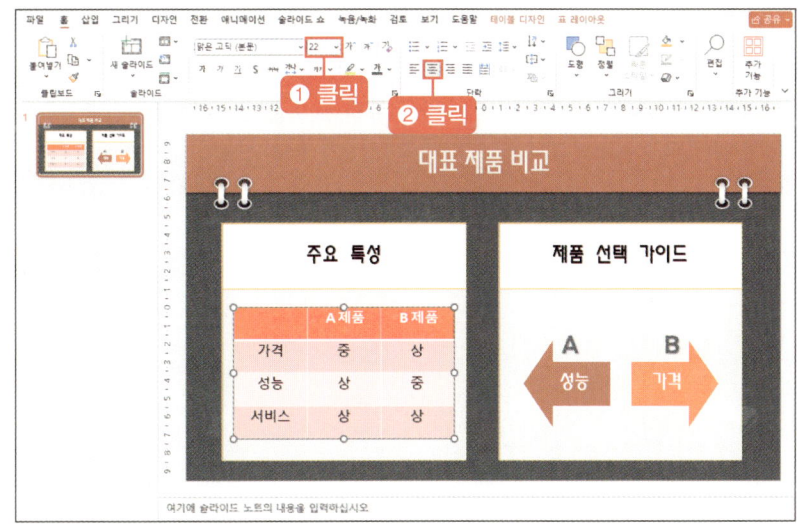

2 이어서 [표 레이아웃] 탭-[맞춤] 그룹-[세로 가운데 맞춤]을 클릭합니다.

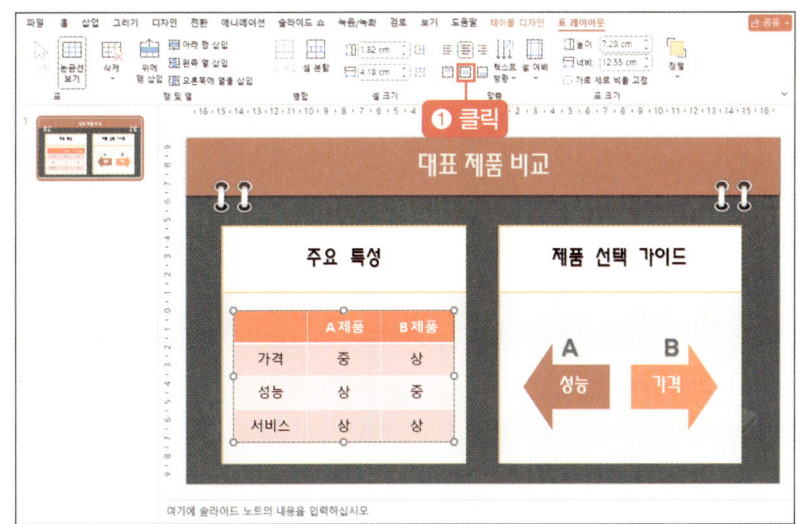

3 스타일을 변경하기 위해 [테이블 디자인] 탭-[표 스타일] 그룹-[표 스타일] 목록-[보통 스타일 2-강조 3]을 선택합니다.

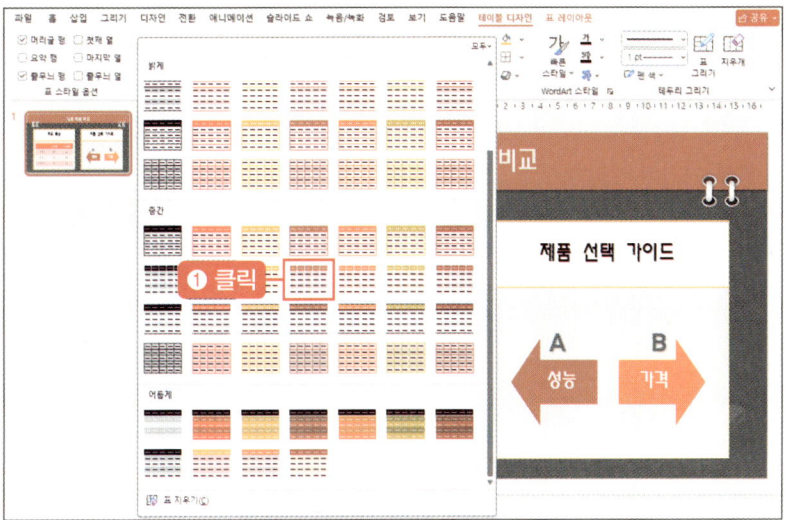

3 표 테두리 변경하기

1 [테이블 디자인] 탭-[테두리 그리기] 그룹-[펜 두께] 목록-[1.5pt], [펜 색] 목록-[주황]으로 설정합니다.

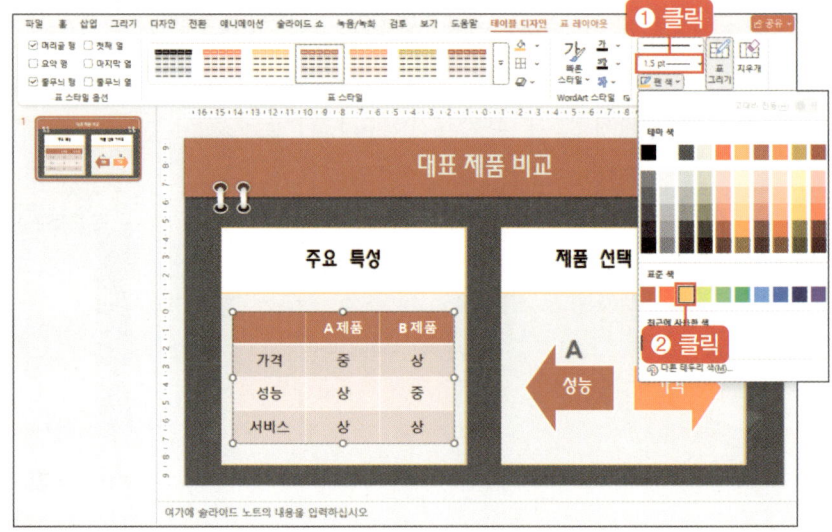

2 바로 이어서 [표 스타일] 그룹-[테두리] 목록을 클릭하여 [바깥쪽 테두리]를 선택합니다.

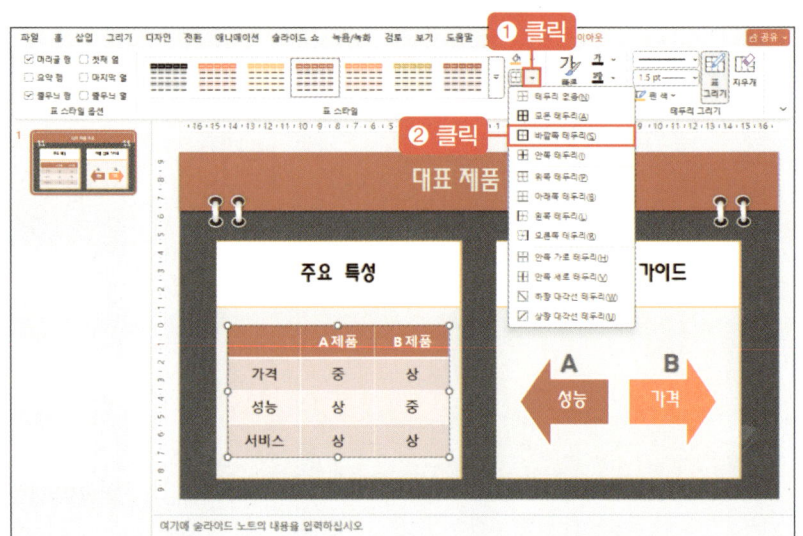

더 알아보기 셀 배경색 변경하기

셀을 드래그하여 선택한 후 [테이블 디자인] 탭-[표 스타일] 그룹-[음영] 목록을 클릭하여 원하는 색을 선택합니다.

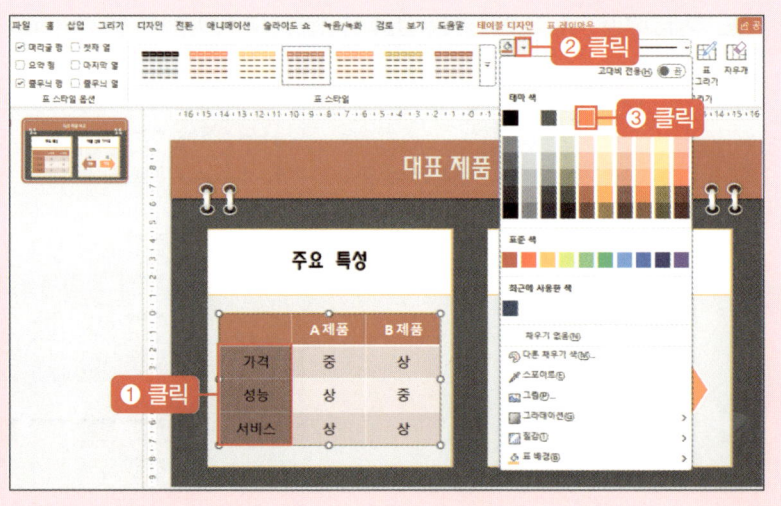

셀프 테스트

1 '놀이공원 요금표.pptx' 파일을 열어서 다음과 같이 표를 삽입해 보세요.

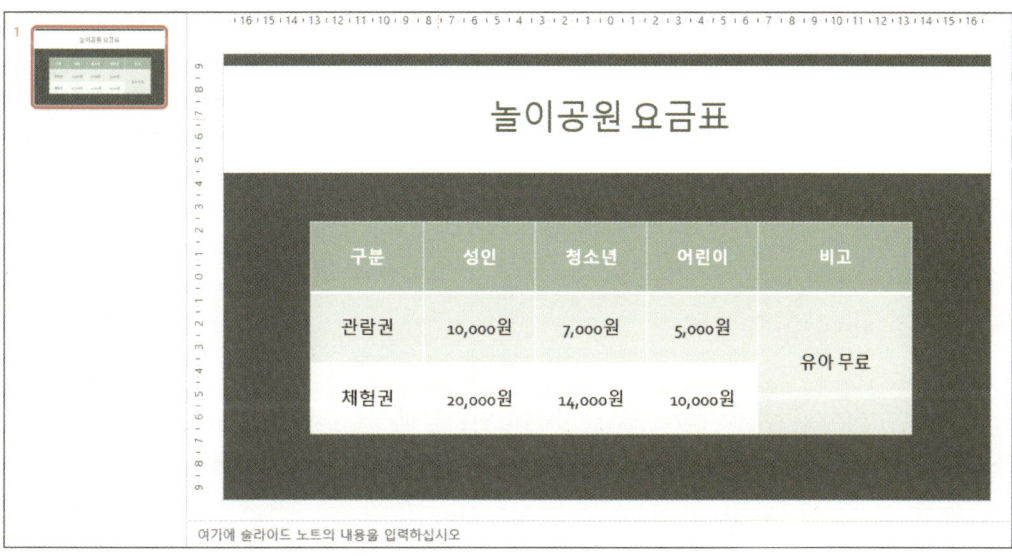

2 1번 문제에 이어서 표 스타일과 테두리를 변경해 보세요.

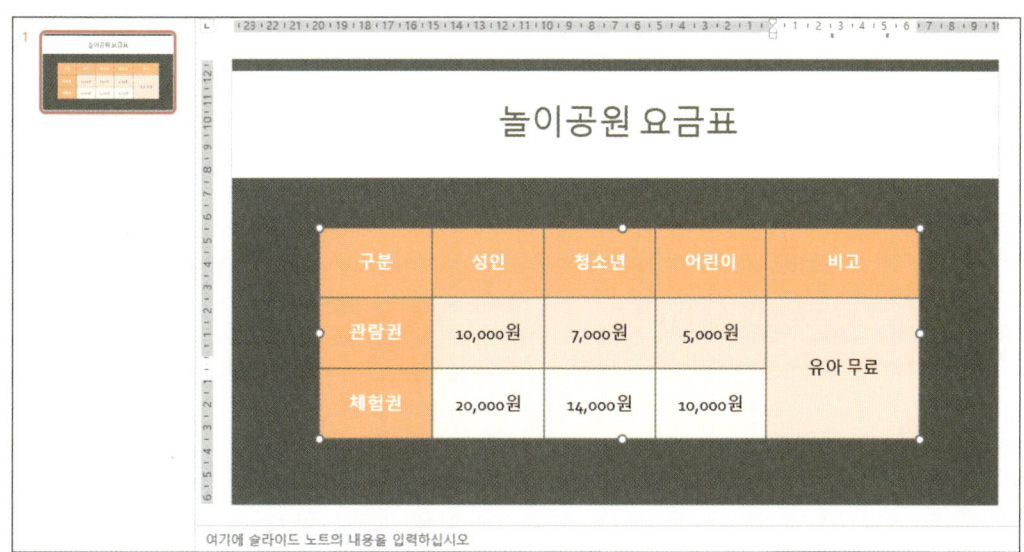

PowerPoint 2021

11 차트 작성
SECTION

파워포인트에서는 막대형, 원형, 선형 등 다양한 형태의 차트를 작성할 수 있습니다. 이 섹션에서는 데이터의 특성에 적합한 차트를 삽입하고 차트 속성과 스타일을 변경하는 방법을 알아봅니다.

1 차트 삽입하기

1 '제품별 매출액.pptx' 파일을 열고 [삽입] 탭-[일러스트레이션] 그룹-[차트]를 클릭합니다. [차트 삽입] 대화상자에서 [세로 막대형]-[묶은 세로 막대형]을 선택하고 [확인]을 클릭합니다.

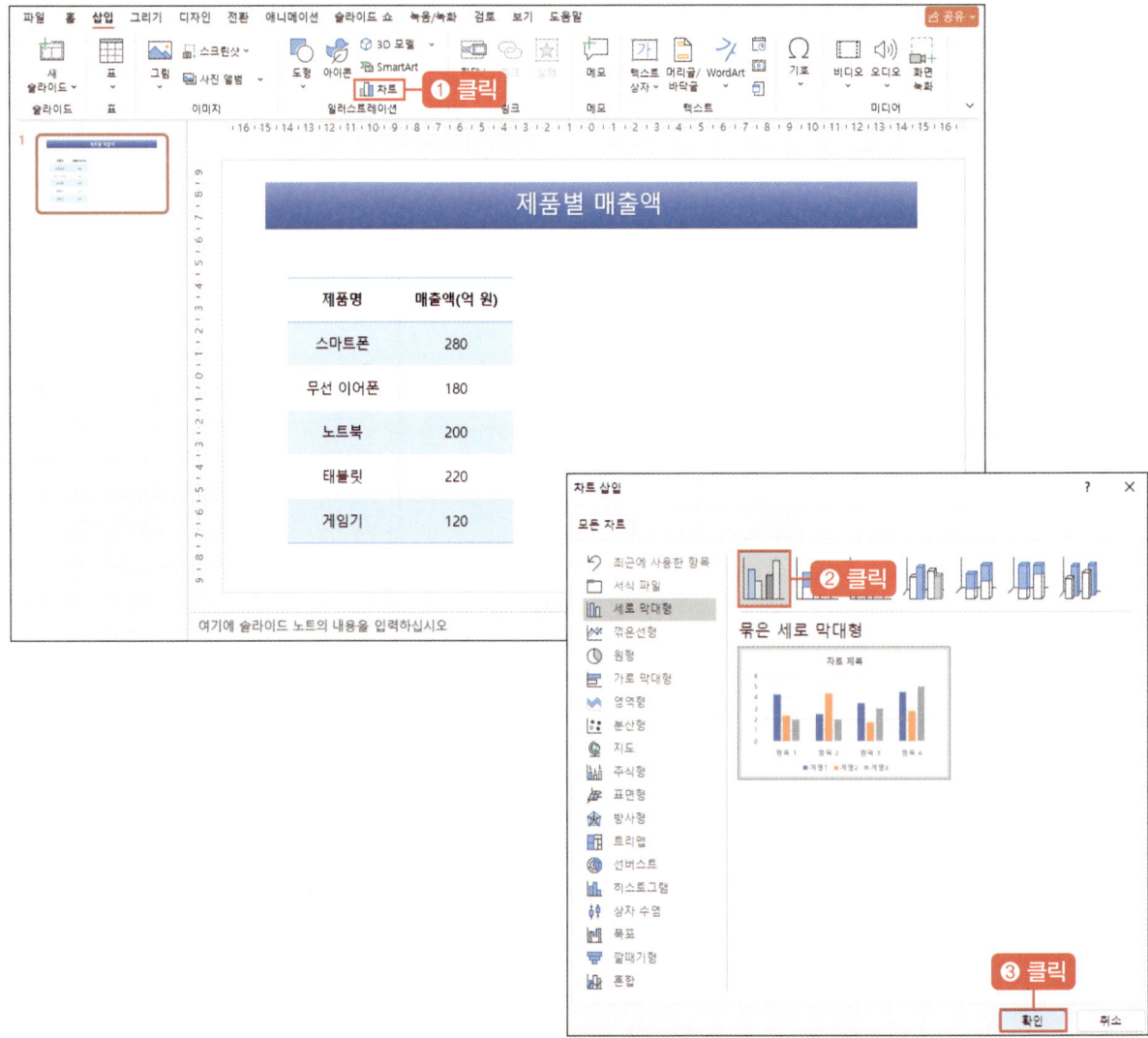

② [Microsoft PowerPoint의 차트] 대화상자가 나타나면 파란색 데이터 영역의 채우기 핸들을 드래그하여 차트로 나타낼 데이터 영역을 지정합니다.

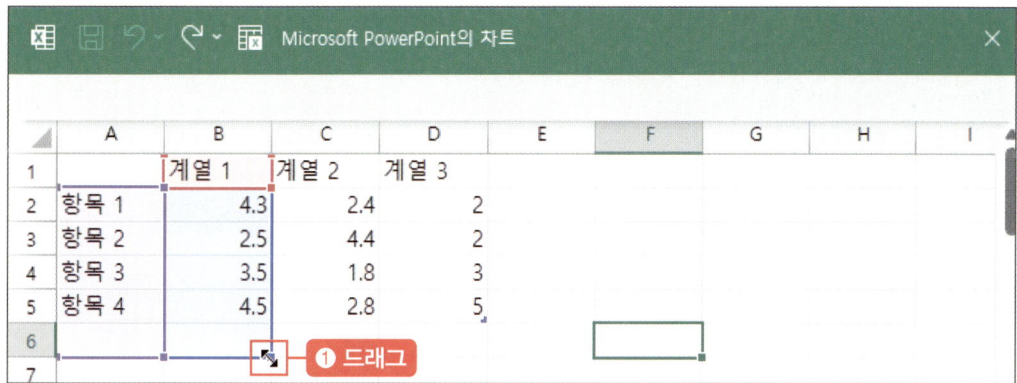

③ 표를 참고하여 데이터를 입력한 후 [닫기(×)]를 클릭합니다.

④ 슬라이드 가운데에 차트가 삽입됩니다.

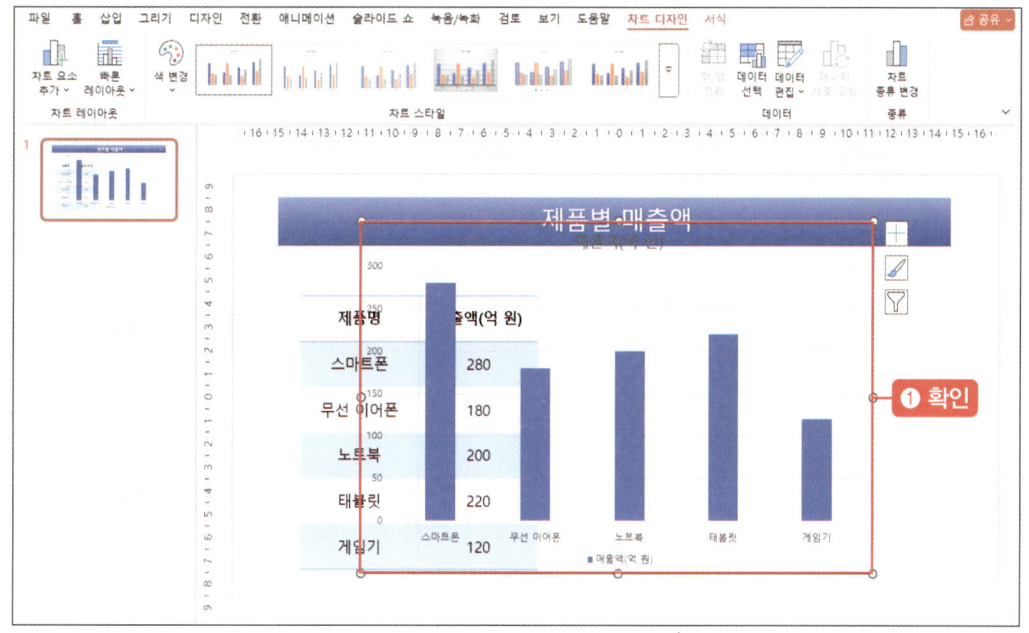

5 차트의 크기를 조절하여 슬라이드 오른쪽에 배치합니다. 차트 제목을 클릭하여 '제품별 매출액'을 입력합니다.

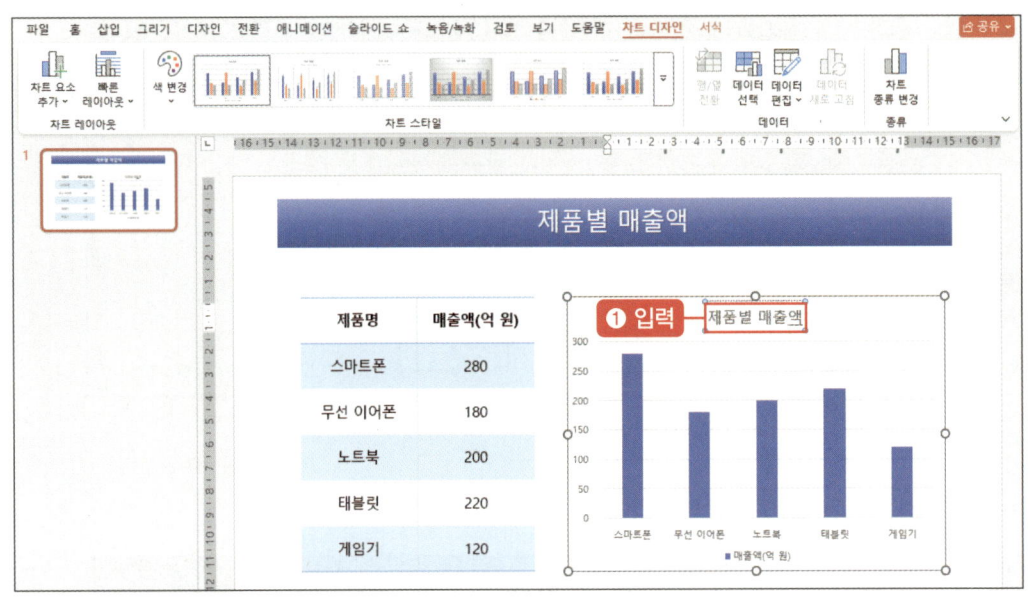

더 알아보기 : 차트 구성 요소

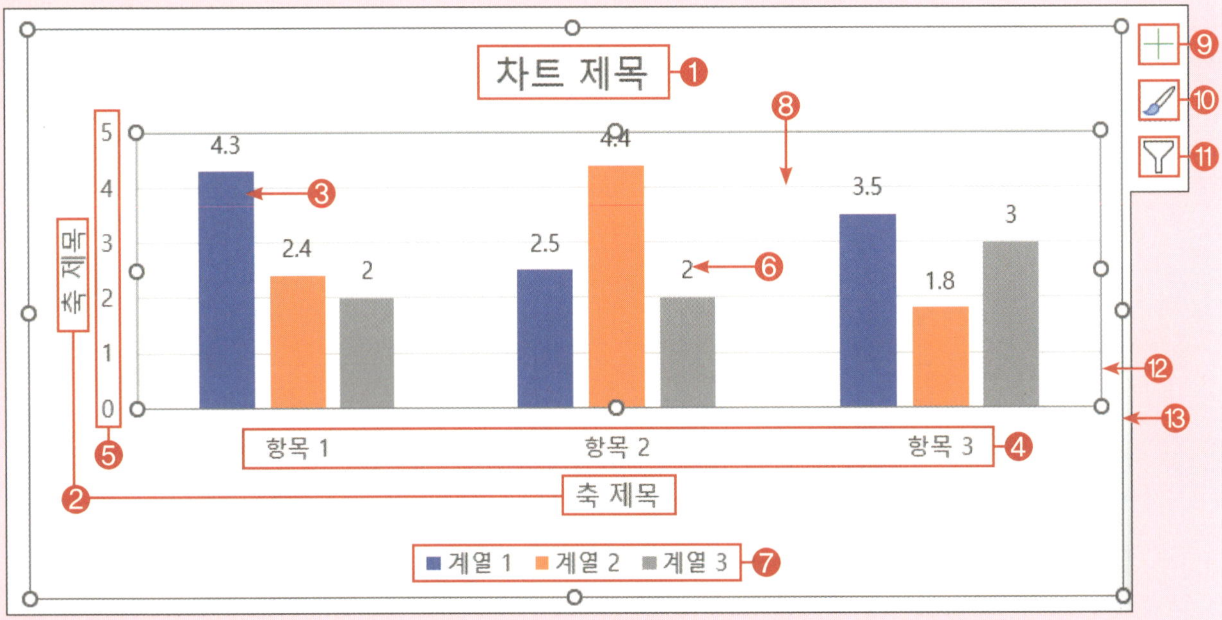

❶ **차트 제목** 차트를 대표하는 제목 표시
❷ **축 제목** 가로축과 세로축의 제목
❸ **데이터 계열** 막대, 선 등으로 표현되는 부분
❹ **(가로축) 항목** 데이터 계열의 이름
❺ **(세로축) 값** 데이터 계열의 값
❻ **데이터 레이블** 데이터 계열의 값을 그림 영역에 표시
❼ **범례** 데이터 계열의 이름표
❽ **눈금선** 주 눈금선과 보조 눈금선 선택 가능
❾ **차트 요소** 차트에 표시할 요소 선택
❿ **차트 스타일** 차트 스타일과 색 변경
⓫ **차트 필터** 차트에 표시할 요소와 이름 편집
⓬ **그림 영역** 가로축과 세로축 안의 영역
⓭ **차트 영역** 차트 전체

2 차트 레이아웃 및 요소 변경하기

1 차트가 선택된 상태에서 [차트 디자인] 탭-[차트 레이아웃] 그룹-[빠른 레이아웃]-[레이아웃 3]을 선택합니다.

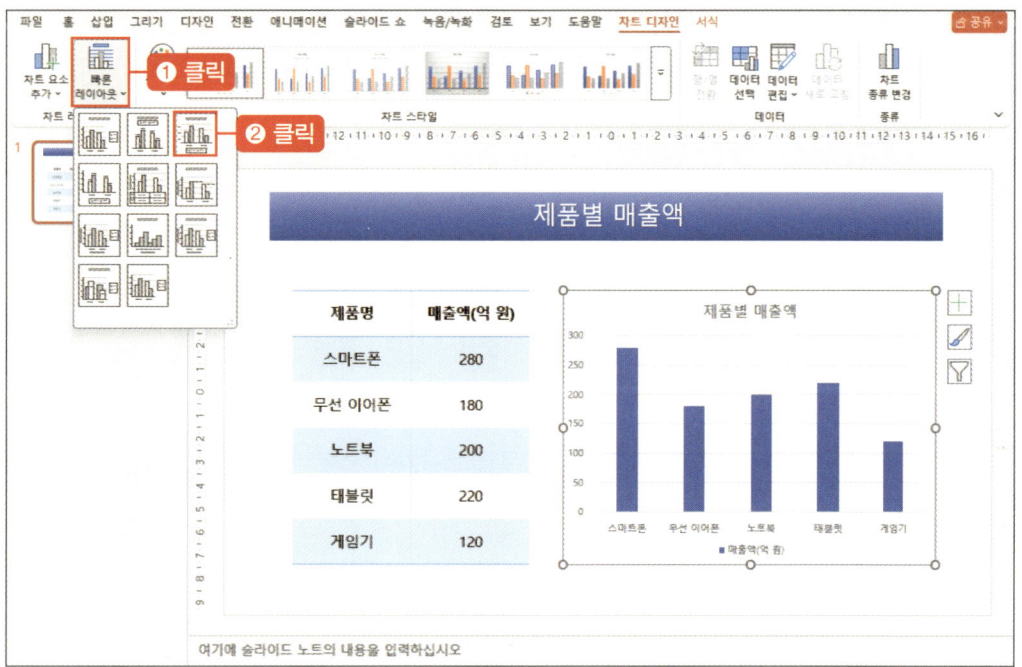

2 눈금선과 범례 대신 데이터 레이블을 차트에 표시하기 위해 [차트 요소]를 클릭합니다. [차트 요소]에서 [데이터 레이블]을 체크하고, [눈금선]과 [범례]는 체크 해제합니다.

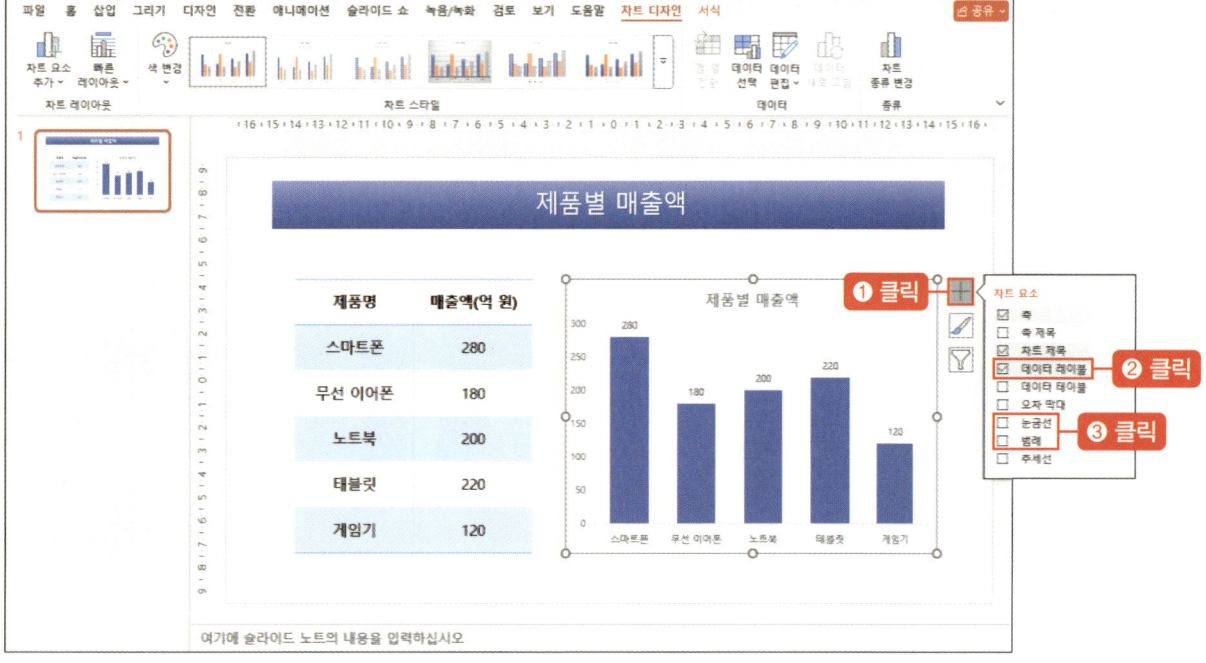

3 이어서 세로축 값을 삭제하기 위해 [차트 요소]에서 [축]-[기본 세로]를 체크 해제합니다.

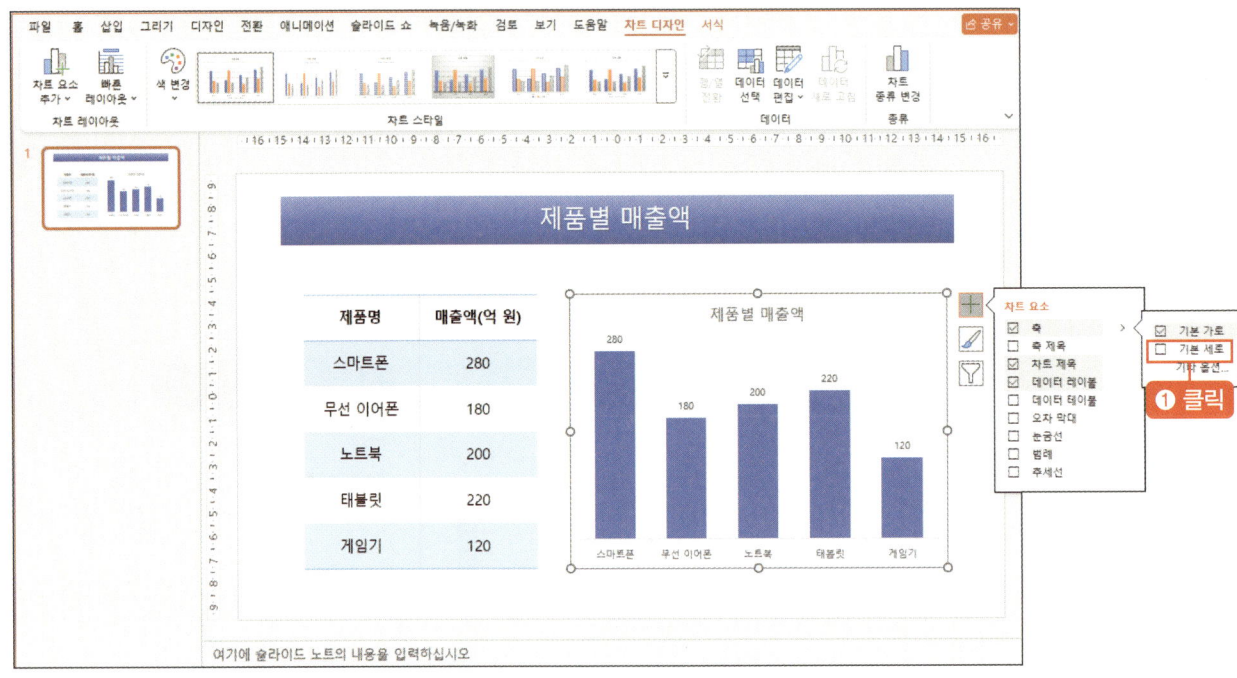

> **더 알아보기** 차트의 글꼴 서식 변경하기
>
> 항목을 클릭한 후 [홈] 탭-[글꼴] 그룹에서 글꼴, 글꼴 크기 등을 선택하여 변경할 수 있습니다.

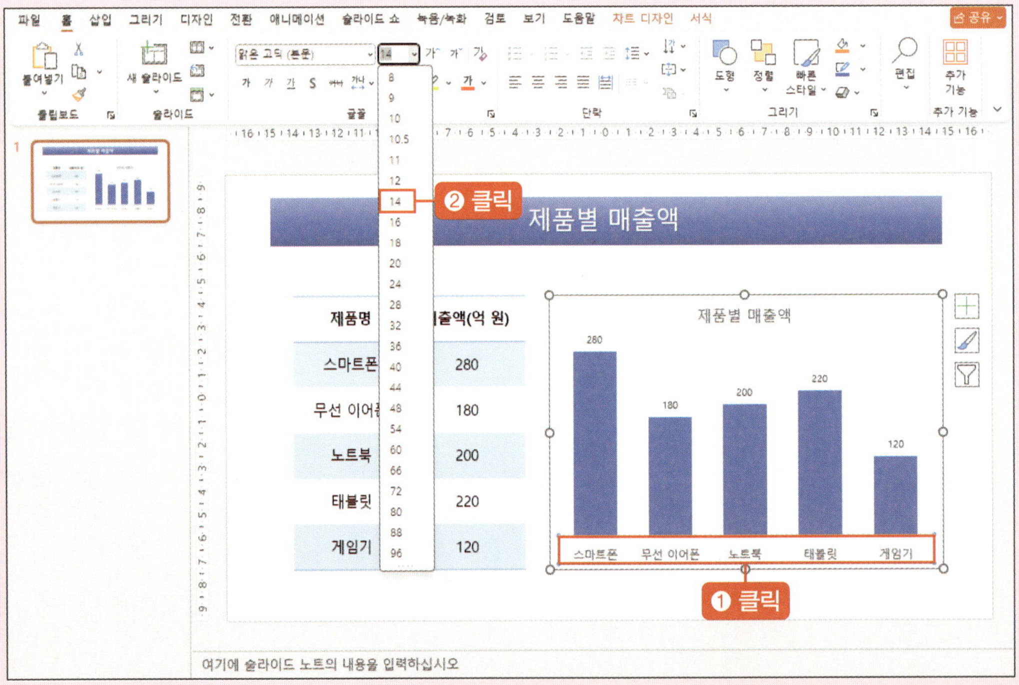

3 차트 스타일 설정하기

1 차트 오른쪽에 있는 [차트 스타일]을 클릭한 후 [색] 탭에서 [다양한 색상표 3]을 선택합니다.

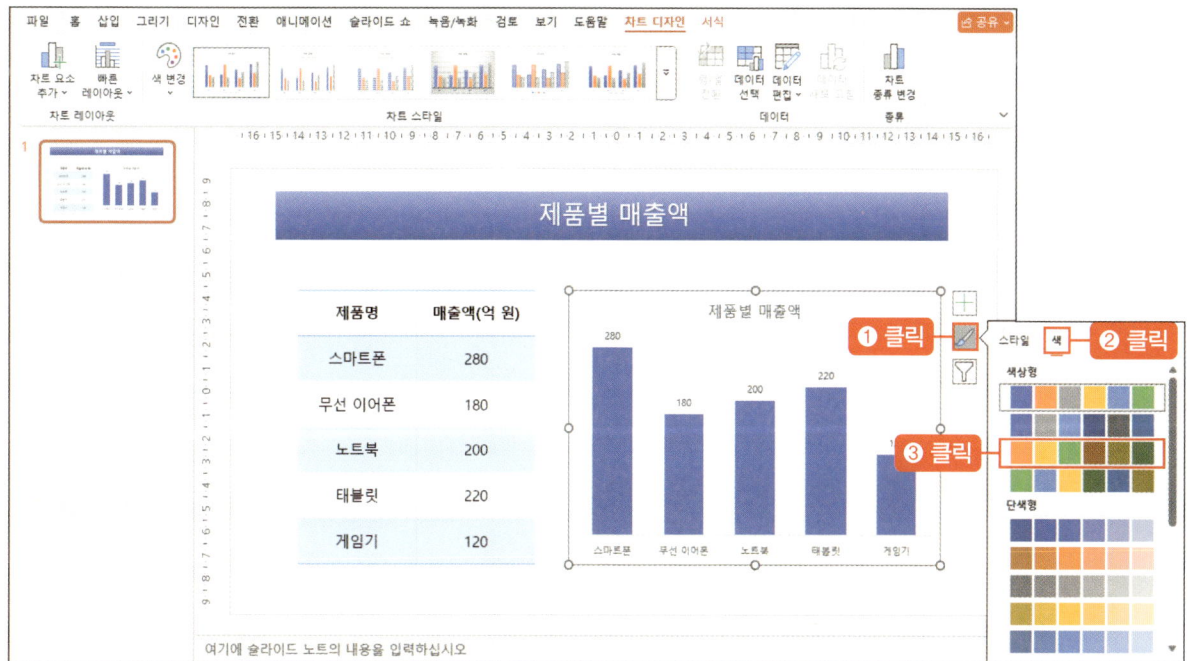

TIP [차트 디자인] 탭–[차트 스타일] 그룹–[색 변경]을 클릭하여 동일한 작업을 수행할 수 있습니다.

2 차트의 색이 변경됩니다. 이번에는 빠르게 차트 스타일을 변경하기 위해 [차트 디자인] 탭–[차트 스타일] 그룹–[빠른 스타일] 목록(▼)을 클릭한 후 [스타일 5]를 선택합니다.

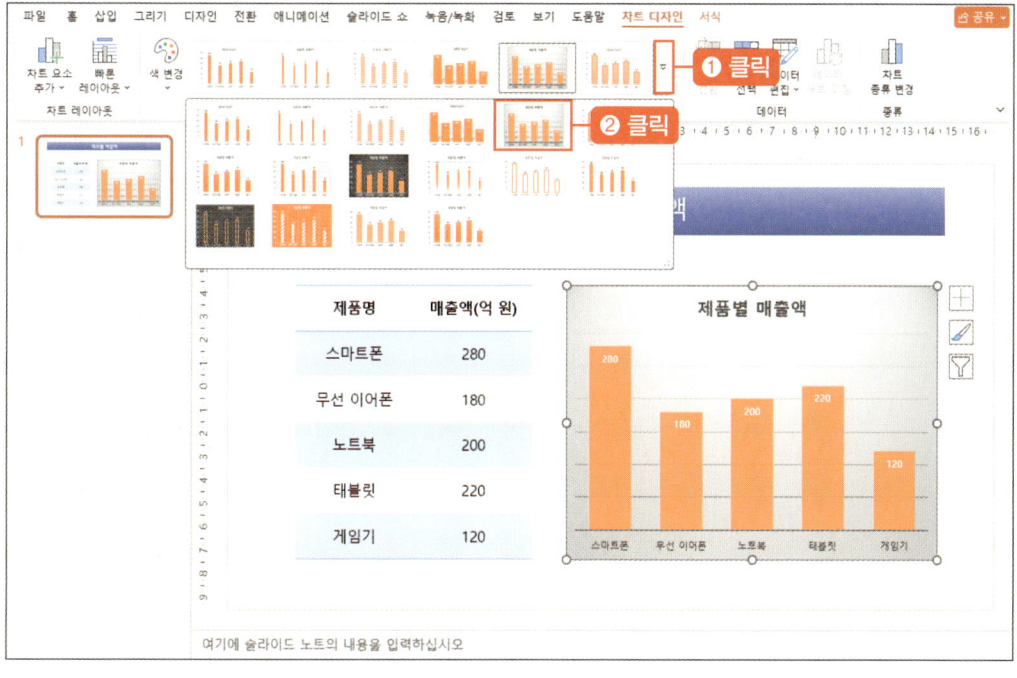

4 차트 종류 변경하기

1 차트를 선택한 후 [차트 디자인] 탭-[종류] 그룹-[차트 종류 변경]을 클릭합니다.

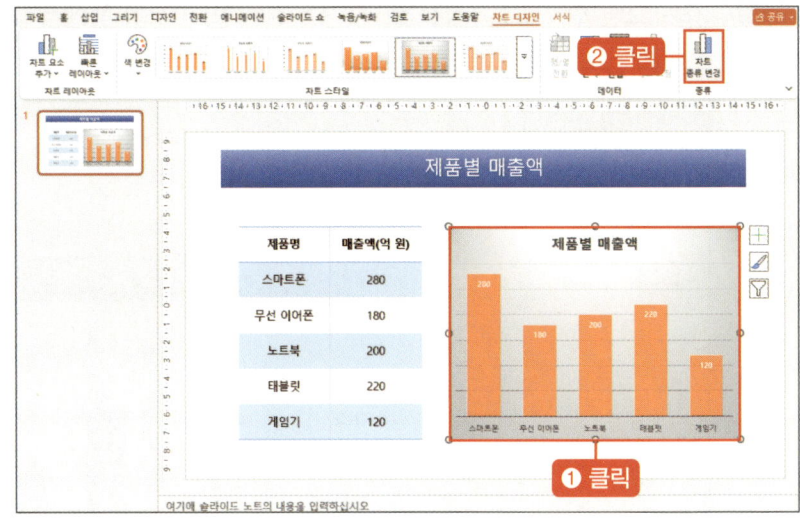

2 [차트 종류 변경] 대화상자에서 [가로 막대형]-[묶은 가로 막대형]을 선택한 후 [확인]을 클릭합니다.

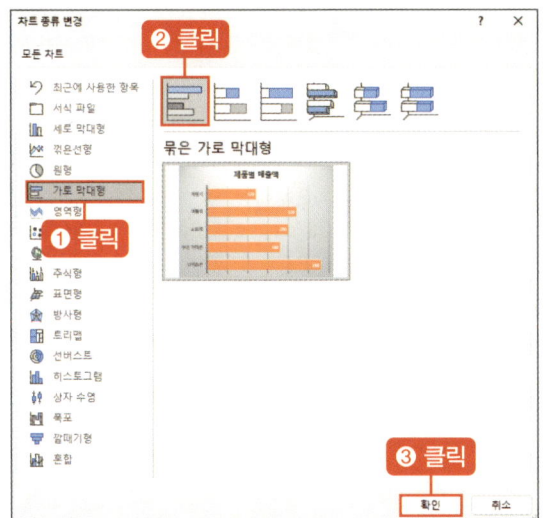

3 차트가 변경됩니다. 이전 차트에 적용했던 차트 요소는 그대로 유지됩니다.

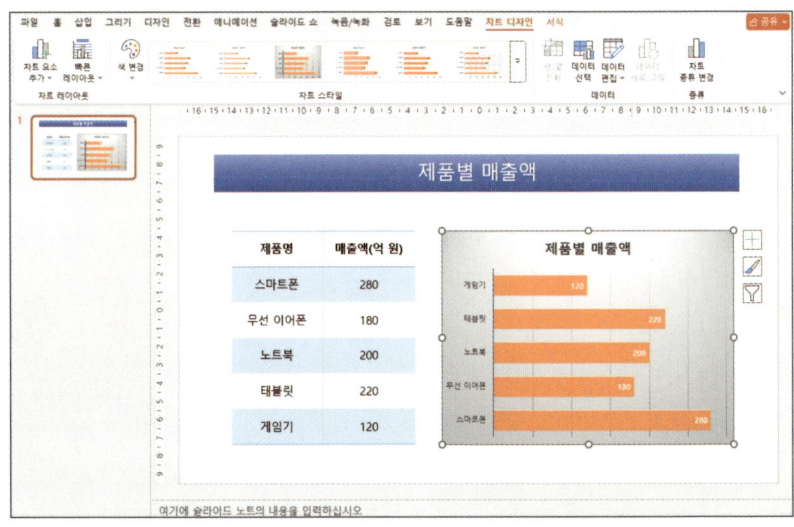

셀프 테스트

1 '시장 점유율.pptx' 파일을 열어서 삽입된 표의 데이터를 참조하여 차트를 삽입해 보세요.

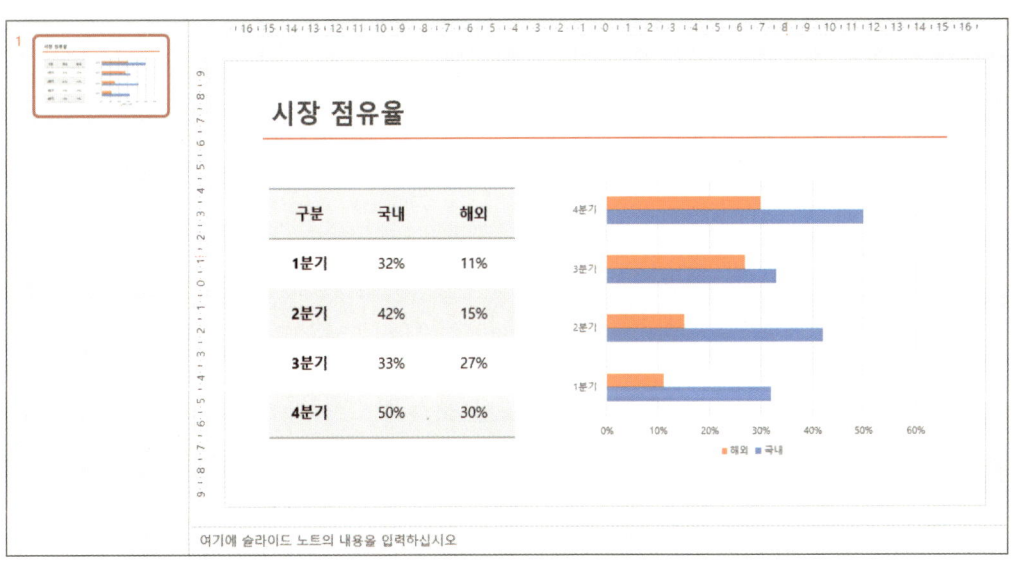

2 1번 문제에 이어서 차트 종류와 스타일을 변경해 보세요.

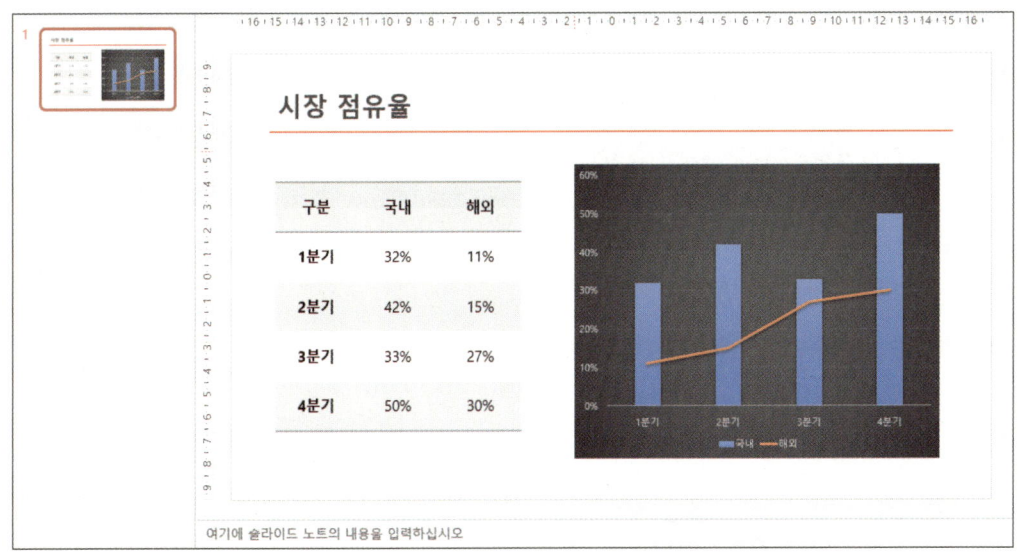

차트 스타일 빠른 스타일-스타일 6

PowerPoint 2021

SECTION 12 이미지 삽입과 편집

이미지는 긴 설명을 대신할 만큼 메시지 전달력이 강합니다. 이 섹션에서는 이미지를 삽입하고 편집하는 방법을 알아봅니다.

1 이미지 삽입하기

1 '반려동물 돌봄 교육.pptx' 파일을 엽니다. 1번 슬라이드에 이미지를 삽입하기 위해 [삽입] 탭-[이미지] 그룹-[그림]-[이 디바이스]를 클릭합니다.

2 [그림 삽입] 대화상자가 열리면 '반려동물.jpg'를 선택하고 [삽입]을 클릭합니다.

③ 슬라이드에 이미지가 삽입됩니다.

> **더 알아보기** 온라인 이미지 삽입하기
>
> 온라인 이미지는 [삽입] 탭-[이미지] 그룹-[그림]-[온라인 그림]을 클릭한 후 [온라인 그림] 대화상자가 열리면 Bing 검색을 활용해서 삽입할 수 있습니다. 예를 들어 '해바라기'를 입력하면 다양한 해바라기 이미지가 검색됩니다. 이때 필터(▽)를 클릭하여 검색 조건을 설정할 수 있습니다.

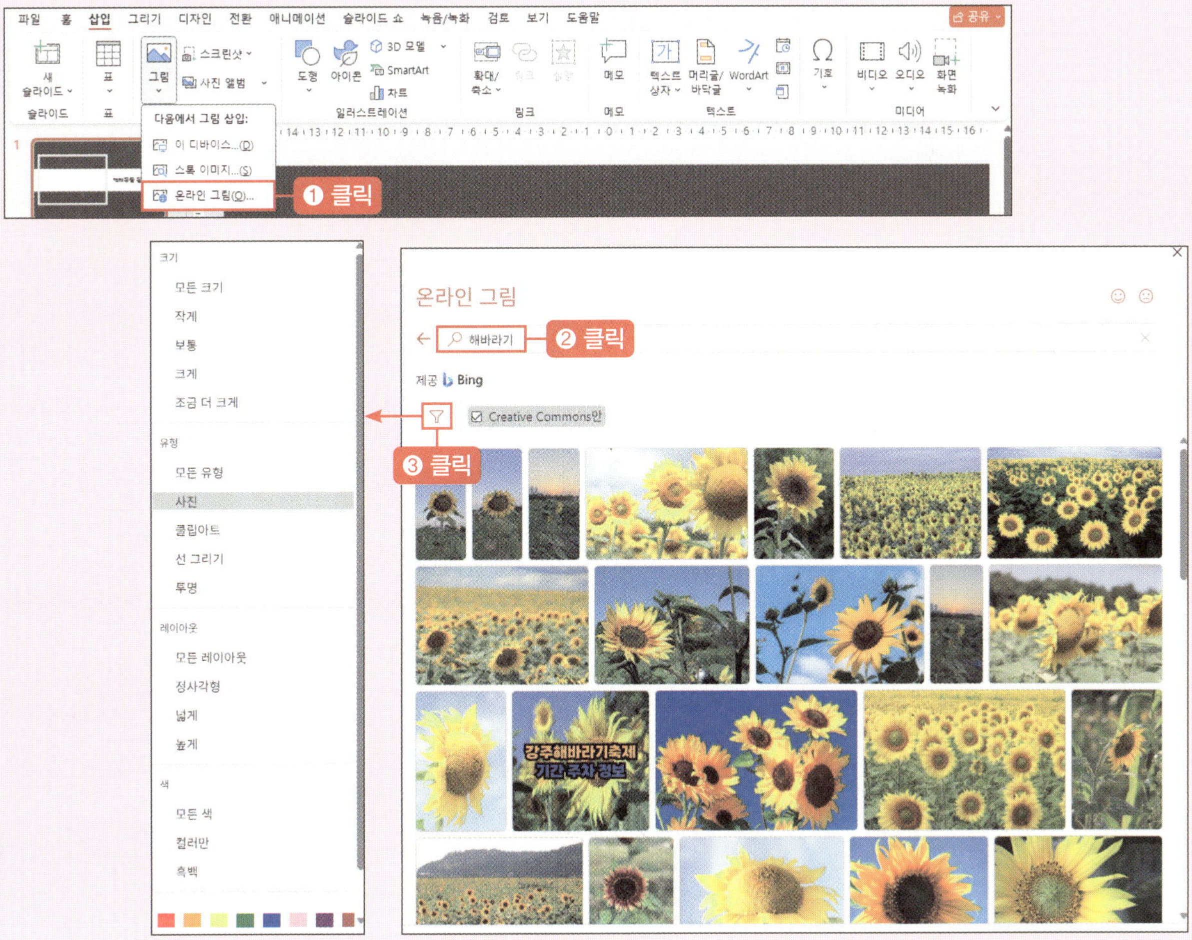

12 이미지 삽입과 편집 • 185

2 이미지 자르기

1 이미지를 선택하고 [그림 서식] 탭-[크기] 그룹-[자르기]를 클릭합니다. 이미지에 자르기 핸들이 표시됩니다.

2 자르기 핸들을 드래그하여 불필요한 부분을 잘라냅니다.

3 자르기가 끝나면 Esc 키를 누르거나 이미지 바깥 부분을 클릭하여 자르기 상태를 해제한 후 액자 모양 도형 안에 들어가도록 드래그하여 배치합니다.

④ 이미지의 잘린 영역을 완전히 제거하여 파일 용량을 줄일 수 있습니다. 잘라내고 남은 이미지를 선택한 상태에서 [그림 서식] 탭-[조정] 그룹-[그림 압축]을 클릭합니다. [그림 압축] 대화상자가 나타나면 압축 옵션을 모두 체크하고 [확인]을 누릅니다.

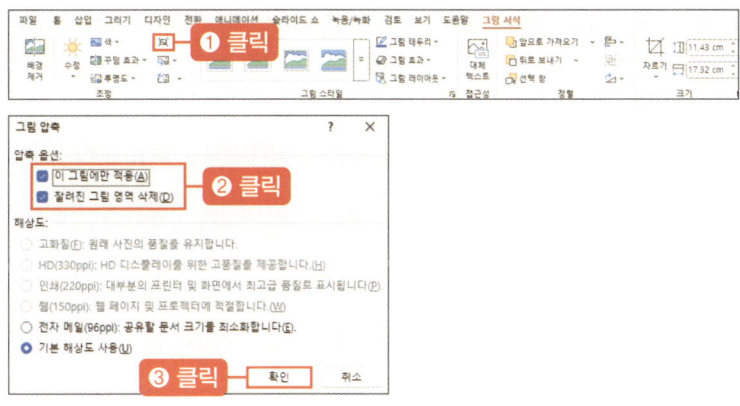

더 알아보기 | 사진 앨범 만들기

여러 장의 사진을 한꺼번에 삽입하고 정렬하여 앨범을 만들 수 있습니다.

① 새 프레젠테이션에서 [삽입] 탭-[이미지] 그룹-[사진 앨범]을 클릭합니다. [사진 앨범] 대화상자가 열리면 [파일/디스크]를 클릭한 다음, [새 그림 삽입] 대화상자에서 이미지를 모두 선택하고 [삽입]을 클릭합니다.

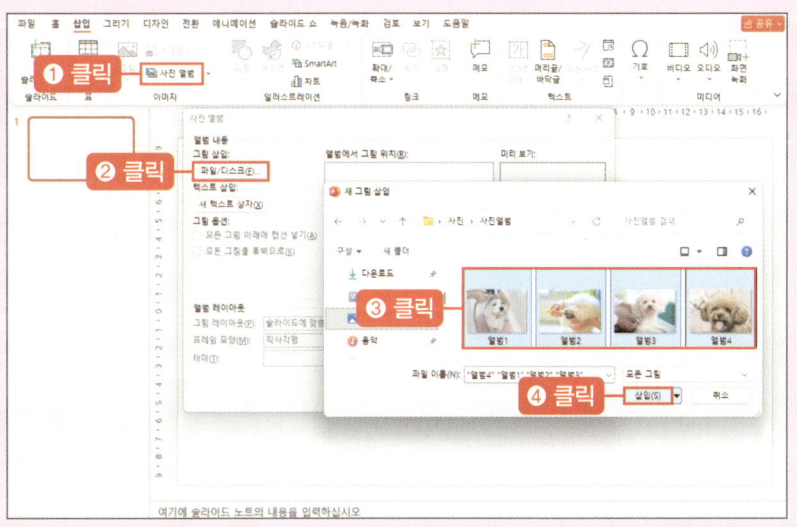

② [사진 앨범] 대화상자에서 [앨범 레이아웃]-[그림 레이아웃]-[그림 4개]를 선택하고 [만들기]를 클릭합니다. 제목 슬라이드와 이미지가 4개 들어간 앨범이 완성됩니다.

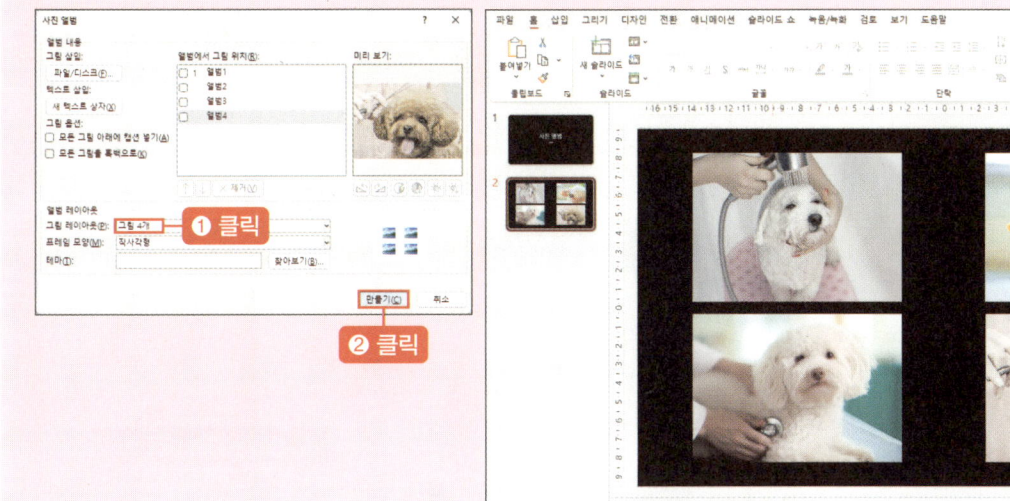

3 이미지 교체하기

① 2번 슬라이드를 선택합니다. [삽입] 탭-[이미지] 그룹-[그림]-[이 디바이스]를 클릭한 후 [그림 삽입] 대화상자에서 '개.jpg'를 선택하고 [삽입]을 누릅니다.

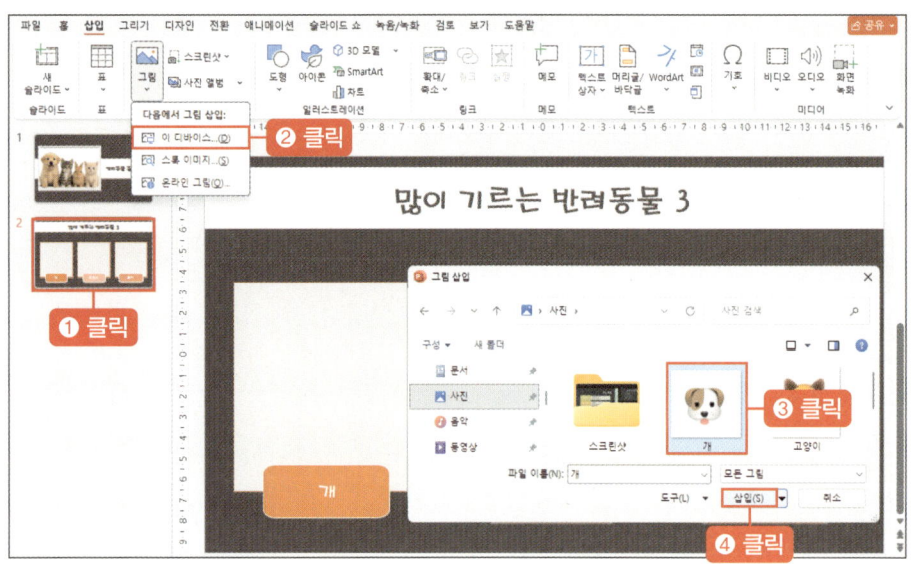

② 삽입된 이미지를 '개' 이름 위의 상자에 배치한 후 Ctrl + Shift 키를 누른 상태에서 이미지를 오른쪽으로 드래그하여 복사합니다. 한 번 더 복사하여 세 개의 이미지를 나란히 배치합니다.

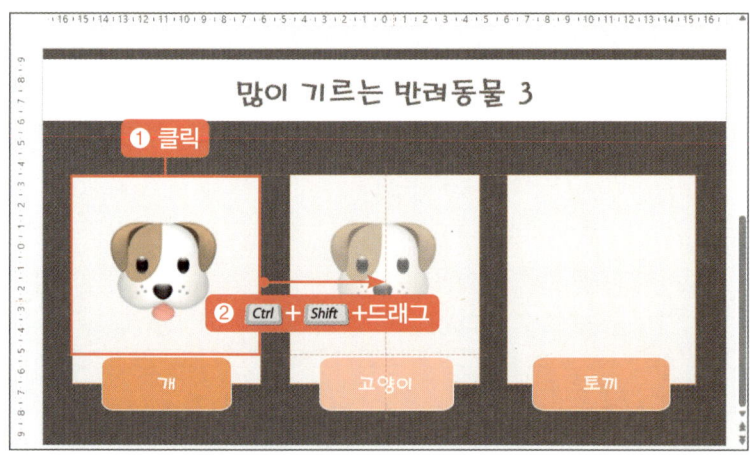

③ 두 번째와 세 번째 이미지를 고양이와 토끼로 교체하기 위해 두 번째 이미지를 선택한 후 마우스 오른쪽 버튼을 클릭하여 [그림 바꾸기]-[이 디바이스]를 클릭합니다.

④ [그림 삽입] 대화상자가 나타나면 '고양이.jpg'를 선택하고 [삽입]을 클릭합니다.

⑤ 두 번째 이미지가 고양이로 교체되었습니다. 같은 방법으로 세 번째 이미지를 '토끼.jpg'로 교체합니다.

4 투명 배경 이미지 만들기

1 삽입된 이미지의 배경을 제거하기 위해 개 이미지를 선택한 후 [그림 서식] 탭-[조정] 그룹-[배경 제거]를 클릭합니다.

2 제거될 영역이 보라색으로 표시됩니다. [배경 제거] 탭-[닫기] 그룹-[변경 내용 유지]를 클릭합니다. 배경이 투명하게 변경됩니다.

3 같은 방법으로 고양이와 토끼 이미지의 배경도 투명하게 만듭니다.

셀프 테스트

1 '문화유산 답사 보고서.pptx' 파일을 열어서 이미지 삽입과 자르기 기능을 사용하여 다음과 같이 작성해 보세요.

이미지 문화유산1.jpg

2 1번에서 삽입한 이미지를 복사한 다음, 그림 바꾸기 기능을 사용하여 그림을 교체해 보세요.

이미지 문화유산2.jpg, 문화유산3.jpg

PowerPoint 2021

SECTION 13 슬라이드 마스터 디자인

슬라이드 마스터는 슬라이드의 배경, 바닥글, 글꼴 등의 서식을 한 곳에서 통합 관리할 수 있는 도구입니다. 소개서, 보고서와 같은 문서에서 슬라이드 마스터를 활용하여 일관된 디자인을 유지할 수 있습니다.

1 슬라이드 마스터 설정하기

1 '생각의 힘.pptx' 파일을 열어서 [보기] 탭-[마스터 보기] 그룹-[슬라이드 마스터]를 클릭합니다.

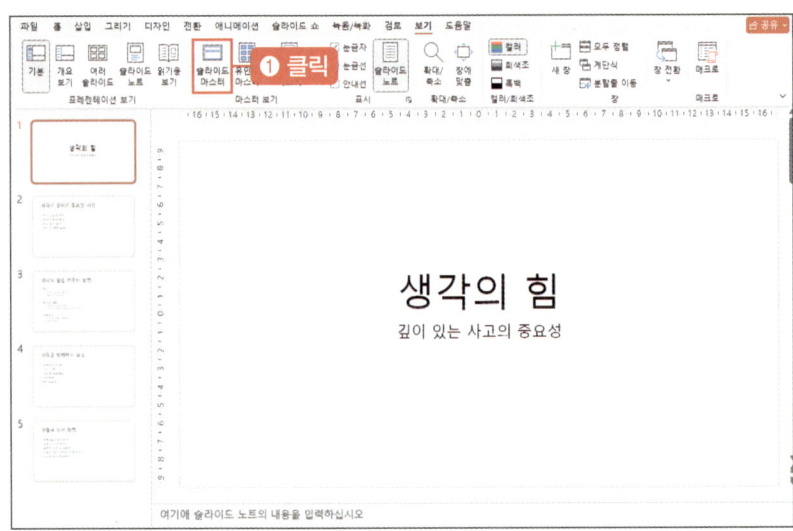

TIP 슬라이드 마스터를 설정하기 전과 후의 문서를 비교하기 위해 텍스트가 삽입된 예제를 사용하였습니다. 슬라이드 마스터를 먼저 설정한 후 문서를 작성할 수 있습니다.

2 왼쪽의 슬라이드 축소 창에서 [Office 테마 슬라이드 마스터]를 선택합니다. 제목 틀을 클릭한 후 [홈] 탭-[글꼴] 그룹-[38pt, 굵게]로 설정합니다.

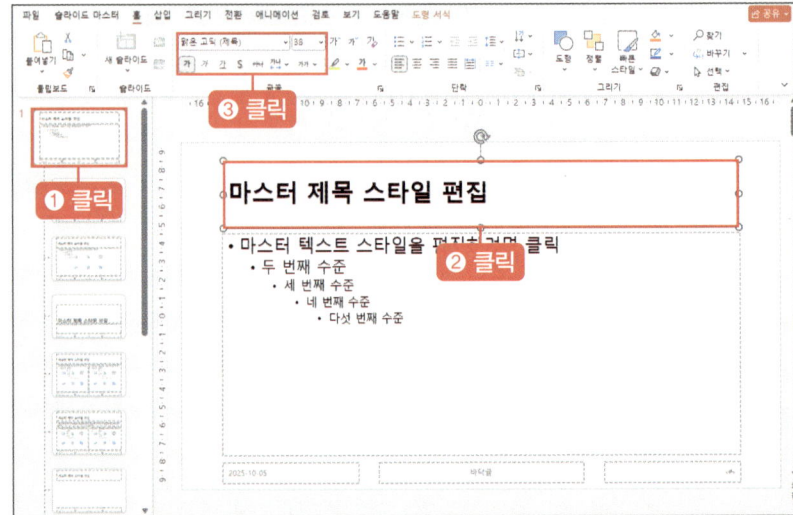

③ 이어서 색을 채우기 위해 [도형 서식] 탭-[도형 스타일] 그룹-[도형 채우기]-[연한 녹색]을 클릭합니다.

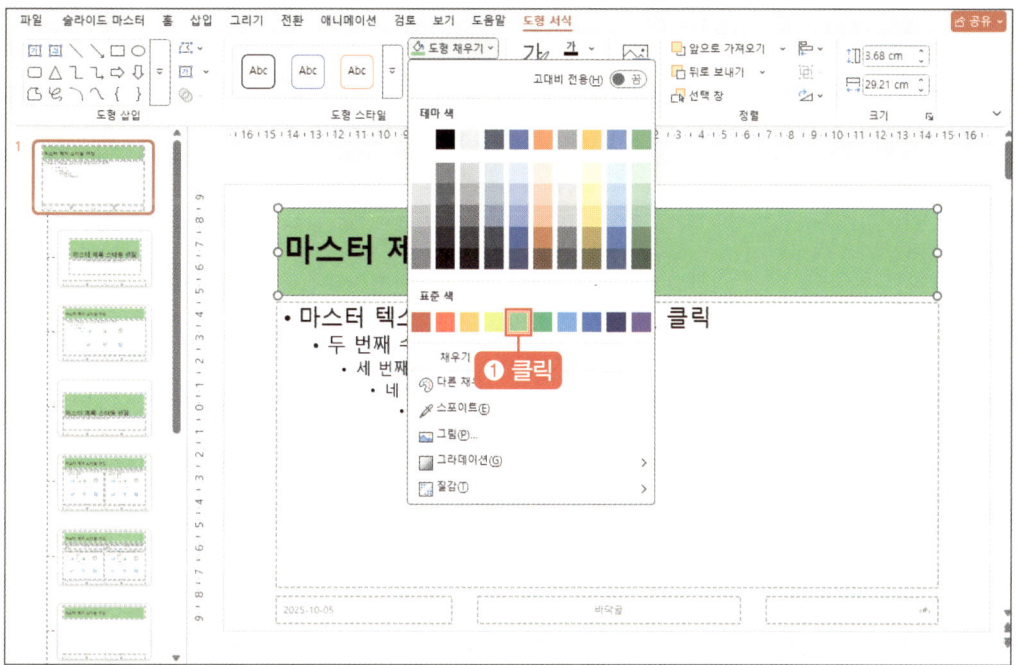

> **더 알아보기** 슬라이드 마스터와 레이아웃 마스터

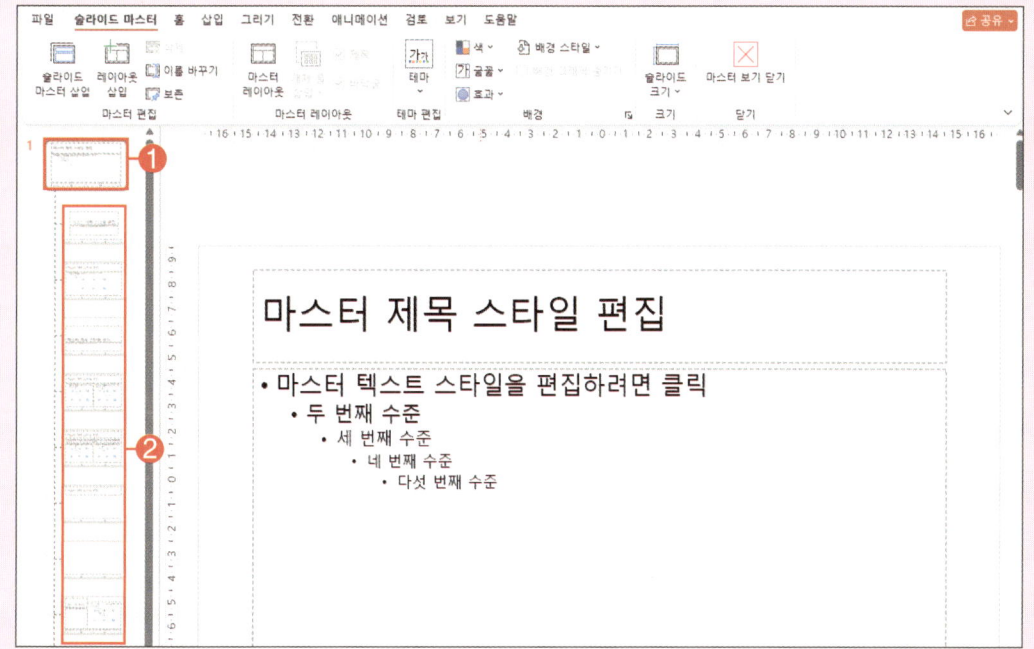

❶ 슬라이드 마스터
새 프레젠테이션을 시작하면 Office 테마 슬라이드 마스터가 자동으로 적용됩니다. 슬라이드 마스터에서 배경, 글꼴 등을 수정하면 전체 레이아웃 마스터에 한꺼번에 적용됩니다.

❷ 레이아웃 마스터
제목 슬라이드, 비교 슬라이드, 구역 슬라이드 등 기본적으로 11개의 레이아웃 마스터가 포함됩니다.

④ 내용 틀의 글머리 기호를 변경하기 위해 첫 번째 줄을 선택합니다. [홈] 탭-[단락] 그룹-[글머리 기호]-[속이 찬 다이아몬드형 글머리 기호]를 클릭합니다.

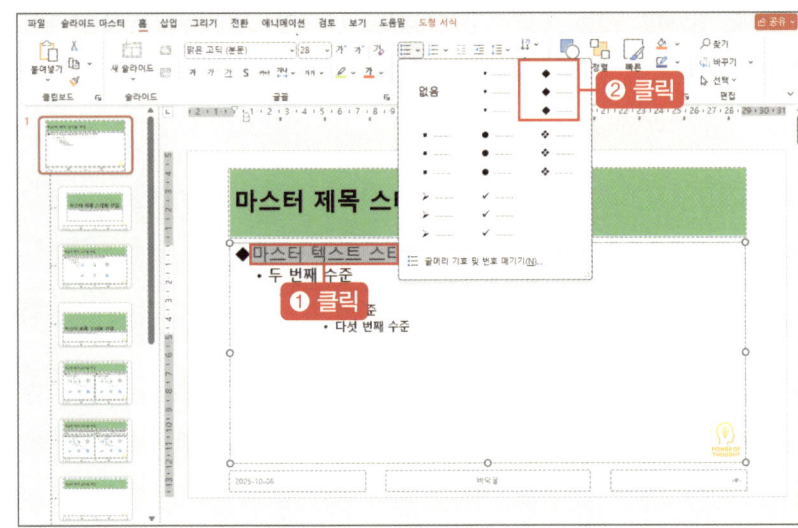

⑤ 보고서 등을 작성할 때 로고를 삽입할 수 있습니다. [삽입] 탭-[이미지] 그룹-[그림]-[이 디바이스]를 클릭합니다. [그림 삽입] 대화상자가 열리면 '로고.png' 파일을 선택한 후 [삽입]을 클릭합니다.

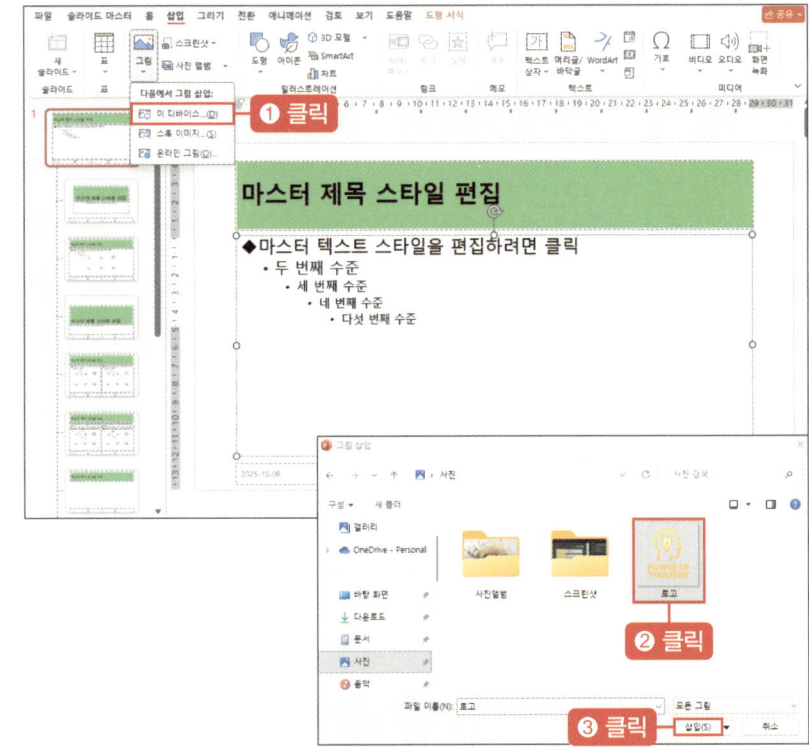

⑥ 삽입한 로고의 크기를 조절하고 오른쪽 아래에 드래그하여 배치합니다.

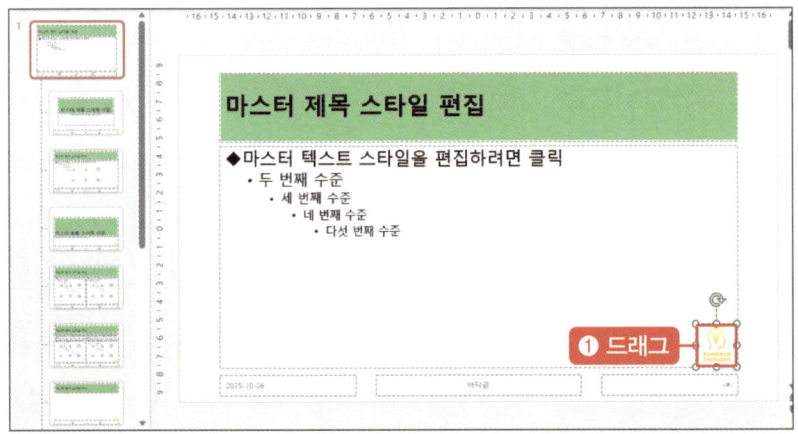

2 특정 슬라이드의 마스터 서식 변경하기

1 제목 슬라이드의 배경 서식을 변경하기 위해 슬라이드 축소 창에서 [제목 슬라이드 레이아웃]을 선택합니다. [슬라이드 마스터] 탭-[배경] 그룹-[배경 서식]을 클릭하면 오른쪽에 [배경 서식] 창이 나타납니다.

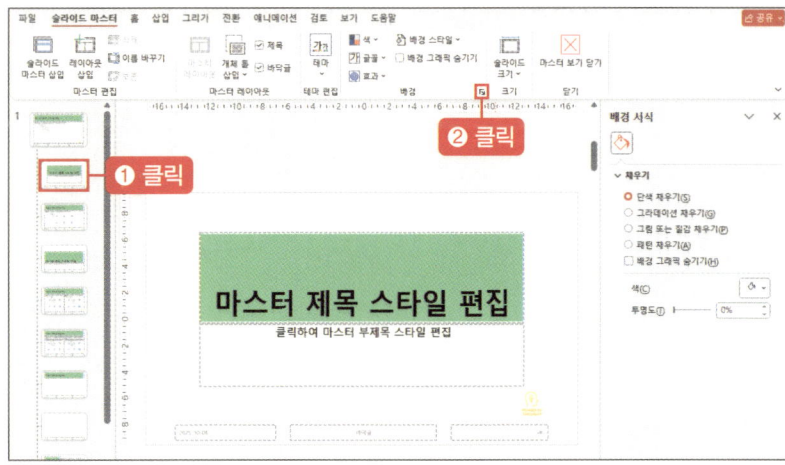

2 [배경 서식] 창에서 [채우기]-[단색 채우기]를 클릭하고 [색]-[녹색, 강조 6, 25% 더 어둡게]를 선택합니다.

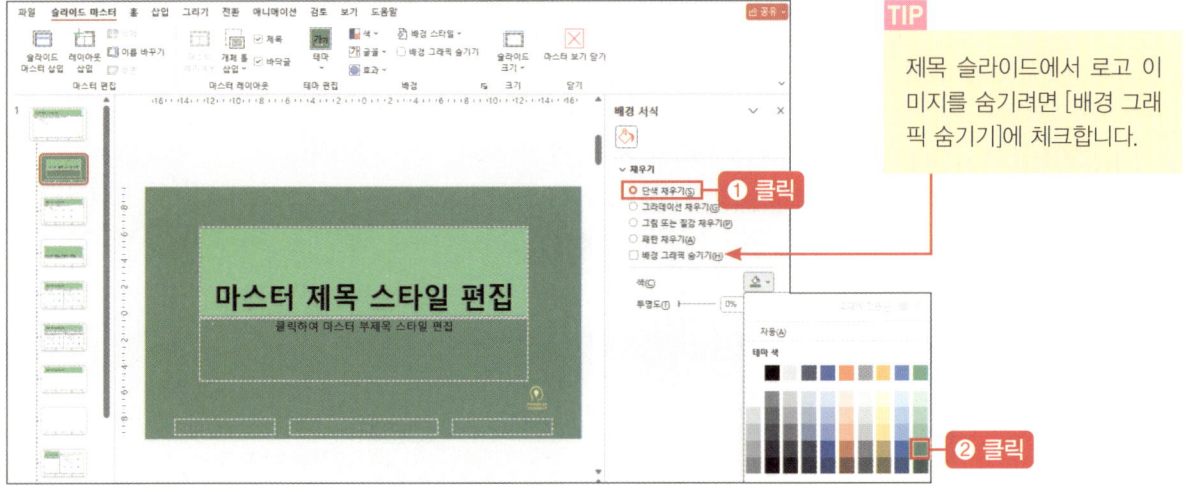

> **TIP**
> 제목 슬라이드에서 로고 이미지를 숨기려면 [배경 그래픽 숨기기]에 체크합니다.

3 제목 틀을 선택한 후 [홈] 탭-[글꼴] 그룹-[글꼴 색]-[흰색]을 클릭하고, [단락] 그룹-[텍스트 맞춤]-[중간]으로 설정합니다. [배경 서식] 창을 닫습니다.

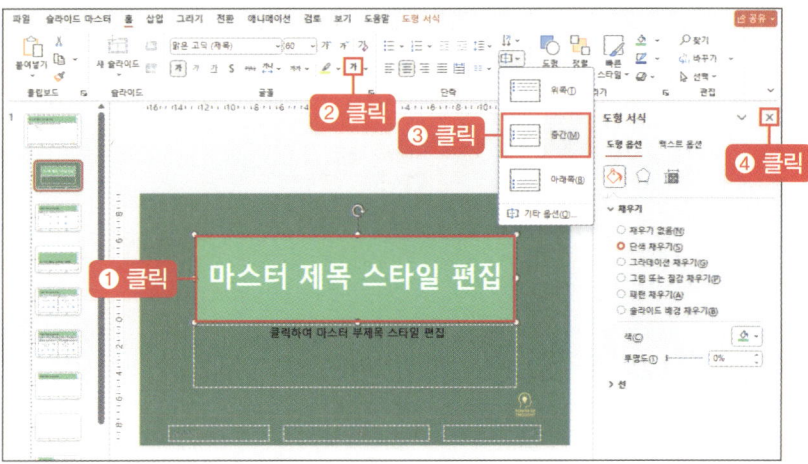

④ [슬라이드 마스터] 탭-[닫기] 그룹-[마스터 보기 닫기]를 클릭하여 슬라이드에 적용된 디자인을 확인합니다.

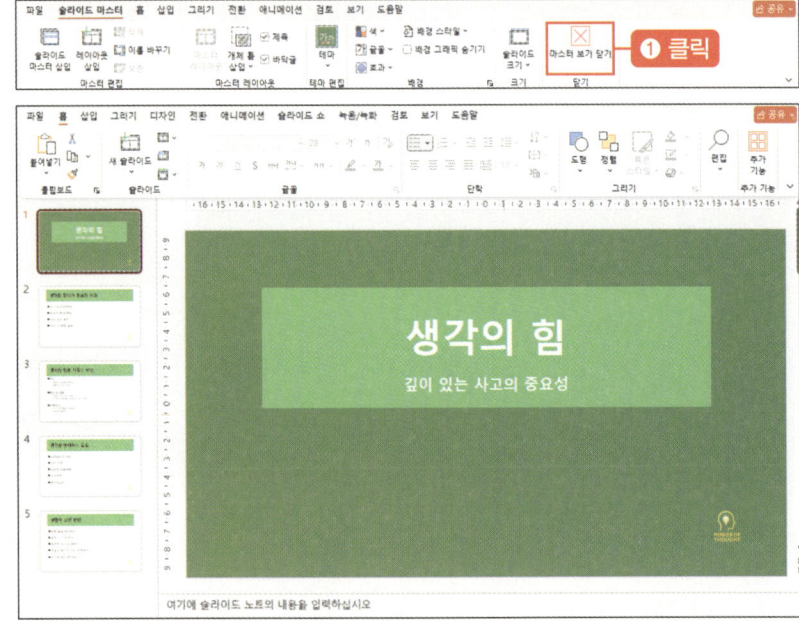

더 알아보기 | 슬라이드 번호 넣기

① [삽입] 탭-[텍스트] 그룹-[슬라이드 번호 삽입]을 클릭한 후 [머리글/바닥글] 대화상자에서 [슬라이드 번호]를 체크합니다. 제목 슬라이드에 페이지 번호를 숨기려면 [제목 슬라이드에는 표시 안 함]을 체크하고 [모두 적용]을 클릭합니다.

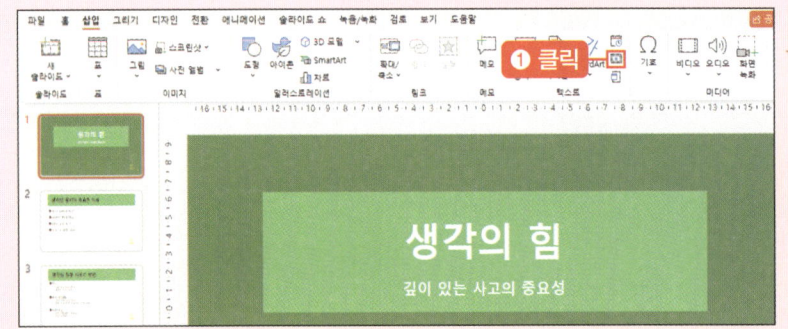 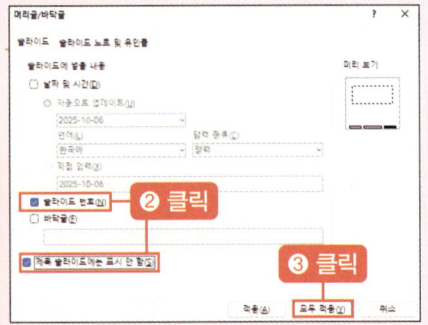

② 2번 슬라이드부터 슬라이드 번호가 1로 표시되게 하려면 [보기] 탭-[마스터 보기] 그룹-[슬라이드 마스터]를 선택한 후 [슬라이드 마스터] 탭-[크기] 그룹-[슬라이드 크기]-[사용자 지정 슬라이드 크기]를 클릭합니다. [슬라이드 크기] 대화상자에서 슬라이드 시작 번호를 '0'으로 설정하고 [확인]을 클릭합니다.

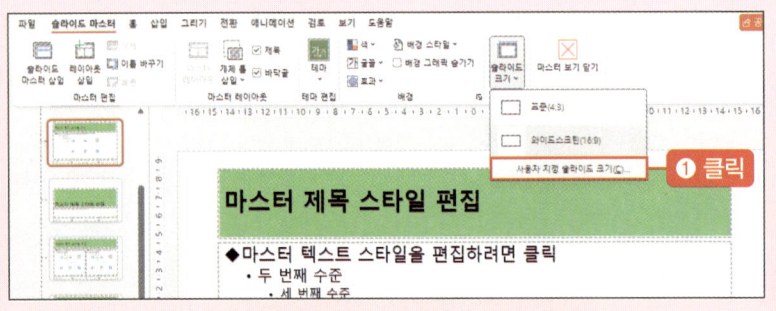

셀프 테스트

1 새 프레젠테이션을 실행하여 다음과 같이 슬라이드 마스터를 디자인해 보세요.

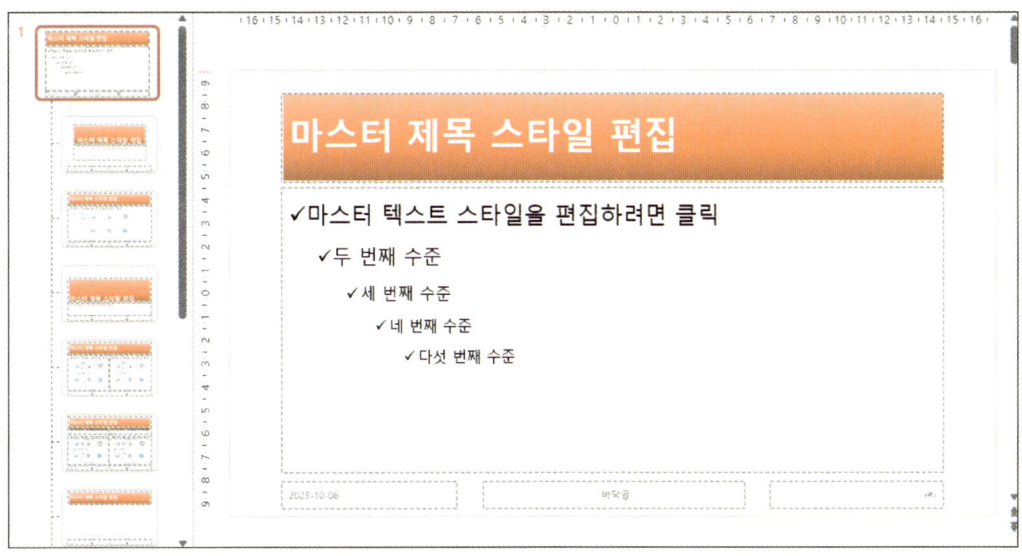

> **도형 스타일** 빠른 스타일-주황, 강조 2, 윤곽선 없음
> **글머리 기호** 대조표 글머리 기호 **줄 간격** 1.5

2 1번 문제에 이어서 다음과 같이 제목 슬라이드 레이아웃을 디자인하고 '슬라이드 마스터 연습.pptx'로 저장해 보세요.

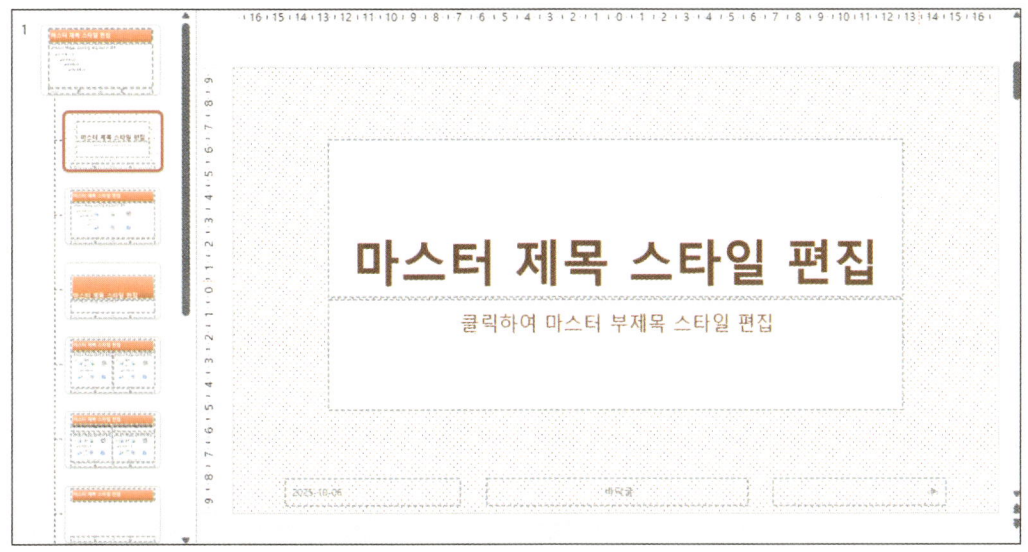

> **배경 서식** 패턴 채우기, 점선 5% **도형 채우기** 흰색
> **글꼴 색** 주황, 강조 2, 50% 더 어둡게

PowerPoint 2021

SECTION 14 오디오 삽입과 제어

파워포인트에서는 효과음, 배경 음악, 내레이션 등 다양한 형태의 오디오 파일을 슬라이드에 삽입할 수 있습니다. 오디오를 적절히 활용하면 보다 효과적으로 내용을 전달할 수 있습니다.

1 오디오 삽입하기

① '음악의 역할과 활용.pptx' 파일을 엽니다. 1번 슬라이드에 오디오를 삽입하기 위해 [삽입] 탭-[미디어] 그룹-[오디오]-[내 PC의 오디오]를 클릭합니다. [오디오 삽입] 대화상자가 나타나면 '오디오.mp3'를 선택한 후 [삽입]을 클릭합니다.

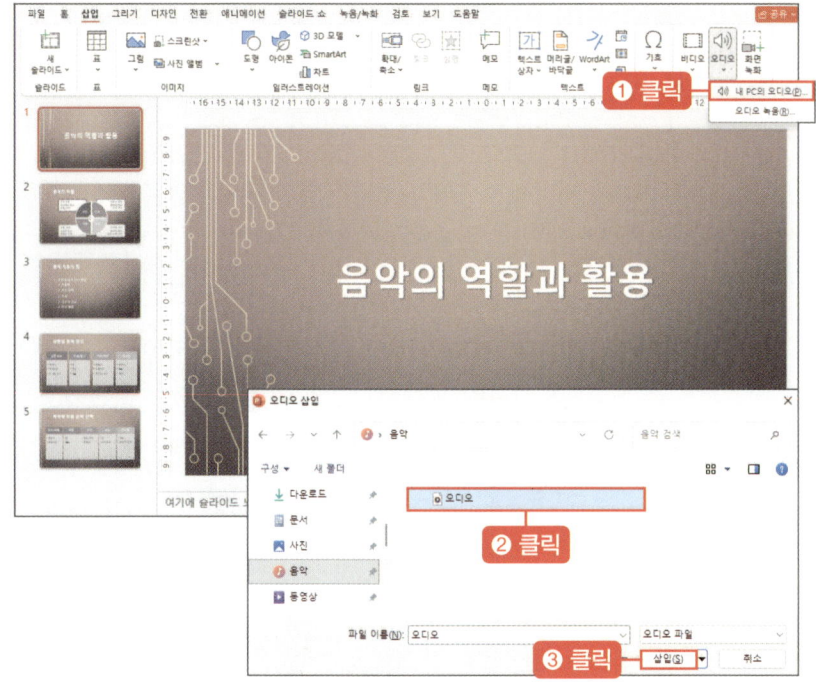

② 슬라이드에 스피커와 오디오 컨트롤 도구가 표시됩니다. 스피커를 드래그하여 오른쪽 위에 배치합니다.

2 오디오 제어하기

1 오디오가 재생되는지 확인하기 위해 오디오 컨트롤 도구의 재생(▶) 버튼을 클릭합니다.

> **TIP** [재생] 탭-[미리보기] 그룹-[재생]을 클릭해도 됩니다.

2 오디오 컨트롤 도구의 음소거/음소거 해제(🔊) 버튼 위로 마우스를 갖다 대면 볼륨 조절 슬라이더가 나타납니다. 마우스로 드래그하여 볼륨을 조절할 수 있습니다.

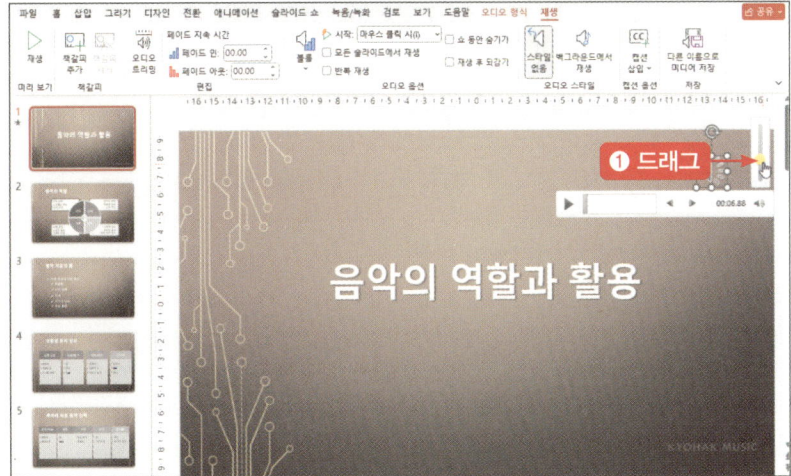

더 알아보기 오디오 컨트롤 도구 알아보기

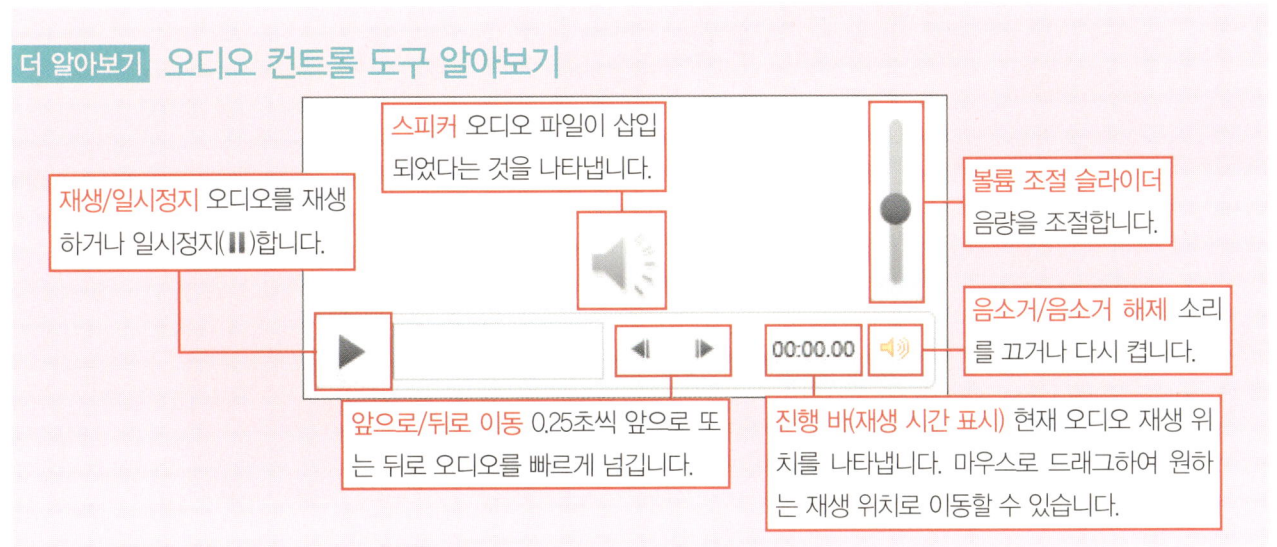

- **재생/일시정지** 오디오를 재생하거나 일시정지(Ⅱ)합니다.
- **스피커** 오디오 파일이 삽입되었다는 것을 나타냅니다.
- **볼륨 조절 슬라이더** 음량을 조절합니다.
- **음소거/음소거 해제** 소리를 끄거나 다시 켭니다.
- **앞으로/뒤로 이동** 0.25초씩 앞으로 또는 뒤로 오디오를 빠르게 넘깁니다.
- **진행 바(재생 시간 표시)** 현재 오디오 재생 위치를 나타냅니다. 마우스로 드래그하여 원하는 재생 위치로 이동할 수 있습니다.

③ 슬라이드 쇼를 실행하면 오디오가 자동으로 재생되게 설정할 수 있습니다. 스피커가 선택된 상태에서 [재생] 탭–[오디오 옵션] 그룹에서 [시작: 자동 실행], [모든 슬라이드에서 재생], [반복 재생]을 체크합니다.

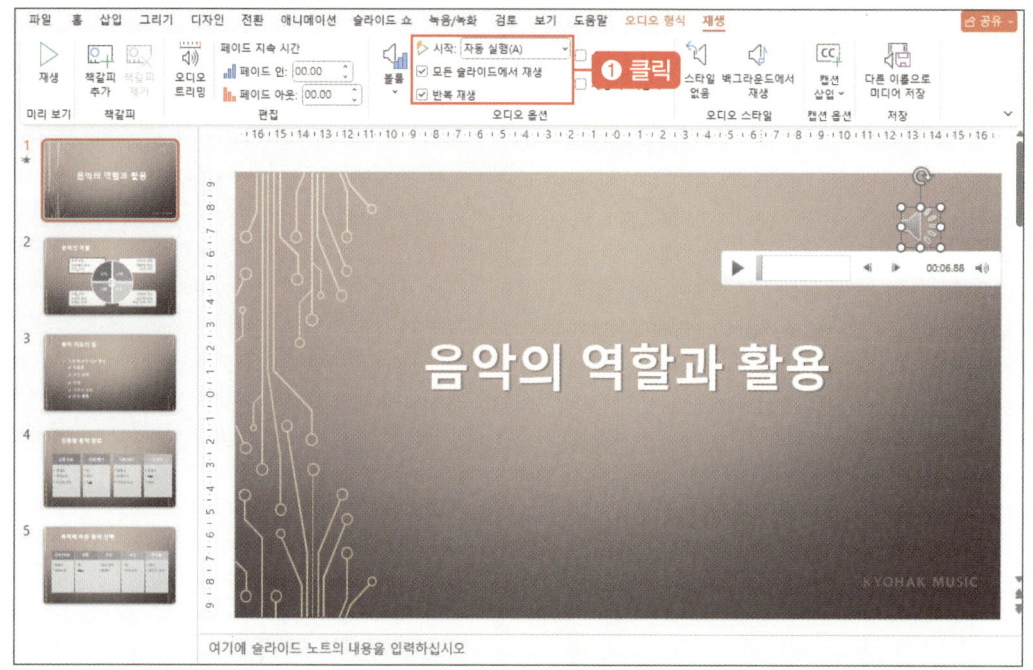

TIP [오디오 스타일] 그룹–[백그라운드에서 재생]을 클릭하면 슬라이드 전체에 걸쳐 오디오가 배경에서 계속 재생되므로 [시작: 자동 실행], [모든 슬라이드에서 재생], [반복 재생]이 자동으로 체크됩니다. [스타일 없음]을 클릭하면 모두 해제됩니다.

④ [오디오 형식] 탭에서 스피커 모양을 변경할 수 있습니다. 스피커를 선택하고 [오디오 형식] 탭–[그림 스타일] 그룹–[빠른 스타일]–[단순형 프레임, 흰색]을 클릭합니다.

3 오디오 트리밍과 부드럽게 시작하고 끝내기

1 삽입된 오디오에서 들려주고 싶은 부분만 편집하여 사용할 수 있습니다. 스피커가 선택된 상태에서 [재생] 탭-[편집] 그룹-[오디오 트리밍]을 클릭합니다.

2 [오디오 트리밍] 대화상자의 초록색 시작점과 빨간색 끝점을 드래그하여 재생 구간을 설정한 후 [확인]을 클릭합니다.

3 오디오를 부드럽게 시작하고 끝내기 위해 페이드 인/아웃을 설정해 줍니다. 스피커가 선택된 상태에서 [재생] 탭-[편집] 그룹-[페이드 인]과 [페이드 아웃]을 '03.00'으로 조정합니다.

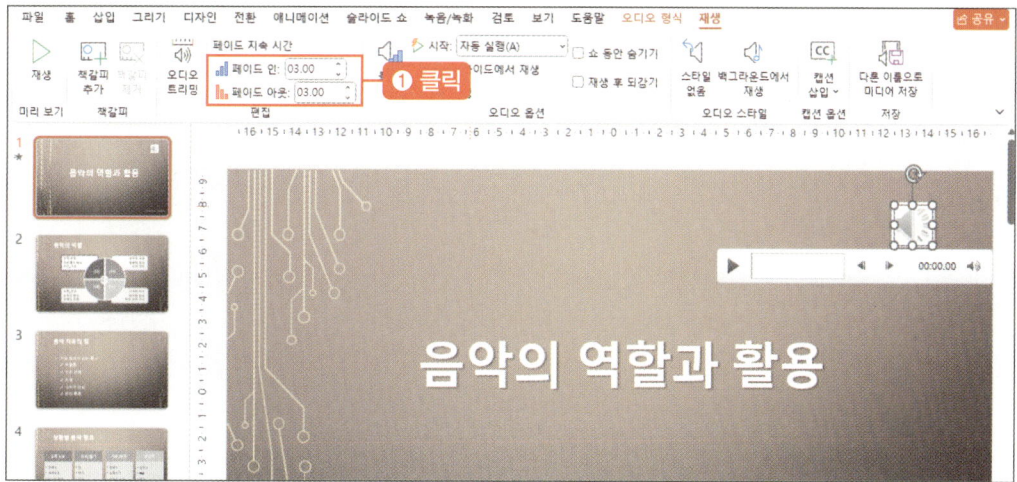

4 오디오 재생 중지하기

1 1번~2번 슬라이드에서만 오디오를 재생하기 위해 스피커를 선택한 후 [애니메이션] 탭-[애니메이션] 그룹-[추가 효과 옵션 표시]를 클릭합니다.

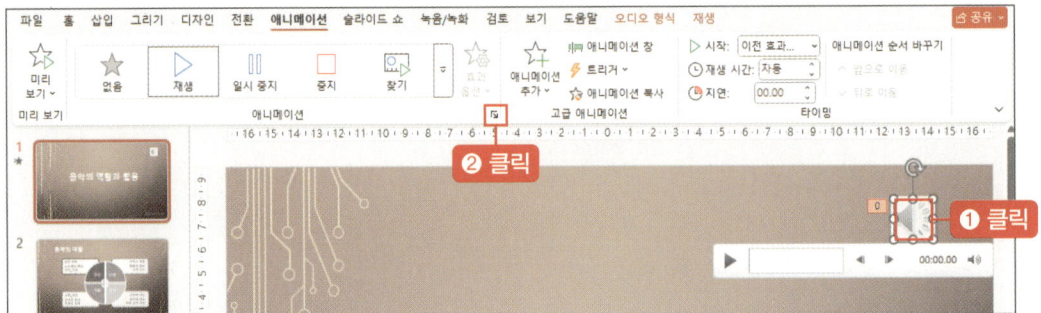

2 [오디오 재생] 대화상자가 열리면 [효과] 탭-[재생 중지]-[지금부터]에 체크한 후 2를 입력하고 [확인]을 클릭합니다.

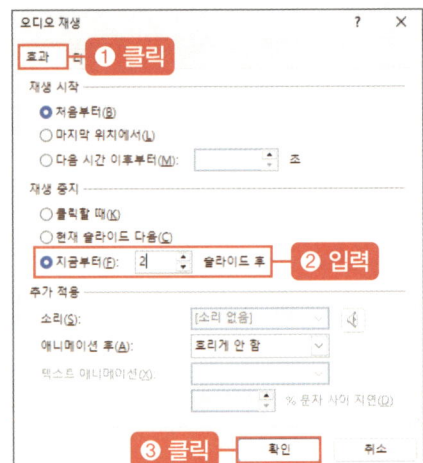

> **TIP** [지금부터]에는 오디오 시작 슬라이드부터 종료 슬라이드까지의 슬라이드 개수를 입력합니다.

3 화면 아래의 [슬라이드 쇼]를 클릭하거나 [슬라이드 쇼] 탭-[슬라이드 쇼 시작] 그룹-[처음부터]를 클릭하여 설정한 대로 오디오가 재생되는지 확인합니다.

셀프 테스트

1 '한글날 경축식 식순.pptx' 파일을 열어서 2번 슬라이드에 오디오를 삽입하고 스피커 모양을 '빠른 스타일-금속 타원'으로 변경해 보세요.

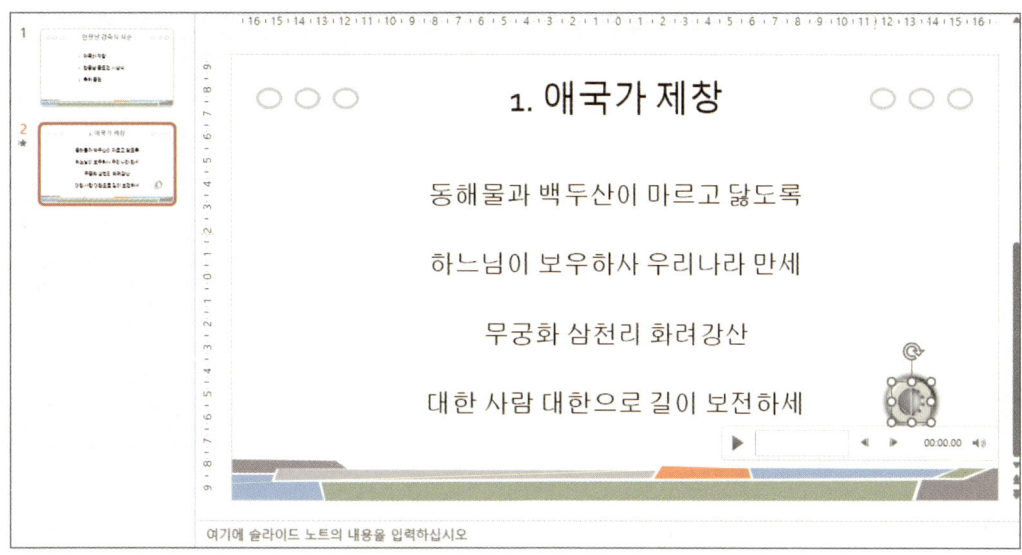

오디오 애국가.mp3

2 1번 문제에 이어서 삽입한 오디오를 '마우스 클릭 시' 재생되도록 하고, 페이드 인 시간을 '02.00'으로 설정한 후 스피커의 위치를 왼쪽 위로 배치해 보세요.

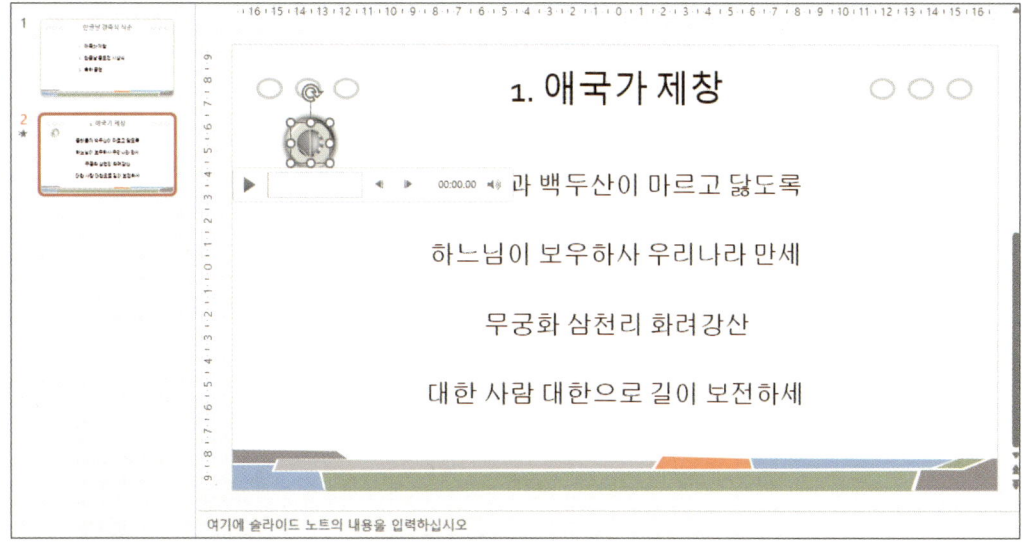

PowerPoint 2021

15 비디오 삽입과 제어
SECTION

파워포인트에서는 청중의 이해를 높이기 위해 제품 시연, 홍보 영상 등 다양한 형태의 비디오를 직접 삽입할 수 있습니다. 이 섹션에서는 비디오를 삽입하고 제어하는 방법과 비디오 서식을 변경하는 방법을 알아봅니다.

1 비디오 삽입하기

① '한국의 봄.pptx' 파일을 열어서 비디오를 삽입하기 위해 [삽입] 탭-[미디어] 그룹-[비디오]-[이 디바이스]를 클릭합니다.

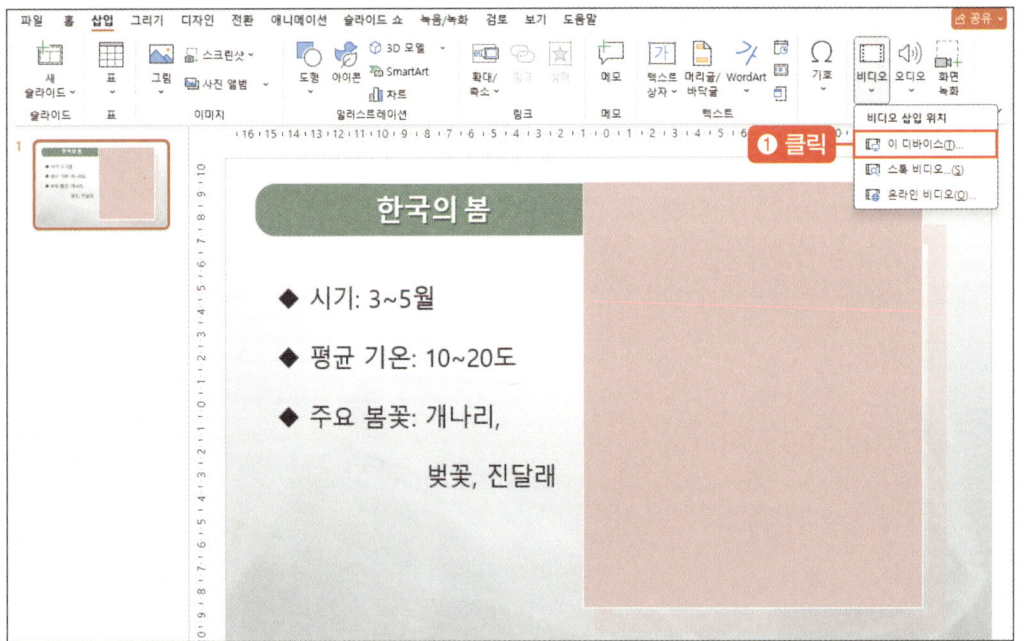

② [비디오 삽입] 대화상자가 열리면 '한국의 봄.mp4'를 선택한 후 [삽입]을 클릭합니다.

❸ 삽입된 비디오를 드래그하여 오른쪽에 배치하고, 크기 조절 핸들을 드래그하여 도형 안에 들어가도록 조절합니다.

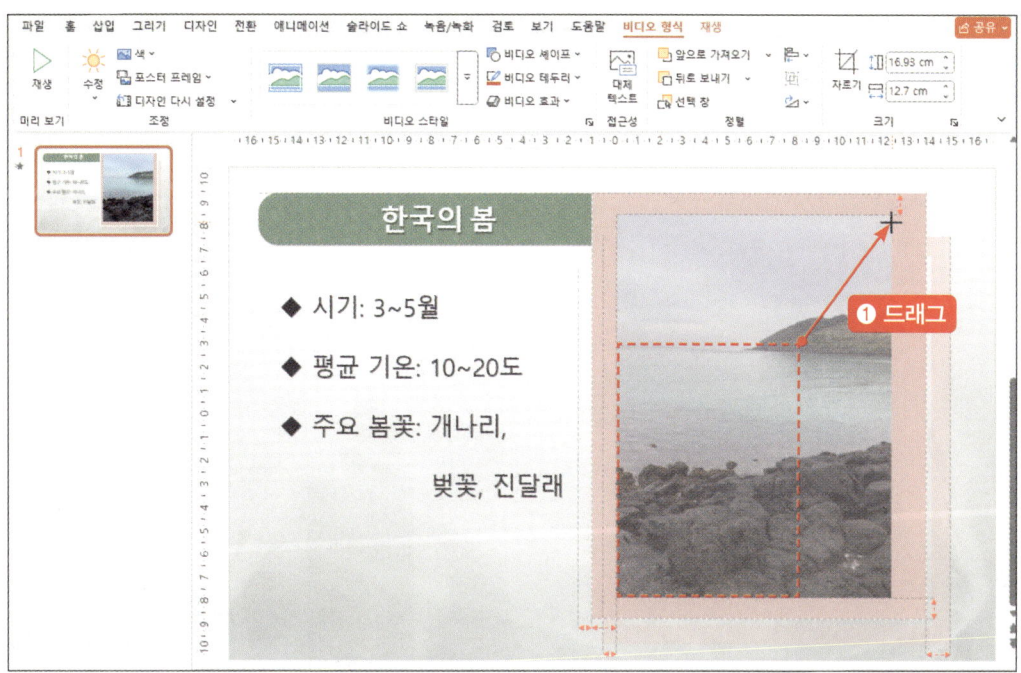

❹ 슬라이드 쇼를 시작하면 자동으로 비디오가 실행되도록 설정하기 위해 비디오가 선택된 상태에서 [재생] 탭-[비디오 옵션] 그룹-[시작]-[자동 실행]을 클릭합니다.

TIP 전체 화면 재생 슬라이드 쇼를 실행하면 비디오만 전체 화면에서 재생됩니다.

2 비디오 트리밍과 페이드 시간 설정하기

1 트리밍 기능을 사용해 비디오의 원하는 부분만 재생할 수 있습니다. 비디오가 선택된 상태에서 [재생] 탭-[편집] 그룹-[비디오 트리밍]을 클릭합니다. [비디오 트리밍] 대화상자에서 슬라이더를 드래그하여 '시작 시간'과 '종료 시간'을 설정한 후 [확인]을 클릭합니다.

2 이어서 페이드 시간을 설정하기 위해 [재생] 탭-[편집] 그룹-[페이드 인]과 [페이드 아웃] 시간을 모두 '01.50'로 설정합니다. F5 키를 눌러 슬라이드 쇼를 실행하여 설정한 대로 비디오가 재생되는지 확인합니다.

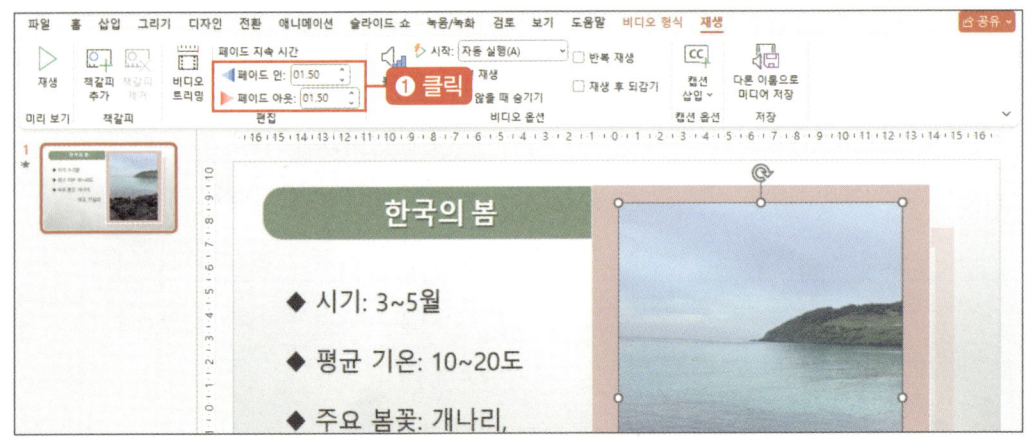

3 비디오 표지와 서식 변경하기

1 슬라이드의 비디오 표지를 변경하기 위해 비디오를 선택한 후 [비디오 형식] 탭-[조정] 그룹-[포스터 프레임]-[파일의 이미지]를 클릭합니다.

2 [그림 삽입] 대화상자가 열리면 [파일에서]를 선택한 후 '봄꽃'을 선택하고 [삽입]을 클릭합니다.

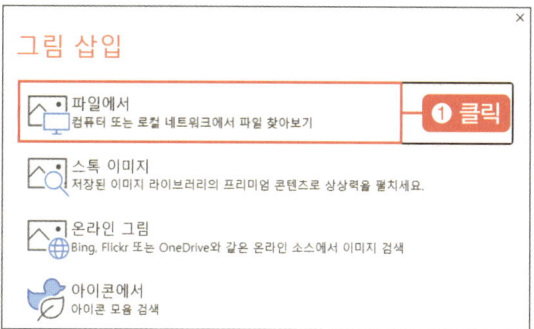

3 비디오 표지가 선택한 이미지로 변경되었습니다.

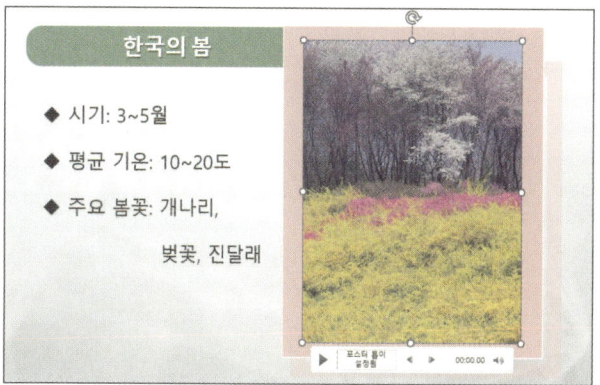

④ 비디오 밝기를 변경하기 위해 비디오가 선택된 상태에서 [비디오 형식] 탭-[조정] 그룹-[수정]을 클릭한 후 [밝기/대비]-[밝기: +20%, 대비: +40%]를 선택합니다.

⑤ 계속해서 [비디오 형식] 탭-[비디오 스타일] 그룹-[비디오 스타일] 목록(▼)을 클릭한 후 [일반-회전, 흰색]을 선택합니다.

⑥ 비디오 서식이 변경되었습니다.

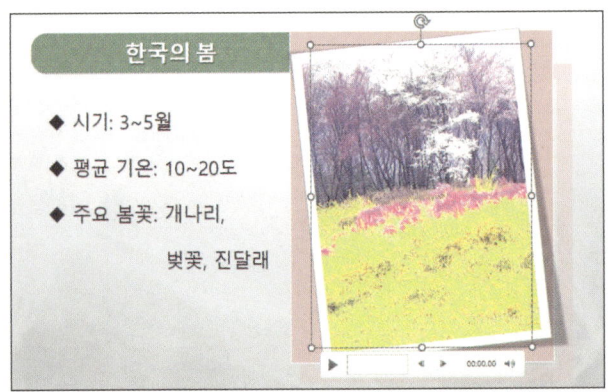

TIP 비디오 서식 취소하기 [비디오 형식] 탭-[조정] 그룹-[디자인 다시 설정]

셀프 테스트

1 '새로운 레시피.pptx' 파일을 열어서 다음과 같이 비디오를 삽입하고, 슬라이드 쇼를 시작하면 자동으로 비디오가 실행되도록 설정해 보세요.

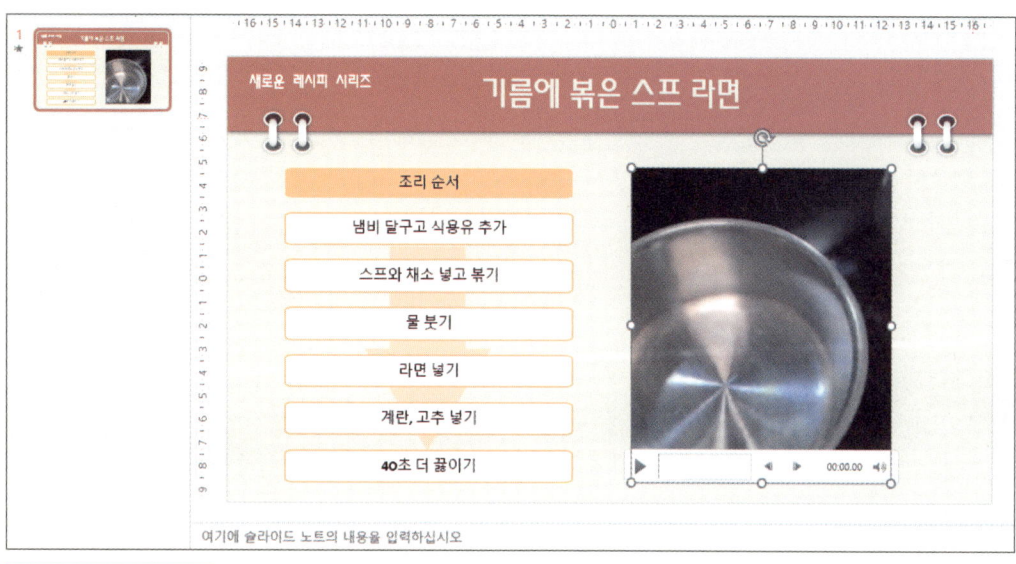

비디오 라면.mp4

2 1번 문제에 이어서 삽입한 비디오 형식을 '사각형: 둥근 모서리'로 설정하고 비디오 표지를 다음과 같이 변경해 보세요.

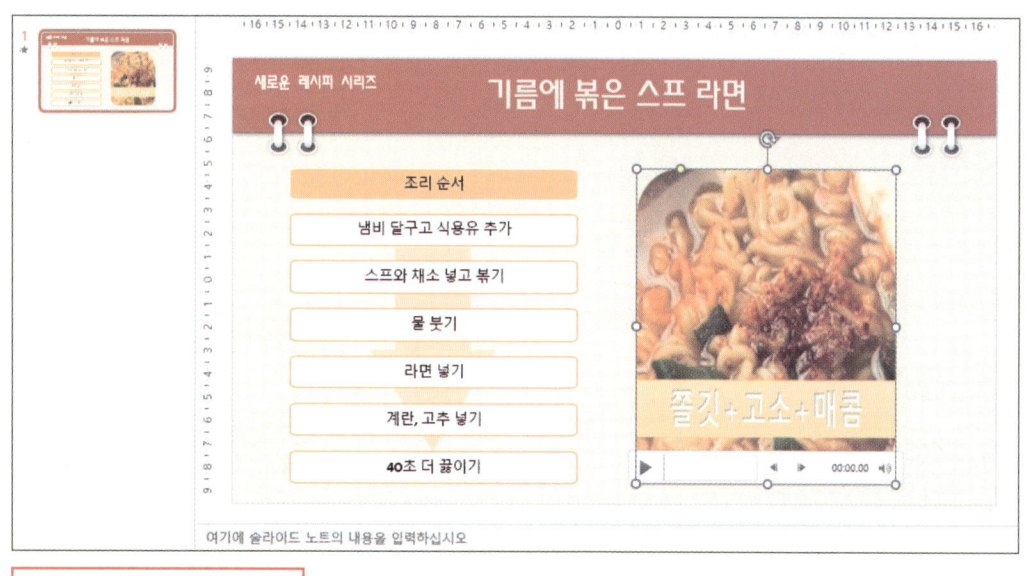

표지 이미지 라면 표지.jpg

PowerPoint 2021

SECTION 16 애니메이션 효과

애니메이션 효과는 슬라이드에 삽입된 개체에 움직이는 효과를 주는 기능입니다. 텍스트, 이미지, 표, 차트 등에 다양한 애니메이션을 설정하여 시각적으로 강조할 때 효과적입니다.

1 애니메이션 설정하기

1 '꼬들라면 제조 과정.pptx' 파일을 엽니다. 1번 슬라이드에서 '친환경 재료'가 삽입된 첫 번째 도형을 선택한 후 [애니메이션] 탭-[애니메이션] 그룹-[애니메이션 스타일] 목록(▼)을 클릭합니다.

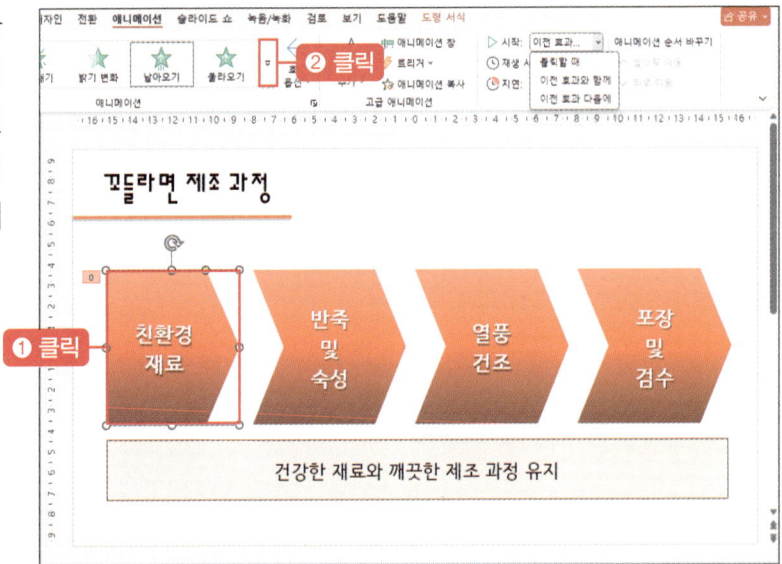

2 애니메이션 목록에서 [나타내기]-[날아오기]를 선택합니다.

③ 바로 이어서 [효과 옵션]-[오른쪽에서]를 선택합니다. 도형이 슬라이드의 오른쪽에서 날아오는 효과가 적용됩니다.

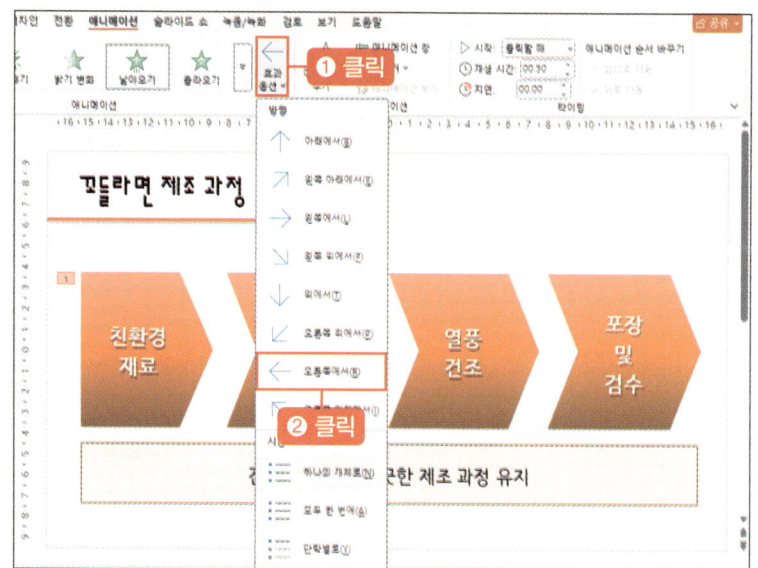

④ 도형이 선택된 상태에서 애니메이션 타이밍을 설정합니다. [애니메이션] 탭-[타이밍] 그룹-[시작: 이전 효과 다음에]를 클릭합니다.

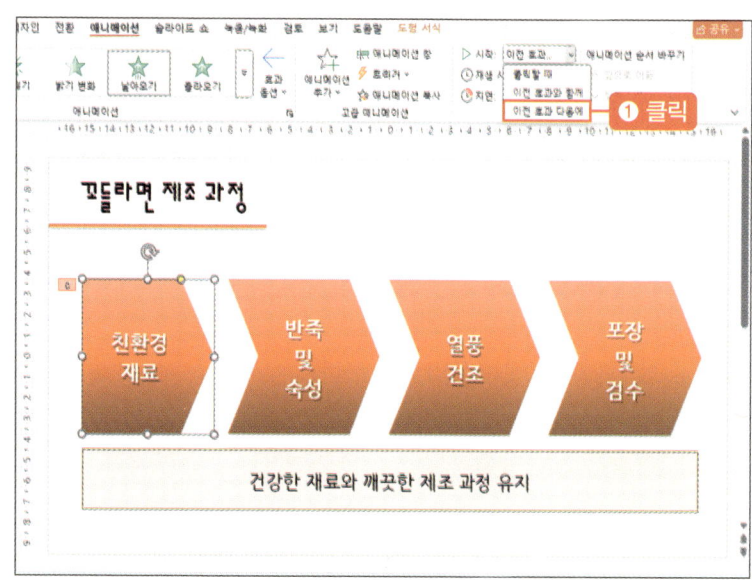

⑤ 애니메이션이 실행되는 시간을 설정하기 위해 [재생 시간: 01.00]으로 설정합니다.

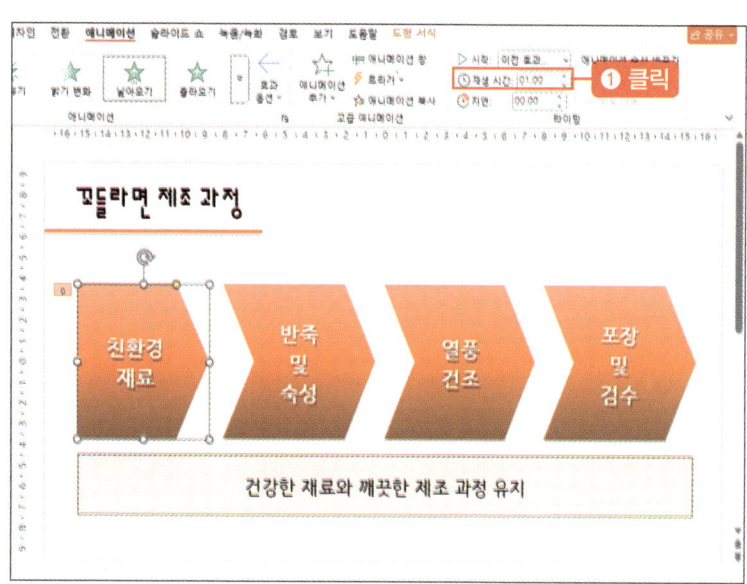

TIP 재생 시간이 길수록 애니메이션 재생 속도는 느려집니다. 지연 시간은 애니메이션이 실행되기 전에 대기하는 시간을 의미합니다.

2 애니메이션 복사하기

1 애니메이션을 복사하여 다른 개체에 그대로 적용할 수 있습니다. 첫 번째 도형을 선택한 후 [애니메이션] 탭-[고급 애니메이션] 그룹-[애니메이션 복사]를 더블클릭합니다.

> **TIP** [애니메이션 복사]를 한 번 클릭하면 다른 개체에 한 번 적용할 수 있고, 더블클릭하면 여러 번 적용할 수 있습니다.

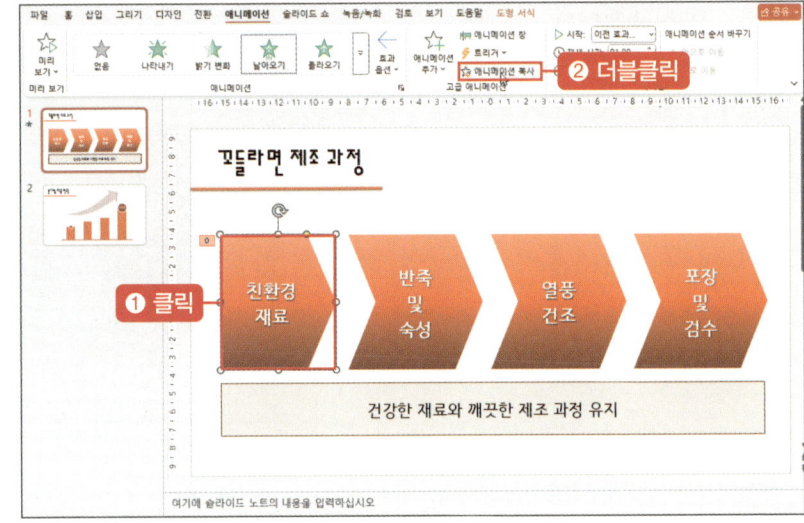

2 마우스 포인터가 모양으로 바뀌면 '반죽 및 숙성'에서 '포장 및 검수'까지의 도형을 차례대로 클릭합니다. 애니메이션이 다른 도형에도 동일하게 적용됩니다. 애니메이션 복사를 마치면 Esc 키를 눌러 복사 기능을 해제합니다.

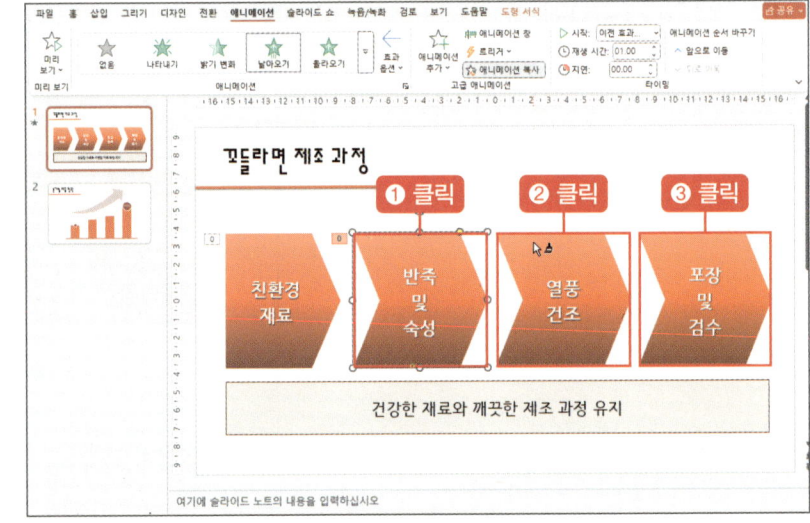

3 [애니메이션] 탭-[미리 보기] 그룹-[미리 보기]를 클릭하여 설정한 애니메이션을 확인합니다.

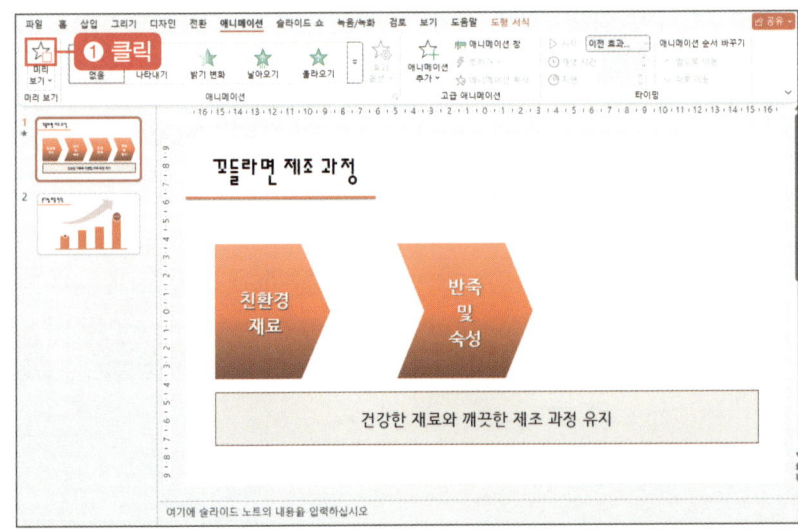

3 애니메이션 추가하기

① 2번 슬라이드에서 막대 그래프를 모두 선택한 후 [애니메이션] 탭-[애니메이션] 그룹-[애니메이션 스타일]-[올라오기]를 클릭합니다. 이어서 [효과 옵션]-[서서히 위로]를 선택합니다.

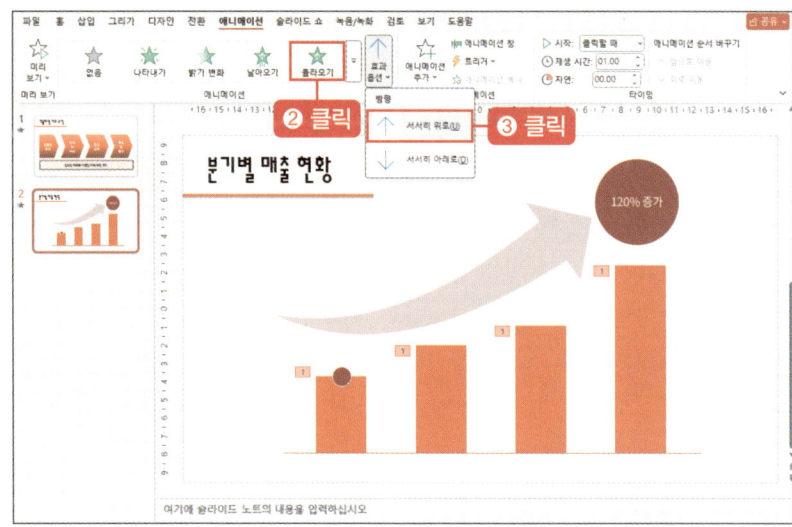

② 화살표와 '120%'가 삽입된 원을 모두 선택한 후 [애니메이션] 탭-[애니메이션] 그룹-[애니메이션 스타일] 목록(▼)에서 [나타내기]-[닦아내기]를 선택합니다.

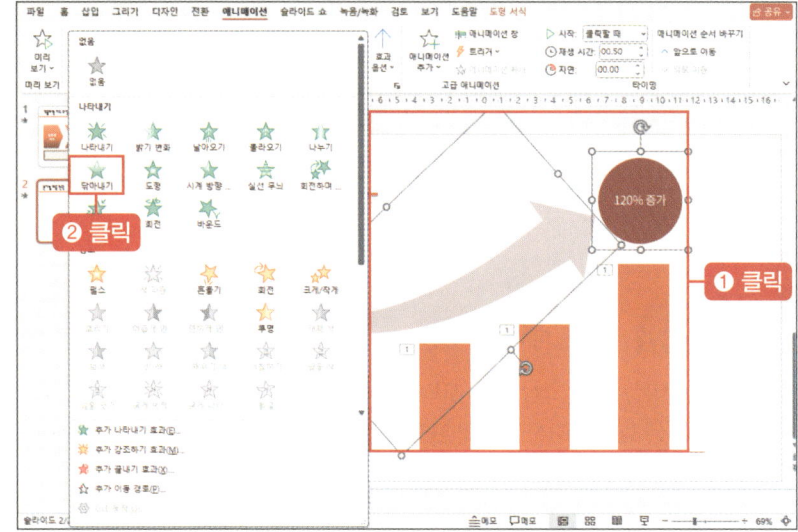

③ 바로 이어서 [애니메이션] 탭-[타이밍] 그룹-[시작: 이전 효과 다음에]를 클릭합니다.

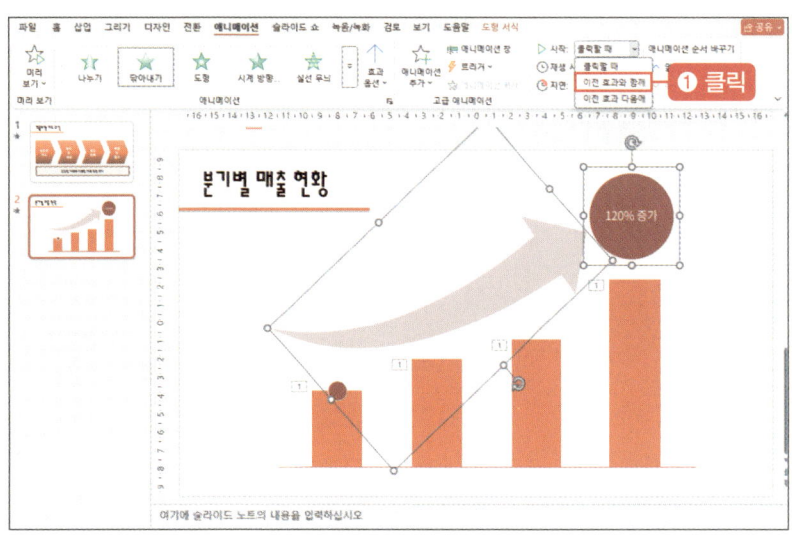

4 원을 선택하고 [애니메이션] 탭-[고급 애니메이션] 그룹-[애니메이션 추가]를 클릭한 후 [강조]-[크게/작게]를 선택합니다. 앞에서 적용한 [닦아내기] 애니메이션에 [크게/작게] 애니메이션이 추가로 적용됩니다.

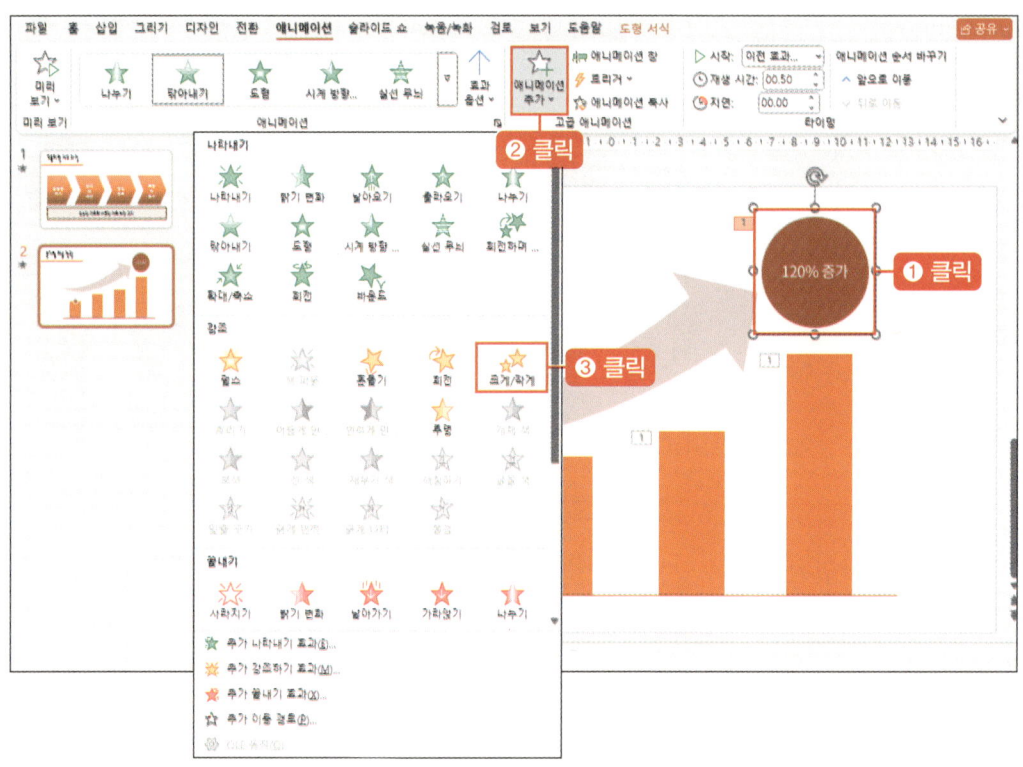

> **더 알아보기** 애니메이션 창
>
> [애니메이션] 탭-[고급 애니메이션]-[애니메이션 창]을 클릭하면 화면 오른쪽에 [애니메이션 창]이 나타납니다. 슬라이드에 적용된 애니메이션 목록이 표시되며, 애니메이션의 실행 순서와 타이밍을 관리할 수 있습니다.
>
> ❶ 애니메이션 순서 바꾸기
> 화살표를 눌러 순서를 바꿀 수 있습니다.
>
> ❷ 애니메이션 제거하기
> 제거할 애니메이션을 선택한 후 목록(▼)을 눌러 [제거]를 클릭합니다.
>
>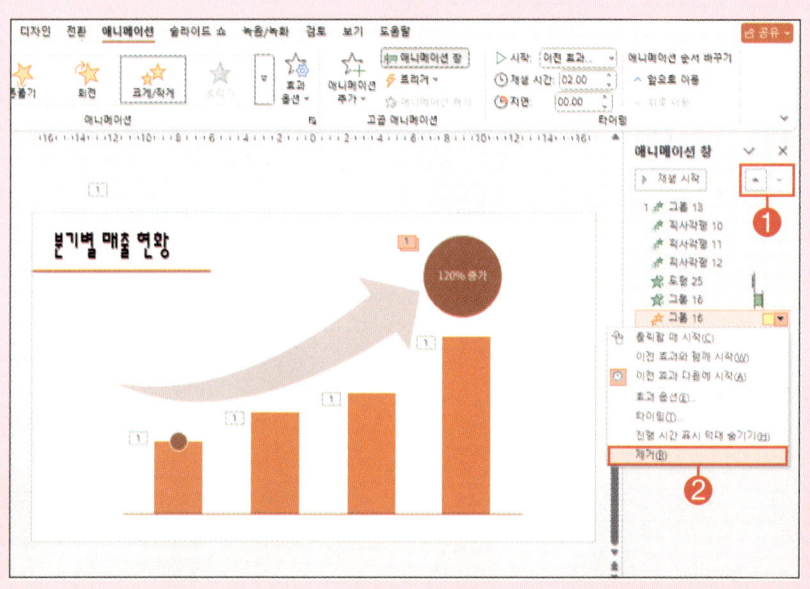

셀프 테스트

1 '스타트업 성장지원 계획.pptx' 파일을 열어서 1단계의 도형에 애니메이션을 적용해 보세요.

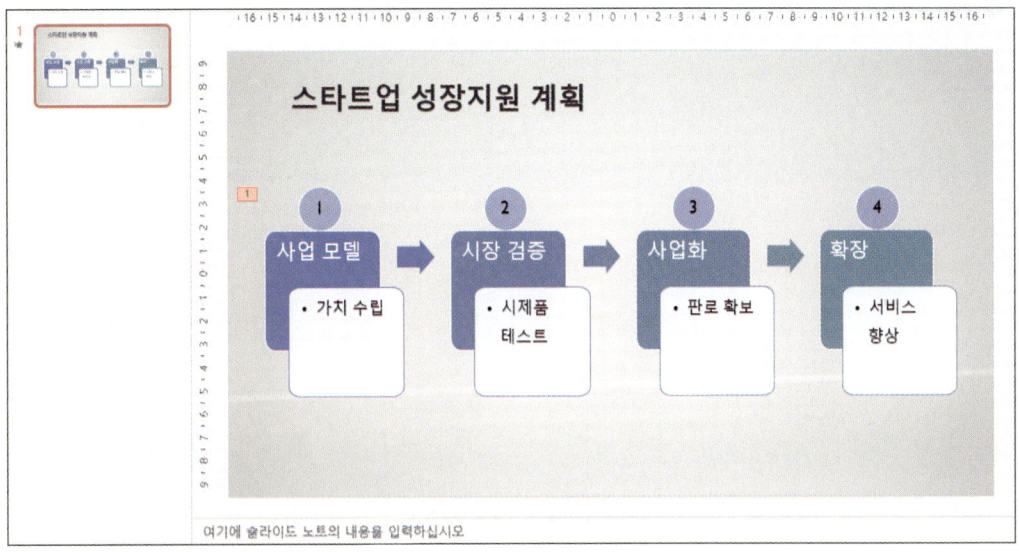

애니메이션 닦아내기 효과 옵션 왼쪽에서 재생 시간 01.50

2 1번 문제에 이어서 1단계의 애니메이션을 2~3단계의 도형에 복사한 뒤, 타이밍을 '시작: 이전 효과 다음에'로 설정해 보세요.

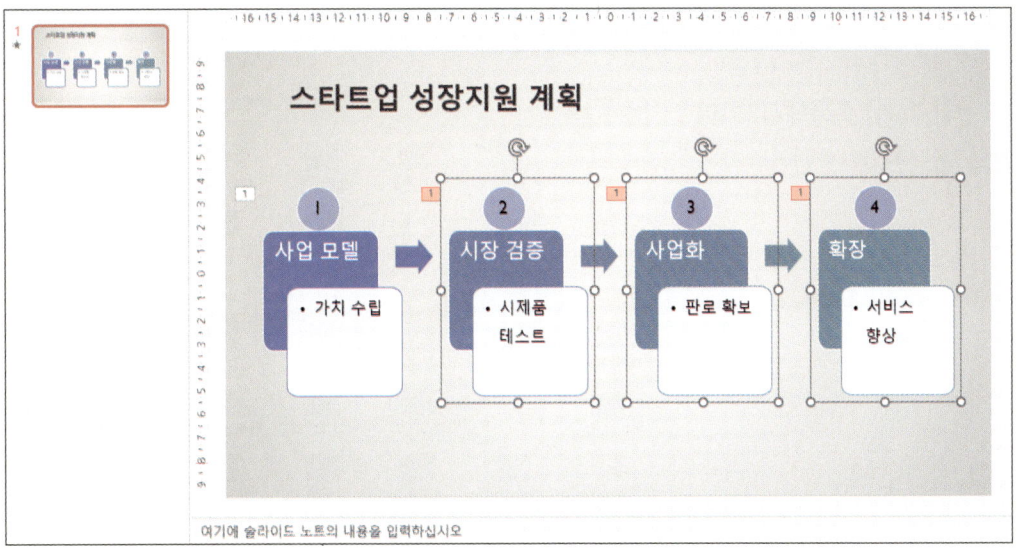

PowerPoint 2021

17 화면 전환과 모핑
SECTION

화면 전환 효과를 활용하여 슬라이드와 슬라이드를 자연스럽게 연결할 수 있습니다. 모핑 전환 효과는 개체의 위치, 크기 등의 변화를 부드러운 애니메이션으로 보여 줍니다.

1 화면 전환 효과 적용하기

① '3가지 성공 습관.pptx' 파일을 엽니다. 1번 슬라이드를 선택한 후 [전환] 탭-[슬라이드 화면 전환] 그룹-[화면 전환 효과] 목록(▼)을 클릭합니다.

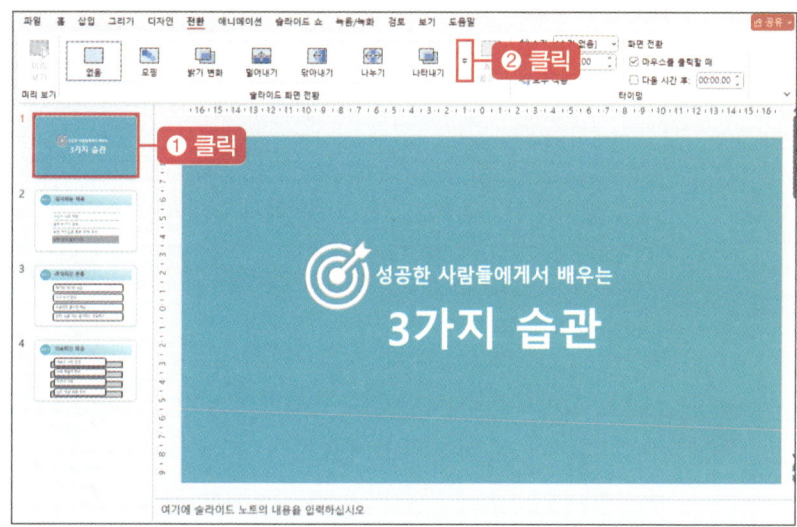

② [화면 전환 효과] 목록에서 [화려한 효과]-[큐브]를 선택합니다.

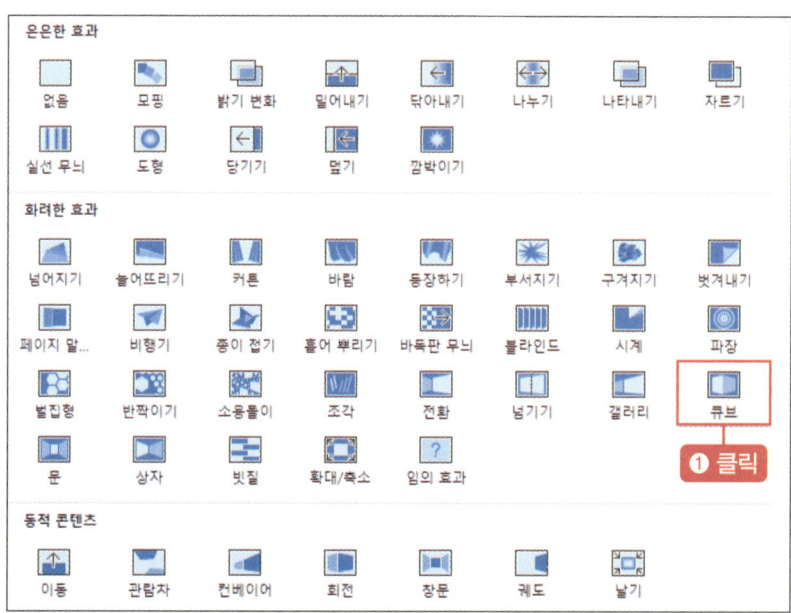

216 · 정보화 실무 파워포인트 2021

3 계속해서 [효과 옵션]-[오른쪽에서]를 클릭합니다.

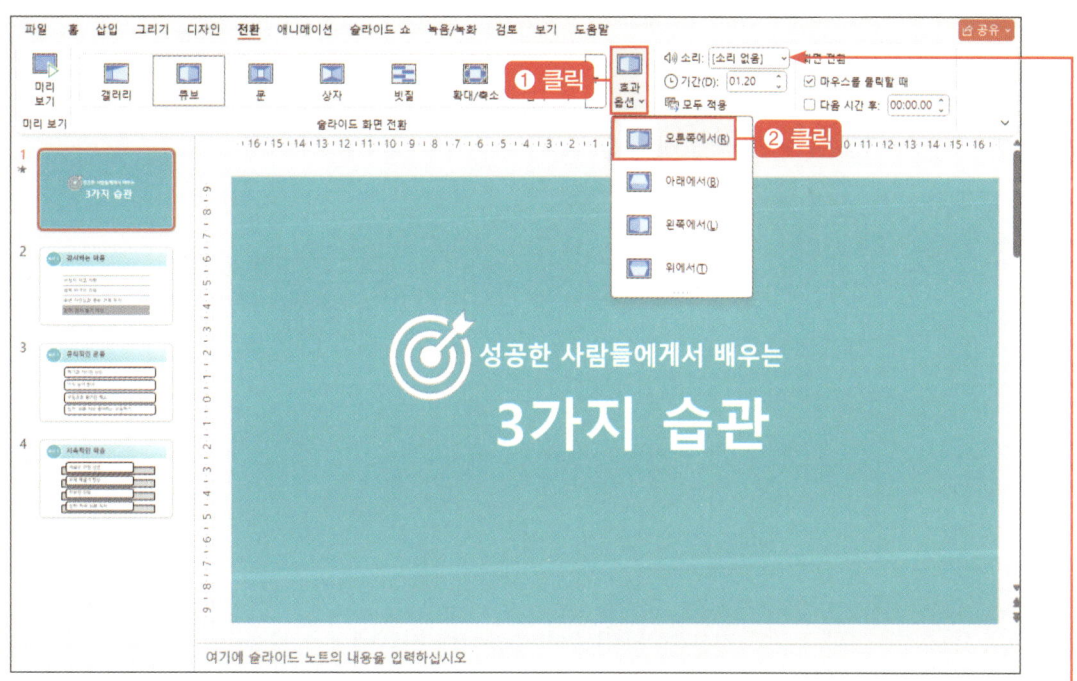

TIP [전환] 탭-[타이밍] 그룹-[소리]에서 효과음을 선택하여 삽입할 수 있습니다. 파워포인트에서 제공하는 기본 효과음 외에 다른 효과음을 삽입하려면 [다른 소리...]를 클릭한 후 [오디오 추가] 대화상자에서 추가하면 됩니다.

4 전환 시간을 설정하기 위해 [전환] 탭-[타이밍] 그룹-[기간: 02.00]으로 설정합니다.

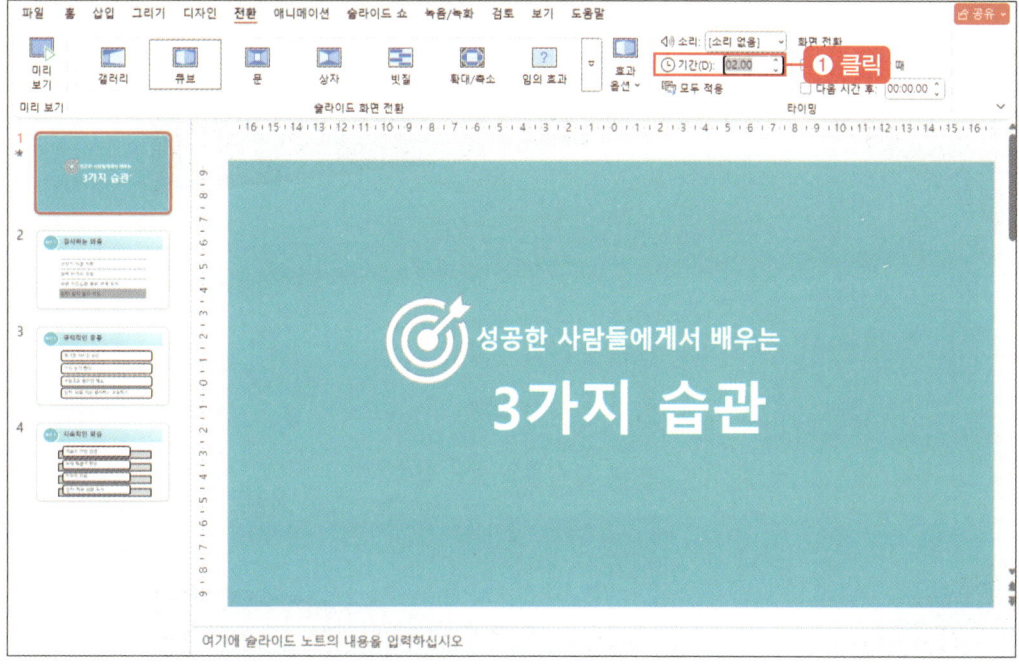

2 화면 전환 효과 제어하기

1 일정 시간이 지나면 자동으로 슬라이드가 전환되게 하려면 [전환] 탭-[타이밍] 그룹-[다음 시간 후]에 체크하고, 시간을 '00:03.00'으로 설정합니다.

2 [전환] 탭-[타이밍] 그룹-[모두 적용]을 클릭하여 슬라이드 전체에 동일한 화면 전환 효과를 적용합니다.

3 [슬라이드 쇼] 탭-[슬라이드 쇼 시작] 그룹-[처음부터]를 클릭하여 화면 전환 효과를 확인합니다.

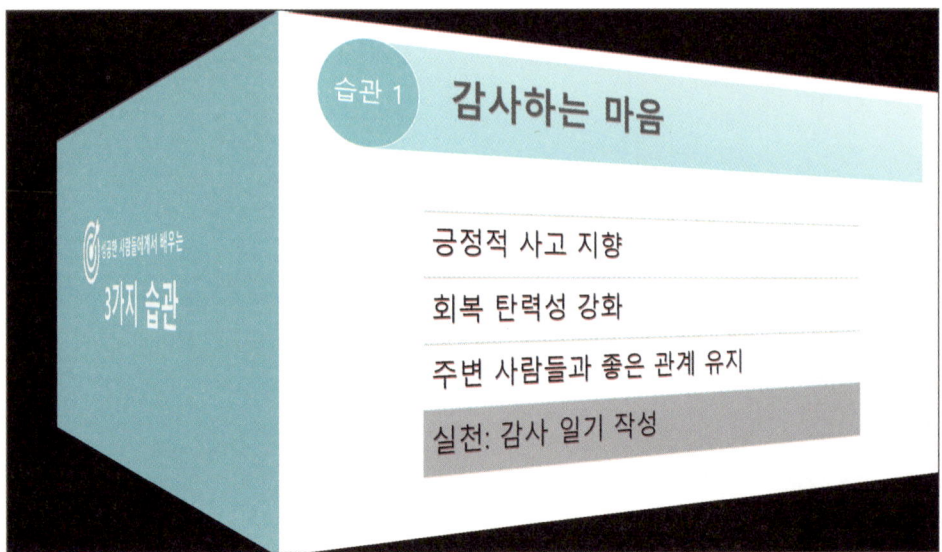

3 모핑 적용하기

1 '모핑.pptx' 파일을 엽니다. 슬라이드 축소 창에서 마우스 오른쪽 버튼을 눌러 [슬라이드 복제]를 클릭합니다.

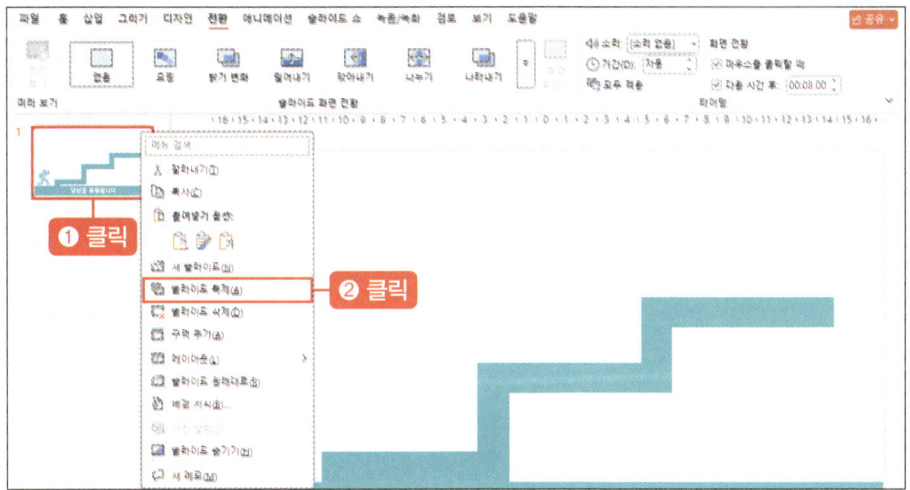

2 복제된 2번 슬라이드에서 사람 모양의 도형을 드래그하여 맨 위의 계단에 배치하고, 조절점을 드래그하여 크기를 키웁니다.

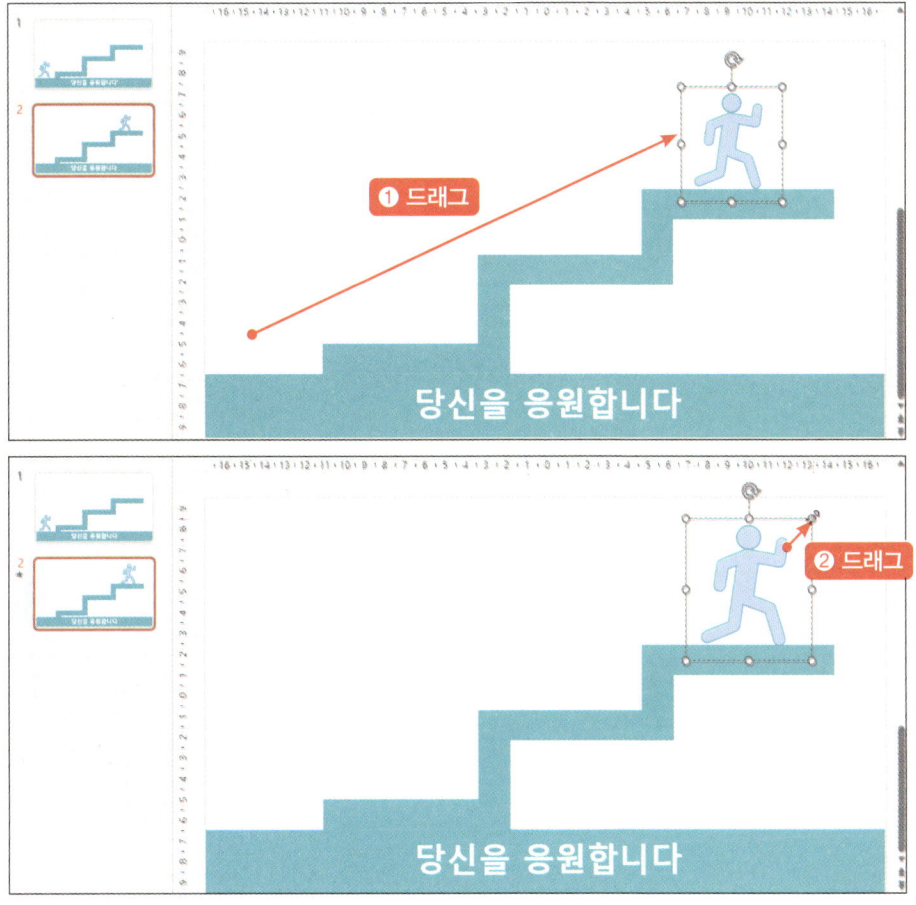

③ 도형의 색을 변경하기 위해 [도형 서식] 탭-[도형 스타일] 그룹-[도형 채우기]-[진한 파랑]을 선택합니다.

④ 2번 슬라이드가 선택된 상태에서 [전환] 탭-[슬라이드 화면 전환] 그룹-[화면전환 효과] 목록(▼)을 클릭한 후 [모핑]을 선택합니다.

> **TIP**
> 모핑(morphing)은 자연스럽게 변하는 것을 말합니다. 모핑 효과를 활용하면 어디가 바뀌었는지 한 눈에 알아볼 수 있습니다.

⑤ 슬라이드 쇼를 실행하여 모핑 전환 효과를 확인합니다.

> **TIP**
> [처음부터 슬라이드 쇼 실행하기] 단축키 F5

셀프 테스트

1 '신속 주문 방법.pptx' 파일을 열어서 전환 효과를 적용해 보세요.

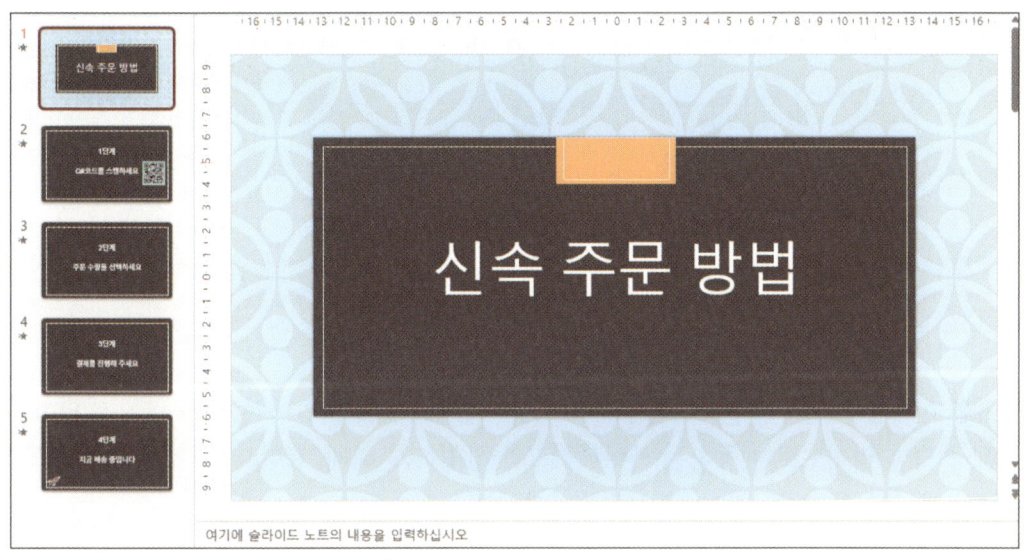

전환 효과 흩어 뿌리기
타이밍 2초 후 자동 전환, 모두 적용

2 1번 문제에 이어서 5번 슬라이드를 복제한 뒤, 로켓이 왼쪽에서 오른쪽으로 이동하는 모핑 전환 효과를 적용해 보세요.

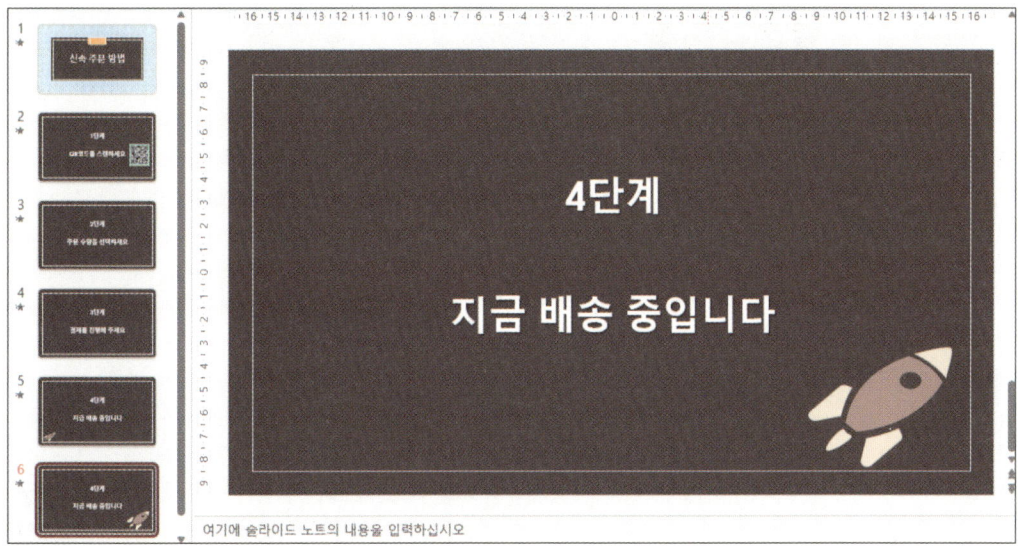

PowerPoint 2021

18 하이퍼링크와 실행 단추
SECTION

하이퍼링크를 활용하면 슬라이드 쇼를 진행할 때 특정 슬라이드나 웹 사이트로 빠르게 연결할 수 있습니다. 또한 실행 단추에 하이퍼링크를 추가하여 원하는 슬라이드로 쉽게 이동할 수 있습니다.

1 하이퍼링크 설정하기

1 '프리미엄 신제품 카탈로그.pptx' 파일에서 1번 슬라이드를 선택합니다. 제품명을 클릭하면 해당 제품의 상세 설명 슬라이드로 이동하는 하이퍼링크를 삽입하기 위해 '요리사 냉장고'가 적힌 도형을 선택한 후 [삽입] 탭-[링크] 그룹-[링크]를 클릭합니다.

2 [하이퍼링크 삽입] 대화상자가 열리면 [현재 문서]-[2. 요리사 냉장고]를 선택한 후 [확인]을 클릭합니다.

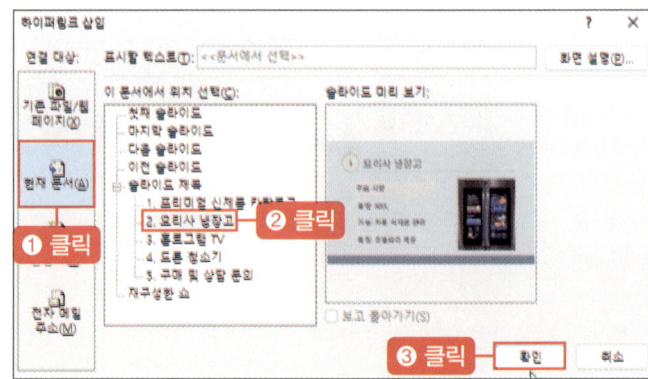

222 · 정보화 실무 파워포인트 2021

③ 슬라이드 쇼를 실행하고 하이퍼링크가 설정된 도형 위로 마우스를 갖다 대면 손 모양이 나타납니다. 이를 클릭하면 2번 슬라이드로 이동합니다.

④ 같은 방법으로 '홀로그램 TV'가 적힌 도형을 클릭하면 [현재 문서]-[3. 홀로그램 TV] 슬라이드로 이동하고, '드론 청소기'가 적힌 도형을 클릭하면 [현재 문서]-[4. 드론 청소기]로 이동하도록 하이퍼링크를 설정합니다.

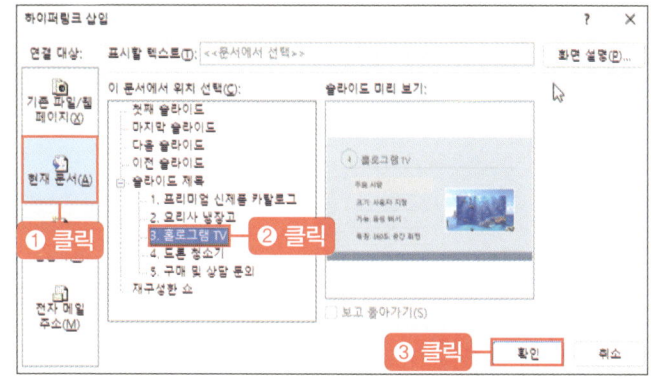

⑤ 하이퍼링크가 잘못 연결되었을 때는 [링크 편집]을 이용해 수정할 수 있습니다. 하이퍼링크가 연결된 도형에서 마우스 오른쪽 버튼을 누른 후 [링크 편집]을 클릭합니다. [하이퍼링크 편집] 대화상자에서 링크를 수정하나 제거할 수 있습니다.

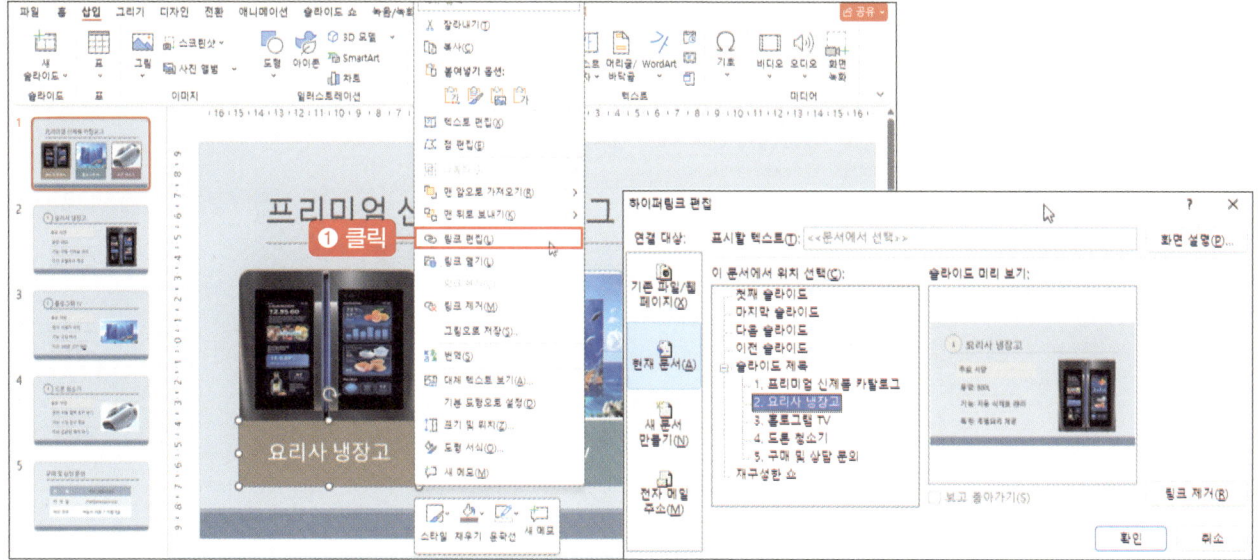

2 실행 단추 삽입하기

1 실행 단추를 삽입하여 슬라이드 간 연결을 설정할 수 있습니다. 2번 슬라이드를 선택하고 [삽입] 탭-[일러스트레이션] 그룹-[도형]-[실행 단추: 홈으로 이동(🏠)]을 클릭합니다.

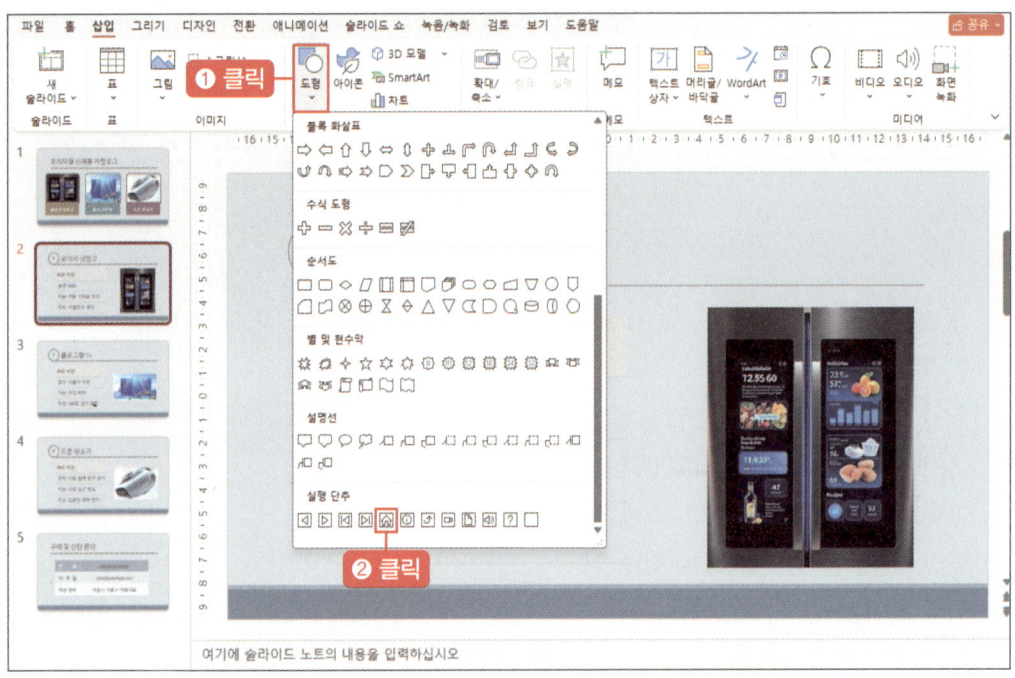

2 슬라이드에 마우스를 드래그하면 실행 단추가 삽입되면서 동시에 [실행 설정] 대화상자가 열립니다.

③ [실행 설정] 대화상자에서 하이퍼링크 목록을 클릭하여 '슬라이드'를 선택합니다.

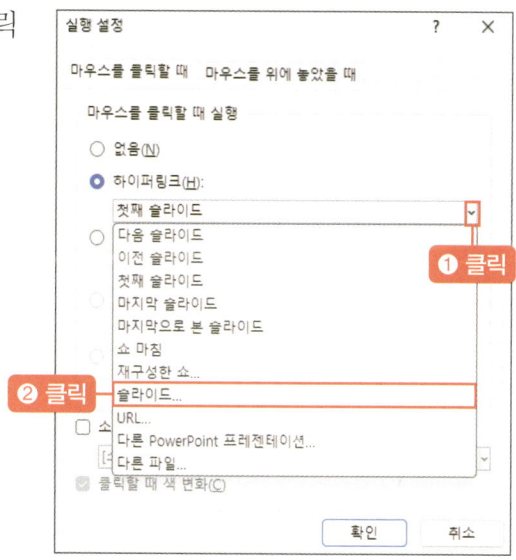

④ [슬라이드 하이퍼링크] 대화상자에서 '1. 프리미엄 신제품 카탈로그'를 선택하고 [확인]을 클릭합니다. 이어서 [실행 설정] 대화상자에서도 [확인]을 클릭합니다.

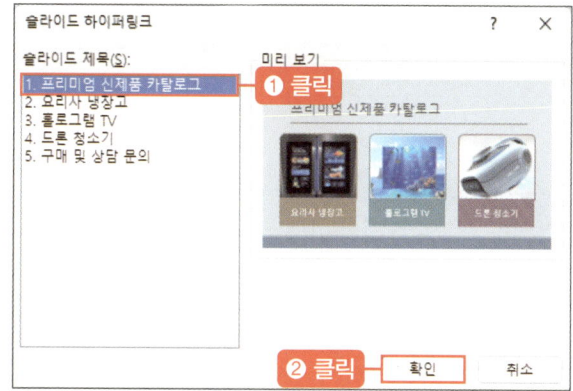

⑤ 실행 단추가 선택된 상태에서 [도형 서식] 탭-[도형 스타일] 그룹-[빠른 스타일] 목록(▼)에서 [그라데이션 채우기, 청회색, 강조 4, 윤곽선 없음]을 클릭하여 스타일을 변경합니다.

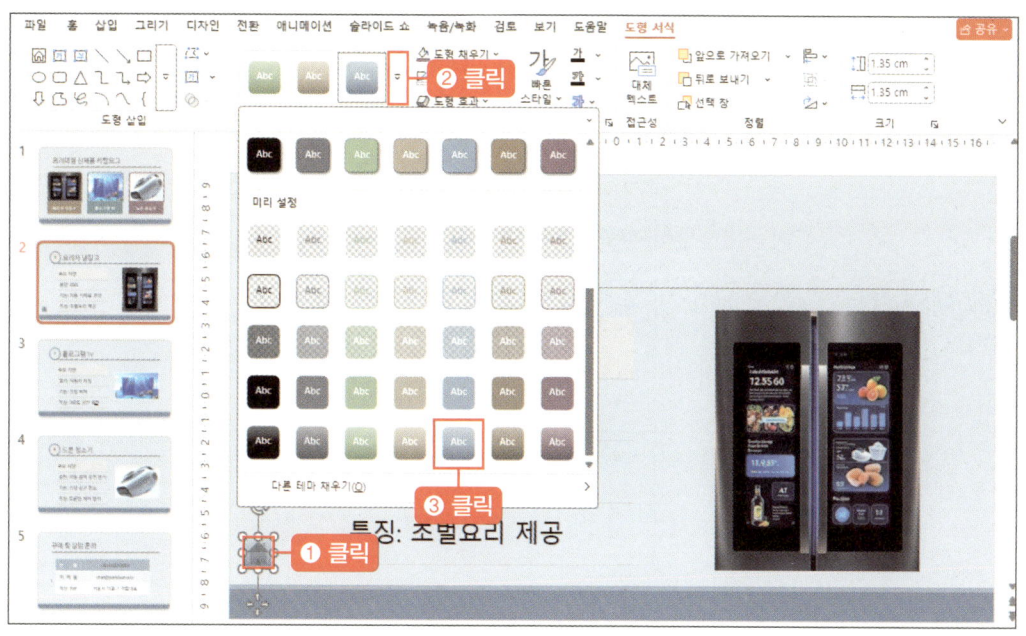

6 실행 단추를 복사하여 3번~5번 슬라이드에 모두 붙여넣습니다.

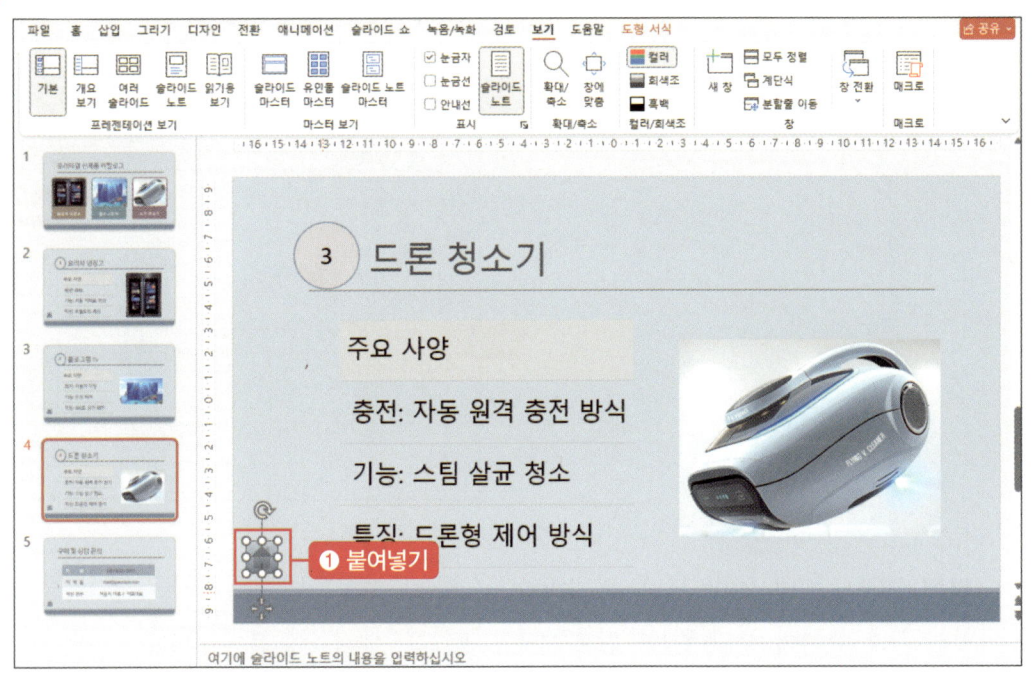

7 [슬라이드 쇼]를 실행하고 실행 단추를 클릭하면 1번 슬라이드로 이동하는 것을 확인할 수 있습니다.

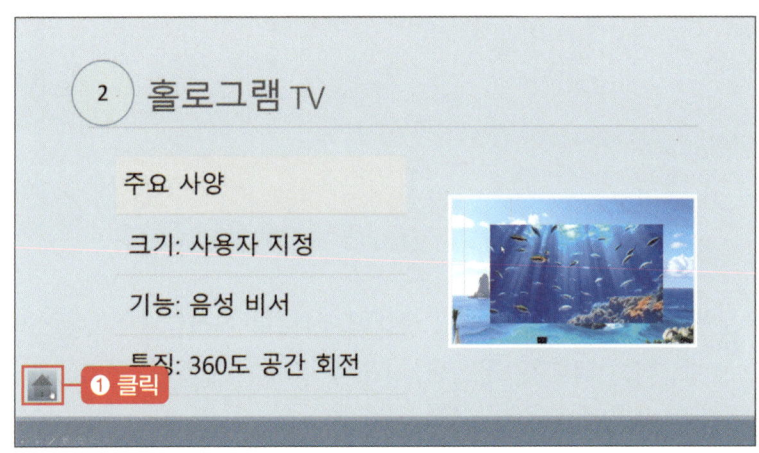

더 알아보기 웹 사이트 연결하기

[삽입] 탭-[링크] 그룹-[링크]를 클릭한 후 [하이퍼링크 삽입] 대화상자에서 연결할 웹 사이트 주소를 입력하고 [확인]을 클릭합니다.

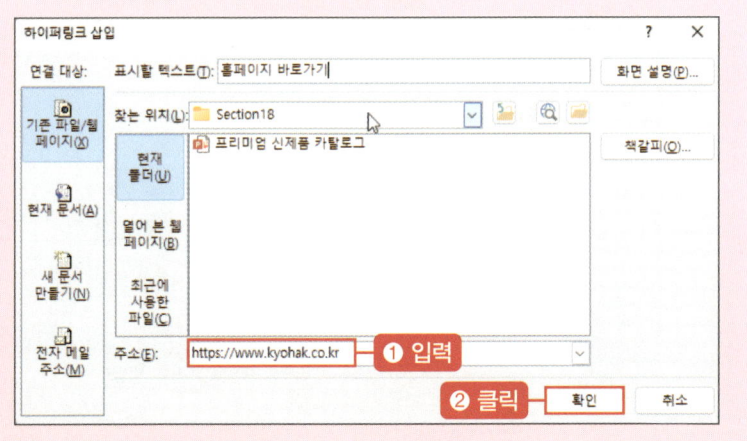

셀프 테스트

1 '사과품은 제품소개서.pptx' 파일을 열어서 2번 슬라이드에 하이퍼링크를 설정해 보세요.

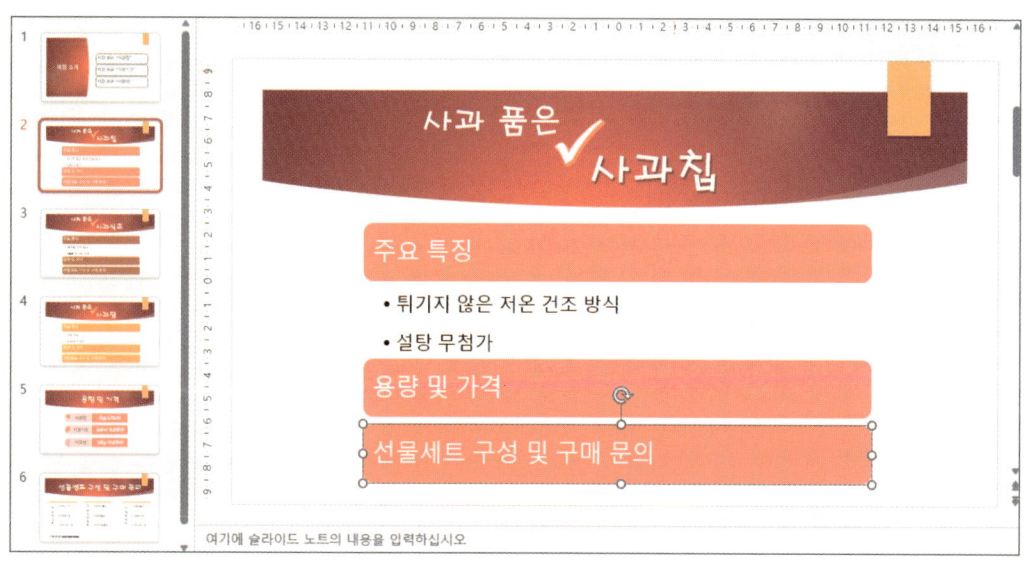

> 용량 및 가격 ⇨ 5번 슬라이드로 이동
> 선물세트 구성 및 구매 문의 ⇨ 6번 슬라이드로 이동

2 1번 문제에 이어서 6번 슬라이드에 실행 단추를 삽입하고 1번 슬라이드로 하이퍼링크를 설정해 보세요.

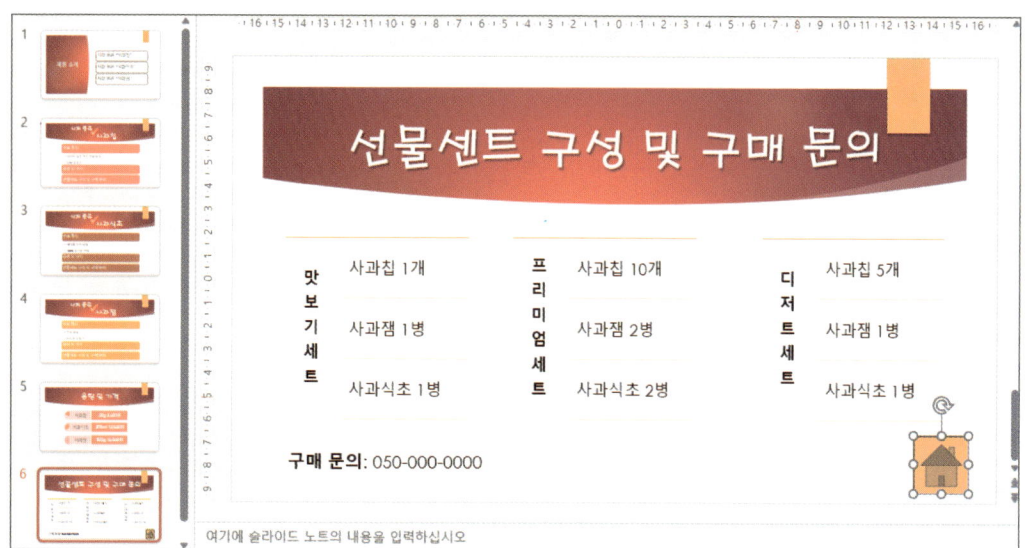

PowerPoint 2021

19 발표자 도구와 예행 연습
SECTION

발표자는 별도 화면에서 발표자 노트, 다음 슬라이드 미리보기 등을 확인할 수 있으며, 예행연습 기능을 통해 실전처럼 연습할 수 있습니다.

1 슬라이드 노트 작성하기

1 '정보화 실무 교육.pptx' 파일을 열어서 [보기] 탭-[표시] 그룹-[슬라이드 노트]를 클릭합니다.

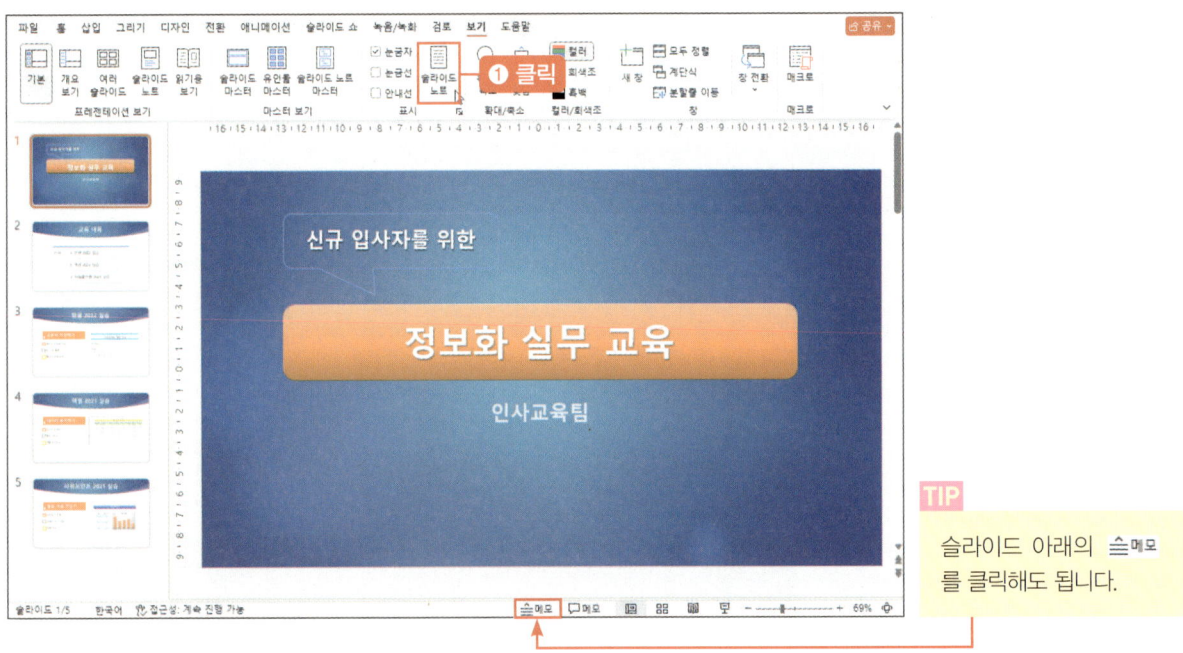

TIP
슬라이드 아래의 슬메모를 클릭해도 됩니다.

2 슬라이드 노트의 경계선을 드래그하여 노트 영역을 조절한 후 발표에 참고할 내용을 입력합니다. 슬라이드 노트의 내용은 청중에게는 보이지 않습니다.

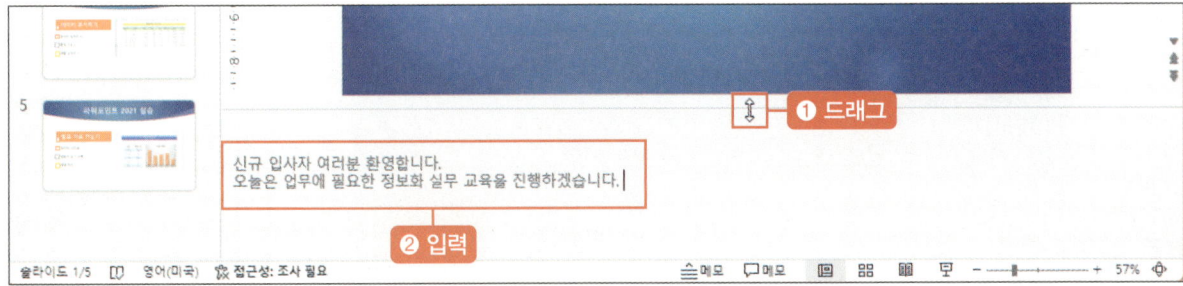

2 발표자 도구 사용하기

1 발표자 도구를 사용하면 청중에게는 슬라이드 화면이, 발표자에게는 발표자 화면이 표시됩니다. [슬라이드 쇼] 탭-[모니터] 그룹-[발표자 도구 사용]을 체크합니다.

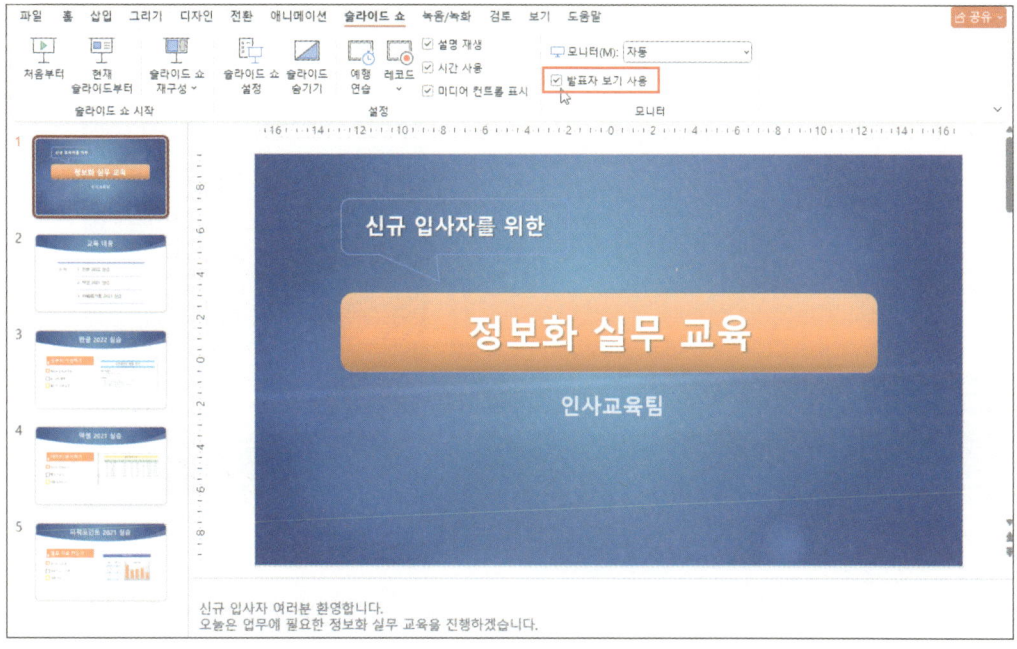

2 F5 키를 눌러 슬라이드 쇼를 실행하면 하나의 모니터에는 청중이 보는 화면이, 다른 하나의 모니터에는 발표자가 보는 화면이 표시됩니다.

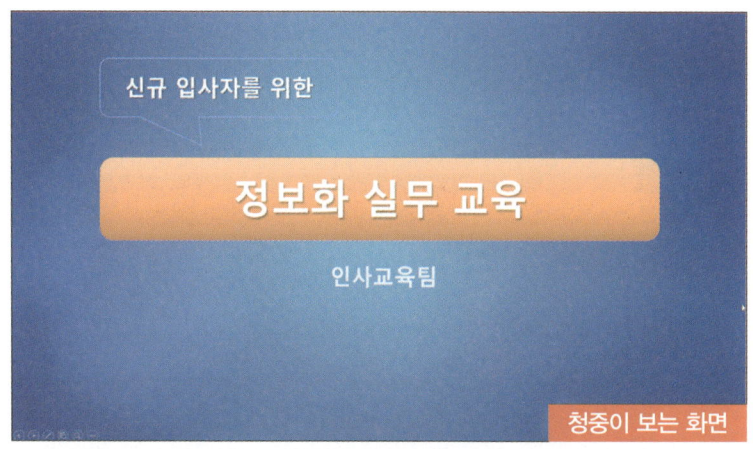

TIP 모니터가 한 대일 경우에는 Alt + F5 키를 눌러 발표자 화면을 확인할 수 있습니다.

③ 슬라이드 쇼를 진행하면서 레이저 포인터를 사용하거나 펜으로 메모를 할 수 있습니다. 슬라이드 아래의 [펜 및 레이저 포인트 도구]-[펜]을 클릭합니다. 마우스 포인터가 빨간색 점으로 바뀌면 슬라이드 화면에 필기가 가능합니다.

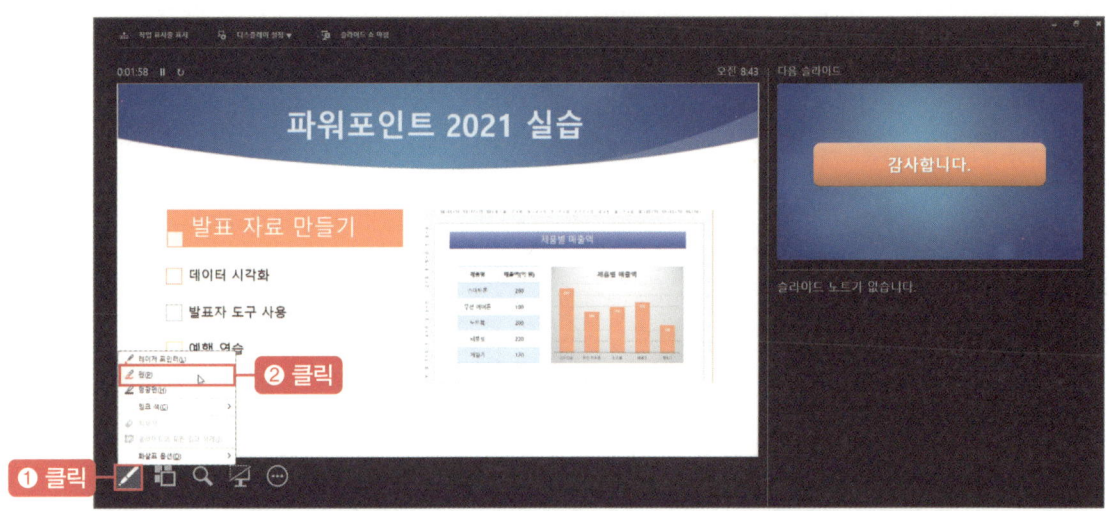

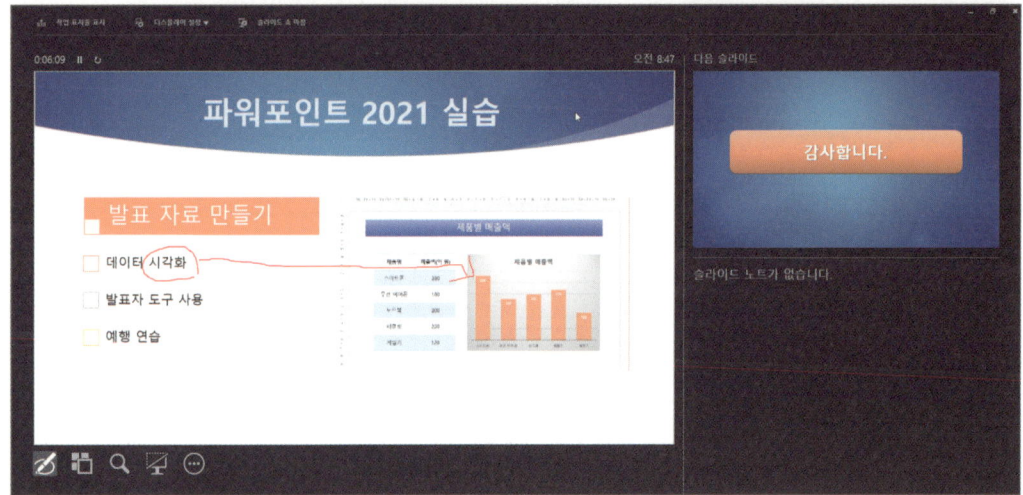

④ 슬라이드 쇼를 종료하려면 [슬라이드 쇼 마침]을 클릭합니다.

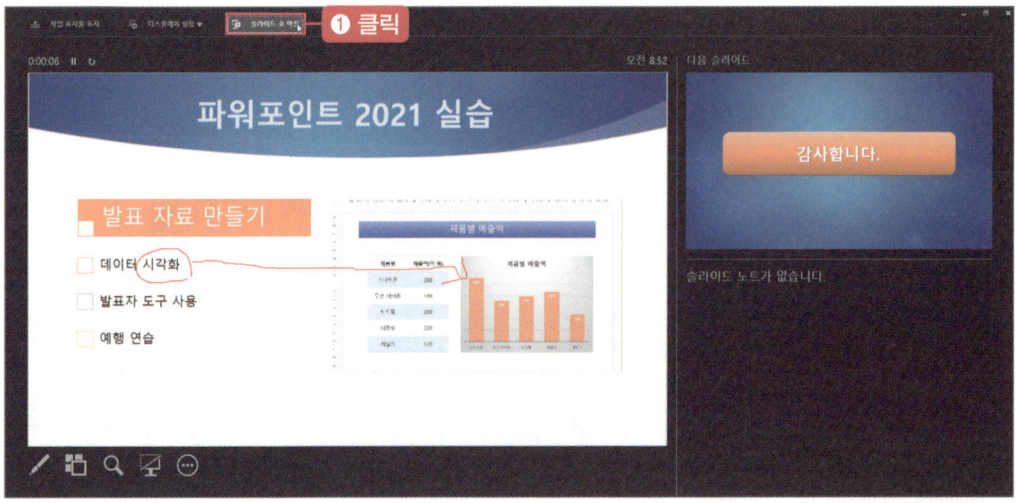

5 [잉크 주석을 유지하시겠습니까?]라는 대화상자가 나타납니다. [예]를 클릭합니다.

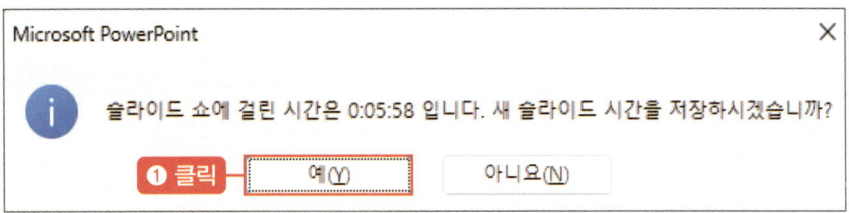

6 슬라이드 쇼를 진행하면서 필기한 내용이 그대로 남아 있습니다.

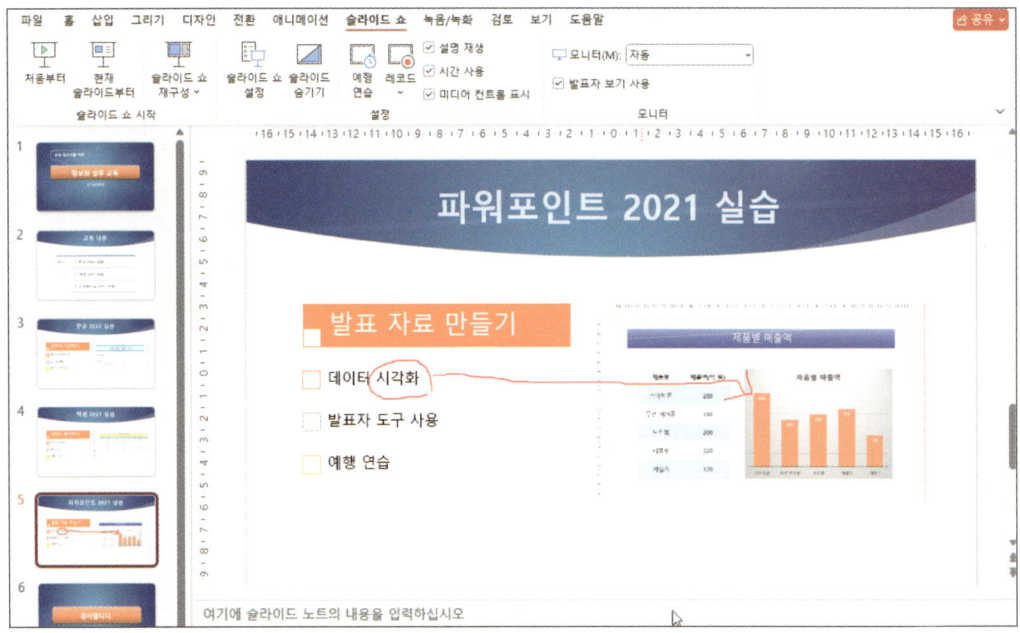

7 잉크 주석을 선택한 후 Delete 키를 눌러 삭제할 수 있습니다.

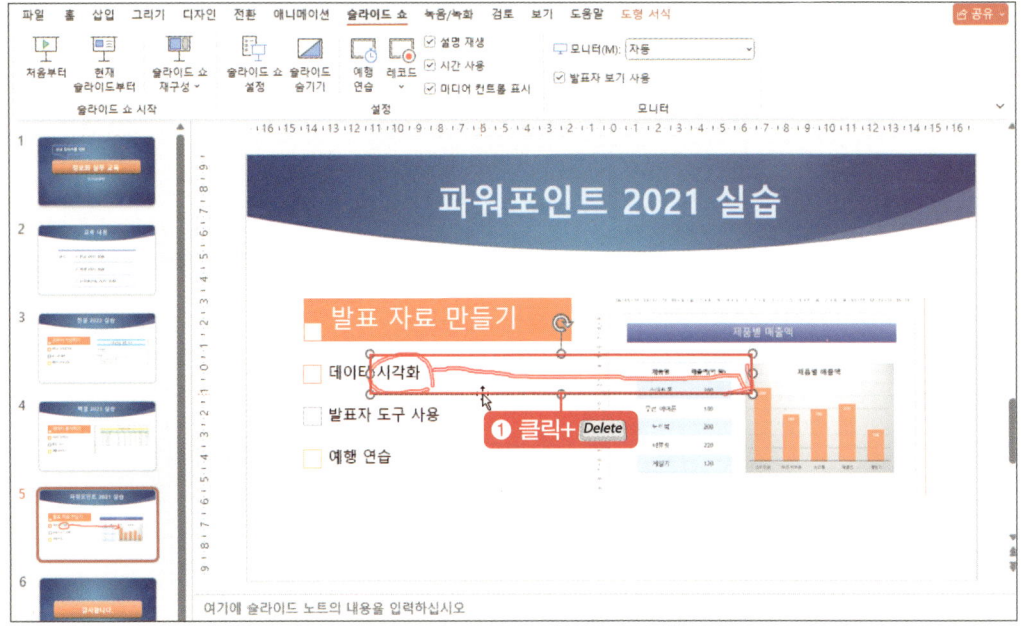

3 예행 연습하기

1 예행 연습 기능을 통해 실전처럼 연습할 수 있습니다. [슬라이드 쇼] 탭-[설정] 그룹-[예행 연습]을 클릭합니다.

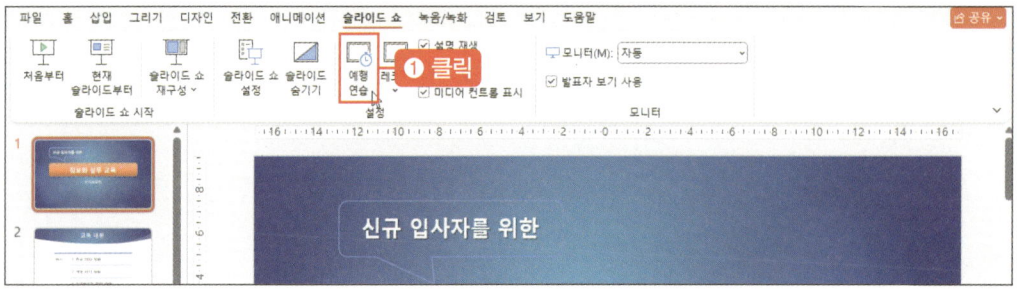

2 슬라이드 쇼가 실행되면 화면에 [녹화] 대화상자가 표시됩니다. Enter 키를 눌러 슬라이드를 넘기면서 준비한 시나리오대로 발표합니다.

TIP
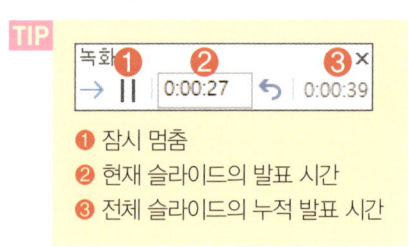
❶ 잠시 멈춤
❷ 현재 슬라이드의 발표 시간
❸ 전체 슬라이드의 누적 발표 시간

3 슬라이드 쇼를 마치면 다음과 같은 메시지 창이 나타납니다. [예]를 클릭합니다.

4 [보기] 탭-[프레젠테이션 보기] 그룹-[여러 슬라이드]를 클릭합니다. 각 슬라이드의 오른쪽 아래에 예행 연습한 발표 시간을 확인할 수 있습니다.

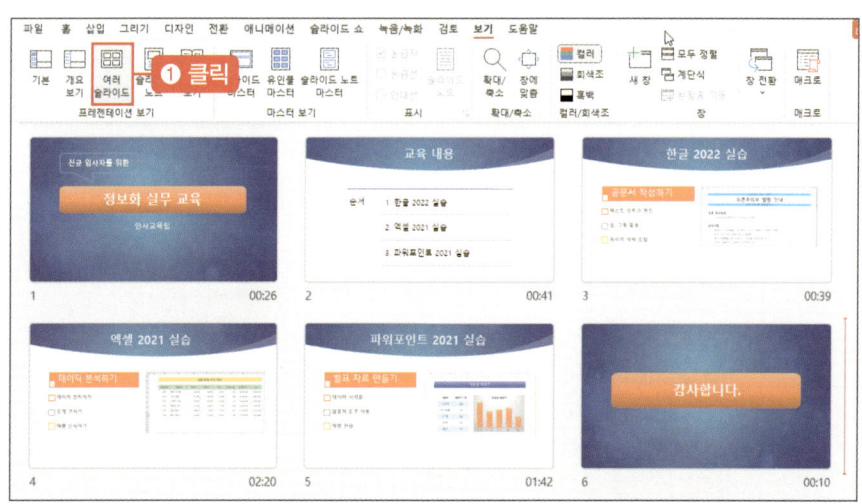

셀프 테스트

1 '파워포인트 자격시험 소개.pptx' 파일을 열어서 예행 연습 기능을 활용해 발표 시간을 저장해 보세요.

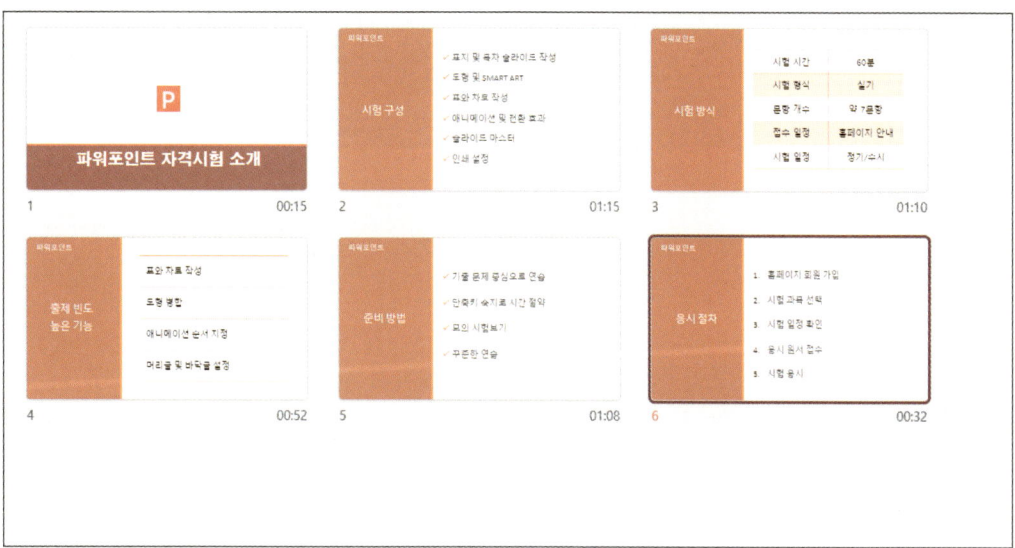

2 1번 문제에 이어서 슬라이드 쇼 실행 중 발표자 도구를 사용해 필기한 내용을 저장해 보세요.

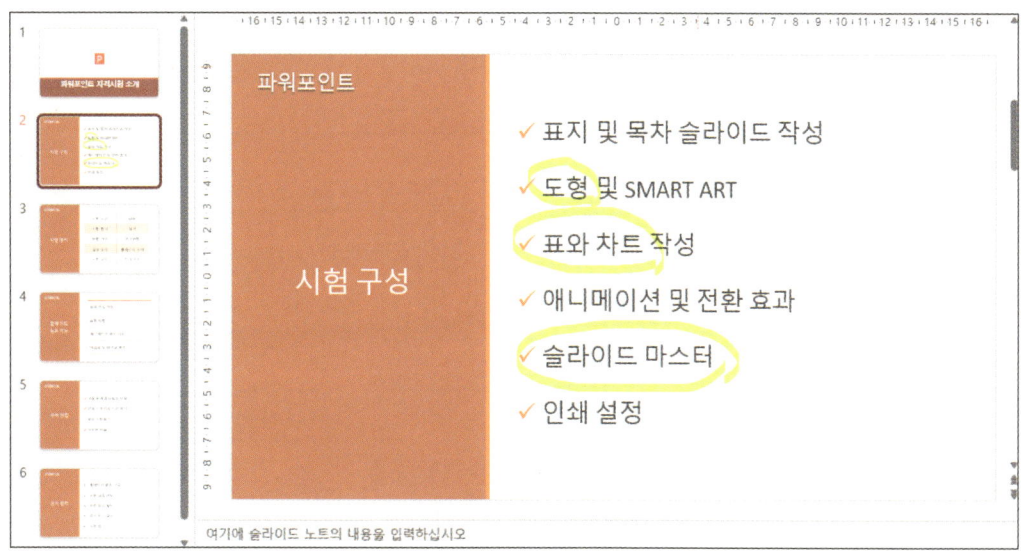

PowerPoint 2021

SECTION 20 슬라이드 배포와 인쇄

파워포인트에서 작성한 슬라이드를 PDF, 동영상, 이미지 등 다양한 파일 형식으로 내보내기하여 공유할 수 있습니다. 또한 인쇄 설정을 통해 유인물 등의 형태로 출력하여 배포할 수 있습니다.

1 PDF 형식으로 내보내기

1 '투자와 경영.pptx' 파일을 엽니다. PDF 형식으로 저장하기 위해 [파일] 탭–[내보내기]–[PDF/XPS 문서 만들기]–[PDF/XPS 만들기]를 클릭합니다.

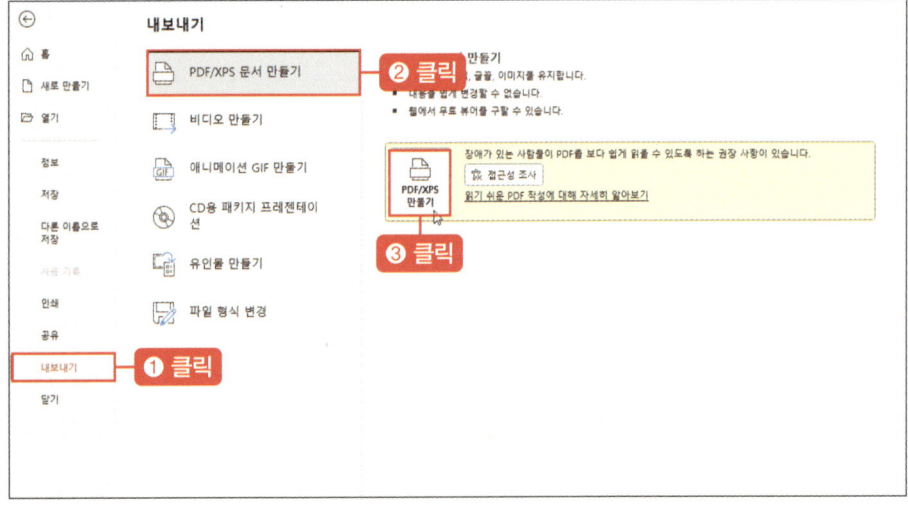

2 [PDF 또는 XPS로 게시] 대화상자가 열리면 파일 저장 위치와 파일 이름을 확인하고 [게시]를 클릭합니다.

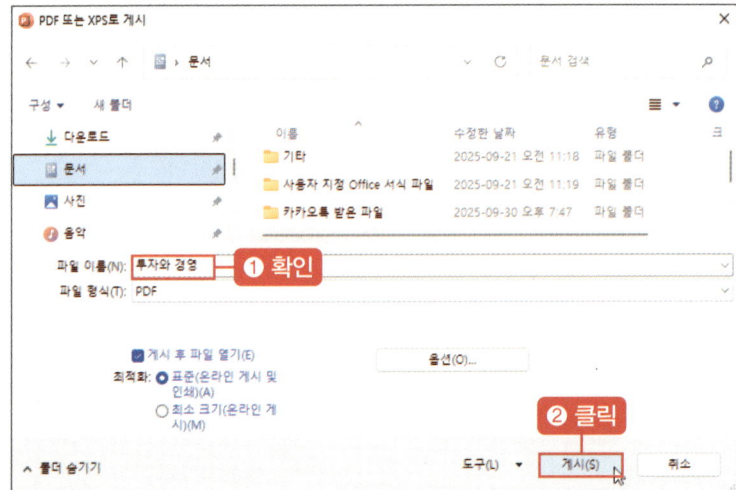

2 비디오 파일로 내보내기

1 [파일] 탭-[내보내기]-[비디오 만들기]를 클릭한 후 비디오 품질을 [표준(480p)]로 선택합니다.

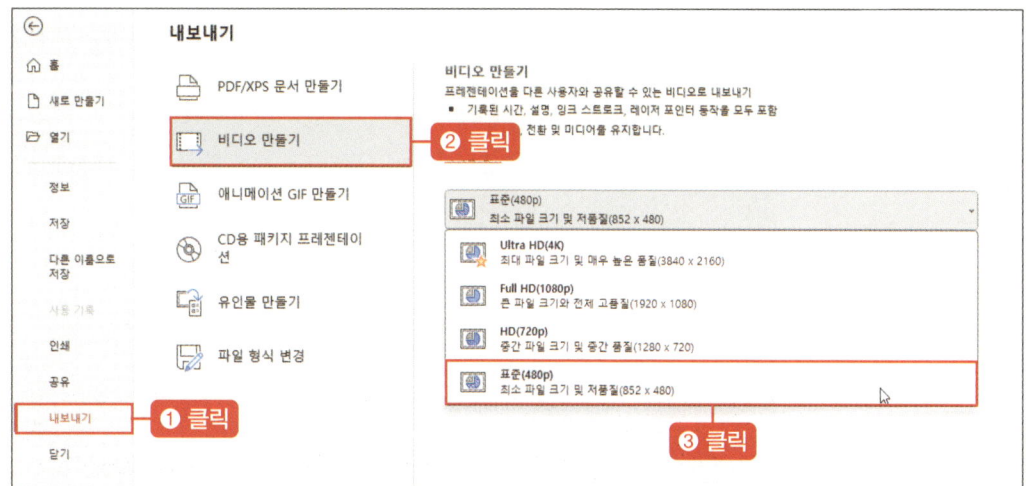

2 각 슬라이드의 재생 시간을 '03.00'으로 설정하고 [비디오 만들기]를 클릭합니다.

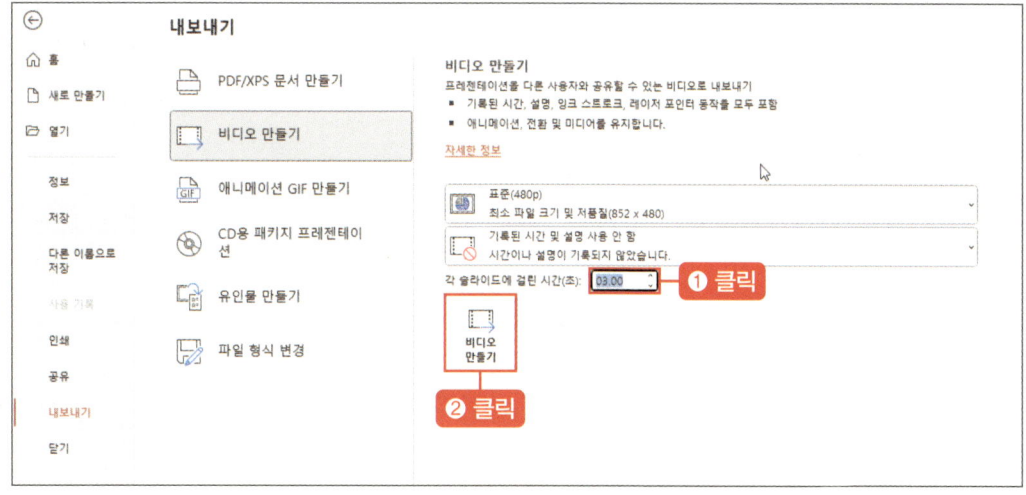

3 [다른 이름으로 저장] 대화상자가 열리면 [파일 이름: 투자와 경영], [파일 형식: MPEG-4 비디오]로 설정된 것을 확인하고 [저장]을 클릭합니다.

④ 비디오로 저장된 '투자와 경영.mp4' 파일을 실행합니다.

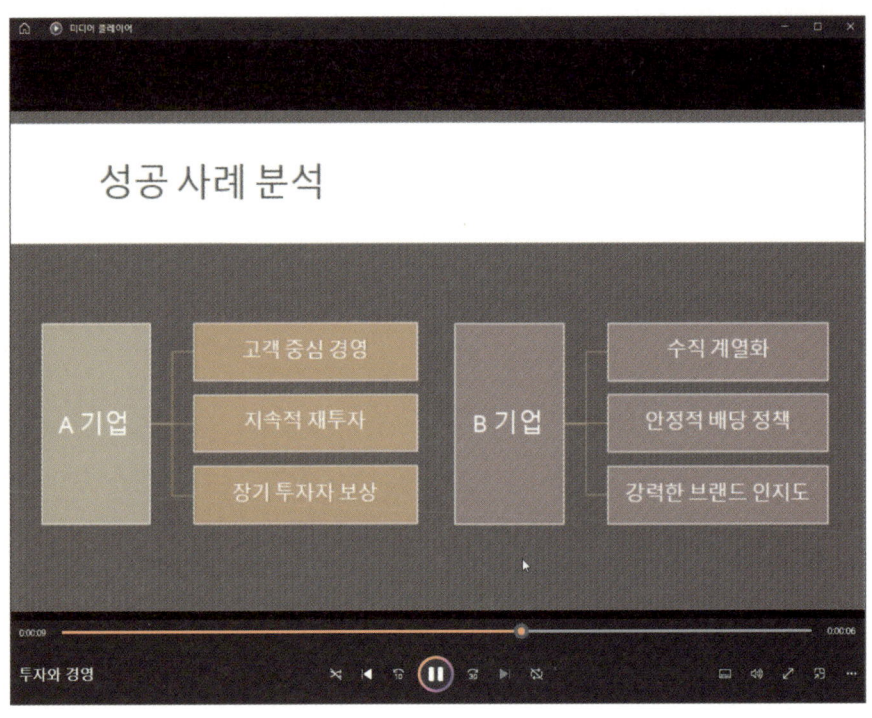

더 알아보기 | 슬라이드를 이미지 파일로 저장하기

누구나 쉽게 파워포인트 문서를 볼 수 있도록 각각의 슬라이드를 이미지 파일로 저장할 수 있습니다.

[파일] 탭-[내보내기]-[파일 형식 변경]-[JPEG 파일 교환 형식]을 선택한 후 [다른 이름으로 저장]을 클릭합니다. 내보낼 슬라이드를 선택하여 저장하면 새로운 폴더가 생성되면서 각각의 슬라이드가 이미지로 저장됩니다.

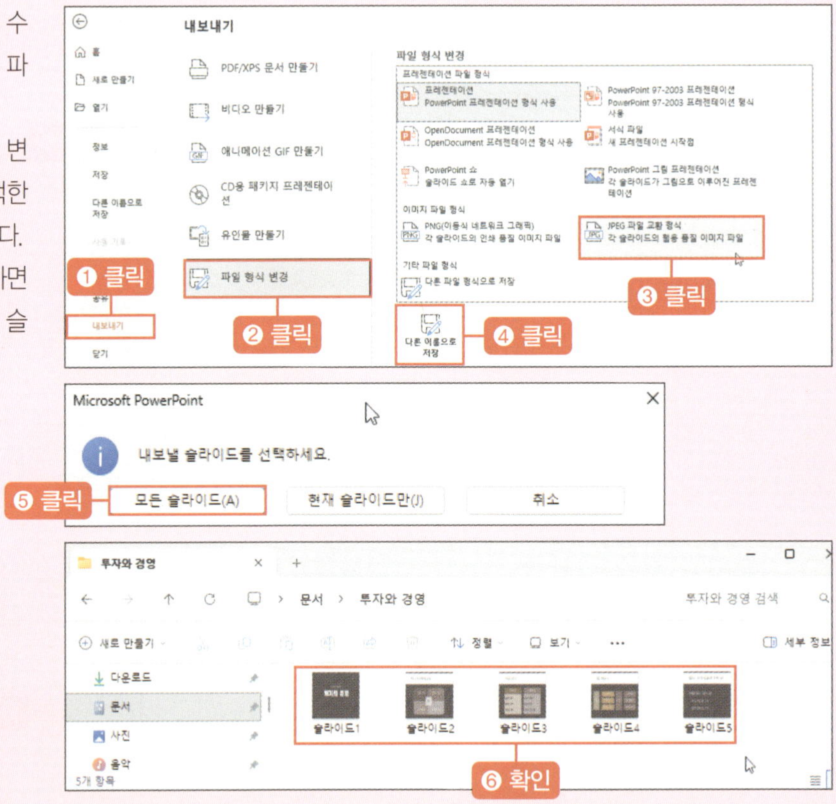

3 유인물 인쇄하기

① 유인물 마스터에서 인쇄할 유인물의 레이아웃을 설정합니다. [보기] 탭-[마스터 보기] 그룹-[유인물 마스터]를 클릭합니다.

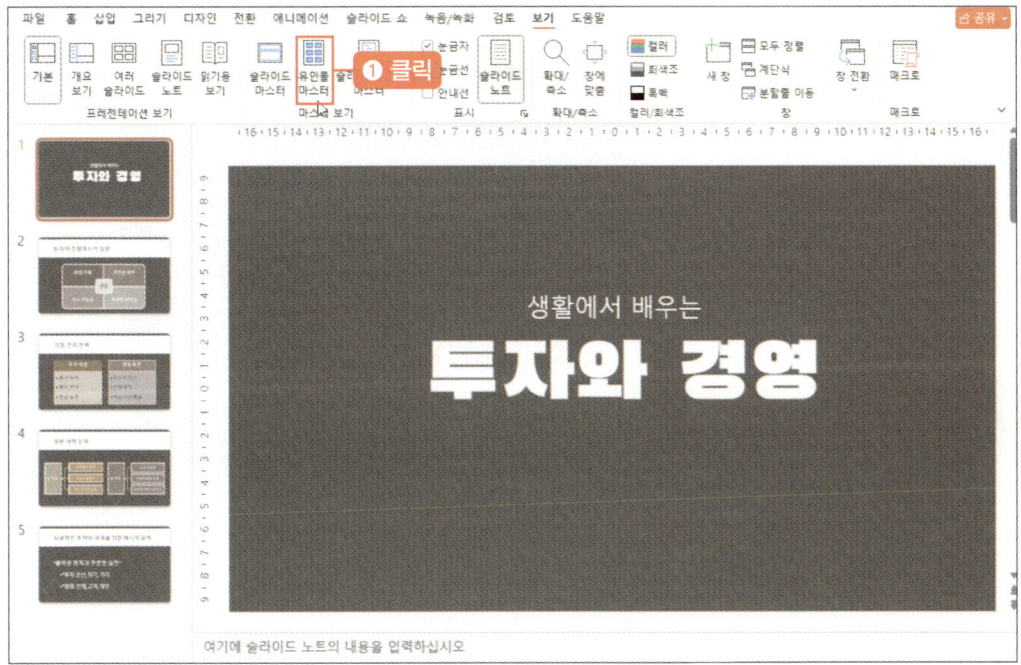

② 유인물에는 바닥글과 페이지 번호만 표시되도록 설정하기 위해 [유인물 마스터] 탭-[개체 틀] 그룹에서 머리글과 날짜를 체크 해제하고, 바닥글과 페이지 번호를 체크합니다. 바닥글에 '투자와 경영'을 입력한 후 [마스터 보기 닫기]를 클릭합니다.

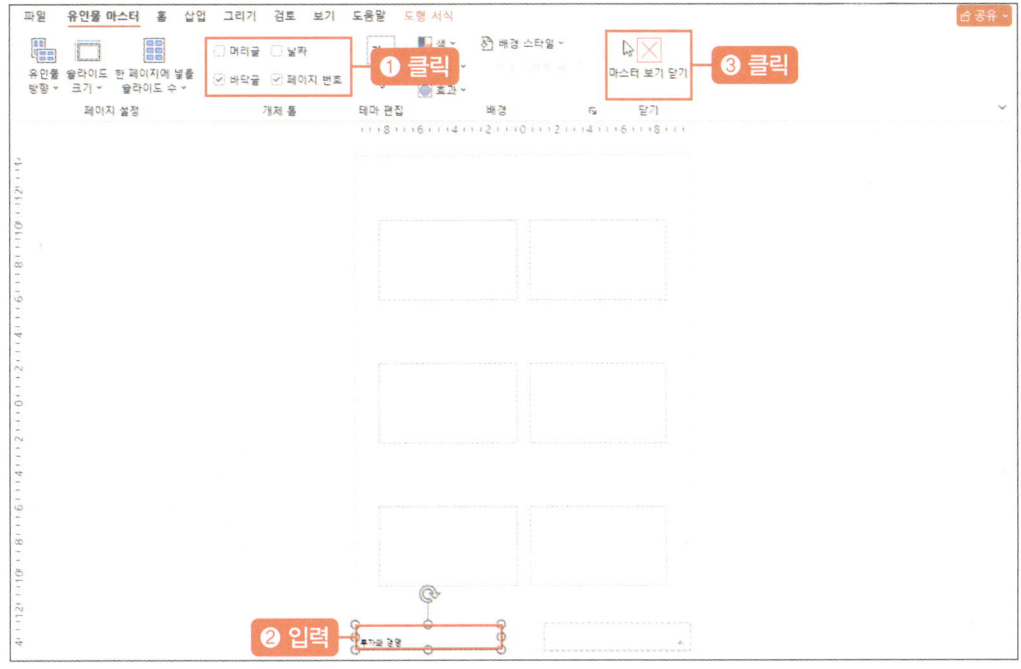

❸ [파일] 탭-[인쇄]를 클릭합니다. [설정]-[인쇄 모양]-[전체 페이지 슬라이드]를 선택하고, [유인물]-[2 슬라이드]를 클릭합니다.

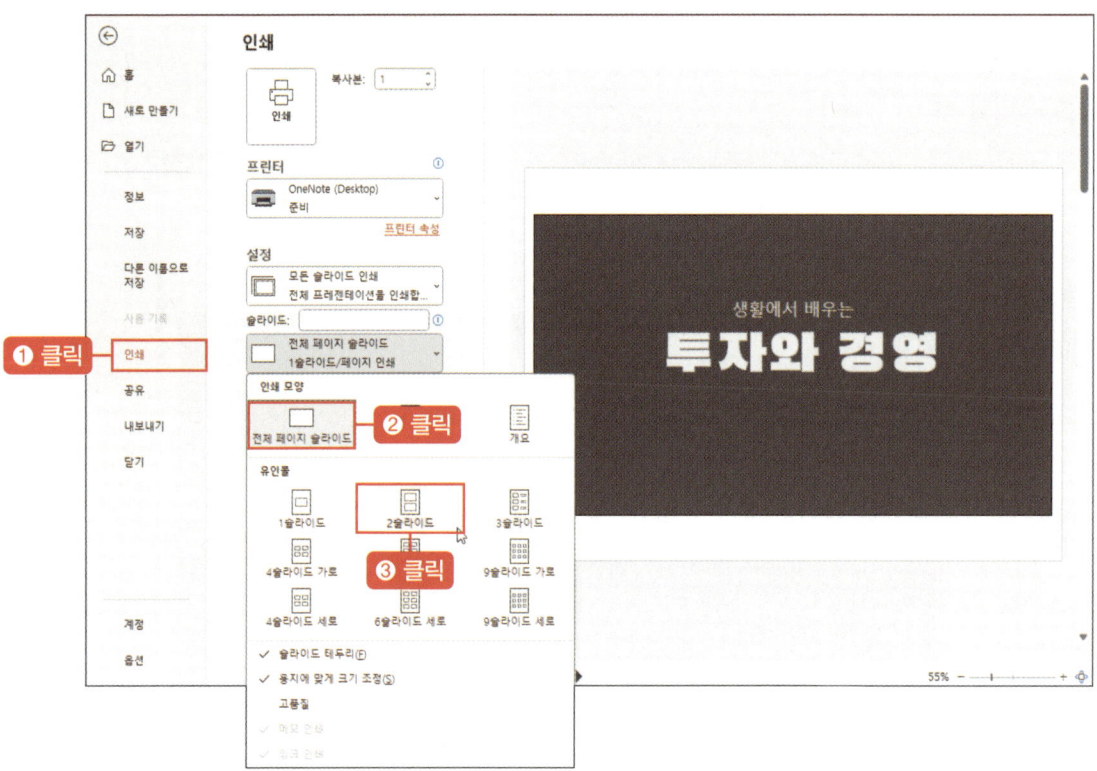

❹ [인쇄]를 클릭하면 유인물 마스터에서 설정한 레이아웃을 유지하면서 한 페이지에 2장의 슬라이드가 출력됩니다.

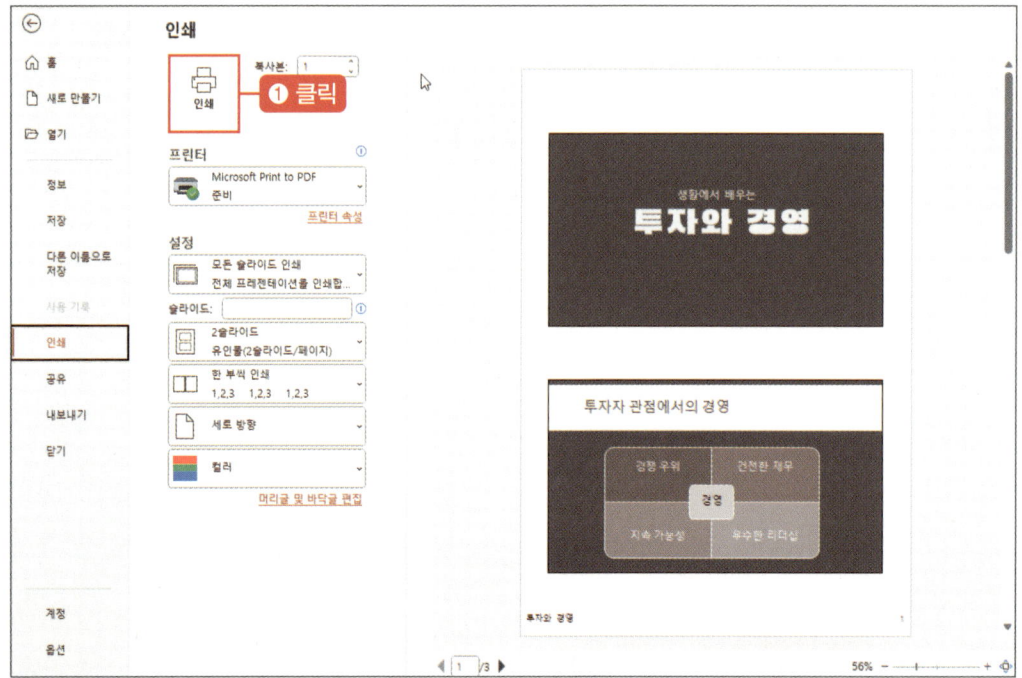

4 암호 설정하기

1. [파일] 탭-[정보]-[프레젠테이션 보호]-[암호 설정]을 클릭합니다.

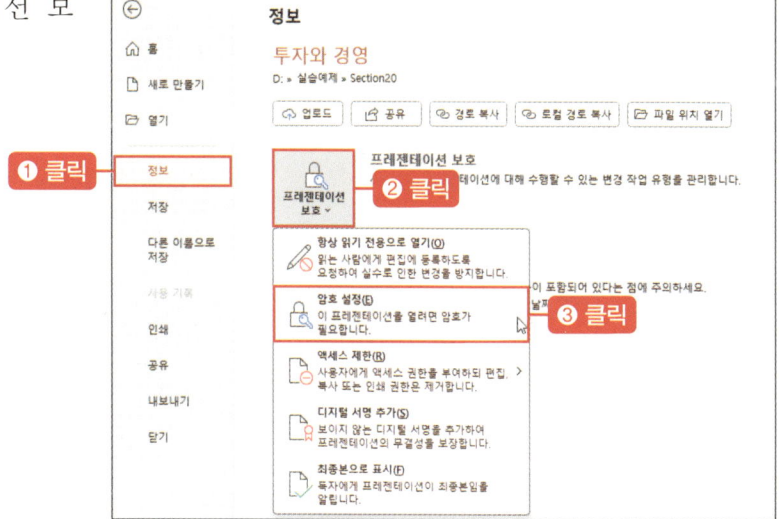

2. [문서 암호화] 대화상자가 열리면 [암호]에 'pp2021'을 입력하고 [확인]을 클릭합니다. [암호 확인] 대화상자에 다시 한번 동일한 암호를 입력하고 [확인]을 클릭합니다.

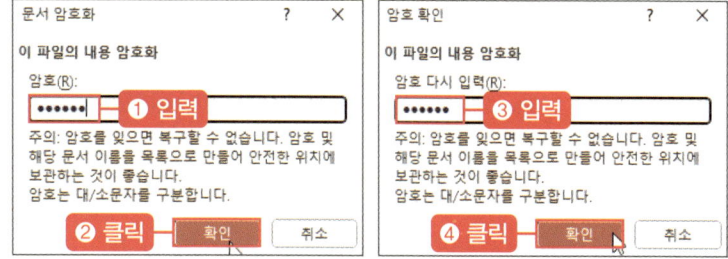

3. '이 프레젠테이션을 열려면 암호가 필요합니다'라는 메시지가 노란색으로 표시됩니다. 이제 암호를 입력해야만 파일을 열 수 있습니다. 암호를 해제하려면 [문서 암호화] 대화상자에서 입력된 암호를 삭제하면 됩니다.

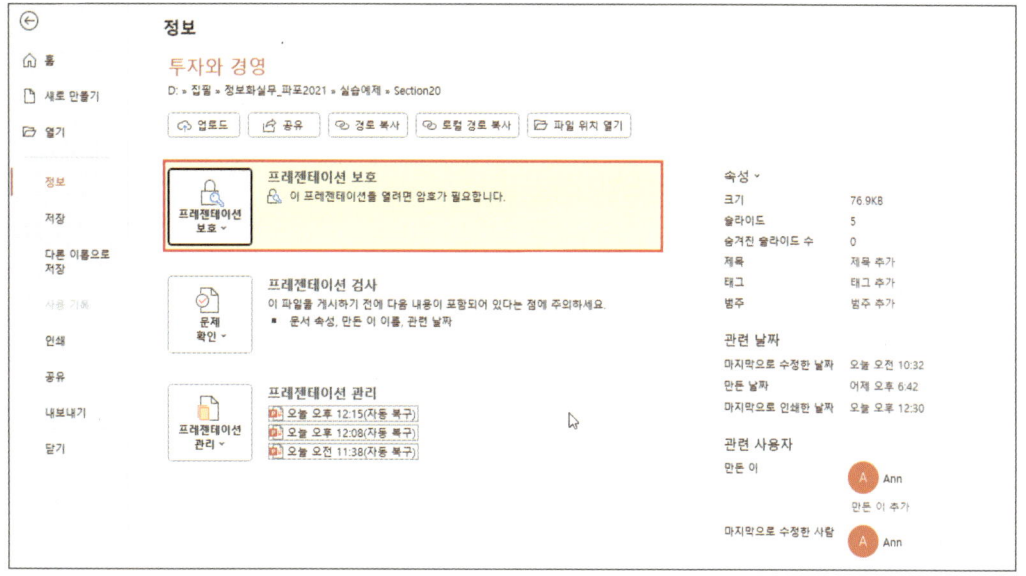

셀프 테스트

1 '온라인 특강.pptx' 파일을 열어서 PDF 파일로 저장해 보세요.

2 1번 문제에 이어서 유인물(2슬라이드)로 인쇄해 보세요.

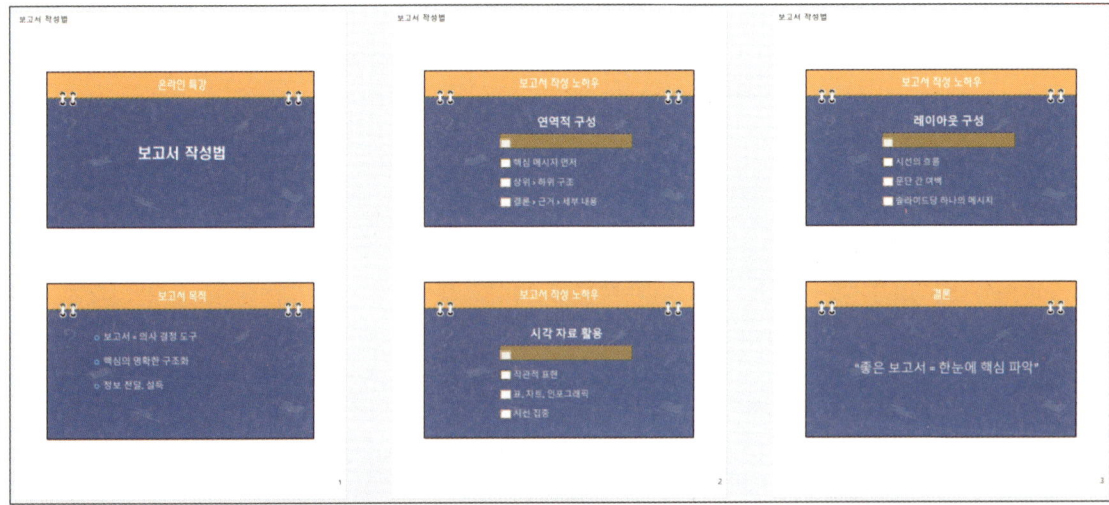

유인물 마스터 머리글-'온라인 특강' 입력, 페이지 번호 표시